時頼と時宗

奥富敬之
Okutomi Takayuki

NHK出版

時頼と時宗

時頼と時宗　目次

装丁　宮内裕之

プロローグ

九世紀も押しつまった頃、ようやく末期にさしかかった唐王朝下の中国で、大発明があった。発明した人物の名は、まったく判らない。なんとなく新しい方法が始まったのである。だいたい并州《へいしゅう》太原郡《たいげんぐん》のあたりだったようである。

それまでの鉄製錬用の燃料は、木炭だった。これにかわって、骸炭《がいたん》が用いられるようになったのである。石炭を蒸し焼きしたもので、現代のコークスにあたる。

革命的と呼んでもよいほど、大きな発明だった。事実、のちのヨーロッパでは、これが産業革命の一因ともなる。しかし古代の中国では、産業革命にはならなかった。周辺への技術の伝播《でんぱ》も、まだるっこしいまでに緩慢だった。新しい技術の価値が、すぐには認められなかったのである。貴族社会だったからであろう。

同じ頃、日本は大唐帝国の文物《ぶんぶつ》の輸入に、とにかく必死だった。質の高い唐文化の水準に、「少しでも早く追いつけ」が、日本の貴族社会での合言葉だったのである。

七世紀中葉から九世紀中葉までの約二百年の間に、遣唐使派遣は十七回も発令され、うち十五回までは実際に実行された。ほぼ十二年ごとに計画され、ほぼ十四年ごとに実行されたことになる。

そのままの情況が続けば、骸炭使用の新しい鉄製錬法も、遠からず日本に伝わるはずだった。

実際、寛平《かんぴょう》六年（八九四）八月、計画だけならば十八回目になる遣唐使の派遣が、京都朝廷で評議された。そして遣唐大使には参議左大弁だった菅原道真《すがわらのみちざね》、副使には左少弁の紀長谷雄《きのはせお》が、それぞれ宇多天皇から任命された。

ところが翌月の三十日、突然、遣唐使の派遣は取りやめとなった。遣唐大使の菅原道真が、反対したからだった。安史ノ乱（七五五〜七六三）以降の唐帝国の文物は、航行の危険を冒して求めに行かねばならぬほどのものではなくなったというのが、その理由だった。

菅原道真を重用していた宇多天皇は、遣唐使の派遣を全面的に中止した。こうして骸炭使用の鉄の製錬法が日本に伝わる機会は、ついに失われた。

やがて天祐四年（延喜《えんぎ》七、九〇七）、さしもの栄華を誇った大唐帝国も、ついに倒れた。続く約半世紀の間は、五代の争乱期だった。後梁、後唐、後晋、後漢、後周と、目まぐるしいまでに覇者が現われ、また消えていった。

この間、打ち続く戦乱のなかで、骸炭使用の鉄の製錬法は、しだいに技術に磨きがかかっていった。武器の必要度が、増していたからである。それと同時に、その製錬法は、着実に周辺諸民族の間に伝わっていった。地理的に隣接していたから、ある意味では当然のことだった。

しかし海を隔てていた日本は別だった。自然に鉄の製錬法が伝わってくることなど、あり得ようもなかったのである。

北宋の太平興国四年（天元《てんげん》二、九七九）、宋帝国が五代の争乱を鎮めて、中国大陸を再統一した。この宋帝国と日本には、正式な国交はなかった。平安期の日本は、一種の鎖国政策をとっていたのである。

九州沿岸の海民などが、私的な交易はしていた。平清盛の六波羅《ろくはら》平氏政権も、対宋貿易には熱心だった。しかし清盛が宋国から買い入れたのは、仏教の経典と宋銭などだけだった。かりに清盛が骸炭法の存在を知ったとしても、それを輸入することは困難だっただろう。骸炭法の秘密が国外に洩れるのを、宋帝国は必死で抑えていたからである。

そして日本では、源平合戦が始まり、治承《じしょう》四年（一一八〇）十月六日、源頼朝が鎌倉に入った。直後、鎌倉幕府の建設が始まった。

頼朝が鎌倉の地を選んだ理由として、先祖以来の由縁《ゆかり》の地だったこと、三方が山で囲まれている要害の地だったことの二点が、通説的には挙げられている。

しかしほかにも隠れた理由があった。鎌倉の西南の稲村ヶ崎付近から、砂鉄が採れたのである。鎌倉幕府の成立と発展につれて、やがて政宗、村正など、相州物の名刀が数多く作られていく。だが、鎌倉時代の鉄の製錬に、まだ骸炭は用いられてはいない。当時の日本には、製法が伝わっていなかったのである。中国北辺のモンゴル高原には、すでに伝わっていた。十一世紀から十二世紀にかけての頃だったらしい。

その頃のモンゴル高原では、蒙古人がいくつもの部族に分かれて、小さな対立と抗争とを繰返していた。タタール部、ケレイト部、メルキット部、ナイマン部、そしてモンゴル部などである。そこに骸炭法が伝わったのである。

その結果は、きわめて大きかった。より良質の鉄が、より大量に得られたのである。当然のことながら、すぐに大量な武器の普及がもたらされた。必然的に対立抗争は激化し、小競合《こぜりあ》いは合戦へと拡大し、同時に残虐の度は増した。このような部族間の対立から頭角を現わしていったのが、モンゴル部族の長の子、テムジンだった。

秀《すぐ》れた鉄製の武器で蒙古人の諸部族を統一すると、一二〇六年にはジンギス汗と名乗り、常勝の騎馬軍団を率いてユーラシア大陸を疾駆して、ついにアジアとヨーロッパとに跨る大蒙古帝国を樹立したのである。

蒙古軍が強かった理由は、いくつもある。なんといっても最高だったのは、ほかよりも良質の鉄製の武器だった。もちろん骸炭使用のものだった。

一人一人の兵が、それぞれに換え馬を数頭も持っていたというのも、蒙古軍を強くした理由だった。乗馬が疲労すると、次々と乗り換えて、さらに疾駆したのである。機動力の増加と同時に、兵糧の確保にもなった。火薬や指南車《しなんしゃ》（磁石）を備えていたことも、重要だった。文化的だった中国人は、火薬を花火という玩具にしたのに対し、蒙古人は鉄砲にしたのである。

そのジンギス汗が死んだのは、一二二七年八月十八日だった。しかし蒙古人の征服欲は、まだまだ止まるものではなかった。

ジンギス汗の死後、大帝国は五か国に分立した。長男ジュチのキプチャク汗国、次男チャガタイのチャガタイ汗国、三男オゴタイのオゴタイ汗国、イル汗国、そして四男トゥルイの次男クビライのクビライ汗国である。いずれも強烈な征服欲が、まだまだ残っていた。なかでも強盛だったのは、クビライ汗国だった。

日本年号の文応《ぶんおう》元年（一二六〇）、クビライは即位した。ときすでに中国宋帝国への攻撃は、経験済みだった。やがて中国、朝鮮、そして日本へと、その征服欲の的を移していくのである。

日本、危うし、である。

第一章　時頼政権の成立

得宗家代替わりの〝事件〟

鎌倉幕府の北条氏嫡流家《ほうじようちやくりゆうけ》（得宗家《とくそうけ》）では、家督の代替わりがあるごとに、なにか事件が起こる。

初代の北条時政から二代目の北条義時への代替わりでは、牧ノ方の陰謀事件があった。時政の後妻牧ノ方が、三代将軍源実朝を廃立して、自分が生んだ娘の婿である武蔵守平賀朝雅を、鎌倉幕府の将軍に擁立《ようりつ》しようと図ったのである。

このとき時政の先妻の子である北条政子、義時の姉弟が立って、未然のうちに時政夫妻を伊豆に隠退させたので、ことは無事に収まっている。つまり元久《げんきゅう》二年（一二〇五）閏《うるう》七月の牧ノ方事件というのは、時政の先妻側と後妻側との抗争だったことになる。

似たような事件は、義時から泰時への代替わりのさいにも起こっている。伊賀ノ方の陰謀事件である。義時の後妻伊賀ノ方が、義時の先妻の子である泰時を亡き者にして、女婿《むすめむこ》の右近衛中将一条実雅《さねまさ》を将軍に擁立し、同時に自分が生んだ北条政村を得宗家の家督と幕府の執権に据えようと図ったのである。このときにも、頼朝の後室として権威のあった尼将軍北条政子が立った。陰謀の与党だった三浦義村を説得して、与党から離反させたのである。

三浦党の兵力は、当時の鎌倉で最精鋭だった。それをあてにできなくなって、陰謀の計画は自壊した。直後の元仁《げんにん》元年（一二二四）八月、伊賀ノ方は伊豆に配流《はいる》され、やがて死んだ。

三度目は、その泰時が死んだ直後だった。泰時の二子時氏、時実は、ともに父に先んじて夭折《ようせつ》していたので、時氏の遺児経時に代替わりしたのである。このときには表面化はしなかったが、やはり事件はあったらしい。

鎌倉幕府の半公的記録である『吾妻鏡』は、年月日の順に日記風に記されている。その『吾妻鏡』は、泰時が死んだ仁治《にんじ》三年（一二四二）の分が欠けているのである。なにごとかを、後世に対して秘しておこう、そういうことだったに違いない。このときに陰謀を謀ったのは、泰時の異母弟、名越《なごえ》流北条朝時《ともとき》だった。鎌倉の住人よりも鎌倉の動静に詳しかった京都の公卿、民部卿《みんぶきょう》平経高は、日記の『平戸記《へいこき》』に次のように記している。

> 泰時朝臣が（死に臨んで）出家したとき、（これに殉じて）その従類五十人ばかり、同じく出家す。
>
> その翌日、夜に入りて遠江守朝時、また出家す。兄弟といえども日頃は疎遠。しかるに忽《たちま》ちにこの事あり。子細、もっとも不審。世、もって驚く。

泰時から嫡孫経時への代替わりにさいしても、やはり事件はあったのである。陰謀を謀ったのが同族だったので、これを『吾妻鏡』は秘したのであろう。

牧ノ方事件でも伊賀ノ方事件のさいにも、陰謀を未然に防いだのは、尼将軍北条政子だった。しかし泰時から経時への代替わりのさいには、すでに政子はこの世の人ではなかった。つまり名越朝時の陰謀を未然に防いだのは、経時だったことになる。のちのちの情況から推測すると、弟の時頼の活躍も貢献していたらしい。

いずれにしても新執権北条経時は、かなりに果断だった。事件のほとぼりも覚めたかという寛《かん》元《げん》二年（一二四四）四月二十一日、将軍九条頼経《よりつね》の子頼嗣《よりつぐ》を元服させると同時に、頼経に迫って将軍職を六歳の頼嗣に譲らせたのである。未然に終わった名越朝時の陰謀の背後に、実は九条頼経の存在があったらしいということを、経時はすでに見破っていたのである。

かつて京都の公卿九条家から将軍として迎え入れたのが、九条頼経だった。これをいま、経時は廃立したのである。

次に経時がなすべきことは、その頼経を京都に送り返すことだった。頼経は将軍ではなくなったものの、まだ「大殿」と世人から呼ばれて、前将軍としての権威は持っていたからである。当然のことながら執権北条経時は、前将軍頼経の帰京の下準備に着手した。しかし頼経は必死に抵抗した。さまざまな口実を設けて、鎌倉に居坐ろうとした。

これに同調する御家人も、少なくはなかった。頼経が鎌倉にいた二十余年の間に、頼経の側近派ともいうべき集団が、すでに鎌倉幕閣に形成されていたのである。

頼経派で最大の権力を持っていたのは、三浦泰村だった。鎌倉に東南隣する三浦半島の全域が本領で、その上、西湘の田村郷（平塚市田村）も所領にしていた。また相模一国の諸所に、同族が蟠踞《ばんきょ》していた。石田荘（伊勢原市石田）、岡崎郷（伊勢原市岡崎・平塚市岡崎）、佐奈田郷（平塚市真田）、舞岡郷（横浜市戸塚区舞岡町）などが、それである。

三浦半島の対岸である房総半島にも、三浦党の所領は広がっていた。安房国《あわのくに》の安房郡（白浜町など）、北郡（館山市など）、平群郡《へぐり》（鋸南町《きょなん》など）、東条御厨《みくりや》（鴨川市東条）や、上総国の伊北荘（大多喜町）、伊隅荘（夷隅町）などである。

これら三浦党の所領は、まるで鎌倉を四方から包囲しているかのようだった。三浦党は海の雄族だったから、鎌倉の海岸に軍船で乗り着けることもできた。

そして鎌倉の内部にも、策源地が二か所あった。鶴岡八幡宮東北隣には泰村自身の館があり、東方の二階堂大路の突端、紅葉《もみじ》ヶ谷《やつ》に通ずる通玄橋西南の橋詰には、弟の三浦光村の館があった。両館ともに、常時、数十人の屈強の郎党が詰めていた。いざというときに備えていたのである。

なお泰村の叔母（父義村の妹）たちの婚家も、この時代には有力な味方だった。みな東国の豪族だった。武蔵大河戸御厨（松伏町大川戸）の大河戸太郎広行、伊豆天野郷（伊豆長岡町）の天野和泉守政景、上総一宮荘（睦沢町大谷木）の千葉上総介秀胤《ひでたね》などである。

また泰村の妹の婚家にも、有力な存在は少なくなかった。

最大の存在は、名越流北条氏だった。初代の朝時は故北条泰時の異母弟だったが、北条氏初代の時政が住んだ名越邸を伝領したことから名越流を称したばかりか、北条氏の本流であると自称して、三男備前守時長の妻に三浦泰村の妹を迎えて三浦側に与《くみ》していたのである。

また三浦泰村の妹婿には、甲斐小笠原牧（櫛形町小笠原）の小笠原太郎、常陸関郷（関城町）の関政泰などもあった。いずれも大きな兵力を有する豪族だった。

幕閣にも前将軍側の高級官僚は、決して少なくはなかった。評定衆《ひょうじょうしゅう》の後藤基綱、狩野為佐《かのうためすけ》が、それだった。なお前述の泰村の叔母婿の千葉秀胤も評定衆だった。また故三善善信の嫡孫町野流三善康持は、評定衆であると同時に問注所執事《もんちゅうじょしつじ》でもあった。

ときに三十一歳だった新執権北条経時が立ち向かった前将軍頼経派には、このような大物たちが居並んでいたのである。しかし経時が相手にしなければならなかったのは、これで全部だったわけではない。潜在的な反北条といった者も、まだまだ多かったに違いない。

なかでも大きな存在だったのは、京都の公卿九条道家だった。前将軍頼経の実父である。どうやら九条道家は、鎌倉における反北条勢力の黒幕的存在だったらしい。

ちなみに道家は、すでに三度も摂政の地位にあった。彼が摂関の座になかったときにも、多くの場合、道家の子九条教実、二条良実、一条実経が、摂関の座にあった。この間、他家で摂関に就任したのは近衛家流の家実、兼経父子だけで、それも数年間のことでしかなかった。

当然のことながら、京都朝廷での道家の権勢は大きなものだった。そこから彼の野望が芽生えた。鎌倉にいる息男頼経に幕府での実権を掌握させ、京都の道家、鎌倉の頼経というかたちで、日本全国を制覇しようと図っていたのである。

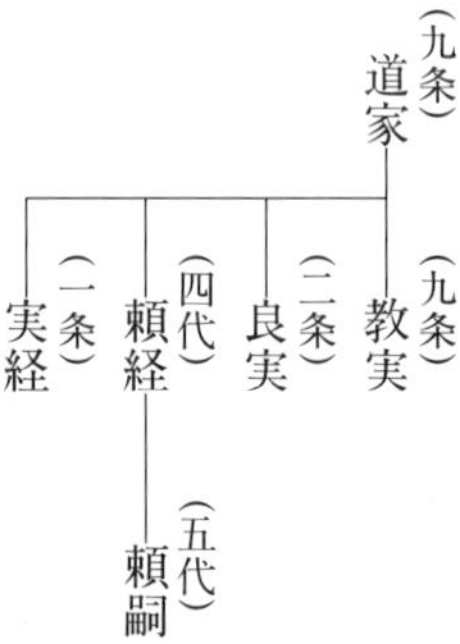

新執権北条経時が立ち向かっていた相手は、これほどまでに巨大な存在だった。もちろん経時は、このようなことを充分に見破っていた。だから経時は、頼経の子頼嗣を元服させたのである。そしてこれを好機として、頼経から頼嗣への将軍職の委譲という大芝居まで打った。ここまでは、うまくいった。次に打つべき手は、前将軍頼経を京都に追却することだった。頼経に鎌倉にいられるのは、なににつけても不都合である。

この点についても、経時は果断だった。さまざまな手を使ったので、事態は急速に進行したのである。やがて、

「大殿、御帰京と決定」

「それも明春のことか」

「路次の供奉《ぐぶ》や宿駅の設営など」

「それぞれの奉行人も決まったるか」

という情況になり、ついに頼経が鎌倉を出立する予定日も、

「明年二月一日にこそ」

ということまでが、ようやく内定した。

この間、頼経が必死に抵抗したのは、もちろんだった。陰陽道《おんみようどう》には、四不出日《しふしゆつび》、厭対日《えんたいにち》、厭日など、外出や旅行には凶という日がある。このようなことを持ち出しては、頼経はあくまでも鎌倉に居坐ろうとしたのである。

しかし北条経時も、とにかく強硬だった。頼経一派の執拗な抵抗を押し切って、頼経が鎌倉を出立するのは明年二月九日、入京するのは同十六日と、決定してしまったのである。寛元二年九月十九日だった。

それからしばらくすると、鎌倉に異変が頻発した。

最初は、十一月三日だった。終日降り続いた豪雨で、鎌倉中の諸河川が洪水を起こしたのである。

海岸近くの稲瀬川や豆腐川はもちろん、若宮大路を横断する扇川や佐助川も溢水して、若宮大路では段葛《だんかずら》だけが、泥水の上に浮かんでいた。内陸側の大蔵郷を南流する西御門《にしみかど》川と東御門川は、滑川《なめりがわ》に合流する前に溢水していた。そして滑川も、番場ヶ谷から南流してくる吉沢川が合流する十二所《じゆうにそ》神社南側で、早くも泥水を周囲に溢れさせていた。

海辺近くの長谷小路や大町大路はもちろん、内陸部の武蔵大路や小町大路なども、ズタズタに寸断されていた。五大堂や大慈寺《だいじじ》の門前近くで、六浦道《むつらみち》も通行不能になっていた。鎌倉中の市街

地のすべてが、泥だらけの激流の底になった。いたるところで家屋が流失し、きわめて多くの人が溺れて死んだ。

ようやく水が引いたのは、同十二日だった。この日、司天から報告があった。熒惑星《けいごくせい》（火星）が、弖庫門《てこもん》星の軌道を侵したというのである。それが事実かどうか、素人には判らない。専門家である司天は、かつて頼経が鎌倉に下着したとき、京都から連れてきた者たちだった。いずれにしても熒惑星の動きは、異常だった。これが兵乱あるいは災害の前兆であることは、この時代、誰でも知っていることだった。

続いて同二十二日、またも司天から、報告があった。歳星《さいせい》（木星）が、大微宮（獅子座西端の十星）のなかに入ったというのである。天子あるいは将軍に、異変が起こるという前兆だった。

そして十二月一日の卯《う》ノ刻（午前六時）、鎌倉に地震があった。これも当時は、凶兆だと信じられていた。

続いて同十八日、またまた司天から、報告があった。この夜の子《ね》ノ刻（午前零時）、月が歳星の軌道を侵したというのである。もちろん凶兆である。直後、頼経の館で、験直《げんなお》しのための祈禱が始まった。

そして同二十四日は、頼経館での祈禱の満願の日だった。十八日から、すでに七夜がたっていたのである。しかしこの日、なおも祈禱が続けられることになった。また、なにやらの天変があったからだと、世上には公表された。しかし天変の具体相は、公表されなかった。

打ち続く怪異で、鎌倉中の人々が、恐怖に脅《おび》えていた。前将軍を京都に追却するということが、天意に叶わないのではと考えるむきも、ここかしこに現われた。

そして十二月二十六日の卯ノ刻（午前六時）、だめ押しの事件が起こった。北条経時館（若宮大路東側北端）と弟の北条時頼館（いま宝戒寺）とから同時に出火し、余焔が幕府政所《まんどころ》（鶴岡八幡宮東南隣）に飛行して、頼経の上洛のために用意してあった物が、すべて焼失してしまったのである。同二十七日、頼経の上洛は無期延期ときまった。用意してあった物が焼失したから、鎌倉を出立できなくなったというのである。

いずれにしても頼経は、なおも鎌倉に居坐ることになった。この時点では、頼経派が勝ったということかも知れない。しかし水面下での抗争は、なおも続く。

頼経派が大きな痛手を受けたのは、翌寛元三年四月六日だった。名越流北条朝時が、五十三歳で病死したのである。北条一門でありながら頼経派だった朝時の死は、両派の均衡を崩しかねない事件だった。直後の五月末、経時方でも問題が生じた。経時自身が、病気になったのである。もともと身体強健だったので、これを怪しむむきも一門中にはあった。

病気にはなったものの、経時は果敢だった。寛元三年七月二十六日、五代将軍九条頼嗣と自分の妹檜皮《ひわだ》姫との結婚式を、強引に挙げさせたのである。

まさに強引だった。新郎の将軍頼嗣は七歳、そして新婦檜皮姫は十六歳だった。また式の当日は、陰陽道で「天地、相去るの日」という凶日だった。当然、この結婚に反対する者は、きわめて多かった。それにもかかわらず、経時は結婚式を挙げさせたのである。しかも世上に対しては、「密儀」ということで、ことを押し切ったのである。

いずれにしても、新将軍は北条氏の縁者ということになった。将軍九条頼嗣は、執権北条経時の義弟になったのである。病軀を押しての結婚式だったが、一手だけ経時は勝ったことになる。

その後、経時の病気は、一進一退を繰り返した。ときには病気回復と、世上に知らされたこともあった。しかし実際には経時の体は、日に日に病気に蝕《むしば》まれていたらしい。そしてまた、妙なことが起こった。経時の妻室までも、同じ病気にかかったのである。

経時の病名は黄疸《おうだん》だったというから、これは伝染性のものではない。それなのに経時室は、夫経時と同じ病気にかかったのである。きわめて奇妙なことだった。もともと身体強健だった経時の病状は、一進一退を繰り返しつつ、しだいに悪化していった。しかし経時室は、元来が強健ではなかったらしい。

そして九月四日の寅《とら》ノ刻（午前四時）、経時室は死んだ。ときに二十五歳。下野国宇都宮神社の祠官だった大豪族、宇都宮下野前司泰綱の娘だった。直後、病気がやや持ちなおした経時は、再度、前将軍頼経の帰京を図った。鎌倉幕閣の癌になっている頼経は、とにかく鎌倉から追却しなければならないのである。病軀を押して、経時は根廻しに奔走した。

やがて経時の努力が、ついに実を結んだ。十一月四日、頼経の帰京ということが、幕閣で決定したのである。すぐに案件は評定衆会議に移牒され、細目までがきまった。評定衆たちに対する根廻しが、役に立ったわけである。

この日に決定した細目は、次のようだった。

頼経の鎌倉出立は、明年二月十四日。供奉の御家人は、五十二人。それを各御家人に命ずる散《さん》状《じょう》（廻覧板）の執筆と発行は、小侍所《こさむらいどころ》別当《べっとう》の金沢《かねさわ》流北条実時《さねとき》、京都までの路次の奉行人は、三浦泰村の弟三浦光村と政所執事の二階堂行盛。

大成功だった。出立の予定日から供奉の御家人や奉行人にいたるまで、諸事の細目が決定したのである。しかも細目を決定したのは、評定衆会議だった。つまりは幕府の総意ということになる。今度こそ間違いなく、頼経を鎌倉から追却できそうだった。

そして、寛元四年（一二四六）二月十三日となった。頼経が鎌倉を出立する予定日の前日である。この日、突然、頼経は声明を発した。

「種々の議あるによって、上洛のこと、また延引すべし」

また頼経の上洛は、延期されたのである。しかも〝いつまで〟という期限には、触れられてはいなかった。頼経は、経時の主筋にあたる。その頼経の発意ということになれば、経時にも手の施しようがなかった。

こうして頼経は、強引に鎌倉に居坐ったのである。評定衆会議の決定を、頼経はあえて無視したことになる。打つべき手がなかった経時は、ただ手を拱《こまね》いているしかなかった。これが頼経を、さらに勝ち誇らせることになった。

直後、頼経は経時の意見も聞かずに、二所参詣に出発した。伊豆山権現と箱根権現に参詣することで、本来は現将軍が行なう幕府の公式行事だった。明らかに経時に対する挑戦だった。将軍職は辞任させられたが、現将軍の父として、また前将軍という資格で、院政にも似た大殿政治を行なうという野心を、天下に闡明《せんめい》したことになる。

それに反してがっくりと気落ちしたのは、北条経時だった。途端に病状が悪化して寝付いてしまったのである。以降、経時が幕閣に出仕することは、ついになかった。頼経の二所参詣にも、経時は供奉してはいなかった。まさに異例のことだった。

経時が出仕しなくなっても、幕政に遅滞は生じなかった。前将軍頼経が、大殿政治を布いていたのである。この間、二度ほど「臨時の評定衆会議」が開かれているが、この〝臨時〟というのは、〝執権経時抜き〟という意味だったのかも知れない。

経時の病状は、ますます悪化していった。そして三月二十三日、経時の病間で、「深秘ノ沙汰」があった。北条一門のうちの主立った者だけが集まって、秘密裡に善後処理を話し合ったのである。その場に集まった誰の目にも、経時の生命《いのち》が長くはないことは、明らかだった。当然、「深秘ノ沙汰」での議題は、北条得宗家の家督の問題だった。経時には、隆政、頼助の二人の息男があった。しかし長男の隆政も、まだ七歳でしかなかった。狡猾で強引な前将軍頼経と張り合うには、あまりにも幼なすぎた。

結局、経時の弟の左近大夫将監北条時頼が、北条得宗家の家督を嗣立すると同時に、幕府の執権職にも就任することになった。幕府の執権職は、すでに得宗家の家職になっていたのである。なか一日をおいた二十五日、時頼は将軍御所に出仕して、前将軍頼経、現将軍頼嗣父子に、ことの由を言上した。二人ともに、異論はなかった。北条得宗家での四回目の代替わりは、こうして行なわれた。

月余後の閏四月一日、入道正五位下武蔵守北条経時は、ついに死んだ。法名は、蓮華寺殿安楽大禅定門。『吾妻鏡』には、このとき経時は三十三歳だったとある。しかし『尊卑分脈』では二十八歳、『五代帝王物語』では二十三歳である。『吾妻鏡』の文暦《ぶんりゃく》元年(一二三四)三月五日条に「歳十一」とあるから、没年は二十三歳とすべきであろう。

執権時頼と宮騒動

北条時頼が家督と執権職とを嗣立したとき、彼は文字通りに弱冠の二十歳だった。

しかし時頼は、やや神経質だった兄経時にくらべて、きわめて剛胆で果断だった。嗣立と同時に、なにごとかを画策し始めたのである。

そして閏四月一日に経時が死んで直後の同十八日の亥《い》ノ刻(午後十時)、夜闇の静寂を破って、突然、鎌倉中の大路小路で騒ぎが起こった。物々しく甲冑《かっちゅう》で武装した多数の騎馬武者が、炬火《たいまつ》を掲げて走り廻ったのである。馬蹄の響き、甲冑の軋《きし》り、武者たちの怒号、そして炬火から飛び散る火の粉など、ここかしこが物騒がしかった。とくに騒がしかったのは、若宮大路の北端部、二ノ鳥居から北側の付近だった。

その東側には、若宮大路御所があった。前将軍頼経、新将軍頼嗣の九条父子が住んでいる。その北隣の執権館は、経時の死後、得宗被官たちだけで守られていた。時頼は執権職を嗣立しても、小町館（いま宝戒寺）から出なかったのである。

いずれにしても、不思議なことであった。これほどの騒ぎが、将軍御所の門前で続いていたのに、将軍御所も時頼の小町館も、ひっそりと静まりかえっていたのである。ともに騒ぎを鎮めようとは、まったく考えもしていないようだった。

こうして騒ぎは、いつまでも続いた。しかし、やがて東方の衣張山《きぬばりやま》の上の空が、しだいに明るくなってきた。と、あれほど荒れ狂っていた騎馬武者たちは、一斉に立ち去った。彼らが帰っていったのは、どうやら山内荘《やまのうちのしょう》（いま北鎌倉）の方向のようだった。

やがて夜明けと同時に静けさが戻った。直後、さまざまな流言や巷説が鎌倉中を飛び交った。

「騎馬武者たちは、新執権殿の手の者ならん」

「前将軍殿への示威ならんか」

「大殿が鎌倉に居坐らんとする故に、それへの威嚇ならん」

衆目の見るところは、だいたい一致していた。時頼が将軍派に仕掛けた示威であり、頼経に対する威嚇だろうというのである。「得宗方には、これほどの手勢あり」と、将軍派に見せつけたものと、多くの人々は受け取った。

もちろん将軍御所のなかでも、同じように考えたらしい。だから夜明けと同時に、頼経の近侍の但馬前司定員《たじまのぜんじさだかず》は、猛烈に忙しくなった。西湘や武蔵、安房、上総、下総など近国の御家人たちに、多数の召文を発したのである。

その召文の効果は、二日後の同二十日になって、ようやく現われた。近国の御家人たちが、それぞれに武装した手勢を率いて、鎌倉に集まってきたのである。

いずれも定員を通じて、大殿頼経の御下知ということで、鎌倉に召し集められた者たちだった。「得宗方には、これほどの手勢あり」という前夜の時頼の威嚇に対して、将軍派が回答したのが、これだった。「将軍派にも、これほどの兵力あり」というものである。

それから十日間ほど、鎌倉は喧噪をきわめた。追っ取り刀で馳せつけてきた近国の御家人たちが、ここかしこに屯《たむろ》って、それぞれに気勢を上げたからである。

しかし得宗方には、なんの動きもなかった。だから事件らしい事件は、なにも起こらなかった。拍子抜けしたような感じで、やがて武者たちはそれぞれの所領に帰っていった。時期は、ちょうど田植時だった。農民たちに勧農する仕事が、彼らの所領で待っていたからである。

こうして鎌倉には、また静けさが戻った。

いま考えてみると、以上の事件は、得宗方と将軍派とが、たがいに手の内を見せ合ったものと見ることができる。一見、五分五分のようであったが、重大な相違がそこにはあった。

頼経が召文を発しても、近国から御家人たちが鎌倉に参集したのは、二日後のことだった。しかも彼らは、いつまでも鎌倉にいられるものでもなかった。

これに反して時頼麾下の軍兵は、すぐ近くに常駐していた。小袋《こぶくろ》坂と亀《かめ》ガ谷《やつ》坂のいずれかを越えれば、時頼直轄の得宗領である山内荘だったのである。そして山内荘は、相模国で最大の荘園だった。鎌倉に東北方で隣接する武蔵国六浦荘《むつらのしょう》（横浜市金沢区）も、北条氏領だった。金沢流北条実時の所領だったから、朝夷那坂を通れば、いつでも鎌倉に軍兵を投入することができる。

将軍派と得宗方とでは、これだけの大きな相違があった。この相違に気付いた将軍派の面々は、肌に粟を生じて慄然《りつぜん》としたに違いなかった。

そして五月二十二日の寅ノ刻（午前四時）、この相違をさらに意識させるような事件が起こった。鎌倉の西方、甘縄神社の前に、幕府の重臣安達義景の館がある。その館内にいた安達氏の軍兵が騒ぎを起こして、館の外で暴れたのである。俄然、安達館内に多数の軍兵が潜んでいたことが、世上に知れわたった。

ちなみに安達義景の姉は、かって北条時氏と結婚して、経時、時頼、時定および檜皮姫を生んだ。夫時氏が夭折すると、松下禅尼《まつしたぜんに》と名乗って、実家の安達館に戻っている。つまり時頼の生母が松下禅尼で、その弟が安達義景である。当然のことながら、安達一族は、得宗方だった。

こうして見れば、安達館で騒ぎが起こった事情も簡単に納得できる。「鎌倉には、得宗方の安達軍もあり」と、将軍派に見せつけたのである。もちろん騒ぎは、わざと仕掛けた芝居だったであろう。

得宗方の方が優勢であるということを、ここまで見せつけられて、将軍派は萎縮していったに違いない。いまこそ、決起敢行の好機だった。

直後の五月二十四日の申《さる》ノ刻（午後四時）、名越流の北条光時、時幸兄弟が将軍御所に入ったのを確認すると、すかさず時頼は打って出た。鎌倉中に戒厳令を布いたのである。

扇川が若宮大路を横断する上に、中ノ下馬橋《げば》（いま段葛南端）が架かっている。その橋詰に、得宗被官の渋谷一族が陣を布いた。

鶴岡八幡宮の前面を東西する横大路も、得宗方の軍兵が固めた。東方では筋違橋《すじかえばし》の橋詰、西方では鶴岡八幡宮東南角の鉄《くろがね》ノ井付近である。

若宮大路に東西から通ずる辻子辻子《ずしずし》も、得宗方の軍兵が抑え込んだ。大学辻子、咒師《じゅし》勾当《こうとう》辻子、そして宇津宮辻子である。

鎌倉中の要所要所に、関所ができたことになる。その中央に将軍御所があった。やや遠巻きながら、将軍御所と外界との連絡は、すべて遮断されたことになる。押し通ろうとする者があると、各関所を固めた得宗方軍兵は、丁寧だが、しかし強硬な口調で説明した。

「将軍御所に参られんとする者においては、これを許すべからず」

「北条殿の御方に参らしむるにおいては、これを抑え留むるに及ばず」

明らかに将軍に対する謀反だった。しかし時頼から口上を教えられていた軍兵は、

「故名越朝時殿の息男、名越流の北条光時、同時幸の御兄弟、北条一族たりながら宗家の時頼殿に対して逆心を抱き、こと露顕するも、いま将軍御所にあり。よって御所を相囲むところなり」

と説明した。

「北条一族内部での事件だから、他家他流の者は、口出しするな」

ということである。しかしこれは、きわめて巧妙な論理のすりかえだった。事実は、あくまでも将軍御所の包囲であり、前将軍頼経に対する威嚇であり、将軍家に対する謀反だった。これを得宗方では、北条一門の長《おさ》である時頼が、従順でない氏人《うじびと》を捕らえようとしているだけだと、強弁したのである。

まさしく論理のすりかえだった。将軍家に対する謀反ではなく、惣領家が不従順な庶子家に対してとった処置だといわれると、誰にも文句のつけようはなかった。鎌倉時代は、惣領制の時代

だったのである。

いずれにしても、将軍御所は完全に封鎖された。外界との連絡も遮断されたので、近国の御家人たちに、召文を発することもできなかった。

外界から将軍御所に、押し通ろうとする者もあった。大宰少弐の狩野為佐などが、それだった。渋谷一族を叱りつけて、若宮大路を押し通ろうとしたのである。狩野為佐は評定衆の一人だった。つまりは、幕府の重臣である。

普段だったら、渋谷一族は恐れ入って為佐を通したに違いない。しかしいまは、事情が変わっている。渋谷一族は、時頼から特別の厳命を与えられていた。しかも渋谷一族は、完全に武装していた。平服の為佐など、通すわけはなかった。

追い払われた為佐は、すごすごと戻っていった。ほかの場所でも、それなりに揉めた。しかし無理にも押し通ろうとした者は、すべて追い返された。押し通ろうとした者も通すまいとした者も、ともに鎌倉武士だった。当然のことながら、あちこちで喧嘩が生じた。だが、得宗方の軍兵は完全に武装していた。弓に矢をつがえて通行を拒絶されると、みな戻っていった。将軍御所を包囲していた得宗方からは、将軍御所に対して、なんの連絡もなかった。不気味な沈黙が将軍御所を覆った。

やがて夜になった。漆黒の闇こそ、双方が待っていたものだった。得宗方も将軍派も、一斉に武装して旗を掲げ、諸所で兵を挙げた。

将軍派のある者は、強引に囲みを突破して将軍御所に駆け込もうとした。もちろん得宗方の軍兵は、これを力で阻止しようとした。将軍派のうちには、時頼館に斬り込もうという動きもあったらしい。しかし時頼館は、充分に警固されていた。多くの得宗被官軍が、完全武装で集結していたのである。

こうして諸所で、小競合いが頻発した。しかし将軍派の動きは散発的で、統一性に欠けていた。全体を束ねる指揮者がいなかったのである。それぞれが個々に暴発して、すべて各個撃破されていった。

この間、鶴岡八幡宮東北隣の三浦館では、泰村、光村、家村などの三浦兄弟が、終夜、激論をかわしていた。次弟光村の館は、鎌倉の東方、通玄橋の橋詰（いま瑞泉寺《ずいせんじ》入口）にあった。時頼が一挙したのを知ると、すぐ兄泰村館に馳せつけたのである。

次男坊の光村は、三十代の後半になっても、まだ血気さかんだった。北条時頼が将軍に謀反したも同然なのだから、この機をとらえて時頼を討ち、幕政の実権を握ろうと、必死に兄泰村を説いたのである。

急を知って三弟家村も、急ぎ泰村館に馳せつけてきた。しかし家村が馳せつけてきたのは、光村とは反対だった。万事に思慮深い家村は、三浦党の暴発を阻止しようとしていたのである。暴発を主張する光村と慎重論を唱える家村との間にあって、三浦党の棟梁の泰村の心は、右に左に動いた。

そして、長かった一夜が明けた。

甲冑で身を固めた得宗被官軍は、まだ時頼館を厳重に守っていた。そして将軍御所は包囲されたままで、外界との連絡は遮断されていた。将軍御所に突入できた者は、一人もいなかったのである。無気味な静寂が、将軍御所を中心として鎌倉中を覆っていた。

と、早朝の卯ノ一点（午前五時）、動きがあった。前将軍頼経の近侍但馬前司定員が、将軍御所を出て、時頼館に向かったのである。たった一人で、しかも徒歩だったから、時頼に向けた頼経の使者だったらしい。しかし時頼は、定員に会おうとはしなかった。近侍の諏訪盛重と尾藤景氏に命じて、定員を門前から追い返したのである。

時頼の強硬な態度が、これで将軍御所に伝わった。とたんに、将軍御所の雰囲気が一転した。いままでの強硬な姿勢が、一挙に軟化したのである。

「時頼、討つべし」

このような強硬意見をいままで主張してきた名越光時、時幸兄弟は、その場に居辛くなった。将軍派の面々が、事件の責任を挙げて名越兄弟になすりつけ、自分だけは助かろうとしたからである。

やがて名越兄弟は、将軍御所を出て、髻《もとどり》を切って時頼に提出した。出家して降伏したのである。続いて頼経の近侍、但馬前司定員、兵衛大夫定範父子が、同じく髻を切って降伏して出た。定員の身柄は、すぐに安達義景に召し預けられた。

時頼の心理作戦は、見事なまでに功を奏したのである。しかし時頼は、まだ慎重だった。その日の午後、将軍御所近くで得宗方の軍兵が、またも気勢を上げて走り廻ったのである。

そして翌二十六日、時頼館で、秘密の会が持たれた。

招かれたのは、北条一門の長老北条政村、若年ながら俊敏の誉《ほま》れ高い金沢流北条実時、そして准同族とも言うべき安達義景だけだった。事後の処置が検討されたのだろう。三浦党の去就も判然としていなかったから、これへの対応策も討議されたに違いない。いずれにしても三浦泰村の館は、外部から見るかぎり、無気味に静まり返っていた。

ようやく大勢《たいせい》は定まったとはいえ、三浦党の動向いかんによっては、まだ情況は流動的だった。とにかく三浦党は精強で、しかも多勢だった。動き方次第では形勢を逆転させることも、まだまだ不可能ではない。必然的に、得宗方の軍装は解かれなかった。将軍御所の包囲も、依然として続けられた。頼経と三浦泰村との連絡は、とにかく許してはならなかった。

それからの数日間、一見、世上は平穏だった。しかし水面下では、さまざまな動きがあったらしい。同時に流言や巷説が、虚実とりまぜて飛び交った。

六月一日、名越流北条時幸が病死したと、『吾妻鏡』には記されている。しかし京都の公卿、中納言葉室定嗣《はむろさだつぐ》の日記『葉黄記《ようこうき》』には、時幸は自害だったとある。多分、後者が真実であろう。時幸は、自害させられたのである。この一例が示すように、鎌倉での出来事を知るには、鎌倉幕府の半公的記録である『吾妻鏡』より、京都の公卿が書いた日記などの方が、より信憑性があるようだ。

翌年に関白になる近衛兼経の日記『岡屋関白記《おかのやかんぱくき》』には、ほぼ事件の全貌らしいことが、詳細に記されている。

前将軍九条頼経は、北条得宗家の打倒を謀って、調伏《ちょうぶく》の祈禱などをさせていた。さきに北条経時が夭折したのも、そのためであった。経時が死んだあとも、頼経は時頼打倒を謀って調伏させただけでなく、武士などを語らって陰謀を巡らしていた。それが発覚したので、時頼の一挙が行なわれた。

時頼の一挙に遭って、頼経の近侍定員、定範父子が降伏して出ると、すぐに頼経の陰謀などについて取り調べられた。息男の定範は、証拠書類などを焼いて自殺した。しかし父定員は、拷問されて、すべてを白状した。直後、頼経は幽閉された。頼経の陰謀の背後には、京都にいた頼経の父、前摂政九条道家の存在もある。

ここまで全貌が明らかになると、もはや三浦党にも、手の打ちようはなかった。六月六日の深更、三浦泰村の三弟家村は密かに時頼館を訪れた。用心深い時頼は、家村と直接に会うようなことはなかった。時頼の侍臣諏訪盛重が、時頼と家村との間を往復して、相互の問答を取り次いだ。夜が明けかかる頃、ようやく家村は、兄泰村のもとに立ち帰った。

「このたびの事件につき、三浦党に関しては、すべて不問に付す」

このような確約を、家村は時頼から取り付けたものと思われる。同時に三浦党も、

「大殿はじめ将軍派に対して時頼がとる処置を、三浦党は全面的に支持する」

という言質《げんち》を、時頼に与えたに違いない。つまり三浦党は、昨日までの同志である将軍派を売って、一時の安寧をかち取ったのである。

夜が明けて七日になると、時頼は動いた。三浦党から言質をとったからには、もはや容赦する必要はない。将軍派の面々に厳しい処置をとるのだ。後藤基綱、狩野為佐、千葉秀胤、町野流三善康持の四人が、評定衆の座から追われた。千葉秀胤の場合はさらに苛酷だった。鎌倉から追却されて、本領の上総国一宮荘大柳館に籠居することになったのである。

ちなみに幕府御家人は、平常住む場所によって三種、あるいは四種に区分されている。最上は在鎌倉御家人で、鎌倉御家人と略称される。北条、安達、三浦、足利など、常に鎌倉に住んでいて、それなりに幕政に関与する。

次は在京御家人で、佐々木氏などがそれである。常に京都に住むことになっていて、ときどきは鎌倉に報告に来る。

最下位が在国御家人で、平常は本領に住んでいる。これは東国御家人と西国御家人とにさらに区分され、東国御家人は鎌倉番役を勤仕し、西国御家人は京都大番役を勤仕するというのが、基本的な原則である。なお西国御家人は、国御家人とも略称される。

頼朝以来の名門だった千葉氏は、秀胤が本領に追却されたことによって、在鎌倉御家人という名誉ある地位から、二段下の在国御家人に落とされたことになる。町野流三善康持は、評定衆を罷免されると同時に、問注所の執事の座からも追われた。直後の同八月一日、太田流三善康連が、後任に任じられた。

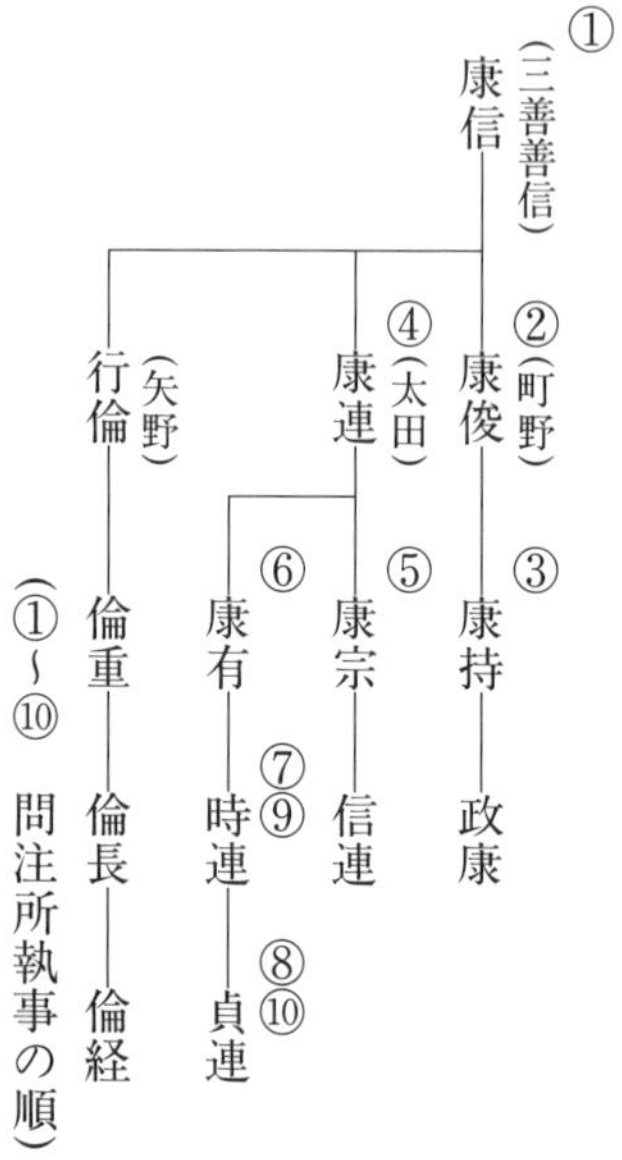

京都の下級公卿だった三善康信（法名善信）は、頼朝に招かれて鎌倉に下り、幕府の問注所の初代の執事に就任した。その嫡系は近江国日野荘町野郷（蒲生郡日野町）を領して、町野流と称した。善信の嫡男康俊、嫡孫康持の二代は、問注所執事を世襲したが、得宗方ではなかった。

これに対して善信の次男康連は、備後国太田荘（広島県世羅町）を領して太田流を称し、早くから得宗方だった。つまり問注所執事が町野流から太田流にかわったということは、反得宗派から得宗方にかわったということだった。これより以降、問注所執事は、つねに太田流が世襲し、町野流が任じられることは、ついになかった。

このことは、幕府の政治組織の面から見ても、大きな意味のあることだった。

鎌倉幕府の中央における官衙《かんが》は、三種あった。政所、侍所、問注所である。

このうち政所の長官である別当には、頼朝の死後に北条時政が就任し、以降、義時、泰時、経時、時頼と、歴代の得宗が就任している。また侍所の長官である侍別当も、建保《けんぽ》元年（一二一三）の和田義盛ノ乱の後、北条義時が就任し、以降は歴代の得宗が就任している。

つまり北条時頼は、幕府の三官衙のうちの二官衙の長官には、すでに就任していた。そしていま、得宗の手の及ばなかった問注所の長官も、反得宗派の町野流から得宗方の太田流に更迭することにより、掌握したことになる。

さきに降伏してきた名越光時も、伊豆国江間郷（伊豆長岡町江間）に流され、謹慎することになった。越後国の国務など、所領所職の大半は、すでに没収されていた。

そのほかの将軍派の面々にも、それなりの処置がなされた。多くは幕府での所職を剝奪され、あるいは召籠《めしこめ》の身となり、あるいは本領での謹慎となった。斬刑にされた者は、一人もいなかった。将軍派に対して時頼がとった処置は、きわめて寛大だったのである。

将軍派に対する処置の締め括りは、前将軍九条頼経その人に対する処置だった。故経時以来の懸案が、実行されることになった。頼経を京都に追却することである。将軍派に対する一連の処置が終了すると、六月二十七日、頼経の身柄は、佐介流北条時盛の佐介館（佐助稲荷前か）に移された。これが、のちのちへの先例となる。

しかし、すぐには出立しなかった。東海道の各宿次に下知して、宿営、接待などをさせる余裕が必要だったのである。この間、時頼は佐介館に、酒肴などを届けさせたりもしている。武士の情けということだろうか。

七月十一日の早朝、頼経は京都に向けて鎌倉を出立した。同月二十八日の早朝寅ノ刻（午前四時）、粟田口（三条大路東端）から京都に入り、祇園感神院《ぎおんかんしんいん》（いま八坂神社）前を南北する祇園大路（いま東大路通）を南行して、六波羅探題極楽寺《ごくらくじ》流北条重時の若松殿に入った。

四代将軍だった九条頼経を、ついに京都に送り帰したのである。かつて北条経時が、二度も強行しようとして、二度とも失敗したことである。これを北条時頼は、執権就任からわずか四か月にして、なし遂げたのである。

ここまで頼経に供奉してきた御家人たちは、月が変わるのを待って、八月一日、京都を発った。その出立の直前、全員で若松殿に別れを告げにいったが、このとき人の目を引くようなことがあった。能登前司三浦光村が、別れを惜しんで涕泣《ていきゅう》し、いつまでも頼経の前を去ろうとしなかったのである。やっと頼経の前から離れて、御家人たちが待つ前に戻ってきた光村は、御家人たちに向かって言い放った。

「相構えて、今一度、鎌倉中に入れ奉らんと欲す」

ようやく時頼が京都へ追却した頼経を、もう一度、鎌倉に迎え入れたいというのである。とすれば、光村は時頼との決戦を、覚悟したということになる。

『鎌倉年代記裏書』で「宮騒動」と呼ばれている事件は、前将軍頼経の帰京で終了した。しかし三浦光村の一言は、北条氏と三浦党との間で、なおも戦いが続くことを暗示していた。

三浦光村がこの一言を発したとき、その近くに時房流北条時定がいた。やがて鎌倉に帰り着いた時定は、すぐに光村の一言を時頼に報告している。

宮騒動は終わった。しかし次の戦いは、すでに始まっていた。

九条父子の陰謀

「前将軍頼経殿の陰謀の背後に、京都の御父九条道家殿あり」

鎌倉で拷問された但馬前司定員が、このように白状したのは、五月二十五日だったらしい。これが京都に伝わったのは、六月六日だった。当然のことながら、京都朝廷に仕える公卿たちは大混乱に陥った。葉室中納言定嗣は、これを「衆口嗷々、天下紛々」と記している。なかでも慌てふためいたのは、当の九条道家本人だっただろう。この日は一日中、東山の九条殿（いま東福寺）に引き籠って、一歩も外には出なかったのである。

京都の混乱を倍加させたのは、火事だった。この日から京都では、火事が頻発したのである。最初の六月六日の火事は、とくに大きかった。未《ひつじ》ノ刻（午後二時）、三条西洞院付近から出火して、南方に向けて燃え広がった。そして戌《いぬ》ノ刻（午後八時）になっても、まだ消えなかった。

結局、北は三条大路、南は八条大路、西は西洞院大路、東は鴨川にいたるまでが全焼した。六角堂（頂法寺）、因幡堂《いなば》（平等寺）、祇園旅所などのほか、公卿の館も多数が焼けた。西北から南方へ、そして西南方へと向かった火の手は、九条大路東端の九条殿近くでようやく鎮火した。

この夜の深更、九条道家の息のかかった公卿たちが、秘かに九条殿に集まった。葉室定嗣も、そのうちの一人だった。なにが話し合われたか、どの史料にも記されてはいない。

二日後の同八日の夜、今度は鴨川の東岸が焼けた。四条大路東端から五条大路東端までで、すっぽりと広大な建仁寺の寺域が含まれていた。ちなみに建仁寺は、かって二代将軍頼家が創建した寺である。

そして九日の夜の火事は、京都の市街地の東北隅だった。大宮大路の東側、土御門大路（いま上長者通）の北側の地である。平安遷都以来の織部司の旧官衙が、ついに全焼した。この時代、京都の西側の半分は、水田や畠の農村だった。いわゆる市街地は、東側の半分だけだった。その市街地の約半分が焼け落ちたのである。

十日の夜は、西北方の嵯峨、高尾のあたりだった。遍照寺などの名刹が、いくつも燃え落ちた。とにかく連日の火事だった。この日、近衛兼経は、日記に次のように記した。

「近日、あるいは郊外、あるいは洛陽に火災あり。ただごとに、あらざるか」

また葉室定嗣も、次のように書いている。

「連日の火事、ただなる事にあらざるか」

一見、京都の公卿たちは、火事の方にばかり、気をとられているかのようだった。しかし実際はそうではなかった。やはり道家の陰謀が鎌倉で露顕したことが、気になっていたのである。連日の火事も、〝なにごとか〟が起こることの凶兆と見えていたらしい。

実際、十日の朝、巷説が飛んだ。

「道家殿の九条殿に、なにか異変あり。道家殿、幕府を怖畏せらるるか」

この巷説を聞いた葉室定嗣は、すぐに九条殿に牛車《ぎっしゃ》を走らせた。しかし九条殿は、ひっそりと静まり返っている。定嗣は、狐につままれたようだった。しかし、ひとまずは安心して、こう考えて自分を納得させることにした。

「みな、天狗のなせしところならんか」

九条殿は定嗣には、なにごともなかったかのように見えた。しかし実際には、〝こと〟は起こっていたのだった。九条殿の奥深い一室で、すっかり怯《おび》えきった道家が、必死の思いで告文《こうぶん》を書いていたのである。その告文は、いま「九条家文書《もんじょ》」の一紙として現存し、『鎌倉遺文』に六七一三号文書として収録されて、読むことができる。

日本国中の諸々の大小の神仏に敬って申す。近日来、関東に騒動ありと聞く。我が子頼経が、陰謀を謀りし故ともいう。されど頼経は、「陰謀に荷担せられたし」と、我れに言い送りたることなし。

されば我れ、頼経の陰謀なるものに、荷担したることなし。まして我れ、その陰謀なるもの、知らず、聞かざるなり。また頼経は、調伏の法を修し、北条経時殿を呪殺せりと聞く。されど頼経は、「経時殿呪殺の法を、修しくれるべし」と、我れに頼みくることなし。されば我れ、経時殿呪殺の法を、みずから修したることなし。他人に命じて修せしめたることもなし。

上件の両事、もし偽りならば、我れ、諸尊諸聖の御罰を蒙るべし。敬って申す。

寛元四年六月十日　　沙門行慧（道家）敬白

頼経が鎌倉で行なったという陰謀に、自分は完全に関与してはいない、与党に誘われたこともないと、九条道家は神仏に懸けて誓ったのである。注目されるのは、道家の利己心である。自分だけは助かろうとするあまり、少しも息子頼経を庇《かば》おうとはしていないことである。

これが皮切りだった。以降の短期間に、道家は数通もの告文を書いたのである。もちろん内容は、最初のものと同じだった。息子頼経の陰謀に、自分は加担していないというのである。しかも回を重ねるごとに、長文になっていく。道家の心中の不安が、しだいに増大していったのだろう。

また告文が長文になっていくにつれて、その内容もしだいに具体的になっていく。そしてついに行き着いたさきが、次の文だった。

「我れ重事を謀り、六条宮雅成親王を皇位に擁立せんとしたること、まったくなし」

尋ねられてもいないことを、ふっと洩らしてしまったのである。思わず本音を吐いてしまった、そんなところだったらしい。

ちなみに六条宮雅成親王というのは、故後鳥羽上皇の五ノ宮である。かつて後鳥羽上皇は倒幕という大陰謀を謀って承久ノ乱を引き起こし、鎌倉幕府軍に敗れて隠岐島に流されている。そのとき雅成親王も、これに縁座して但馬国に流された。しかし二年前の寛元二年七月二十二日、幕府から赦免されて帰京し、今は四辻《よつつじ》殿に住んでいる。

いずれにしても雅成親王は、承久ノ乱を引き起こした後鳥羽上皇の皇子である。それが皇位に即くことなど、幕府が認めるはずはない。それにもかかわらず道家は、それをしようとしたのである。とんでもない大陰謀だった。

それにしても道家が、このことまで告文に書いたのは、たんに筆が滑ったということではない。道家が辛うじて得た情報では、「鎌倉にて拷問されし但馬前司定員、すべてのことを白状せり」ということだった。

「すべてのこと」となれば、もちろん道家の雅成親王擁立の一件も、含まれているに違いない。そこまで時頼に知られてしまったと、道家は思い込んでしまったのである。ということになれば、当然、時頼は道家に対してなんらかの処置をとるに違いない。不安と恐怖に包まれて、九条殿は無気味に静まり返っていた。

数人の公卿の邸宅も同様だった。いずれも、道家の陰謀に加担していた公卿たちの邸である。

かつて後鳥羽上皇が討幕の陰謀を企んだとき、幕府の大軍は疾風怒濤の如く京都に進撃してきた。今度もまた、承久ノ乱の二の舞いになるのか。

そして、それから一か月ほどがたった。

案に相違して、覚悟していたようなことは、なにも起こらなかった。それどころか、鎌倉からの情報は、プツッと絶えた。なにが鎌倉で起こっているのか、まったく判らなくなった。まさに、無気味な静寂だった。道家の陰謀の与党だった公卿たちの不安は、かえって増大した。『葉黄記』の筆者だった葉室定嗣などは、心痛のあまりに病気になったほどである。定嗣には、ほかよりも強く不安を感じねばならぬような事情があった。

いまから二十五年前の承久三年（一二二一）、按察使《あぜち》中納言光親という公卿が、駿河国車返《くるまがえし》（沼津市三枚橋）で梟首《きょうしゅ》された。承久ノ乱に後鳥羽上皇の帷幕にあったとして、時頼の祖父北条泰時が命じたのである。その光親こそ、葉室定嗣の父だった。だから定嗣には幕府から疑われる危険が、充分にあったことになる。

道家や定嗣たちの不安が極度に高まった七月中旬、やっと一つの情報が入った。前将軍頼経が、京都に送り帰されてくるというのである。その情報は正しかった。七月二十八日の寅ノ刻（午前四時）、鎌倉武士たちに護送されて、頼経が六波羅の若松殿に入ったのである。迎えに出た公卿は、一人もなかった。

頼経を護送してきた鎌倉武士たちは、やがて八月一日、京都を発って鎌倉に戻っていった。武士たちの騒々しい蹄の音が遠去かると、また京都は静まり返った。頼経が密々に九条殿を訪れたのは、それから十日以上もたった八月十二日だった。余人を交えず父子だけで、なにを話し合ったかは、永遠の謎である。

それからまた、十余日がたった。定嗣の病状は、まだ一進一退を繰り返していた。

そして八月二十五日、事件が起こった。六波羅探題の極楽寺流北条重時の侍臣、佐治左衛門尉重家が、突然、定嗣邸を訪れてきたのである。用向きは「御病気との由、御見舞いに参上」とのことだった。

このとき定嗣は、まだ三十九歳。しかしすでに従三位で、京都朝廷では参議兼大蔵卿という要職にある。これに対して北条重時は、三ランクも下位の従四位上で、官職も地方官である相模守に過ぎない。しかも佐治重家は、その重時の使者でしかない。

身分の差を考えた定嗣は、青侍に命じて応対させ、自分は会おうとしなかった。すると佐治重家は、取り次ぎの青侍に定嗣本人との面会を強要した。

「もし定嗣殿の見参《げざん》に入らば、『申すべし』との由、主人より下知を受けたることあり」

しかたがなく定嗣は、重家を前に召して会ってやった。すると重家は声を忍ばせて、北条重時に託された用件を話した。

「我が主重時殿、定嗣殿にお呼び出しをかけるは恐れ多けれど、是非とも見参に入って、直接に申し上げげたき儀、これありとの由に候」

つまりは、重時邸に来いというのである。身分は定嗣の方が上位であっても、幕府の実力を背後に擁する重時に抗うことは、定嗣にはできなかった。

「いま我れ、病気なり。なれど病気を押して、近日中に六波羅に赴くべし」

こう約束せざるを得なかったのである。

二日後の同二十七日、病気を押して輿に乗り、定嗣は六波羅に向かった。万一に備えて、事前に後嵯峨上皇に事の由を申し上げた上だった。坂東声が飛び交い、大太刀を横たえた武士が屯集している六波羅探題館は、公卿の定嗣には苦手の場所だった。恐る恐る探題館に入ったものの、すぐには北条重時に会えなかった。

　重時の侍臣が現われて、重時の言葉を伝えた。

「お目に入れるべき文《ふみ》、どこへやら置き忘れたり。探し出すまで、暫時、お待ち下されたし」

　ということで、しばらくの間、定嗣は待たされたのである。程なく重時が現われて、一通の書状を定嗣に示した。鎌倉の時頼からのものだった。

「鎌倉に起きたる事件のこと、すべて片付きたり。されど後嵯峨上皇と近臣の公卿の方々、いまだ詳細を知られざるか。よって事件のこと、鎌倉の時頼殿、私信をもって我れに報じ来たれり。これを読まれて、その内容を上皇にお伝え下されたし」

　時頼からの書状には、鎌倉での事件は、詳細には記されてはいなかった。すこぶる簡単に、事件の跡始末関係が記されているだけだった。

「前将軍頼経が上洛出家した。その後は五代将軍頼嗣がいるから、鎌倉は安泰である。謀略の輩《やから》が少々はいたが、いずれも罪科に処せられたから、御安心されたし」

　事件については簡単だったが、時頼の書状の後半部の方が、より重要だった。さり気なく書かれてはいたが、幕府から朝廷への要求だったのである。

「天下の事、朝廷は、さらに善政を尽くさるべし。叙位、除目《じもく》など、万事、正道を行なわるべし。あるいは上皇の御意志ならざること、従来は、これありたるか。いまより以降は、しかるべからず。器量の者を抽賞せらるべし。また関東申次《もうしつぎ》の仁、追って鎌倉より指名すべし」

　きわめて含みのある文章だった。誰々と実名は挙げてないが、読む者が読めば、誰のことを指しているのか、一目瞭然だった。

この年の正月二十九日までは、後嵯峨天皇の親政というかたちはとったが、事実は九条道家の後見政治で、摂関の地位には道家の次男二条良実が就いていた。

同じ日、後嵯峨天皇は長男の後深草天皇に譲位して、院政を開始した。しかし政治の実権は九条道家が握り、摂関の地位には道家の三男一条実経が就任していた。

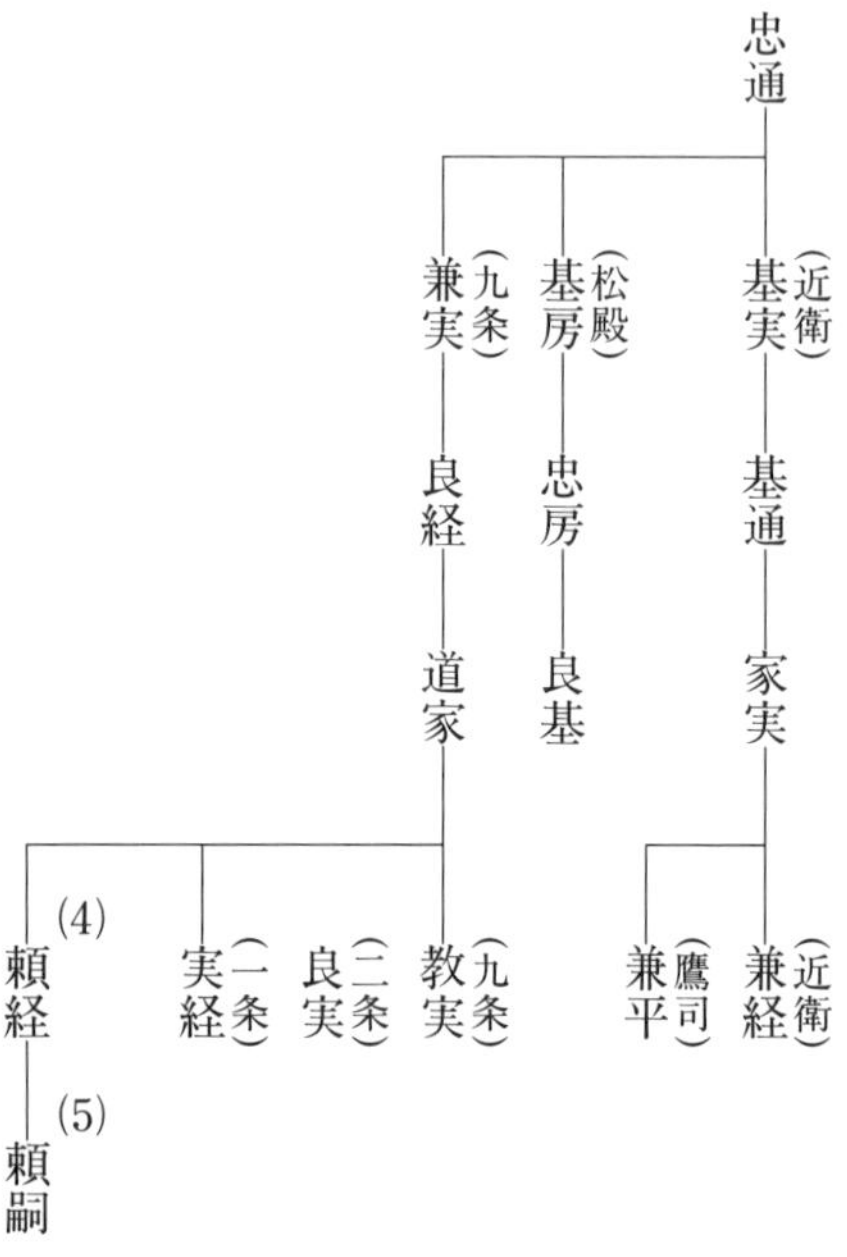

※数字は将軍の代数

いずれにしても今までの摂関の地位は、九条道家と道家の子息たちのものだった。これは「上皇の御意志ならざること」だったから、これはやめて、これからは「器量の者を」選ぶようにというのである。つまりは九条家を摂関の座より降ろし、かわって近衛家の人を任ずるようにというのである。

末尾にさり気なく関東申次のことにも触れているのも、注目される。関東申次というのは、鎌倉幕府との連絡にさいしての京都朝廷の窓口にあたる役職で、ことの性質上、京都政界では大きな意味を持つ。従来は九条道家だったが、これを北条時頼は更迭すると言ってきたのである。

鎌倉での前将軍頼経の陰謀の背後に、道家があることを看破った上での措置であろう。そして事件の背後に道家がいたことを後嵯峨上皇に知らせるとともに、上皇には「さらに善政を尽くさるべし」と言い送ることによって、頼経の陰謀に上皇が加担していないことを時頼が知っていると、上皇に知らせる狙いもあったと思われる。

いずれにしても時頼書状の内容は、きわめて重要だった。京都朝廷での摂関の人事に幕府が介入してきたばかりか、従来は朝廷での人事だった関東申次の指名も、幕府が行なうと明言してきたものだったからである。さすがに定嗣も、その重要性を悟った。だからすぐに、

「この書状を賜りたし」

つまり「貸してくれ」と、言った。後嵯峨上皇に正確に奏上しようと思ったのである。しかし重時は、

「これは私的な書状なり。これを上皇にお見せするは、恐れあり」

として、断わった。幕府が朝廷の政務に介入している証拠にされては、やはり幕府としては困るからであろう。そこで定嗣は、やや譲歩した。

「これを書き写すのは、いかがか」

これも、重時は断わった。そこで定嗣はさらに譲歩した。

「要点のみを箇条書きにして二通を作り、一通は念のため貴殿が持ち、一通は我れが持参して上皇に口頭で御報告申し上げるというのは、いかがか」

この提案は、重時から承諾が与えられた。やがて時頼書状の要点のみを書き写した篇目を持って、定嗣は探題館を辞した。その足で後嵯峨上皇の御所に参り、すぐに篇目を上皇に報告した。

秘密を要することだったので、定嗣は〝お人払い〟を願った。だから上皇と定嗣の二人以外で同席していたのは、円満院宮、太政大臣西園寺《さいおんじ》実氏《さねうじ》、前内大臣土御門通光の三人だけだったが、いずれもが驚愕した。時頼の書状は、あまりにも重事だったのである。とくに一条実経から摂関の職を没収するなど、誰にもできることではなかった。この時期の京都では、道家父子の権勢は、きわめて強かったのである。

こうして時頼の書状は、宙に浮いた。これを受け入れるか否か、幕府への回答は容易にはできることではなかった。

やがて八月は過ぎて九月になり、その九月も過ぎて、ついに十月になった。しかし上皇たちの腹は決まらず、幕府への回答もなされなかった。

と、京都で異変が生じた。辻々を守っていた篝屋《かがりや》の武士が、突然、篝屋役を勤仕しなくなったのである。六波羅探題の北条重時が、秘かに下知したらしかった。篝屋というのは、暦仁《りゃくにん》元年（一二三八）六月、北条泰時が設置したものだった。京都市中の辻々に篝屋を置き、六波羅探題の指揮下、鎌倉武士たちが治安の維持にあたっていたのである。

それからの七年間、京都の夜は静かだった。それまで我が物顔にふるまってきた群盗も鳴りを潜め、きわめて多かった火事も少なくなった。すべては、篝屋のお蔭だった。

その篝屋が中止されたのである。京都の市中に暗黒が戻り、また群盗が現われそうだった。公卿たちは恐怖にふるえた。しかし何故簾屋が中止になったのか、誰も知らなかった。知っていたのは、上皇、定嗣、円満院宮、土御門通光、西園寺実氏の五人だけだった。京都朝廷を威圧するために、北条時頼が厭がらせをしたのである。

そして十月十三日、時頼の使者、安東左衛門尉光成が鎌倉から上洛してきた。上皇に奏上した内容は、わずか二ヵ条だった。

「関東申次のこと、九条道家殿の任を解き、西園寺実氏殿たるべきのこと。後嵯峨上皇には、なおも善政を行なわるべきのこと（つまり、摂関を交替させて欲しい）」

簾屋中止の一件から、幕府の実力の程は身に沁みている。上皇たちには一言の反対もできなかった。それでも京都政界は、さまざまに揺れ動いた。院の評定衆の会議も、いく度となく開かれた。陰陽道などの日柄の良さ悪さなども、いろいろと取沙汰された。

しかし結局は、時頼の言う通りにしないわけにはいかなかった。

年が明けて宝治《ほうじ》元年（一二四七）正月十九日、一条実経は摂関の職を罷免され、自邸に籠居することになった。かわって岡屋殿近衛兼経が、摂政の座についた。時頼の手による京都政界の浄化は、これで完成した。九条道家・頼経父子による宮騒動の陰謀は、すっかり時頼に利用され尽くしたのである。

鎌倉の心理戦

京都朝廷で摂関の地位が一条家から近衛家に替えられたという情報は、すぐに鎌倉に伝わった。そして、それと相前後する頃から鎌倉では異変が頻発しだした。摂関更迭直前の宝治元年正月十三日の火事が、その皮切りだったかも知れない。正月十三日は、鎌倉に幕府を開いた源頼朝の祥月命日である。その日、頼朝法華堂の前の地が、焼けたのである。焼失した人家数十宇のうちには、金沢流北条実時館もあった。

続いて同三十日、佐介流北条時盛の佐介館背後の山を、得体の知れない光り物が飛行したのを、多くの人が見た。

二月一日には、鶴岡八幡宮でも、異変があった。供僧《ぐそう》が供御《くご》を供えるため神扉を開けようとしたが、数刻もの間、扉が開かなかったのである。まるで八幡宮の神が、供御を拒絶しているかのようだった。八幡宮に祀られている神は、八幡大菩薩（応神天皇）だった。頼朝を奉祀しているのは本宮の脇下にある白旗明神だったが、この時代、鎌倉に住む人々にとって、鶴岡八幡宮はまさに頼朝その人だった。その鶴岡八幡宮が、供御を拒絶したのである。世人には頼朝の霊が、今の幕府に怒りを抱いていると、見えたかも知れない。

そして同六日の申《さる》ノ刻（午後四時）、まだ五十一歳という働き盛りの佐介時盛が、突然、病床に伏した。さきに前将軍頼経が鎌倉を追却されたとき、時盛の佐介館に逗留したことを、今さらのように世人は思い出した。

「金沢殿の館が焼け、佐介殿が病気になられたること、いずれも時頼殿が前将軍を京都に追却なされしとき、これに賛同せられたる報いならんか。頼朝殿の尊霊も、時頼殿のなされように、お怒りあるか」

と、世人は噂し合った。

「当然、時頼殿御本人の御身の上にも、やがてことあらんか」

とは、多くの人々が予想したことだった。

時頼が前将軍頼経を京都に追却したことは、世人から、このように受け取られていたのである。とにかく頼経は主君で、時頼は家人だったからである。しかし裏面では、何者かの作為が行なわれており、故意に流言が飛ばされていたことも、やはり事実だったに違いない。

そして三月一日、またも事件が起こった。時頼本人ではなかった。足利泰氏と結婚していた時頼の妹が、寅ノ刻（午前四時）に病死したのである。やがて足利泰氏は、麾下の兵を率いて鎌倉を去り、本領の下野国足利荘（足利市）に向かった。死んだ妻室の葬儀のためだった。時頼にとって、妹婿の足利泰氏が持つ軍事力は、大きな恃《たの》みだった。それが鎌倉を去ってしまったのである。大きな痛手だった。

直後、時頼の密書が、紀伊国の高野山に送られた。

足利軍が鎌倉を去ると、時頼を揶揄《やゆ》するかのように、流言が飛んだ。黄蝶の大軍が、鎌倉中を飛び廻ったというのである。これは、兵乱の前兆だった。かって将門ノ乱や前九年合戦の直前にも、同じことが起こっていた。

足利軍が鎌倉を去ったいま、鎌倉で兵乱が起これば、時頼方の形勢はきわめて不利になる。

ところが四月四日、覚地入道という僧侶が、ひっそりと鎌倉に入ってきた。あまり世人の目を引かなかったが、これは情況の転機だった。いままで受け身だった時頼が、これを境目として攻勢に転じたのである。覚地入道というのは、安達城介景盛の法名である。もともとは大族安達氏の棟梁で、時頼の生母松下禅尼の父だから、時頼には母方の祖父にあたる。

もちろん歴戦の勇士だったが、三代将軍源実朝が公暁に暗殺された直後、出家して高野山の金剛三昧院に入った。しかし承久ノ乱などのように、鎌倉幕府が危険に瀕すると、すぐに馳せつけてきてくれる。そして今、外孫の時頼から密書で乞われると、また鎌倉に戻ってきたのである。

時頼としては足利軍が鎌倉を去ったあとの穴を、これで充分に埋められたことになる。景盛が鎌倉にいてくれれば、安達一族の軍事力を北条得宗方として期待できるのである。

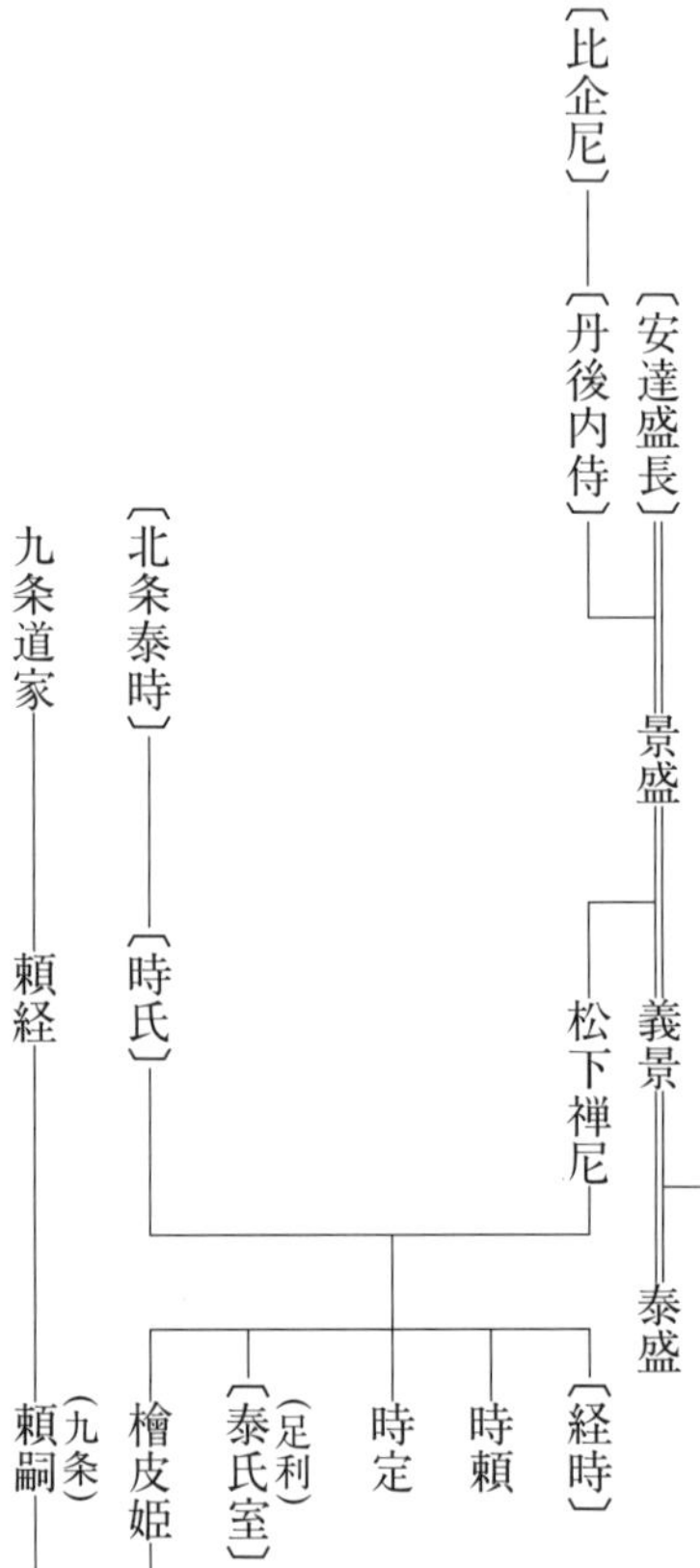

〔〕カッコ内故人、＝は安達氏家督

老人になっていたせいか、とにかく景盛は性急だった。鎌倉に帰り着いた日の翌日から、毎日、時頼館を訪れては、「三浦一族の討伐」を、時頼に強く迫ったのである。

もちろん時頼も、同意見だった。しかし時頼の作戦では、まだ時期尚早だった。実際に兵力を動かすより前に、打っておくべき手があった。いずれにしても景盛が鎌倉に着いたので、これで必要な持ち駒はそろった。いままでは受け身だったが、そろそろ攻勢に転ずべきだった。

こうして時頼の作戦の第一幕が開いたのは、四月十一日だった。

この日いつものように、景盛が時頼館を訪れた。三十八歳の息男義景と、十七歳の孫泰盛も一緒だった。おりしも幕府の重臣も、数人が同席していた。その席上で、景盛が義景、泰盛を大声で叱った。

「三浦一族は、いま武門に秀で、傍若無人なり。やがて末世に及ばば、我れらが子孫、さだめて対揚《たいよう》の儀に足らざるか。いまこそ思慮を巡らすべきに、義景といい、泰盛といい、緩怠の性、武備なきの条、奇怪なり」

息子と孫とを叱っているというかたちはとったが、真実は〝三浦一族を討伐せよ〟と、強く主張したのである。

このことは、すぐに三浦泰村の耳に入った。同席していた幕閣の重臣の誰やらが、注進に及んだものらしい。これを聞いて、もちろん泰村は驚いた。しかし気になったのは、そのときの時頼の態度だった。居丈高《いたけだか》に三浦討伐を主張する景盛に対して、時頼は反対するでもなく、さりとて同意するというのでもなく、ただ謎めいた微笑を浮かべているだけで、一語も発しなかったというのである。

直後、「安達義景殿、造仏師に愛染明王《あいぜんみようおう》像の造像を依頼せり」という情報が、三浦泰村の許に入った。ちなみに愛染明王は、情欲などの煩悩を断つというのが本来だったが、六臂《ろっぴ》のうち前面にある二臂が弓と矢とを持っているため、鎌倉武士の社会では合戦勝利を願うための仏とも、一面では信じられていた。だからこの情報は、三浦泰村を悩ませることになった。父景盛に命ぜられて、安達義景は三浦討伐を決意したのか。

やがて四月二十八日、愛染明王像が完成して、大納言法印隆弁《りゅうべん》が招かれて、入魂の秘法を開始した。隆弁の祈禱は、それから七日間も続いた。

大納言法印隆弁は、北条時頼の帰依あさからぬ僧だった。その隆弁が、安達義景の依頼で秘法を修したのである。義景の愛染明王像の造立に、時頼が関与していることは、明らかだった。隆弁が秘法を修していた七日間、三浦泰村の心中は穏やかではなかった。不安と焦燥でいっぱいだったのである。

ところが秘法が終わった翌日、朗報が入った。

「泰村殿の御次男駒石殿、我が養子に貰い受けたし」

このような申し出が、時頼からなされたのである。

安達一族が三浦氏討伐を考えているにしても、北条時頼にその気がないことは、これで明らかだった。泰村の心中は、一挙に平静になった。

五月十三日、またも事件が起こった。時頼の妹で五代将軍頼嗣室になっていた檜皮姫が、十八歳で病死したのである。それにしても北条氏得宗家では、このころ病死した者があまりにも多い。

寛元三年(一二四五)九月四日　　北条経時室(宇都宮泰綱女)、十五歳
寛元四年(一二四六)閏四月四日　北条経時、二十三歳
宝治元年(一二四七)三月二日　　足利泰氏室(時頼の妹)
宝治元年(一二四七)五月十三日　檜皮姫(時頼の妹)、十八歳

いずれも、みな若年だった。これだけ続くと、偶然とは思われない。

いずれにしても十三日の夜、時頼は三浦泰村館に宿泊した。喪に服するということで、七夜の

倍数だけ他家に泊まるのが、当時の風習だった。

時頼が三浦館に泊まるようになってから五日目の同十八日、鎌倉中に流言が飛んだ。

「鎌倉の西方より光るもの出できて、八幡宮北隣の上空をかすめて、東天に飛び去れり。なれど光は、しばらくは消えず」

鎌倉の西方には、甘縄神社前に安達館がある。そして八幡宮の東北で隣接しているのは、三浦泰村館である。つまり〝光るもの〟は、安達館のあたりで出現し、三浦館の上空を飛んだというのである。だからかも知れない。その流言には、すぐに尾鰭《おひれ》が付いた。

「甘縄の安達義景殿の館に、一旒《りゅう》の白旗が出現す。近くを通りしもの、みな、これを見たり」

安達義景の父景盛には、頼朝の御落胤だという伝承があり、この時代、これを信じているものは少なくなかった。景盛の生母の丹後内侍は、夫の安達盛長と一緒に、伊豆の流人だった頼朝に近侍していたらしい。のち丹後内侍が病床に伏すと、わざわざ頼朝が安達館を見舞いに来たこともある。景盛が頼朝の御落胤だという伝承は、案外、事実だったかも知れない。

そして無文の白旗というのは、もちろん源氏の旗であるが、この時代の鎌倉に住むものにとって、それだけのことではない。白旗明神と神格化されて祀られている頼朝が、すぐに想起されたに違いない。

現代の観点から見れば、十八日に鎌倉で流された流言は、三浦館に泊まっている時頼が、心理作戦を本格化させたということである。必然的に、時頼の作戦は続くことになる。

同二十一日、八幡宮の大鳥居の前に、何者の仕業とも知れず、一基の高札が立てられた。

「三浦泰村殿、独歩のあまりに厳命に背くにより、近日、誅罰を加えらるべしと、その沙汰あり。よくよく御覚悟あるべし」

高札には、このように書かれていた。多くの人がこれを読んだ。もちろん三浦泰村も、このことはすぐに知った。しかし、いま自館に逗留している時頼が、この高札を立てさせたのかも知れないとは、まったく考えもしなかったらしい。

続いて同二十六日、また事件が起こった。陸奥国菱形荘（郡山市湖南町）の領主土方《ひじかた》右衛門次郎が、突然、鎌倉から逐電したのである。番役勤仕のため鎌倉に来ていたのだから、これは番役対捍《たいかん》という大罪にあたる。

直後、土方が某神社に、願文を捧げていたことが判明、すぐに時頼が取り寄せてみると、次のように記されていた。

「三浦泰村殿より『ある陰謀に加われ』と迫られ、やむを得ずに一諾す。なれど我れ、三浦殿の陰謀に、加担すべからず。されば三浦殿、陰謀の露顕せんことを怖れ、口封じのため我れを害さんとするべし。よろしく某霊神、我れに冥助を加え、我が安全を護り給うべし」

三浦泰村が、なにか陰謀を企んでいるというのである。誰に対しての、どのような陰謀なのかは判然としないが、土方が書いた願文によれば、泰村が陰謀を企んでいるということは明らかだった。重要なのは、それを時頼が知ったということだ。さらに重要なのは、時頼が知ったことを、泰村も知ったということだった。

泰村の心中の不安は、しだいに高まっていった。そして翌日の夜、その不安をさらに高めるような事件が起こった。ちなみに檜皮姫が死んだ五月十三日から、時頼は喪に服すため、三浦館に逗留していた。

この日の夜も、時頼は三浦館にいた。ところが夜更けになると、時頼は郎等一人だけを供にして、秘かに三浦館を立ち出て、自館に帰ってしまったのである。驚いた泰村は、すぐに使者を時頼館に送って、ことの由を尋ねた。返ってきた時頼の返事は、きわめて意外なものだった。

「前日、土方の願文を見る。貴殿に陰謀のことありと記されたり。そして今夜、貴殿の館の奥より、鎧や太刀の響きあり。これ願文の趣きと、たちまちに符合す。よって秘かに貴館を立ち退きたり」

三浦泰村が自分を害そうとしていると気付いたから、あわてて逃げ出したのだと言うのである。そんな気はまったくなかった泰村は、仰天してしきりに陳謝した。

それで時頼の心中の疑惑が、解けたわけではない。その証拠に時頼は、翌日の夜、一門や准一門の安達氏などの主立った人々を自館に呼び集めた。正確な顔触れの記録はない。秘密の会議だったから、それも当然ではある。しかし推測することは、さほど難しくはない。

祖父泰時の四弟の北条政村は、ときに四十三歳、一門の長老として尊重されていた。長老ということでは、時房の四男大仏《おさらぎ》流北条朝直もある。ときに五十二歳だった。金沢流北条実時は、まだ二十四歳という若年である。しかし早くから学問に秀でて、衆望を集めている。時頼の弟時定も、当然、呼ばれていたに違いない。

北条氏に准ずる地位にあった安達氏では、景盛入道覚地が、当然のことながら、同席していたと思われるが、息男の義景、孫の泰盛については、よく判らない。いずれにしても、北条一門の家族会議だった。もちろん議題は、「三浦一族を討つべし」で、「そのための作戦は」ということだったに違いない。

このような議題から必然的に導き出されたのは、「敵状は如何《いかん》」ということだった。三浦一族側の軍勢は、どうなっているか、ということである。

この点についての出席者の観測も、おおよそのことは一致していた。

三浦一族が擁する兵力の大部分は、三浦半島に存在する。だからいざという場合には、その兵力が鎌倉に移動してくるのを、どこかで阻止しなければならない。

これについては、全員が故北条泰時に感謝することになった。泰時は十八年間の執権在任中に、鎌倉、三浦半島間を通ずる小坪路と名越坂とに、堅固な要塞を構えていたのである。

とくに、名越坂は凄かった。三浦半島から鎌倉に入ろうとするとき、つねに曲り角が直角に右廻りになるようにしてあり、騎馬では一列にならざるを得ない狭さになっていた。山腹を通るさいは片側は屹立《きつりつ》した断崖で、ほかの片側は切り立った断崖になっており、山中を通るさいには、両側が屹立した断崖になっていた。

弓矢は左手に向けてしか射られないから、右手側から矢を向けられると、まったく無防備になってしまう。また曲り角が直角で道幅が狭いと、馬は容易には曲れないから、馬上の武者はしばし不動の的にされることになる。屹立した断崖上に北条方が軍を配置しておけば、三浦勢はまず通行不能になる。矢の雨を降らし、巨岩、大木を転がせばよいのである。

さらに名越坂には、さまざまな危険な仕掛けが用意されていた。

前記の右廻りに直角に曲る狭い曲り角は、空洞《ほうとう》という。道の中央に置かれている巨岩は、置岩《おきいわ》という。通行する騎馬武者は、これで一列にならざるを得ない。一尺から二尺ほどの幅で路を掘り切っている堀切《ほりきり》は、いわば落とし穴である。尾根と尾根とを結んでいる土橋は、いざというときには断ち切って通行不能にする掘割《ほりわり》である。

さらに鎌倉と三浦半島との境になる山稜（いまは鎌倉市と逗子市との境）には、大切岸《おおきりぎし》と呼ばれる城砦状の地形が造られていた。尾根に沿った内側には、北条方軍兵が移動し易いように犬走《いぬばしり》が設けられていたが、尾根の外側は垂直に削り取られていて、敵側軍兵が攀じ登れないようになっていたのである。

すべては、故北条泰時が築いておいたものだった。お蔭で、三浦勢が鎌倉に殺到してくることは、ほとんど不可能に近い。この日、時頼館に集まった人々の意見は、この点で一致した。となれば、すでに鎌倉にいる三浦側の兵力は、どの程度のものであるか。これが問題となった。

と、すぐに時頼は、その場に数人の諜者を召し出した。このことを予想していた時頼は、すでに三浦館の内情などを探査させてあったのである。諜者たちの報告は、だいたいのところで一致していた。

「三浦一族は、日夜に前将軍家に近侍したるにより、その御帰洛のいま、日を追って恋慕し奉るか」

「なかんずく泰村殿の御舎弟光村殿は、幼少の頃より前将軍家に昵近し奉るによって、さらに恋慕の念が強し。その上、京都にて前将軍家に対し、『必ず鎌倉に迎え入るべし』と、密々の約定あり。これを果たさんがためには、御当家に対し、弓を引くよりほかなし」

「いま三浦一族の面々、それぞれに兵具を整え置き、三浦半島から陸路での武具搬入が無理と知るや、安房、上総などの所領より、船にて甲冑などを運び入れつつあり。こと、すでに隠密の企てにあらざるか」

すでに三浦一族は合戦の準備をしている、というのである。この日の会の結論は、これで決まった。北条、安達両氏は、ともに手を携えて三浦一族を討つことになったのである。決行の日時や戦略は、安達景盛と北条時頼の二人に一任されることになった。しかし全体の指揮は時頼がとることに、誰も異存はなかった。

その翌日、佐原流三浦盛時が、時頼館を訪れた。盛時は、三浦氏の庶流佐原氏の一人だったが、北条得宗家とは縁が深い。時頼の父時氏とは、異父兄弟だったのである。

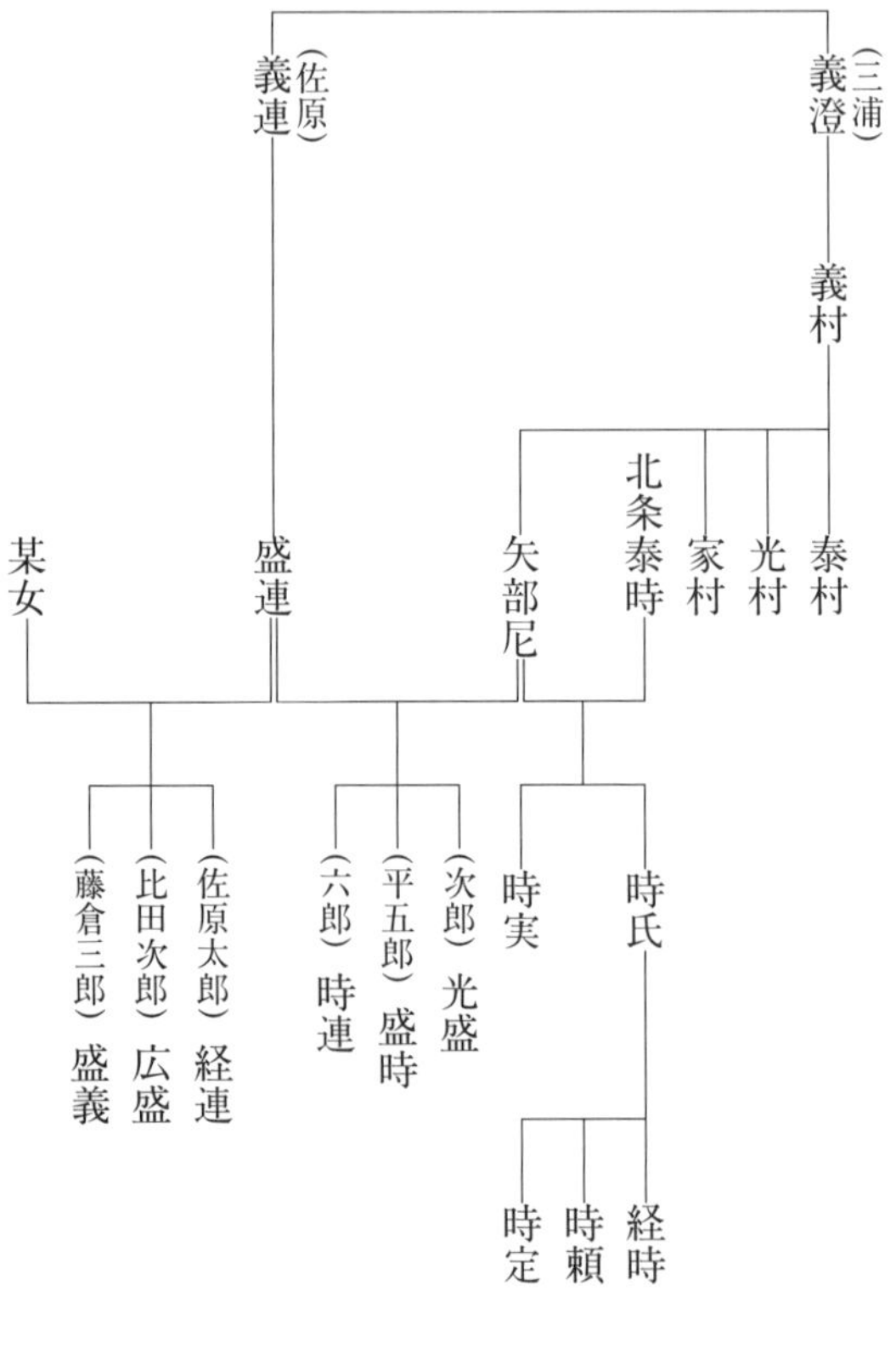

盛時の生母矢部尼は、三浦義村の娘で、三浦泰村、光村兄弟の姉にあたる。最初は北条泰時と結婚して、時頼の父時氏を生んだが、のち泰時とは離縁し、同族の佐原流三浦盛連と再婚して、盛時ら三兄弟を生んだのである。

このように佐原盛時は、北条時頼とは血縁の関係があったが、それだけではなかった。三浦一族との戦いを決意した時頼は、すでに去年の暮れには、盛時を自分の麾下に誘い込み、得宗被官に仕立てていたのである。『鎌倉遺文』の六七六八号に、その証拠がある。

（時頼の袖花押）
下す、陸奥国糠部郡五戸郷。
補任す、地頭代職のこと。
　左衛門尉平盛時
右の人、彼の職として、先例を守り、知行せしむべきの状、件の如し。
　寛元四年十二月五日

去年十二月五日には、時頼は自分が地頭になっている陸奥国糠部《ぬかのぶ》郡五戸郷《ごのへ》（青森県五戸町）の地頭代官に、佐原盛時を任じていたのである。すでに盛時は、得宗被官であった。その盛時が、五月二十九日、時頼館を訪れた。時頼から代官に任じられた五戸郷を実検して、帰ってきたところだった。

「我れ五戸郷にありしとき、海浜に大魚、流れ寄る。また海の色、紅《くれない》の如く赤し。ちなみに文治《ぶんじ》五年（一一八九）の頼朝卿の奥州征伐、建仁《けんにん》三年（一二〇三）に二代将軍頼家殿が暗殺され、建保元年（一二一三）に和田義盛殿の乱ありたるときなども、この怪異ありたりという。近日、また合戦あらんか」

佐原盛時の報告は、そのようなものだった。血統的には三浦一族であったが、暗に三浦氏の討伐を勧めているかのようだった。

六月一日、些細な用件を口実として、時頼は京極流佐々木氏信を使者として三浦館に行かせた。

一御家人に過ぎない佐々木氏信なら、虚心に三浦館の様子が探れると考えたのである。帰ってきた氏信の報告は重大だった。三浦館内には、充分な武備があったというのである。

「三浦館の侍所に案内されたるついでに、郎従をして秘かに館内を見せしむるに、弓は数十張、戦闘用の征矢《そや》および鎧櫃など数十合あり。厩の侍所にも、鎧櫃が百数十合あり」

この報告を受けた時頼は、すぐに将軍御所と自館の警固を厳しくするよう、幕府御家人たちに下知した。同時に近国に住む御家人たちにも、ただちに鎌倉に出仕するよう、五代将軍九条頼嗣の名で下知を布達した。これは時頼が幕府の執権だったから、できたことだった。「いざ、鎌倉」という下知が、近国に下されたのである。

翌日、鎌倉中が武装した人馬で溢れ返った。近国の御家人たちが、押っ取り刀で馳せつけてきたのである。その御家人たちは、それぞれの番の所を割り当てられて、将軍御所である若宮大路幕府と時頼館との警固にあたった。

とくに警固が厳重だったのは、時頼館（いま宝戒寺）だった。三浦館（いま横浜国大付属小学校西北隣）の三浦勢の攻撃から、若宮大路幕府（いま清川病院）を守るためには、時頼館こそが最前線になるからである。

大学辻子の東方への路（東勝寺橋に通ずる）に面する南門は、相模武士が固めた。滑川側の東門は、武蔵武士が担当した。幕府政所に面している西門は、駿河武士が警固した。そして西御門川に面している北門は、もっとも三浦勢の攻撃が予想されるので、もっとも信頼できる伊豆武士が割り当てられた。

そして時頼館の内部は、時頼直率の得宗被官たちが固めていた。諏訪盛重、平盛綱、盛時父子、南条、万年、小野沢、安東等々である。

経連、広盛、光盛、盛義、時連など、佐原流三浦氏の兄弟も、すでに武装して時頼館に詰めていた。なにかの用で遅れていた五郎左衛門尉盛時も、塀を乗り越えて着到した。喜んだ時頼は、みずから盛時に鎧を与えたという。

時頼方の軍兵は、得宗被官軍という時頼直率の私兵のほかに、執権という幕府公権によって召し集めた幕府御家人もあり、急を知って馳せ参じてきた近国の武士たちも加わって、ますます大軍になっていく。

これに反して三浦勢は、直率の三浦軍の大部分が三浦半島から鎌倉に入れず、与党と恃みにしていた者も、形勢不利と見て来なかったので、とにかく寡勢だった。去年の宮騒動で千葉、後藤、町野、狩野および名越流北条氏などが逼塞させられたことも、痛手になっていた。

そして六月三日、三浦館の南庭に、一枚の檜の板がほうり込まれた。落書が記されていた。

「この程、世間の騒ぐこと、なに故とか知らず候。御辺《ごへん》、討たれ給うべきことなり。思いまいらせて、御心得のため申し候」

これを見た泰村は、すぐに板を破却させた。直後、時頼館に使者を送った。

「世上の浮説、頻々として、もっぱら我が身のことなり。されど我れ、さらに野心を存ぜず。世上の物騒につき、我が身を案ずる郎従ども、鎌倉に集まり来たるあり。これ、讒訴の基《もとい》たるか。このこと、貴殿、我れに御不審あらば、みなみな追い下すべし。また、こたびの騒ぎ、もし我がことにあらねば、我が進退、よろしく貴命に従うべし」

ほとんど降伏、あるいは哀願に近い内容である。

これに対して時頼は、ただ一言、

「あえて氷疑に及ばず」

と答えただけだった。

「貴殿に対する我が疑念は、まだ解けたわけではないぞ」ということであるが、さらには、「疑念を解いて欲しいのなら、それなりの誠意を行動で示せ」という意味も込められており、さらに端的に言えば、「三浦側の兵力を解散せよ」ということであった。

いずれにしても三浦泰村からの使者の口上で、時頼が気になった箇所があった。

「我が身を案ずる郎従ども、鎌倉に集まり来たるあり」

である。泰村の一族郎等たちが、鎌倉に集まって来ている、というのである。それが気になったからこそ、時頼は「あえて氷疑に及ばず」、つまり「兵を解散せよ」と、謎をかけたのである。

しかし時頼のかけた謎は、泰村には通じなかった。いや、通じていたのかも知れないが、泰村にとって麾下の兵を解散させるなど、ことここに及んでは、出来ることではなかったのかも知れない。

いずれにしても六月四日の早朝、時頼が秘かに西御門の三浦館の周辺を郎等に探らせると、意外な報告が戻ってきた。

「三浦泰村殿の一族および縁故の方々の家ノ子郎等たち、数を尽くして三浦館に集結。よって三浦館の周辺は、多数の甲冑の士卒が充満して、あたかも垣根のごとし」

三浦側の軍勢も、きわめて多勢になっている、というのである。

これを聞いた時頼は、すぐに鎌倉中に布告を発した。鎌倉中の長谷保《はせのほう》、大蔵保などの各保の奉行人を通じ、さらに諏訪、万年などの得宗被官たちに、将軍家の下知だと布令て廻らせたのである。

「近国より参りたる御家人たちは、今日中に鎌倉を退散すべし」

もちろん狙いは、得宗方軍兵ではなかった。得宗方の軍兵は、そのまま鎌倉にいなければならない。鎌倉を今日中に退散しなければならないのは、三浦側の軍勢だけだった。

しかし時頼が発した布告を、素直に受け入れた者もあった。北条、三浦両家の対立に、五代将軍九条頼嗣が仲裁に出たものと、誤解したらしい。三浦泰村の妹婿の関政泰もその一人だった。義兄泰村の救援のために鎌倉に来ていたのだが、まともに時頼の布告を信じて、所領の常陸国関郷に帰ろうとしたのである。さすがに途中で欺かれたと勘付いて、夜半には鎌倉に戻ってきている。

しかし同じように、時頼の布告を信じ込んだものも、少なくはなかった。それぞれ自分の所領に帰っていったが、すべて三浦側の与党だった。

こうして四日の夜になると、得宗方と三浦側との兵力の差は、さらに大きく開いた。三浦側の軍勢が減少したのに気付いたのは、故大江広元の四男毛利季光の室、三浦泰村の妹だった。深夜ではあったが侍女一人を供にして兄泰村のもとに行き、次のように兄を励ましたのである。

「このほどの騒動、たしかに兄上を討たんとの時頼殿の企てなり。我が夫毛利季光は、誓って兄上に与力せしむ。もし二心ありとも、必ず我れ説得せん」

妹に励まされた泰村が、士気を奮い立たせたか否か、それは判らない。いずれにしても筋違橋《すじかえばし》付近を境として、得宗方、三浦側両軍の兵は、ともにこの夜、安眠できなかったに違いない。

三浦合戦

寝苦しい一夜が明けると、宝治元年（一二四七）六月五日だった。朝のうちは、小雨が降りそぼっていた。三十余年ほど前の建保元年（一二一三）五月三日、和田義盛たちが滅亡した日も、同じような小雨だった。そのとき泰村の父三浦義村は、同族の義盛を裏切って、北条義時に味方したのだった。小雨を見て、そのことを思い出した者も、いたかも知れない。

この日は鶏鳴より前に、鎌倉は不穏な空気に包まれていた。時頼が被官の万年馬入道を使者として三浦館に送ったのが、原因だったのかも知れない。戦書（挑戦状）を送ったものと、世人に誤解されたらしい。平安末期より以降、氏族間の私戦にさいしては、戦書を送って合戦の日時と場所を指定するのが、東国武士の慣習だった。つまり北条、三浦両氏が戦うとすれば、それは私戦であると、世人には思われていたのである。しかし時頼の使者の用向きは、案に相違して平和的なものだった。

「貴殿の郎従らの騒ぎ、相鎮めらるべし」

というものだったのである。このことが世上に伝わると、早朝からの不穏な空気は、やや鎮まったかのようだった。まだ時頼には、戦う気がないように思われたからである。

しかし筋違橋の西詰から以南にいた北条軍が、解散されたわけではなかった。同様に筋違橋の東詰から以北の西御門大路にも、三浦側の軍兵が充満していた。両軍の境目が、筋違橋になっていたのである。

それから一刻ほどたつと、得宗被官の平盛綱入道盛阿が、また時頼館の門から出てきた。馬には乗っていたが僧衣で、しかも甲冑姿でなかったのが、人々の目を引いた。仲間の得宗被官たちを掻き分けて筋違橋の西詰まで進むと、車排《くるまおき》だった。大八車などを横倒しにして、防備の構えとしていたのである。

かたわらの兵たちに盛綱が馬上から下知すると、すぐに盛綱のための通路ができた。自軍の車排の間を通って筋違橋を渡ると、その東詰にも車排があった。三浦側の軍勢が、やはり防備を固めていたのである。

「和平の使者でござる。通させて頂きたい」

盛綱の一言で、ひしめいていた三浦勢の間に、一瞬、安堵のさざなみが広がった。三浦側も車排の一部を動かして、盛綱に道をあけた。そのなかを盛綱は、静かに馬を歩ませて三浦館に向かった。

盛綱が三浦勢に向かって発した一言は、盛綱の背後、筋違橋の西詰の北条方軍兵の耳にも聞こえた。すると一人の騎馬武者が、北条方軍兵の間を駆け抜けて、西南方、甘縄の方に向かって走り去った。ちなみに甘縄には、安達館があった。

盛綱が三浦館に向かったのは、時頼の書状を届けるためだった。盛綱の来訪と知ると、泰村はみずから出居《でい》にまで迎えて出た。盛綱は、陪臣の身分である。幕府御家人である泰村が、出居にまで迎え出る必要はない。泰村の心中の不安や焦燥が、そうさせたものであろう。

時頼の書状を出居で受け取った泰村は、その場で読み下した。まさに意外にも、和平の提案だった。

「貴殿と我れとが兵を集めたるにより、世上、きわめて物騒がし。これ、天魔のいたすところか。我れにおいては、貴殿を討伐するの気なし。なれば日頃のごとく、互いに異心あるべからず」

和睦しようというのである。それには戦う気がないと誓った起請《きしょうもん》文までが、添えられていた。

その上に使者の盛綱も、

「我が主時頼殿においては、まったく貴殿と干戈《かんか》を交うるの気なし」

と、言下に保証した。思わずホッとしたのは、泰村だった。

「和平のこと、もちろん承諾。当方においては、最初から戦うの気なし」

と、すぐに返答した。こうして北条、三浦両氏の間で起こりそうだった合戦は、ぎりぎりのところで回避されたかのようだった。

使命を果たして盛綱が立ち去ると、一瞬、気が緩んだ泰村は、とたんに空腹を感じた。思えばここ数日間、心痛のあまり、ろくに食事も摂《と》ってはいなかったのである。さっそく妻室は湯漬けを持ってきたが、一口食べたとたん、思わず泰村は噎《む》せてしまった。数日来の心痛は、それほどまでのものだったのである。

一方、時頼が和平の使者を三浦館に送ったことは、すぐに甘縄の安達館に伝わった。安達景盛が筋違橋西詰の北条軍に紛れ込ませていた郎等が、「御注進、御注進」とばかりに、馳せ帰って報告したのである。報告を受けた安達景盛は、ただちに息男の義景、孫の泰盛を呼んだ。

「時頼殿、和平の使者を、三浦殿に送らると聞く。これにて和平とならば、三浦党の増長、ますますならんか。いまとなりては、とにかく三浦党と雌雄を決すべし」

三浦館に対する攻撃を、二人に命じたのである。すでに完全武装していた安達父子は、ただちに一族郎等のほか、与党の軍兵を率いて出陣した。

ときに安達義景は、承元《じょうげん》四年（一二一〇）生まれの三十八歳。そして安達泰盛は十七歳で、これが初陣《ういじん》だったに違いない。

甘縄神社東南隣の安達館を出撃した安達軍は、門前を東西に通ずる長谷小路を東に向かって疾駆し、六地蔵の角を北に折れて今小路を北進、やがて東折して柳小路に入るや、そのまま東進して中ノ下馬橋の南詰付近で若宮大路に出、今度は北上して赤橋を渡って鶴岡八幡宮の境内に突入すると、これを東北方に向けて斜めに駆け抜けて、神宮寺の門前で一斉に鬨《とき》の声を上げた。

同時に安達軍の先陣だった小鹿島公義《おがしまのきんよし》は、さらに筋違橋西詰の車排の辺りにまで進出して、三浦館に向かって鳴鏑《なりかぶら》の矢を発した。開戦の儀礼である。

これを見た周辺の御家人たちは、ワラワラと安達軍に加わると、筋違橋西詰の車排を西御門川に突き落として道をあけて、一斉に東詰の三浦勢に攻めかかった。幕府政所際や八幡宮境内には、武装した御家人たちが、多数屯営していたのである。

仰天したのは、三浦勢だった。一瞬前には和平成立ということで、胸を撫でおろしたばかりだった。それが、突然の鬨の声とともに矢の雨が降り注ぎ、安達軍が攻め込んできたのである。

「欺かれしか」

と、切歯する者もあった。しかし多くは、さすがに三浦党だった。すぐに気を取りなおすと、それぞれに迎撃して出たのである。まだ鎧を脱いでいなかったのは、不幸中の幸いだった。

安達軍の先陣として開戦儀礼の鳴鏑を射た小鹿島公義には、同苗公員という兄があった。開戦必至と見て先陣の殊功を樹《た》てようと考え、前夜から郎等二人とともに、三浦館近くの廃屋に潜んでいた。そしていま、鬨の声とともに弟公義が鳴鏑を射たのを知ると、わずか三人で名乗りを上げ、三浦勢のなかに斬り込んだ。間違いなく一番乗りの殊功だった。

しかし三人には、後続の兵はなかった。たちまち三浦勢に包囲されて、郎等一人は射殺された。と見るや公員は残る郎等とともに、血路を切り開いて逃げ帰っている。公員、公義兄弟の父橘公業《たちばなのきみなり》は、もともとは伊予国宇和荘《うわのしょう》（宇和島市）の領主で、平知盛に仕えていた。しかし早くから平氏を見限って、頼朝が挙兵した直後の治承四年（一一八〇）十二月には、はるばると鎌倉に下って頼朝に仕えた。その後の源平合戦で数多くの功を樹てたので、文治五年（一一八九）に奥州藤原氏が滅びると、出羽国小鹿島荘（男鹿《おが》市）の地頭に任じられて、小鹿島橘次と名乗っている。

ところが建保元年（一二一三）五月の和田合戦に連座して、小鹿島荘は没収された。これを不服として京都朝廷に接近、安貞《あんてい》元年（一二二七）十月には薩摩守にも任じられた。しかし、これが幕府の忌諱に触れた。嘉禎《かてい》年間（一二三五―八）の頃、本領だった伊予国宇和荘を没収され、かわりに肥前国長島荘（武雄市永島）を与えられたのである。

いずれにしても小鹿島氏は、頼朝時代の繁栄を失った。小鹿島兄弟が二様のかたちで安達軍の先陣になったのは、これが理由だった。殊功を樹立して、自家の再興を図ったのである。

なお戦端が切って落とされたのは、時頼の使者平盛綱が、時頼館に帰り着くより以前だった。安達軍は時頼館（いま宝戒寺）門前を避けて、八幡宮境内を斜めに駆け抜けたのである。やがて盛綱は帰ってきたが、もはや手の打ちようはなかった。

「いまは、これまで」

と意を決した時頼は、まるで心中に腹案ができていたかのように、てきぱきと下知を下した。

「金沢殿（金沢流北条実時）は、麾下を率いて将軍御所を守られたし。我が弟六郎時定は、三浦党討伐の大将軍たるべし」

時頼の命令一下、ただちに北条時定は、得宗被官軍を率いて、出撃していった。得宗被官の束ねは、諏訪盛重があたっていた。当然のことながら、戦場は西御門川の川岸となった。三浦館前を通って（いま横浜国大付属小学校校庭）、筋違橋に通じていたからである。

しかし北条時定が三浦館に攻め入ろうとしたときに、混乱が起こった。ことが突然だったため、三浦勢の救援に行こうという者、北条方に馳せ加わろうとする者などが、鎌倉中のここかしこで衝突して、小競合いが生じたのである。

このような混乱のなか、美談となるような事件もあった。

故大江広元の四男毛利季光は、先妻との間の娘が時頼の妻になっていたので、北条方に加わるつもりだった。ところが季光の後妻が、季光の鎧の袖に取り縋った。

「我が兄三浦泰村を捨てて北条方に味方せんとは、鎌倉武士の所為ならんか。なんぞ後聞を恥じざらんや」

毛利季光の後妻は、三浦泰村の妹だったのである。現在の妻に泣いて諫められると、季光にはどうすることもできなかった。結局、三浦側に味方することにしたのである。季光が自館を出て三浦館に向かったとき、西隣の長井館から甥の長井泰秀が出てきた。泰秀は北条方に味方しようとしていたのである。

伯父と甥とが、敵味方に分かれようとしたのである。このとき両人ともに、互いに引きとめようとはしなかった。これが世人から、「もっとも武道に叶い、しかも情あり」ということで、美談とされたのである。

この間、突然の開戦で各所で起こった混乱や小競合いも、しだいに鎮静されつつあった。三浦側に味方しようとした者たちは、それぞれ討ち取られていった。案に相違して激戦になったのは、東北方の永福寺《ようふくじ》の惣門前（いま四ツ石）だった。近くに館があった泰村の弟三浦光村が、開戦と同時に自館を捨てて、八十余騎を率いて惣門に楯籠り、北条方の二階堂行義、行方兄弟の攻撃に激しく抵抗したのである。

こうして戦場は、西御門入口の三浦泰村館の南際と、永福寺の惣門前とになった。その泰村館攻撃の指揮をとっていた北条時定は、その頃、しだいに焦燥の度を加えつつあった。いく度となく攻め寄せたのだが、いっかな館内に斬り込めなかったのである。

一時的ではあったが和平成立ということがあったので、館内に多くの軍勢はいなかった。それでも、さすがに三浦党である。北条軍が攻撃をかけるごとに、一歩も退かず矢の雨を降らせたのである。

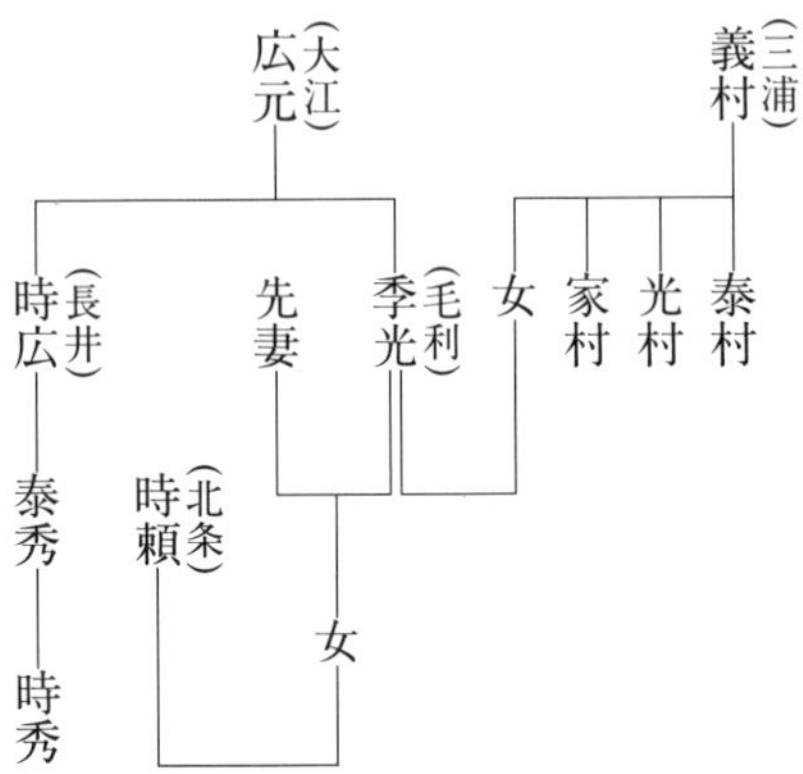

袋小路の奥に位置していた泰村館には、南側の西御門川西岸から、北に向かって攻撃をかけることになる。つまり寄手の北条軍は、身を隠すものが皆無のまま、一町（約百メートル）ほど駆けなければならない。これに対して防備にあたる三浦勢は、掻き上げの土堤の蔭で身を守りながら、その上の鰭板《はたいた》の隙間から充分に狙って矢を射ればよいのである。

しかも、風向きも悪かった。北風だったのである。風に逆らって北条軍が射た矢の多くは、泰村館に届かなかった。また泰村館にわずかに届いた矢も、すべて狙いが逸《そ》れていた。これに対して風に乗って三浦勢が射た矢には、ほとんど徒矢《あだや》はなかった。しかも風に乗って飛んでくるので、北条方将兵の堅固な甲冑も、簡単に貫かれてしまう。

こうして泰村館に対する数回に及ぶ波状攻撃も、なすこともなく撃退され、そのつど北条軍に多くの死傷者が出るだけだった。指揮をとる北条時定の焦燥は、ますます強くなっていった。合戦開始という情報が三浦半島に伝われば、そこにいる三浦側の軍勢が、大挙して鎌倉に押し寄せてくるのは必定だったからである。

もちろん、そのような情況への対応策は、すでに取られている。三浦半島に通ずる名越坂には、得宗被官軍の一手が差遣されていた。あの堅固な要害を北条方が押さえていれば、三浦勢も簡単には通過できないはずだ。

しかし三浦勢が、海路、由比ガ浜に上陸してきたら、という問題があった。いまは攻勢に出ている北条軍も、たちまち挟撃されることになる。北条時定が焦燥感を強めていたのは、これが理由だった。ぐずぐずは、していられないのだ。しだいに時定は、神仏に祈るような気分になっていった。

と、いままで北から吹きつけて北条軍を悩ませていた風が、突然、南風に変わったのである。いつの間にか、時刻は正午を過ぎていた。いつも鎌倉では、夜が明けると海風が吹く。しかし今日は、早朝に小雨が降ったため、海から吹いてくるはずの風が遅れて、いま吹き始めたのである。風向きが変わったことが、勝敗の転機になった。

それと知った時定は、すぐに下知を発した。西御門川の西岸の奥、泰村館西奥の南隣に位置していた廃屋に、火矢が射られた。廃屋にはすぐに火がつき、黒煙が北隣の泰村館に流れ入った。煙にむせんだ三浦勢は、館内には居られなくなり、東門から東方に突出して、頼朝法華堂に逃げ込んだ。取る物も取りあえずに突出したので、手持ちの矢種《やだね》は、当初から多くなかった。本拠から追い出された三浦勢に、すでに再挙の望みはなかった。

このとき、永福寺惣門に陣取っていた弟三浦光村からの使者が、法華堂の泰村のもとに辿り着いた。途中の二階堂大路や荏柄《えがら》天神前は、すでに北条方の軍兵が充満していた。だから光村の使者は、薬師堂《やくしどう》ガ谷《やつ》を横断して、やってきたのではなかっただろうか。

「我れ、いま永福寺の惣門に陣す。このところは屈強の要害なり。さればここにおいて、兄弟一緒に戦わん」

永福寺惣門の陣で合流して、兄弟一緒に戦おうと、兄泰村を誘ったのである。この期に及んでも、光村の戦意は、まだまだ衰えてはいなかったのである。

しかし兄三浦泰村の方は、すでに覚悟をきめていた。

「たとえ鉄壁の要害ありとも、もはや遁《のが》れ得ざらんか。どうせならば、頼朝殿の御影の御前にて、終わりをとるべし。ならば汝も、ここにて共に死すべし」

兄の最後の厳命である。さすが強気の光村も、これに従わないわけにはいかなかった。こうして光村は、法華堂の兄たちと合流することを決意した。

しかしそれは、決して楽なことではなかった。永福寺惣門から頼朝法華堂までは、わずか数町ほどしかない。しかしその数町の間には、北条方の軍兵が充満していた。いずれも持楯《もったて》を掻き並べ、その背後で弓に矢をつがえて待ち構えている。そのなかを押し通ろうというのは、自分から死地に身を投ずるに等しい。それをいま、光村指揮下の八十騎が、敢行しようというのである。

凄絶なまでの敵中突破行になるはずだった。

もちろん光村にも、それなりの作戦はあった。

すでに光村勢は、ひしひしと北条方に包囲され、数度にわたって波状攻撃を受けていた。しかし光村勢は、そのつど得意の弓射で攻撃を斥《しりぞ》け、ときには逆襲に出たことさえあった。しかし今度は、やや違った。北条軍が遠巻きに矢を射かけてきても、じっと堪《こら》えていたのである。掻き並べてある持楯に身を潜めて、返し矢も射なかった。

自分に向けて矢が飛んでくると、本能的に返し矢を射たくなるものである。その返し矢を射ないというのは、本当に辛いものだった。光村勢は、返し矢も射ず、ただ耐えに耐えて、次の北条軍の波状攻撃を待った。そして北条軍が充分なまでに接近してきたとき、光村の下知が下った。

「一斉に射よ。とにかく射よ」

乱射に次ぐ乱射。連射に次ぐ連射に、寄手の先陣は、たちまち射竦《いすく》められた。思わず寄手が怯《ひる》んだ瞬間、光村の次の下知が下った。

「馬に乗れ。ただ駆けよ」

背後に繋いでいた馬に一斉に飛び乗ると、一団となって北条軍のなかに、突っ込んでいった。

「脇目なせそ。ただ走れ。逃ぐるは追うな。向かってくる者は、ただ切り伏せよ。功名せんとて、首を掻くべからず。味方、討たれたりとも、返り見して助けるな。馬と馬とを並べよ。群れから離れるな。敵の持楯は馬蹄にかけて蹴倒せ。とにかく駆けよ。ただただ駆けるべし」

このような光村の怒号の下、光村勢八十騎は北条軍の間に馳せ入った。

光村勢の敵中突破行で、両軍ともに多数の傷者が出た。しかし両軍ともに戦死はなかった。それほどまでに光村勢の敵中突破行は、凄絶だったのである。光村勢八十騎は、とにかく遮二無二、群がる北条軍の間を駆け抜けて、ついに法華堂に入った。

しばらくすると法華堂のなかから、念仏の声が洩れてきた。毛利季光の声が、ひときわ高かった。調声《ちょうしょう》の役は、光村のようだった。念仏の声が聞こえてくると、北条軍も攻撃の手を止めた。同じ鎌倉武士である。死ぬときくらい、静かに死なせてやろう。そんな、武士の情けがあるのが、この時代だった。

念仏が終わると、光村は太刀を逆さに握りなおし、自分の顔を、自分で切り刻んだ。

「我が顔、これにてもなお、我れと見知らるべきや」

尋ねられた者が、

「その面態、すでに誰とも判らず」

と答えると、光村は一笑して、その太刀を我が腹に刺し通した。死んだあとにも、自分が死んだと、時頼たちに知られたくなかったのである。

続いて三浦泰村、同家村、同資村などの兄弟のほか、宇都宮時綱、春日部実景、関政泰なども、切腹していった。幕府御家人二百七十六人、その郎等たち五百余人も、それぞれに自刃した。頼朝法華堂には、ついに火は放たれなかった。

「故頼朝卿の御影を血で汚し奉り、その上、法華堂まで焼失せば、まさに不忠至極のことなるべし」

と、泰村が制止したからだった。

こうして、さしもの大族と誇号してきた相模三浦一族も、ついに滅び去ったのである。

これほど詳細に三浦一族の最期の様子を知ることができるのは、このとき法華堂の天井裏に一人の僧が潜んでいて、すべてを見聞して合戦後に時頼たちに報告したからである。

たまたま頼朝の仏前に香華を手向けていたとき、三浦勢がなだれ込んできたので、思わず天井裏に逃げ上ったのだ。同僚の僧一人は縁の下に潜ったが、これは見つかって三浦勢に斬られた。

なお後聞に属するが、あの勇猛な三浦光村にも、いささか色っぽい挿話がある。三浦合戦が起こって光村が出陣するとき、相愛の妻と小袖を取り替えて改めて着たというのである。光村室の父は医王左衛門尉能茂、故後鳥羽上皇の北面で、淡路国由良荘（洲本市由良）の代官だった。なお由良荘の領主は、後鳥羽上皇との間に順徳天皇を生んだ修明門院重子（高倉範季の娘）だった。

承久ノ大乱は、まだまだ後を引いていたのである。

「得宗専制」の成立

三浦介だった泰村の死を確認した北条時頼は、すぐに佐原流三浦盛時を、後任の三浦介に任じた。盛時は三浦一族ではあったが、生母が時頼の祖母にあたることから、すでに得宗被官になっていた。北条氏と肩を並べていた三浦氏の宗家は滅び去って、北条氏に臣従している三浦氏が、ここに成立したのである。三浦半島は北条氏の得宗領にはならなかったが、得宗被官家の所領になったのだから、もはや鎌倉にとっての脅威ではなくなった。

続いて北条時頼は、上総国一宮荘大柳の千葉介秀胤の館に討手を差遣した。秀胤の妻は、三浦泰村の妹だったからである。

しかし秀胤は、すでにこのことあるを覚悟していた。自館の四周に薪炭を積んでおき、討手の軍兵が来たと知るや、自ら自館に火を放ったのである。秀胤とその一族郎等は、猛火のなかで自刃していった。

討手の将は、大須賀胤氏と東胤行で、ともに千葉氏の分家だった。つまり千葉一族でも三浦氏と同様に、北条氏と肩を並べていた宗家が倒れ、北条方になっていた分家が、これにとって代わったのである。

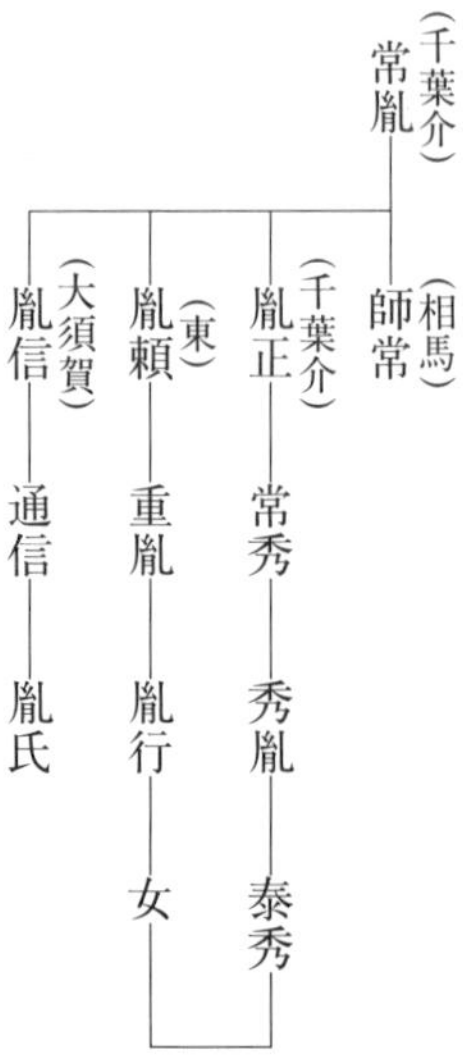

寛元四年の宮騒動を寛元ノ乱と呼び、宝治元年の三浦合戦を宝治ノ乱と言い、両乱を合わせて寛元・宝治ノ乱と見るむきが、研究者の間にはある。そして寛元・宝治ノ乱では、三浦、千葉両氏に起こったようなことが、他氏にも多く見られた。当時の日本国を支配していた京都朝廷と鎌倉幕府の双方で、人事の大きな転換があったのである。

まず京都朝廷では、宮騒動直前の寛元四年正月二十九日、後嵯峨天皇が第三皇子の久仁親王《ひさひとしんのう》に、天皇の位を譲った。第八十九代の後深草天皇、やがて成立する大覚寺統の初代である。

しかし後嵯峨院は、後嵯峨上皇となって院政を布いたから、本質的には相違はない。京都朝廷で大きな変化だったのは、摂関の地位が九条家から近衛家に移ったことだった。宮騒動から約半年後の宝治元年正月十九日、九条道家の四男一条実経が摂政を罷免され、かつて摂政だったことのある近衛兼経が、後任に返り咲いたのである。

後嵯峨院は、かつて時頼の祖父北条泰時の強い推挙のお蔭で、ようやく天皇になれた人だった。そしていま近衛兼経が摂政に返り咲けたのは、まさに北条時頼の後援のお蔭だった。京都朝廷の中核の二人がともに親幕派だったことは、この時期の朝幕関係をきわめて友好的なものとし、時頼の政治を円滑なものにすることになる。

そして、とにかく人事の転換が大きかったのは、鎌倉幕閣だった。

宮騒動より以前だが、まず四代将軍九条頼経が、将軍職から降りた。そして宮騒動の直後、京都に追却されたのである。後任の五代将軍九条頼嗣は、まだ六歳でしかなかった。虚位を擁するだけだったから、時頼が理想を追求する上で、なんの妨げにもならない。

鎌倉幕閣で最重鎮の地位は、執権職である。宮騒動の直前に、経時から弟時頼に移ったことは、先述してある。

執権職に次ぐ要職は、連署である。これは正規の執権とともに「両執権」とも呼ばれる要職だったが、仁治元年（一二四〇）正月二十四日、初代の連署北条時房が死ぬと、以降は空席になっていた。泰時、経時ともに後任を置かなかったのである。

宮騒動後の九月一日、時頼は三浦泰村を自館に招いて、政道関係について諮問した。条々の案件のうちに、連署制のことがあった。

「我れ、幕府の執権たるも、短智の一身たり。政務において、誤ちあらんことを怖る。よって重時殿を京都より招き下して連署に補し、万事を談合せんと欲す。これ、日頃からの所存なり」

極楽寺流の北条重時は、いま六波羅探題として在京している。思慮深いことで知られているから、鎌倉に呼び戻し、時頼の補佐として連署に据えたいと、時頼は泰村に諮ったのである。

これに対する泰村の返事は、きわめて意外なものだった。

「然るべからず」

平常はやや優柔不断なところがある泰村が、断乎とした口調で、即座に反対したのである。幕閣における北条氏の発言力の増大を、懸念したのかも知れない。いずれにしても重時を呼び下して連署に据えるという案は、取りやめになった。幕閣有数の大豪族三浦氏に反対されては、時頼にはことを強行することは、不可能だったのである。

ところが翌年六月、三浦合戦があって、情況は大きく変わった。直後、時頼は重時に書状を書き送った。時頼は事前に、誰にも相談をしていなかった。そして七月十七日、重時は鎌倉に帰着した。若宮大路東側の最北端、かつて北条泰時が執権館としていた館に、重時は入った。まるで重時が、執権になったかのようだった。ついで七月二十七日、重時は正式に連署に就任した。重時が去ったあとの六波羅探題には、重時の次男長時が任じられた。

鎌倉幕閣で執権、連署に次ぐ要職と言えば、もちろん評定衆ということになる。重要政務や訴訟にさいして会議を開いて、幕政の方針を決定するのである。これも寛元、宝治の両乱を経て、大きく変化している。まず目につくのは、評定衆の総人数のなかで、北条一門が占めた割合だった。

寛元四年の宮騒動の前は、評定衆の総人数は二十一人だった。騒動後は後藤基綱、少弐為佐、千葉秀胤、町野康持の四人が罷免されて、総人数は十七人になった。

評定衆だった北条一門は、騒動の前も後も、政村、朝直、資時の三人で、変わりはなかった。だから総人数に対する北条一門の割合は、十四・二九％から十七・六五％へ増加したことになる。

宝治元年の三浦合戦の前と後とでは、さらに変化は大きかった。

合戦前の総人数は十七人。三浦合戦で毛利季光、三浦泰村、同光村が戦死し、合戦後に季光の弟大江忠成が罷免されて、総人数は十三人になった。

これに対する北条一門は、合戦前には前記の三人だったが、合戦後に名越流北条時章が加わって、総数は四人になっている。その割合は合戦前の十七・六五%が、合戦後には実に三十・七七%へと大きく増加したことになる。

宮騒動に勝利を収めたあとも、時頼が評定衆のうちに北条一門を増加させなかった点に注目される。大族三浦氏の存在を、はばかったものと思われる。その三浦一族が滅び去った後でも、時頼は北条一門からの評定衆を、一人しか登用しなかった。時頼の性格のうちに、きわめて慎重ということがあったのである。

いずれにしても寛元、宝治の両乱を経て、評定衆の総人数に対する北条一門の比率は二倍以上になった。評定衆会議の決定に時頼の意向が大きく反映することになったのである。寛元、宝治の両乱の前後での評定衆の変化は、このような人数や比率という量的な面だけではなかった。権限、権力という質的な面でも、大きな変化があったのである。

宮騒動直後の寛元四年六月十日、史料上での初見となる「寄合《よりあい》」が、時頼館で開かれた。出席者は時頼、北条政村、金沢流北条実時、安達義景だった。

そして、「このたびは、三浦泰村を加えらる」と、『吾妻鏡』にある。これより以前に、すでに「寄合」は成立しており、「このたび」だけは特例として、三浦泰村も出席させたということであろう。

そして三浦合戦直後の宝治元年六月二十二日、合戦での戦死者などの名前が「御寄合ノ座」で発表された。出席者は不明である。

続いて同六月二十六日、また「寄合」があった。出席者は、時頼、政村、実時、そして安達義景だった。北条一門のうちの宿老層と准北条一門である安達氏ということである。

これが、いわゆる寄合衆である。北条一門内部での家族会議のようなもので、最重要な政務関係が、ここで決定されたのである。ちなみに前出の同六月二十六日の寄合衆会議での議題は、朝廷や寺社のことだった。そして翌日の評定衆会議での議題が、寺社関係のことだった。

寄合衆会議で先議されて決定されたことが、直後の評定衆会議に掛けられたのである。すでに評定衆制度は、骨抜きにされたと言える。

また三浦合戦の直後、八田知定《はったともさだ》という武士が、時頼に欵状《かじょう》を提出したことがある。合戦で手柄を樹てたにもかかわらず、行賞されないのは不審だというのである。これを読んだ時頼は、このことを評定衆会議の議題とするように、得宗家の家令諏訪盛重に命じている。評定衆会議に先んじて、時頼が案件を検討しているのである。

この時点で、評定衆会議は先議権を時頼あるいは寄合衆会議に奪われ、その下部機関になり下がったと見ることができる。つまり時頼は寄合衆会議を擁して、鎌倉幕政の実権を専制的に掌握したということになる。

これに反対あるいは反抗する者は、事実上皆無だった。安達義景は北条得宗家の外戚として寄合衆に取り立てられて、時頼の専制政権を支える立場にあった。

そして、大江、三善、千葉、三浦等々、幕初以来の名家は、すでに惣領家が庶流に移っていた。大江広元の系統では、嫡流の毛利氏が滅んで、庶流の長井氏が本流となった。三善善信の系統でも、嫡流の町野氏は、庶流の太田氏にとって代わられている。千葉介常胤の系流では、本流の上総氏が滅亡して、庶流の大須賀、東両氏が本流になった。大族三浦氏の惣領家は滅び去って、庶流の佐原氏が三浦介を承継したが、すでに佐原氏は得宗被官になり下がっていた。

寛元、宝治の両乱で得宗時頼の専制的権力が確立したことは、別な面にも影響することになる。三浦合戦の翌月である七月一日、五代将軍九条頼嗣の御所の役職者が、一斉に改替された。

「三浦泰村側の与党の人々、多く戦死して、その欠を生じたるが故なり」

と、公式には発表された。ある程度までは事実ではあったろうが、新加の衆を精選したのが小侍所別当だった金沢流北条実時だったことを考えると、将軍近侍の者を北条方の人々で固めたということだったらしい。

また三浦合戦直後の六月二十六日、鶴岡八幡宮の別当が、法務定親から時頼帰依の大納言法印隆弁にかわった。続いて翌年の正月十七日、京都朝廷で村上源氏の久我通光が、自分から太政大臣を辞任した。実は定親と通光とは、ともに土御門通親の子で、三浦泰村室の兄弟だったのである。鎌倉での事件が、鎌倉の宗教界にはもちろん、さらに京都政界にまで波及したのである。

このころ時頼は、すでに禅宗に関心を持っていたらしい。三浦合戦から二か月後の同八月、曹洞禅の開祖道元を鎌倉に招いている。道元の父も、頼朝存生の頃反幕派だった公卿の土御門通親だった。時頼に招かれた頃には、すでに『正法眼蔵』『護国正法義』などを著し、越前国志比荘《しびのしょう》(福井県永平寺町)の領主波多野義重から寺地の寄進を受けて、吉祥山永平寺も創建していた。

その道元が鎌倉に入ったのは、三浦合戦後の宝治元年(一二四七)八月三日だった。波多野義重の名越館の一郭に住むことになり、これを道元は「白衣舎」と呼んだという。その白衣舎には多くの僧俗が訪れ、道元から菩薩戒を受けた。時頼もその一人だった。しばしば白衣舎を訪れて、道元と法談を持ったらしい。

俄然、世上の多くの目が、白衣舎に集中した。時の権力者である時頼が道元を積極的に取り立てれば、鎌倉中あるいは東国一帯、それどころか日本全国が、曹洞禅に制覇されてしまうかも知れない。

（土御門）通親 ─┬─（久我）通光 ……（中略）……（千種忠顕）
　　　　　　　 ├─ 女
　　　　　　　 │　 ║（三浦）泰村
　　　　　　　 ├─ 定親
　　　　　　　 └─ 道元

　これよりさき、法然は浄土教を興し、その弟子の親鸞は、浄土真宗を開いた。臨済禅の宗祖葉上房栄西《ようさい》は、尼将軍北条政子の帰依を受けて鎌倉に寿福寺を創建し、二代将軍源頼家にも帰依されて京都に建仁寺を建てている。栄西の弟子退耕行勇のために、北条泰時は東勝寺を創建し、足利義兼の未亡人、北条時政の娘は極楽寺（のちの浄妙寺）を建てたともいう。いまのところ鎌倉では、臨済禅がやや優勢のようである。

　いずれにしても後世に「鎌倉新仏教」と呼ばれることになる日本型の宗教改革は、すでに始まっていた。時衆《じしゅう》の一遍、法華宗の日蓮が現われるのも、さほど遠くではない。天台宗や真言宗などの旧仏教側からも、すでに巻き返しが始まっていた。奈良西大寺に拠った叡尊思円が、戒律復興の運動を始めたのは、まさにそれだった。

　このような情況のなかで、時頼が道元から菩薩戒を受けたのである。これを知った多くの宗教者がどよめいたのも、致しかたないことだった。しかし時頼が道元に帰依したのも、菩薩戒を受けるまでだった。時頼の道元に対する気持ちは、そこでとまった。

「只管打坐《しかんたざ》、只管打坐」

つまり、「ひたすらに坐禅をせよ」と説くだけの道元の曹洞禅は、まだ年若い時頼には合わなかったのである。道元が三浦泰村室の兄だということは、このさい関係はなかったらしい。道元は、翌年の宝治二年二月、鎌倉を去った。時頼に対しては、教外別伝《きょうげべつでん》の教誡の和歌一首が残されていた。

荒磯の波もえ寄せぬ高岩に　かきも付くべきのりならばこそ

結局、鎌倉には、曹洞禅は根付かなかった。一寺も残さずに鎌倉を去った道元の心境は、同三月十三日、永平寺に帰り着いたときに詠んだ詩に、如実に表わされている。

山僧　出で去ること半年余
なお孤輪の　太虚にあるが如し
今日山に帰りて　雲に喜色あり
山を愛するの愛　初めより甚《はなは》だし

道元に対する時頼の帰依は、必ずしも積極的なものではなかった。同じ頃、蘭渓道隆《らんけいどうりゅう》が鎌倉にいたことも、その原因の一つだったかもしれない。

蘭渓道隆は、中国宋王朝下での禅僧だった。寛元四年に来朝し、博多の今津に勝福寺を開き、しばらく博多の円覚寺に仮寓した。翌年の宝治元年に上洛して、京都の泉涌寺《せんにゅうじ》の来迎院に寄寓した。このとき、時頼に招かれたのである。

鎌倉に入った道隆は、しばらくの間、寿福寺に寄宿した。しかし直後の宝治元年十一月七日の丑ノ刻（午前二時）、寿福寺に火事が起こった。仏殿から惣門にいたるまで、寿福寺は全焼した。焼け出された道隆が、その後、どこに居たか判らない。いずれにしても時頼は、道隆を放ってはおかなかった。宝治二年三月、時頼は道隆を、大船郷の常楽寺の住持に任じたのである。道隆の禅宗の純粋さに、時頼は心を打たれていたからだった。

北条泰時が常楽寺を創建したときは、常楽寺と言わず、「粟船《あわふね》ノ御堂」と呼ばれ、天台宗だったという。しかし開山の退耕行勇は臨済禅だったから、当初から禅寺だった可能性もある。だが、天台宗の比叡山延暦寺からの攻撃を怖れた栄西、行勇の臨済禅二代は寿福寺および粟船ノ御堂が禅寺であることを、明確には闡明しなかった。むしろ禅宗と密教とを兼修していた。だから粟船ノ御堂は、天台宗と思われていたのかも知れない。

いずれにしても道隆が住持になると、粟船ノ御堂は、確実に臨済禅の禅寺になった。北条泰時の法名にちなんで密々に呼ばれていた常楽寺という寺名も、この頃から一般に公称されるようになる。宗教界のみならず天下の暴れん坊だった比叡山の僧兵たちも、これに一言の文句も付けなかった。ときの権力者だった北条時頼が、道隆の背後にあったからである。

時頼が道隆を庇護していたことは、道隆が常楽寺住持になったとほぼ同じ三月二十一日に、時頼が常楽寺に寄進した梵鐘の銘文に、如実に示されている。「足催坐禅之空観」と陰刻された上に、当寺が「家君禅閤（北条泰時）墳墓之道場也」とさえ記されていたのである。ちなみに常楽寺の梵鐘は、建長、円覚両寺のものとともに、「鎌倉三名鐘」と謳われている。上部の飛雲文が美しく、いささか細長く見える梵鐘である。

とにかく三浦合戦を経て、得宗時頼の専制的権力は確立した。鎌倉幕府の内部はもちろん、京都朝廷や比叡山の僧兵までも、時頼の権力に威伏したのである。

鎌倉幕府の最初の政治形態は、源家将軍三代の下での「将軍独裁制」だった。それが北条義時、泰時二代が執権だった頃には、「執権政治」に変質する。貞永式目による法治主義と、執権連署制および評定衆制度による合議制とが、その二大根幹である。いわば「法律に従って話し合いで」である。

ところがいま、反対する勢力を三浦合戦で倒した得宗北条時頼が、政所、侍所を掌握し、問注所を支配下に収め、評定衆のなかに多くの北条一門を配置し、その上に寄合衆という北条一門の家族会議を設置して、ついに専制的権力を獲得したのである。

このようなことから、三浦合戦後には「執権政治」は「得宗専制」に変質していたと見るむきも、研究者のなかにはある。鎌倉幕府の第三番目の政治形態である「得宗専制」が、三浦合戦を契機として成立したというのである。

しかし、これに反対する研究者も多い。この時期の時頼政権は、まだ「執権政治」の継続であり、見方によっては「執権政治」の発展でさえあるというのである。その主要な根拠は、三浦合戦から二年目の建長元年（一二四九）十二月、時頼が創始した引付衆《ひきつけしゅう》である。

その十二月九日、時頼は十五人だった評定衆のうちから、北条一門の三人を選んで、それぞれ一番（第一班）、二番、三番の各引付衆の頭人《とうにん》に任じた。故泰時の四弟北条政村、故時房の四男大仏流北条朝直、同時房の三男北条資時である。それから四日後の同十三日、二階堂、大曽弥、少弐など官僚的御家人衆から引付衆を選抜任命して、各頭人の下に配属させた。このとき平《ひら》の引付衆を決める前に、まず頭人が決められていることに、注目すべきである。

各番の引付衆は、各頭人の下に会議を開き、担当した案件を審議して一定の原案を作成し、これを評定衆の会議に提出する。そのような意味で引付衆の会議は、評定衆の会議の下部機関と位置付けることができる。

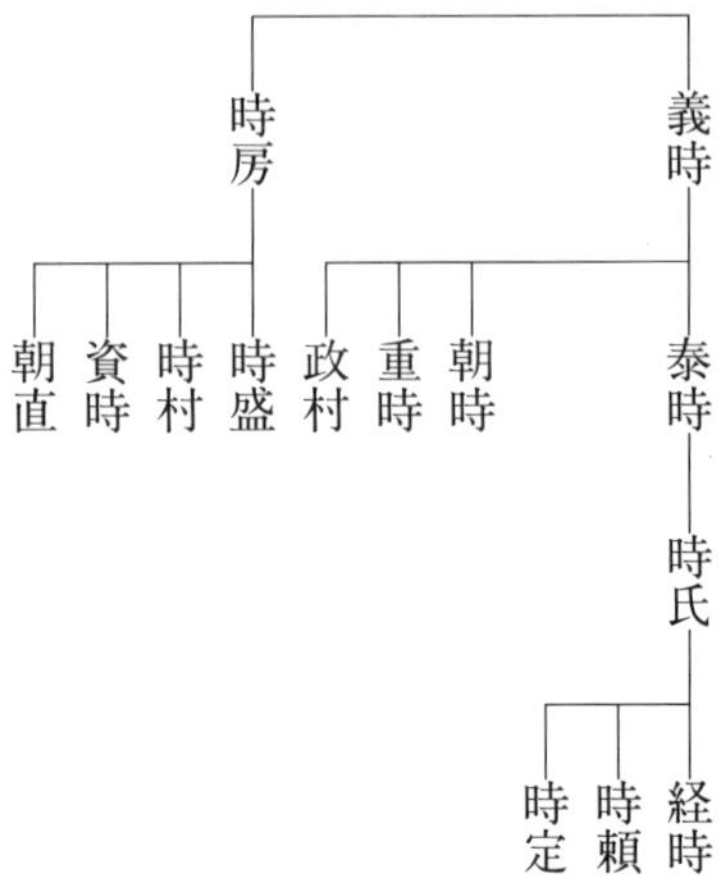

引付衆の会議から提出されてきた原案は、改めて評定衆の会議で再検討される。このさい平の引付衆は評定衆の会議に出席できないが、各番の引付頭人は評定衆でもあるので、これが評定衆の会議に出席して、原案作成の理由などを説明することになる。

この評定衆の会議には、通常、執権と連署が出席している。だから執権、連署の意向はかなり濃厚に会議の決定に影響する。引付衆の番の編成は、最初は三番だったが、すぐに五番に増加し、鎌倉幕府が滅亡するまで、ほぼ常置の職だったらしい。

この制度を時頼が始めたのは、基本的には訴訟案件などの処理の迅速化が狙いだったらしい。

いずれにしても、評定衆による合議制が、さらに発展したと見ることができる。つまり時頼政権は、「執権政治」の継承発展であって、まだ「得宗専制」にはなっていないということである。時頼政権の本質は、果たして「執権政治」の延長だったのか、はたまた「得宗専制」の成立だったのだろうか。

時頼を一本の大木にたとえると、評定衆はその根にあたる。その下部機関として引付衆を新設したということは、その根がさらに深くなったということになり、時頼政権がさらに補強されたということを、意味しているのである。

第二章　得宗政治の成立

時頼の信条と政治

かなり以前に遡《さかのぼ》るが、鎌倉幕府が成立する前、六波羅平氏政権の平清盛は、大量の宋銭を日本に輸入した。知行国、荘園とともに、平氏政権の三大財源と考えられている。

大量の宋銭が出廻ったことから、社会は大きく転換した。いままでの物々交換の経済から、貨幣経済へと変わったのである。

そして治承三年（一一七九）頃、京都で次のようなことが言われた。

「近年、天下の上下、みな病悩す。これを、銭ノ病と号す」

身分の高きも低きも、みな病気にかかったかのように、銭を欲しがったというのである。一度この病気にかかると、誰も治癒することはない。八百年後のいま、本稿を書いている私も、立派にその病気にかかっている。しかしここでいう「天下」は、畿内近国、あるいは西国のことでしかない。まだ東国には、宋銭は行き渡ってはいなかった。

その翌年の治承四年、源平合戦が始まった。つまり源平合戦は、貨幣経済に基盤を置いた西国の平氏と、これに拒絶反応を起こした東国の源氏との戦いだったのである。その源平合戦に打ち勝った東国が、貨幣経済を受容するはずはなかった。宋銭が東国に流入するのを、鎌倉幕府は必死に阻止しようとしたのである。

しかし所詮は、無駄な抵抗だった。打ち続く鎌倉幕府の禁令の隙間から、貨幣経済は滔々《とうとう》と東国に侵入してきて、ついには禁令という堤防を打ち砕き、怒濤となって押し寄せたのである。

それは、時頼の祖父北条泰時が執権のときだった。陸奥国津軽四郡の得宗領の年貢を、北条泰時は代銭納にした。自領に侵入してしまった宋銭を、鎌倉に吸い上げようと図ったのである。しかし結果は、陸奥国にまで貨幣経済を浸透させただけだった。

時頼が執権となった頃には、貨幣経済という怒濤の第一波は、すでに東国を通過していた。しかし揺り返しとも言える第二波が、東国を襲ってきていた。貨幣経済に不慣れな東国武士のうち、弱小の層は次々と没落していった。「銭ノ病」にかかって質屋などから借金し、質草の所領所職を失ったのである。それにつれて軍事政権としての鎌倉幕府は、その軍事力を弱化させることになる。まさに鎌倉幕府の危機だった。

この時期の鎌倉武士の金銭感覚を如実に示しているのは、『太平記』巻三十五の挿話である。

ある夜、時頼の家臣の青砥左衛門尉藤綱は、滑川を渡ったとき、銭十文を川に落としてしまった。あわてた藤綱は、すぐに供の者を走らせて、銭五十文で続松《たいまつ》五把を買わせ、これに火をつけて探しまわり、ついに落とした銭十文を回収した。

後日、そのことを知った某は、

「十文の銭を求めんとて、五十文にて続松を買いたるは、小利大損かな」

と言って、藤綱を嘲笑した。これに対して、藤綱は次のように反論した。

「落としたる銭十文を探さずんば、滑川の底に沈みて、この世から永く失せぬべし。我れが続松に払いし五十文は、商人の家に入りて、この世に永く留まるべし。かれこれ六十文の銭、日本国としては、一枚も失わず。これ、天下の利にあらずや」

これが、この時期の鎌倉武士の金銭感覚だった。同時に全国を支配していた得宗北条時頼とその家臣団が、自信と責任感と芽生えかけていた愛国心とを持っていたことも、如実に示している。青砥藤綱が住んでいたのは六浦道の途中、青砥橋の近くで、藤綱が銭十文を落としたのは、〝腹切ヤグラ〟に通ずる東勝寺橋である。彼の所領は下総国青戸郷（葛飾区青戸町）だったというが、藤綱の実在そのものが、まだ確認されてはいない。

　藤綱の挿話が示すように、鎌倉武士の金銭感覚は、きわめて素朴なものであった。いままでは自給自足、あるいは物々交換の世界だった。自領で収穫された物品を貢納させて、その上で生活していたのである。自領で入手できないものは、物々交換すればよかった。それが貨幣経済だ、消費生活だという世界に、突然、投げ込まれたのである。戸惑ってしまったのも、いわば当然だった。

　東国武士が貨幣経済に直面した最初は、京都大番役のときだったかも知れない。平氏政権の平清盛が創始したもので、東国武士が京都に三年間も在番して、京都の治安維持などにあたったのである。

　上洛するときは、まだよかった。花の都に行くのだというので、一族郎等を率いて華やかに出立したのである。しかし、往きはよいよい、帰りは怖いだった。三年間の在京生活は、地方武士を大きく苦しめたのである。

　生活物資を自領から取り寄せるだけでは、充分ではなく、自領で米などを売り払って得た貨幣で、京都では米などを買い戻さねばならなかった。売り値と買い値との差額は、そのまま損となった。また京都には、好色家《こうしょくや》などの消費だけの世界もあった。

　こうして三年間の京都大番役が済むと、帰途は悲惨だった。持ってきた物はすべて使い尽くし、乗馬までも売り払って徒歩裸足《かちはだし》になり、尾羽《おは》打ち枯らして帰国したのである。これを哀れんだ頼朝は、三年間の京都大番役を、六か月に短縮している。これはこれで大きな救済措置ではあったが、鎌倉幕府の成立と同時に、東国武士には新しい課役が待っていた。鎌倉番役である。

鎌倉幕府が成立して半世紀もたつと、かつては辺鄙だった鎌倉も、京都に負けない大都市になっている。小町大路と長谷小路とが交叉する大町四ツ角付近には、西に米町《こめまち》、南に魚町《いおまち》も成立していた。若宮大路南端の両側には、すでに好色家も立ち並んでいた。京都大番役や鎌倉番役を勤仕するということは、貨幣経済や消費生活に呑み込まれるということだった。

中小の御家人たちは、太刀、甲冑や乗馬、さらには所領所職などにいたるまで、あるいは質入れあるいは売却して、結局は所領を持たない無足ノ御家人になっていく。これら無足ノ御家人は、もちろん戦力にはならない。これが増加するということになれば、軍事政権としての鎌倉幕府にとっては、まことに由々しい情況である。

このような危機が到来したとき、執権になったのが、北条時頼だった。だから時頼の政治の目標は、必然的に中小御家人を救済して、幕府の軍事力を維持することになる。

三浦合戦から約半年後の宝治元年（一二四七）十二月二十九日、時頼は京都大番役勤仕の期間を、さらに半減した。平清盛が三年間とし、頼朝が六か月としたものを、ついに三か月としたのである。同時に時頼は、京都大番役を担当する西国御家人を二十三番（班）に編成し、それぞれの番を指揮する番頭《ばんがしら》（班長）二十三人を指名している。この措置の効果は大きかった。個々の西国御家人にしてみれば、五年九か月ごとに三か月だけの勤番ということになる。その負担は、格段に軽微なものになったのである。

このように御家人の負担の軽減を図るというものが、時頼の政治には多く見られる。「八朔《はっさく》」の虚礼廃止というのも、その一例である。

毎年の八月一日は「八朔」と呼ばれて、御家人相互の間はもちろん、御家人から将軍に対しても、贈物をすることになっていた。そのうち将軍に対して贈物をすることを、宝治元年八月一日、執権をのぞいて一般の御家人には禁じたのである。

同十月十四日、将軍御所の移転新築ということが幕閣で討議されたが、沙汰やみとなった。これも御家人に負担をかけまいという配慮が、その根底にあったものと思われる。

宝治二年閏十二月二十日、寒中の的調《まとしらべ》が中止された。五年後の建長五年（一二五三）九月十六日、幕府御家人に過差禁令が出され、同六年十二月二十三日、評定衆ならびに一定以上の大名御家人のほかは、騎馬の供人を従えることが禁じられた。

これらの処置は、みな御家人の経済的負担の軽減を図ったものであった。しかし時頼の政治は、たんに御家人を甘やかすだけのものではなかった。なすべきことは、きちんとさせようと努めてもいたのである。

寛元四年九月十二日、将軍に近侍する御家人が、六番（六班）に編成されて、その交名《きょうみょう》（名簿）が発表された。諸人の目を引いたのは、その交名の末尾の文だった。

「故なき不参が三度に及ばば、罪科に処せらるべし」

と、書いてあったのである。

宝治二年十一月二十三日、太田康連と二階堂行盛の二人は、時頼に呼び出されて、強く叱責された。

「近年、問注所の奉行人、職務の稽古をさしおきて、酒宴放遊をこととし、訴人に面謁せず、証文の理非も見究めざるの間、評定会議の席上において、正確なる答申をなさざることあり。かくのごときの輩《やから》は、召し使うべからずと、所部の輩に徹底すべし」

問注所奉行人の怠慢が、戒められたのである。また、建長二年二月五日、守護をも含む西国の御家人たちが、時頼に叱責された。

「西国の御家人等、六波羅探題からの召文に、応ぜざること多し。向後、かくの如きの輩は、罪科に処せらるべし」

実は呼び出しの召文を受けても、これに応じないのは、西国の御家人だけではなかった。同十二月七日、時頼は一般の御家人たちの怠慢を、次のように叱責している。

「御家人等、召文に応ぜざること三度に及ばば、将軍直々の御使を差遣して、さらに催促すべし。それでも難渋せしむるにおいては、罪科に処せらるべし」

このような諸例から見ると、この時期の幕府御家人たちは、役にある者もない者も、きわめて怠慢だったようである。建長二年十二月二十日には、五代将軍に近侍する者の詰所である小侍所が、ついに無人になっていたという。時頼が強く叱責したのは、もちろんだった。

そして同二十七日、小侍所に出仕する将軍近習の御家人が、各番（班）十六人ずつで計六番に編成され、その交名が発表された。理由なく欠勤する者に対しては、削名字の処置がとられると も、付言されていた。削名字とは、名字を剝奪することである。

鎌倉幕府が成立してから、すでに数十年がたっていた。幕府草創期のあの緊張は、もはや御家人の間に消え失せていた。まさにいま、鎌倉幕府は大きく転換しつつあったのである。そして、これを制御するのが、若き執権北条時頼の責任だったことになる。

鎌倉幕府が転換期にあったということは、その幕府の御膝元であった鎌倉中にも、大きく影響を与えていた。かつての辺鄙な村落が、大きな消費都市に発展してきていた。

その鎌倉中は、いくつかの保《ほう》という地域に区分されていた。やや後世の史料に「長谷保《はせのほう》」というのが見られるから、甘縄保とか名越保などというものも、あったに違いない。

それぞれの保に住む町人たちの代表者が、その保の保奉行に任じられて、一定の自治が行なわれていたらしい。その保奉行のことを「保検断奉行」と呼んだ史料もあるから、若干の警察権も許されていたと思われる。

もちろん、完全な自治ではあり得ない。幕府の執権が兼任する侍所別当の下にあった侍所の所司が、地奉行として各保を支配していたのである。そして執権兼侍所別当は、歴代の北条氏得宗だった。だから侍所所司として地奉行に就任したのは、多くは得宗被官だった。小野沢光蓮、内島盛経、万年九郎兵衛秀幸などである。

しかし、ときには後藤基経、基政父子のように、評定衆が地奉行を兼任することはあった。それでも結局のところ鎌倉中の市政は、侍所別当としての得宗家の所管だった。

このような情況は、仁治元年（一二四〇）二月二日、北条泰時が「鎌倉中を保々に相分かちて、奉行人を付した」時点から始まったものと思われる。つまり鎌倉幕府と同じように大きく転換しつつあった鎌倉中の市政も、泰時、経時の後を受けて、若き侍所別当北条時頼の責任になったわけである。そして、この面においても、時頼の施政には見るべきものが多い。

三浦合戦直後の宝治元年八月二十日、鎌倉中の各保奉行人に命じて、それぞれの保に流入していた浮浪人を退去させたのは、その一例である。地方の荘園公領などで生活できなくなった農民たちが、「鎌倉に行けば、なんとかなる」とばかりに多数が流れ込んできて、社会問題を起こしていたのである。すでに鎌倉は、そのような大都会になっていたのだった。当然、商舗の数も、きわめて多くなっていたらしい。

そして宝治二年四月二十九日、時頼の法令が発せられた。

「鎌倉中の商人等、その式数を定むべし」

鎌倉中での商舗の数が、ついに制限されたのである。

以上の二例のような事態は、実際には一片の法令で片が付くようなものではない。だから時頼は、追いかけるようにして、さらに法令を発している。建長二年（一二五〇）三月十六日、鎌倉中の各保の奉行人に出されたのが、次の法令だった。

「鎌倉中の各保の無益の輩等、その交名（名簿）を注せるの上、それぞれ田舎に追却し、よろしく農作の勤めに従わしむべし」

次いで同三年十二月三日、鎌倉中の各所に散在していた小町屋（商店）が、次の七か所に限定されることになった。

大町、小町、米町、亀《かめ》ガ谷《やつ》ノ辻、和賀江《わかえ》、大倉ノ辻、気和飛坂《けわいざか》山上

このことは、かなり重大だった。このようなことは保奉行人の手には負えないと考えられたらしく、この法令を現地で実施することになったのは、地奉行の後藤基政と小野沢光蓮であった。

続いて同四年二月十日、鎌倉中の諸小路に軒《のき》などを差し出して路幅を狭くしないよう厳重に見守っているようにと、各保奉行人に下知が下されている。

そして同五年十月十一日、鎌倉での商品の値段が、次のように決められた。

炭　一駄、百文
薪　三十束三把、別百文
萱木《かやぎ》　一駄八束、五十文
藁《わら》　一駄八束、五十文

また押売りならぬ押買いも、同時に禁じられた。さらに和賀江島で売られている材木の寸法が、

最近は短かくなっているというので、榑長分《くれたけぶん》八尺（二百四十センチ）とし、七尺に満たないものは禁じられた。

その反動は、すぐに来た。幕府が公定価格を定め、それを一般相場よりも低くしたことから、商人たちが商品を売りたがらなくなったのである。そのため顧客たちは必要品が入手できなくなり、必然的に押買いが頻発するようになったらしい。翌年の建長六年十月十日、とくに押買いが禁じられている。そして直後の同十七日には、ついに公定価格が撤廃されている。しかし押買いおよび迎買《むかえか》いは、さらに厳しく禁じられている。さすがの時頼も、経済学の初歩が、まだ判ってはいなかったのである。

貨幣経済の普及によって、諸国の地頭御家人の貨幣獲得の欲求は強まり、必然的に農民たちからの収奪が、さらに厳しくなっていた。いわゆる「泣く子と地頭には勝てぬ」ということである。その地頭領主の収奪の対象にされた農民こそ、あまりにも悲惨だ、こうした農民たちを救済することも、時頼は自分の責任だとしていた。時頼の語録には、「撫民」という語で記されている。

宝治元年十一月一日の評定衆の会議の席上、

「地頭一円の地たりといえども、名主が子細を申さば、ことの体によって、その沙汰あるべし」

と、時頼は決定している。地頭御家人が全権力を掌握しているような地であっても、その地の名主の主張に道理があるようだったら、その名主が提訴した案件を、幕府の評定会議は受理すべきだとしたのである。

さらに同月二十七日、より具体的な指示を、時頼は六波羅探題に送っている。

「諸国の守護、地頭ら、自領に検地を行なって、収穫の量を予想しておきながら、その予想収穫量に比して、まさに過分の年貢を責め取ることありという。これ土民百姓の痛苦の基なり。よろしく、これを停止せらるべし」

　幕府御家人が農民から「過分の年貢を責め取ること」を、時頼は禁じたのである。しかし翌年の宝治二年十一月二十九日、ほぼ同様の禁令を、また時頼は発している。ただ対象が、やや特別だった。去年の三浦合戦で功を樹てた御家人が、与えられた恩賞地で非道の臨時の租税を徴収しているのを、禁じたのである。

　そして直後の同閏十二月二十三日、「百姓らを安堵せしむることこそ、地頭御家人の進止たるべし」という法令が、出されている。まさに時頼の面目躍如たるものがある。

　建長三年（一二五一）六月五日に出された法令は、やや注目にあたいする。

「今日、評定会議あり。近年、評定会議のつど、盃酒・椀飯《おうばん》の過差あり。また今日の如き炎暑の節たると、富士山の雪を取り寄せ、珍物の備えとなすことあり。これ民庶の煩いなり。以後、これを停止すべし」

　そして同九月五日、諸国の守護や地頭御家人に、次のような下知が下った。

「窮民を救済して、安堵せしむべし」

　以上のように時頼の政治は、質素倹約、質実剛健ということを精神的支柱として、社会全体の大きな転換に苦しんでいた中小の御家人や一般庶民を救済しようとしたものであった。後世に善政と謳われたのも、まさに当然のことだった。

　注目すべきは、時頼が質素倹約を他人に奨励しただけではなく、自分もそれを実践したということである。以下は『徒然草』にある挿話である。

　ある夜、大仏流北条宣時の鎌倉大仏近くの館に、時頼から呼び出しの使者が来た。

「すぐに参上つかまつるべく候」

そう返事をして、使者を帰した。しかし外出用の直垂《ひたたれ》が、なかなか見つからない。夜更けのことで、家人も寝しずまっているので、宣時は自分で探したのである。

こうして、しばらくぐずぐずしていたら、また時頼からの使者が来た。

「なかなか参られざるは、外出用の直垂などの候わぬにや。夜分なれば、平服なりとも、疾《と》く参られよ」

急いで来いとの催促である。そこで宣時は、平服のままで時頼館に向かった。時頼館に着くと、時頼本人が迎えに出た。手には銚子と土器《かわらけ》を持っている。

「この酒、一人で呑むには寂しきに、貴殿を呼び出だしつるなり、肴こそなけれ。家人らは、みな寝しずまりぬらん。されば肴になりつらん物、探し求め給え」

言われた宣時は、紙燭《ししょく》を灯《とも》して台所などを探して、小皿に味噌が盛ってあるのを見付けた。

「これぞ、求め得て候」

と持っていくと、時頼は、

「これにて、こと足りなん」

ということで、その味噌を舐めながら、二人は酒を呑んだ。


時頼本人の生活がきわめて質素だったというだけではなく、時頼の精神が一族の宣時にも徹底していたということも、この挿話は如実に示している。のちには幕府の連署にも就任する宣時が、外出用の直垂の替えを持っていなかったほどだったのである。

もちろん時頼は、鎌倉に住む一般庶民に対しても、質素倹約を励行させた。建長四年（一二五二）十月三十日、時頼が行なったことが、その一例である。

得宗被官を鎌倉中の民家に立ち入らせて、酒壺の数を調べさせたのである。その結果、三万七千二七四個の壺が見つかった。すると時頼は、一屋に一個と限定して、余った酒壺は叩き割らせたのである。鎌倉中の民家に、三万七千二七四個の酒壺があったということは、この時期の鎌倉中の人口を推測させる手掛かりとして用いられている。

つまり民家一軒に酒壺が三個から四個ほどあったとすると、民家の戸数は約一万軒ということになる。一家族がほぼ五人ずつだったとすると、鎌倉中の庶民の人口は、約五万人ということになる。この数字には、武家と僧侶とは含まれていない。

いずれにしても時頼の政治の根底には、質素倹約、質実剛健ということがあった。頼朝以来の鎌倉武士の伝統的な気風ではあったが、とくに時頼の場合には、生母松下禅尼の薫陶に負うところが大きかったようである。

ちなみに松下禅尼は、安達景盛の娘だった。北条泰時の長男時氏と結婚して、経時、時頼、時定の息子三人と、のちに五代将軍九条頼嗣室、足利泰氏室になる二人の娘を生んだが、夫時氏が父泰時に先立って死ぬと、実家の鎌倉甘縄郷の安達館に帰っていた。三浦合戦後のことらしい挿話が、これも『徒然草』の一八四段に記されている。


ある日、松下禅尼のいる安達館に、時頼が訪れてくることになった。

「執権殿のおでましぞ」

ということで、にわかに安達館は、接待の支度などで忙しくなった。

このとき松下禅尼は、明障子《あかりしょうじ》の破れている箇所ごとに、一箇所ずつ一箇所ずつ、自ら切り貼りをしていた。これを見たのが、松下禅尼の兄、当主の安達義景である。

「その仕事、下人にさせ候わん。さようのことに、慣れたる者なり」

と、声をかけた。すると禅尼は、

「その下人、我れより上手なること、あるべからざるか」

と答えて、なおも一箇所ずつの切り貼りを続けた。そこで義景は、また声をかけた。

「全面を一紙にて貼られ候わんには、はるかに容易に候べし。一箇所ずつ切り貼りせられんには、まだらになりて、見苦しく候」

これに対して禅尼は、

「我れも、のちには一紙にて貼らんと思うなり。されど今日ばかりは、わざとかくあるべきなり。物は破れたる所ばかりを修理して用いることぞと、時頼殿に見習わせんとて、かくはしつるなり」

と、答えた。


久し振りに会う息子時頼に、松下禅尼は質素倹約ということを教えようとしたのである。時頼が質素倹約を重んじたのは、このような母の薫陶のお蔭だったのである。

後継者・時宗の誕生

またまた以前に遡ることになるが……。

嘉禄《かろく》三年（一二二七）五月十四日の辰《たつ》ノ刻（午前八時）、京都の六波羅探題の館で、一人の男子が生まれた。幼名戒寿丸、のちの北条時頼である。きわめて異例のことだったが、天皇の診療を任とする侍医が、出産の介護にあたっていた。正四位下図書頭《ずしょのかみ》の和気清成《わけのきよしげ》である。

この時期、生まれた月や日どころか、時刻までが判明するというのは稀有《けう》のことであった。時頼の長兄経時の生年でさえ、寛元四年（一二四六）閏四月一日に二十三歳で死んだということから逆算して、ようやく元仁元年（一二二四）に生まれたと推定されるだけである。

元仁元年六月二十九日、経時の父北条時氏は、妻室と一緒に鎌倉を出立して、京都に向かった。六波羅探題の二代目として、任地に赴任したのである。

その年に生まれたとしか判らないのが、経時である。生まれたのが両親の上洛より以前だったか以後だったか、つまり、生まれた場所が鎌倉だったか京都だったか、それすらも不明ということになる。

これに対して時頼の誕生に関しては、かなり詳細な点までが、明らかになっている。鎌倉幕府の半公的記録である『吾妻鏡』が、時頼の子孫である北条貞時、高時二代の時期に執筆編纂されたということが、その原因であろう。

（北条）
時政―義時―泰時―時氏┬経時
　　　　　　　　　　　└時頼―時宗―貞時―高時

よく知られているように、時政から経時までの得宗は、基本的に嫡々相承だった。しかし時頼は、時氏の次男だったのである。

時頼の出産にさいして、天皇家の侍医が介護にあたったというのも、きわめて稀有のことだった。六年前の承久ノ乱で、鎌倉幕府軍が京都朝廷勢を完膚なきまでに打ち破っていなければ、あり得ることではなかった。その承久ノ乱後、日本国の国政のほぼ全般は、鎌倉幕府が掌握することになった。次代の天皇たるべき皇太子なども、ほぼ幕府が決定するまでになっている。

乱の直後、鎌倉幕府は京都に、六波羅探題の北方と南方とを置いた。表面的には京都の治安維持と西国での訴訟などの管掌が目的とされたが、実際には京都朝廷の監視が、より主要な目的だった。承久ノ乱のような反幕の陰謀は、二度とあってはならないのである。

初代の六波羅探題は、北条泰時と同時房だった。その二人が元仁元年六月に鎌倉に帰ると、代わって六波羅探題の二代目として上洛したのが、泰時、時房それぞれの長男の時氏、時盛だった。

このときすでに時氏は、一男二女の父になっていたらしい。一男は経時で、長女は宝治元年三月二日、足利泰氏室として死んでいる。みな同腹で、生母は安達景盛の娘、のちの松下禅尼である。そして時氏が上洛して三年目に京都で生まれたのが、次男の時頼だった。続いて三男時定（のちの為時）も生まれているが、やはり京都でだった。

さらに寛喜二年（一二三〇）、時頼には妹にあたる檜皮姫（のち五代将軍九条頼嗣室）が生まれたが、その場所が京都だったか鎌倉だったか、判然とはしない。その寛喜二年四月十一日、六波羅探題に在任すること約六年で、時氏は鎌倉に帰り着いたからである。病気だったらしい。いずれにしても四歳になっていた時頼も、このとき一緒に鎌倉に帰省したらしい。

直後の同六月十八日、時氏は鎌倉で死んだ。二十八歳という若さだった。大慈寺近くの山麓に葬られたというが、その場所は比定できない。時氏の未亡人は、出家して松下禅尼と名乗り、実家である甘縄の安達館に帰ったらしい。時氏の遺児となった三男二女は、やがて祖父の北条泰時に引き取られたようだが、確実ではない。

そして文暦元年（一二三四）三月五日、十一歳で経時は元服した。藻上御前という童名から、弥四郎経時と変わったのである。場所は四代将軍九条頼経の御所で、烏帽子《えぼし》親も将軍頼経だった。経時の「経」の字は、頼経からの偏諱《へんき》だった。

なお経時は時氏の長男だったから、輩行《はいこう》仮名《けみよう》は太郎のはずだった。父時氏が祖父泰時の長男だったから、又太郎あるいは弥太郎か小太郎でもよい。にもかかわらず経時は、「弥四郎」だった。これは北条氏の初代の四郎時政、その跡を嗣いだ小四郎義時に、ちなんだものだろう。経時に対する祖父泰時の期待が、それなりに窺われる。

以降、北条弥四郎経時は、従五位上の左近《さこんの》将監《しょうげん》に任官し、小侍所別当を経て、仁治三年（一二四二）六月、祖父泰時の死後を嗣いで幕府執権に就任し、やがて官位も正五位下武蔵守と昇っている。

一方、時氏の次男時頼が元服したのも十一歳のときで、烏帽子親も同じ四代将軍九条頼経だった。将軍頼経が、わざわざ泰時の執権館に来てくれたのである。元服した時頼は、童名の戒寿丸を改め、五郎時頼と名乗った。時頼の「頼」の字は、やはり将軍頼経からの偏諱であった。

暦仁元年（一二三八）九月一日、時頼は左兵衛少尉《さひょうえのしょうじょう》に任官して、五郎兵衛尉と名乗った。そして延応《えんのう》元年（一二三九）十一月二日、毛利季光の娘と結婚した。ときに時頼は、わずか十三歳だった。

毛利季光は、大江広元の四男だったが、兄三人が公卿の出であることから脱却できなかったのに、季光は相模国毛利荘（厚木市毛利台）を領して武士化し、事実において大江一族の惣領の地位にあった。その季光の娘と、時頼は結婚したのである。もちろん政略結婚だった。幕閣の宿老である毛利季光を、若き時頼の後見人に侍もうと、祖父泰時が図ったものだったのである。

寛元元年（一二四三）閏七月二十七日、時頼は左近大夫将監に昇り、同二年三月六日には、従五位上に叙された。そして同四年三月二十三日、重病の兄経時の譲りを受けて、時頼が家督と執権職とを嗣立したことは、先述してある。

ときに時頼は、弱冠の二十歳だった。直後の宮騒動で、同族の名越流北条光時らを膺懲《ようちょう》して一族支配権を確立し、後藤、千葉、町野流三善などの将軍派を粛清して、ついに前将軍九条頼経を京都に追却した。頼経が烏帽子親だったことは、まったく配慮はされていない。

続いて三浦一族を挑発して、結局は滅ぼしているが、これについては別の解釈もある。時頼の祖母矢部尼の実兄三浦泰村と、時頼の生母松下禅尼の弟安達義景とが対立していたが、時頼は両氏の間の調停に努めていた。しかし突然に開戦となってしまったので、やむを得ず母方の安達氏に味方したのだというのである。いずれにしても三浦合戦では、意外な事態が生じた。時頼の後見人と目されていた毛利季光が、三浦側に走ったことである。

これを見た得宗被官の万年馬入道が、馬に乗ったまま時頼館の南庭に乗り込んで、

「毛利入道殿、敵陣に加わられおわんぬ。いまにおいては、世の大事、必然か」

と叫んだのは、このときである。毛利季光は、時頼にとって最有力の味方と世上から見られていたのだ。幕府の評定衆でもあり、五代将軍九条頼嗣の近侍でもあったから、幕閣有数の有力者でもあった。その季光が、土壇場で三浦側に加わったのである。

「毛利殿までが、北条殿を見捨てたるぞ」と見られたら、日和見《ひよりみ》をしていた一般御家人の向背をも左右しかねない。北条軍の士気にまで関係するのは必定だった。万年馬入道が驚愕し、勝利に不安を抱いたのも、無理からぬものがあったのである。結局、毛利季光は三浦勢に加わって、頼朝法華堂で自刃して果てた。直後、季光の妻室（三浦泰村の妹）は出家して、鶴岡八幡宮西隣の鶯《うぐいす》ガ谷《やつ》の尼庵に籠って、亡夫の菩提を弔ったという。

のち室町時代の永享年間（一四二九―四一）、大江氏の末の浄国院住僧元運が、その跡に季光追福のために石塔を建立したという。江戸時代末期には辛くも存在していたらしいが、現在はない。志一《しいち》稲荷の近くだったらしい。

もっとも悲劇的だったのは、時頼の妻室だった。実の父毛利季光が、夫時頼に敵対して、自刃して果てたのである。しかし三浦合戦より以降、彼女の名は、史料はおろか、伝説の上にも現われない。当然のことながら、離別ということになったのではないだろうか。あまりにも若年の夫婦だった故か、二人の間には子供は生まれていない。

それにしても三浦合戦から二か月ほどのち、時頼の身になにやらのことがあった。そして十月十日ほどたった宝治二年（一二四八）五月二十八日、時頼の長男が生まれた。童名は宝寿丸、のちに時利、改名して時輔である。生母は「（時頼の）妾」で、「将軍家讃岐」あるいは「讃岐局」、さらには「三河局」とも呼ばれている。幕府の女官だったらしいとしか判らない。このことを記した『吾妻鏡』は、きわめて簡単である。

「左親衛（時頼）の妾・幕府の女房、男子を平産す。今日、字《あざな》を授けらる。宝寿丸云々」

あまりにも簡単すぎる点に、きわめていぶかしいものが感じられる。

それから十日ほどたった六月十日、得宗被官の諏訪盛重が、宝寿丸の乳母夫《めのと》に任じられた。しかし盛重は、それから約一か月の間、乳母夫としての行動に出ていない。必死に辞退していたらしい。

宝寿丸の乳母夫という役を押し付けられた盛重が、ついに断りかねて乳母夫としての役を始行したのは、七月九日のことだった。宝寿（のち時輔）の誕生は、あまり歓迎されてはいなかったように感じられる。

時輔の場合と正反対だったのは、時頼の次男正寿丸（のち時宗）の誕生だった。実際に生まれたのは、建長《けんちょう》三年（一二五一）五月十五日の酉ノ終刻（午後七時）だった。しかし、その約一年ほど以前から、諸々のことがあった。その誕生が、諸人から期待されていたことが、推測されるのである。その間の様子を『吾妻鏡』から書き抜くと、次のようである。

建長二年

五月二十二日　時頼室が病悩、懐妊か。

八月二十七日　時頼室の懐妊を確認。ただちに安産の祈禱を開始。

十二月五日　着帯の加持を隆弁に依頼したいが、たまたま隆弁が三井寺にいるので飛脚を三井寺に急派。これよりさき隆弁、誕生を明年八月と予言。時頼の分国および得宗領に、安産の祈禱のため明年五月までの殺生禁断を下知。同様の下知を、極楽寺流北条重時も下知。

十二月八日　時頼、大倉薬師（のち覚園寺《かくおんじ》）に参詣して、安産を祈り願書を奉納。

十二月十三日　五日に三井寺に急派した飛脚、隆弁が三井寺から妊帯を送った使者と路次の萱津駅で相逢い、今夕、鎌倉に帰着して、時頼室が着帯。安産の祈禱のうち、薬師は安達義景、如意輪は北条重時、北斗は時頼と、三人で分担して開始。

十二月十八日　時頼室の願で七観音堂前で各別当が読経、奉行は塩飽《しあく》信貞。

ちなみに時頼の二度目の正室となったのは、極楽寺流北条重時の娘だった。建長二年元旦から鶴岡八幡宮別当の隆弁法師が、懐妊のことを祈っていたとあるから、時頼が重時の娘と再婚したのは、建長元年のことだったと推測される。

そして建長二年十二月二十三日、いささかの事件が、時頼一家の間で起こった。『吾妻鏡』には、次のように記されている。

廿三日、甲寅、相州（時頼）の妾三河局、他所に移る。いささか口舌等あり。奥州（重時）、子細を申さるるによって、俄かにこのことあり。これ、二男（時輔）の若君の母たり。

ちなみに『吾妻鏡』はやや後年の編纂だから、文中の日付の時期の事実が、正確に記されているとは限らない。しかし時頼の長男宝寿丸（時輔）は、のちに三男の扱いを受けることになる。それがまだ「二男」とされている点に、案外の事実が示されていると、見ることができるかも知れない。

いずれにしても、まだ時宗は生まれてはいない。それどころか近く生まれる子が男か女か、それすらも、まだ判らなかったはずである。そのような時期に、本当は長男だった時輔は、すでに「二男」とされていたのである。生母の身分が低かったからであろう。

この日まで、時頼館では妻妾同居だった。あとから正室として入ってきた極楽寺流北条重時の娘と、すでに時頼の長男宝寿丸を生んでいた妾の三河局とが、同じ郭内に住んでいたのである。それを正室の父重時が、嫌ったのである。もしかすると娘から、不平を聞かされたかも知れない。重時が子細を申したことは、大きかった。北条一門の元老であり、幕府の連署でもあったからである。たちまち時頼は、三河局を他所に移すことにしたのである。

こうして、いささかの事件が起こった。他所に移るのを嫌った三河局が、「いささかの口舌等」で抵抗したのである。多分、泣き喚いて、自分が時頼の長男の生母であることを、かきくどいたということだろう。しかし冷厳な時頼の命令で、三河局は泣く泣く「他所」に移されていった。

宝寿丸の身柄は、多分、そのまま時頼館に残されていたと思われる。

かつて東京大学の石井進氏は、「鎌倉武士館の三点セット」という指摘をした。鎌倉武士は鎌倉とその近くに、館が三か所あったというのである。

①は鎌倉内にあって平常の住館、②は幕府の近くにあって、幕府に出仕する前後に装束を改めたりする場所、③は鎌倉の近郊に位置して若干の田畠が付属しているもので、その地で収穫された物が鎌倉で消費される。

これを時頼にあてはめると、それほど整然とはしていない。時頼はいまの宝戒寺の地に住んでおり、ここから幕府にも出仕していた。①と②とが、ほぼ一致することになる。その宝戒寺の地の館は、同年九月二十六日に焼失している。同時に、鎌倉の郊外にも屋敷があった。かつて祖父泰時が持っていた「山ノ内ノ巨福礼（小袋）ノ別居」で、時頼の代では「山ノ内ノ御亭」と呼ばれていた。いまの明月《めいげつ》谷付近だったらしい。その明月谷に時頼は最明寺《さいみようじ》を建立しているが、それがいつだったかが、問題である。『吾妻鏡』の建長八年七月十七日条に、

将軍家（宗尊《むねたか》親王）、山ノ内の最明寺に御参、この精舎の建立の後、始めての御礼仏《ごらいぶつ》なり。

とある。この記事をもとにして、最明寺が創建されたのは、建長八年七月より以前だが、さほど遠くはないと、従来は考えられてきた。しかし建長三年二月十四日付「宗像氏業所職譲状案」（鎌倉遺文七二七五号）には、「最明寺殿（時頼）の御代の建長二年」という語があって、建長二年あるいは同三年より以前に、すでに最明寺が存在していたことが示されている。

以上のようなことから推測すると、時頼は祖父泰時から「山ノ内ノ巨福礼ノ別居」を伝領し、「山ノ内ノ御亭」としていた。そこにあった持仏堂が最初は最明寺と呼ばれたが、のち「山ノ内ノ御亭」の全体が、最明寺と呼ばれるようになった、ということかも知れない。いずれにしても時頼の本館（明月谷か）から追われた三河局は、鎌倉の郊外の某所にあった時頼の別宅に、このとき入ったものと思われる。

さらに、この時代、庶腹の長男をさしおいて、正室腹の次男が家督を継ぐという例は多い。三男だった頼朝が、庶腹の兄二人をさしおいて源家の家督とされたことなどは、その好例である。だから、庶腹の宝寿丸が家督を継げなくなることは、当然、予想されることであった。しかし時期が問題だった。長男である宝寿丸が「二男」とされたのは、時宗が生まれる前で、時頼の正室が男を生むか女を生むか、それすら判らなかったときだったのである。

時頼は、三河局・宝寿丸母子に対しては苛酷で、やがて正室が生む子に対しては、きわめて甘かった。それは年が改まって建長三年に入ると、安産の祈禱などが、さらに頻繁になっていくことに示される。

建長三年

正月八日　時頼、安産祈願のため八寸の薬師如来金銅像を鋳造せしむ。導師は隆弁。また長日の薬師供と大般若経の信読とを始行。

正月十七日　安産祈願のため、時頼館で放光仏像の供養と如意輪の護摩、導師は隆弁。

正月二十一日　安産祈願のため、百日の泰山府君祭を始行。供料は安達義景が負担。

正月二十八日　大般若経の信読など結願。

五月一日　御産所である松下禅尼のいる甘縄の安達館で祈禱を始行（これより先、御産所を同地と定め、正室が移徙）。

五月十四日　鶴岡八幡宮別当の隆弁法印、出産は明日酉ノ刻（午後六時）と予言。よって群参の人々は退散（出産間近とのことで群参の人が多かった）。

そして当日、五月十五日となった。天は晴れ、風は静かだった。この日の早朝、時頼は得宗被官の安東五郎太郎を使者として、鶴岡八幡宮別当の隆弁に書状を送った。

「我が妻の出産のこと、日頃、貴僧『今日たるべし』と仰せられるも、いまにその気なし。すこぶる不審なり。如何」

これに対して隆弁も、すぐに返書を書き送った。

「今日の酉ノ刻、必定たるべし。御不審あるべからず」

自分の予言に対して、隆弁は自信満々だった。そして実際に申ノ刻（午後三時―五時）に入ると、ようやく妊婦は産気づいた。ただちに典薬頭の丹波時長、陰陽師《おんみょうじ》の主殿助《とのものすけ》の安倍泰房、験者の清尊僧都と良親律師などが、枕頭に集まって、それぞれに祈禱をこらし始めた。

隆弁が予言した酉ノ刻というのは、いまの午後五時頃から午後七時頃まで、約二時間の幅がある。その酉ノ刻に入っても、なかなか出産はなかった。

さすがに堪りかねたのか、酉ノ刻の終刻（午後七時）近くになると、隆弁も馳せつけてきて、祈禱に加わった。と、ついに出産があった。まだ戌の刻には入っていなかった。辛うじて、隆弁の予言はあたったのである。

生まれたのは男子だった。童名は正寿丸、のちの北条時宗である。いま、甘縄神社境内に入って階段手前の西側に、「北条時宗産湯ノ井」がある。直後、安達館では祝宴が開かれたらしい。産婦の父重時など、北条一門の老若多数のほか、幕閣の要人たちも参集していた。

そして安産の加持や祈禱を行なった験者や陰陽師、医師などに、褒美の禄物が与えられた。それぞれに生衣《すずし》一領、野劔一柄、そして馬一疋ずつだった。

ときに情報を得て、佐原流三浦盛時も、馬に鞭うって馳せつけてきた。三浦合戦で三浦一族の惣領家が滅び去ったあと、得宗被官だった盛時が三浦一族の惣領になっていた。その盛時は喜悦のあまり、自分が騎乗してきた名馬「大島鹿毛」に、みずから銀《しろがね》造りの鞍を置いて陰陽師の安倍泰房に与えたという。祝宴のさなか、鶴岡八幡宮の別当隆弁法印は、「いまだから言うが」と前置きして、次のように語った。

「時頼殿、御成婚の直後より、男子安産の御祈禱のことを、拙僧に示し付けらる。よって拙僧、建長二年正月元旦を期して、丹誠の祈禱に肝胆を砕く。そして、夢の告げあり。

『同八月、懐胎すべし』

さらに今年二月、拙僧、伊豆国三島神社に参籠して祈請せるのところ、同十二日の寅ノ刻（午前四時）夢に白髪の老師あらわれ、拙僧に告げるに、

『汝が祈念するところの妊婦、きたる五月十五日の酉ノ刻、男子を平産すべし』

と。よって拙僧、今日のこの時刻に御安産のこと、予言せり。拙僧が予言に自信満々たりしこと、これによるなり」

これを聞いた一座の人々は、「奇特といいつべきか」と感嘆したという。

五代将軍の更迭

次男の正寿丸（北条時宗）が生まれると、その生母（正室、重時の娘）に対する時頼の愛情は、ますます強くなったらしい。長男宝寿丸の生母三河局にくらべると、愛情というより偏愛に近い。

同時に時頼の鶴岡八幡宮別当の隆弁への帰依も、ますます強くなったようである。なにしろ隆弁は、正室の出産を安産にしただけではなく、その出産の日時まで正確に言いあてたのである。

重時館で盛大な御七夜があってからのちの五月二十七日、生まれたばかりの正寿丸は、御産所の安達館から、時頼館に移された。しかし生母は痢病だったので、そのまま安達館に残された。そ

の日、隆弁は時頼から、能登国諸橋保を与えられた。安産の祈禱に対する行賞だった。その寄進状には、次のように記されていた。

　こたびの男子の安産は、すべて貴僧の御法験のいたすところなり。なかんずく兼日の御予言、すこしも違《たご》うことなし。これ、言語の及ぶところにあらず。

この年の六月五日は、太陽暦に換算すると、いまの七月二日にあたる。すでに夏であり、炎暑が始まっていた。このような季節には、富士山の万年雪を取り寄せるということが、しばしば行なわれていた。それがこの日より以降、停止された。民庶の煩いを止めるためだった。

さきに三番編成で創始されていた引付衆は、その後、五番編成になっていた。それがこの日、六番編成に拡大された。各番の編成は、次のようだった。

一番　頭人・北条政村、二階堂行久、大曽弥長泰、深沢俊平、大江以基
二番　頭人・北条朝直、太田康連、武藤景頼、中原盛時、山名行直
三番　頭人・北条時章、矢野倫長、清原満定、長田広雅、越前経成
四番　頭人・中原師員、二階堂行義、二階堂行綱、山名俊行、皆吉《かいき》文幸
五番　頭人・伊賀光宗、安達義景、二階堂行方、明石兼綱、内記祐村
六番　頭人・二階堂行盛、二階堂行泰、長井泰秀、越前政宗、太田康宗

各番五人ずつの六番編成で引付衆総員は三十人、六人の頭人のうち半数の三人が北条一門ではないという点に、まず注目される。かつて頭人はすべて北条一門で占めてきたことを思うと、北条勢力の大幅な後退、あるいは時頼の譲歩といったことが、考えられる。

ところが直後の同月二十日、また三番編成に戻った。その様子は、次のようである。

一番　頭人・北条政村、中原師員、二階堂行泰、大曽弥長泰、清原満定、

中原盛時、明石兼綱、対馬仲康、越前経成

二番　頭人・北条朝直、二階堂行義、伊賀光宗、太田康連、矢野倫長、武藤景頼、深沢俊平、越前政宗、皆吉文幸、進士光政、山名行直

三番　頭人・北条時章、二階堂行盛、安達義景、二階堂行久、二階堂行綱、山名俊行、伯耆右衛門尉、内記祐村、長田広雅

各番の構成人数は不揃いで、一番は十人、二番は十一人、そして三番は九人だった。二番から一人を削って三番に入れれば、各番十人ずつという整然とした編成になるのに、それをしなかったのは何故だろうか。

また大江一族の大江以基と長井泰秀および三善一族の太田康宗という古くからの上層部官僚三人が削られて、対馬仲康、進士光政、伯耆右衛門尉と、下層の事務官僚三人が新加された点も、注目される。

総人数はともに三十人で、変わりはなかった。しかし各番の頭人はみな北条一門になったから、時頼の意向はさらに反映されることになる。十五日間という差を置いて、わずか一か月の間に二度も編成替えがあったのである。その理由は公表されなかったが、以上のような編成の内容から、だいたいの事情は推察できる。

かつての編成では、北条氏の一族原理が、過度に導入されていた。当然のことながら、これを批判する勢力が現われたので、時頼は三番あるいは五番の編成を六番に拡大し、その半分にあたる頭人三人を、他氏のうちから選んだ。そうしたら途端に会議が思い通りに進まなくなったので、すぐにまた三番編成に戻して、頭人三人はみな北条一門とした。しかし一度は引付衆になった者をやめさせるわけにもいかず、全体の一割にあたる三人だけは入れ替えたが、総人数は同じにし

たということだろう。

つまりは時頼の政治に対する批判的勢力が、まだ残っていたか、あるいは形成されつつあったということになる。引付衆の顔触れから見ると、五代将軍九条頼嗣側近の事務官僚層だったと思われる。このことに時頼は、気が付いたのである。反時頼あるいは反北条という動きが将軍の近くにあることを、時頼は未然のうちに察知したのである。これが結局は、翌年の将軍の更迭ということにつながる。

この頃から時頼は、五代将軍更迭の工作に着手したのである。しかしことは内々に進められたので、すぐに表面化するということはなかった。しかし鎌倉の様子をよく見ている者があったら、それと察知できたかも知れない。さきに倹約ということで将軍御所の移転新築を押し留めた時頼が、引付衆を月に二度も変更した直後から、いくつかの工事を行なったのである。

建長三年七月には、鶴岡八幡宮北方の雪ノ下の奥山に、三島新宮が勧請造営された。ちなみに伊豆国三島大社は、伊豆国出身の北条氏の氏神であった。

続いて同八月、かつて北条政子が大御堂《おおみどう》ガ谷《やつ》に建立した弥勒堂に、大修理が加えられた。その北条政子こそ、人も知る北条氏興隆の礎《いしずえ》を築いた人である。

そして同十月八日、新築なった新時頼館（いま宝戒寺）に、時頼は引き移った。去年九月二十六日に焼け出されてから、工事が続いていたのである。焼け出されてから以降、どこに時頼が住んでいたか、判然とはしない。しかし前述の建長三年二月十四日付の古文書（『鎌倉遺文』）の文言から、いまの明月谷の館にいたものと推測される。

いずれにしても将軍更迭の気配は、見る者が見れば、随所に窺うことができたはずだった。直後の十月二十日、幕閣で行なわれた星占いが、その一例だった。

「大将軍、廃す」

という卦《け》が現われたのである。幕閣の重臣たちに、そろそろ覚悟をきめさせようとして、時頼が図ったことだったかも知れない。続いて十月二十九日、将軍御所の東北隅に、評定所を建立しようという案が、幕閣で審議された。しかし、

「丑寅ノ方（東北）は、本年は遊年なり」

ということで、これは中止とされた。陰陽道を理由としたわけだが、時頼は翌年には将軍を更迭する予定だったのである。

頼朝の晩年の頃、小袋坂の西方あたりは、地獄谷と呼ばれていた。刑場だったからである。そして刑死人の菩提を弔うために、伽羅陀《きやらだ》山心平寺《しんぺいじ》があった。その規模、宗派、開基、開山などは、まったく判らない。本尊は、木造地蔵菩薩像だった。斉田《さいた》地蔵と呼ばれていた。心平寺の本堂は、地蔵堂だったらしい。それから半世紀もたつと、心平寺はほぼ廃寺になっていた。わずかに地蔵堂だけが、その地に残っていたらしい。

そして『鎌倉大日記』の建長元年条に、「小袋坂地蔵堂建立」とある。地獄谷にあった斉田地蔵堂が、小袋坂に移築されて、小袋坂地蔵堂と呼ばれることになったのである。明治十九年五月、巨福呂坂新道が開通するまで、いまの円応寺の斜め前にあったという。

地蔵堂を移築したのは、時頼であった。その跡地に、建長寺を建立するつもりだったのである。それからの二年間、その跡地では旧刑場の跡片付けや整地、それに用材の搬入が行なわれていたらしい。

そして建長三年十一月八日、建長寺創建に向けて、ついに工事が始まっている。四日後の同十二日、明年に将軍御所に小御所を建てることになり、将軍頼嗣は北条重時館に移っている。小御

所というのは、次代の将軍たるべき現将軍の息子の住居である。建長三年に十三歳だった現将軍頼嗣には、もちろん後嗣はまだ生まれてはいない。それでも小御所造営に踏み切ったところに、将軍更迭という時頼の計画が、着々と進んでいたことが看取される。この時期の時頼が六代将軍に擬していたのは、すでに後嗣のある人物だったかと思われる。

そして同十一月十八日、京都から馳せてきた飛脚が、案外な情報を鎌倉にもたらした。

「去んぬる十四日の酉ノ刻（午後六時）准后さま、死去せり。御年六十一」

頼朝の姉婿一条能保の娘、九条良経の室というよりは、現将軍九条頼嗣の祖母と言った方がいいだろう。その女性が死んだのである。直後の同二十二日、引付衆の二階堂行綱が、将軍頼嗣からの弔問使として上洛した。五日後の同二十七日、得宗被官諏訪盛綱が、時頼からの弔問使として、また上洛していった。

時頼にとっては、好機だった。現将軍更迭後の六代将軍の鎌倉下向について、秘かに京都朝廷と折衝しやすくなったのである。弔問使というかたちをとったので、ほかから怪しまれる危険はなかった。

得宗被官の諏訪盛綱はもちろん、現将軍の御使という二階堂行綱も、すでに時頼の密命を受けていたかも知れない。将軍更迭という時頼の大陰謀は、もはや成就の寸前まできていた。連署の極楽寺流北条重時、北条一門の長老北条政村、北条一門の一翼である大仏流北条朝直など、北条一門の主立った者たちは、もちろん陰謀の与党だったに違いない。

次に与党に引き入れなければならないのは、幕閣の大族である安達、足利両家である。幸いなことに、両家ともに北条得宗家の外戚だった。安達義景は時頼の叔父にあたり、足利泰氏は時頼の義兄である。こうして同十一月二十九日、時頼館で大般若経信読の会があった。関東安全のための祈禱だと、世上には流布された。「関東安全」、つまりは陰謀成就ということだったのは、まず推測に難くはない。

さらに推測をたくましくすると、この席上で安達義景、足利泰氏に対して、陰謀が打ち明けられて、二人は同意を迫られたのかも知れない。世上には内密の陰謀だったから、もちろん確実な徴証史料はない。しかし前後の情況から見ると、この推測も間違ってはいないだろう。陰謀を打ち明けられた二人が、どのような態度をとったか、これまた史料はない。しかし前後の情況から推すと、安達義景はすぐに同意した。

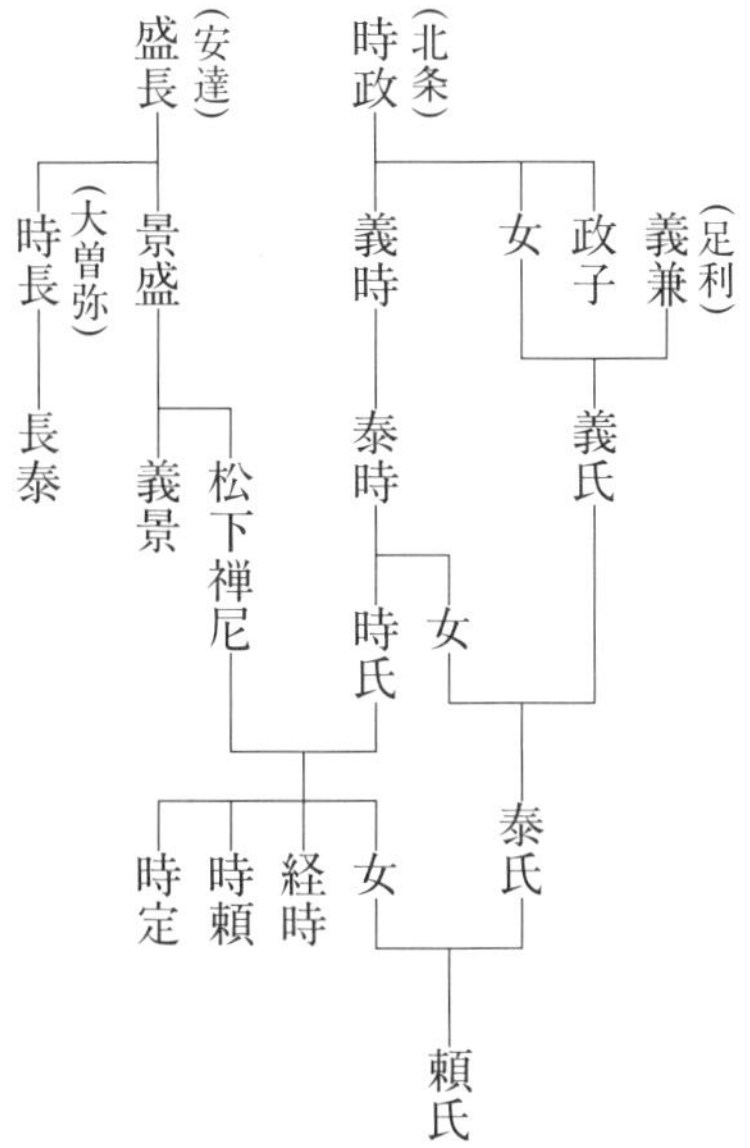

足利泰氏の場合は、よく判らない。三浦合戦直前の宝治元年三月二日、泰氏室になっていた時

頼の姉が死んで、事実において北条、足利両家の縁は切れていた。これも推測になるが北条一門に囲まれて迫られた足利泰氏は、結局は陰謀に同意せざるを得なかったのではないだろうか。もし泰氏が拒絶していたら、泰氏は生きて時頼館を出ることはなかったに違いない。

いずれにしても泰氏は、この日から懊悩することになる。現将軍に対する忠誠と、時頼に与えた同意を守るという信義と、その板挟みになったのである。

三日後の同十二月二日、ついに泰氏は決断した。忠誠と信義との狭間に、一つの途《みち》を発見したのである。三浦合戦直後に父義氏が行賞された下総国埴生荘《はぶのしょう》（千葉県栄町・成田市）に下って、秘かに出家したのである。ときに三十六歳という若さだった。そのことは、すぐには時頼の耳には入らなかった。鎌倉と下総国埴生荘とは、それなりに距離があったのである。

十二月三日、時頼は次の二ヵ条を徹底させるよう、後藤基政と小野沢仲実とに命じた。小野沢仲実は得宗被官で、この時期には鎌倉の地奉行だったらしい。

一、牛を小路につなぐべからざること。

一、小路の掃除をいたすべきこと。

なお十一月二十九日に時頼が関東安全の祈禱を行ない、同時に安達義景、足利泰氏に陰謀のことを口外したことは、どうやら世上にも洩れ伝わったらしかった。十二月五日の夜、若干の武装をした武士の一団が、時頼館の門前を窺ったのである。大鎧を着て乗馬している者は、一人もいなかった。いずれも籠手《こて》、脛当《すねあて》などの小具足で、軽く武装した徒歩の兵だった。すべて頬当《ほおあて》で顔を隠していたので、誰とも判らなかった。その様相などから見て、名のある幕府御家人ではあり得なかった。誰やらの命を受けた家ノ子か郎従であるらしかった。

時頼館の門前には、時頼の腹心諏訪盛重が住んでいた。不審な気配に飛び起きた盛重が進み出て一喝すると、なにもせずに彼らは逃げ散っていった。しかし鎌倉中は、この夜、巷説が絶えなかった。一晩中、ここかしこに集った人々が、口々にさまざまのことを語り明かしたのである。

足利泰氏が出家したことは、十二月七日になって判明した。泰氏はみずから出頭して、ことの由を報告して、処罰されんことを乞うたのである。

ちなみに頼朝の時期以来、幕府御家人が絶対にしてはいけないことが、三ヵ条にまとめられていた。

一、みだりに敵前から逃亡すること。

一、幕府の推挙あるいは許可なしに、京都朝廷から官位を受けること。

一、幕府の許可を受けずに、勝手に出家すること。

足利泰氏が勝手に出家したことは、その第三条に該当する。軍事政権である鎌倉幕府にとって、これは軍事力の減少に通ずるので、自由出家と呼ばれた大罪であった。

自分から報告して出たとはいえ、泰氏の報告は事後のことであり、自由出家の咎は許されるものではなかった。出家しなければならなかった泰氏の心中は、もちろん時頼には察することはできた。しかし時頼は、

「人によって右大将家（頼朝）以来の鉄則を枉《ま》ぐべからず」

として、泰氏から下総国埴生荘を没収した。直後、同荘は金沢流北条実時に与えられた。のちに埴生荘は、金沢文庫、称名寺領になる。

いずれにしても鎌倉中は、まだまだ物騒だった。ほぼ連夜のように、先夜のような軽武装の軽輩武士の一群が、鎌倉中のどこかに出没したのである。なにが目的なのか、はっきりとはしない。ただ随所に出没して、夜明けと同時に姿を消すのである。世上での巷説は縦横で、夜になると外

出する者は、まったく居なくなった。そして十二月二十六日、雹《ひょう》が降った。年中温暖の鎌倉だったが、三寸（十センチ）ほども積もった。なにかの凶兆かと、怖れるむきもあった。

予感はあたった。この日の未ノ一点（午後一時）、事件が起こったのである。謀叛の企図を抱いていた者たちが、生け捕られたのである。生け捕ったのは、佐々木氏信、武藤景頼の二人だった。謀叛人として生け捕られたのは、了行法師、矢作左衛門尉、長谷部久連らだった。

了行法師については、まったく判らないが、矢作左衛門尉は三浦合戦に続いて滅ぼされた千葉秀胤の一族で、下総国矢作郷（千葉市矢作町）の小領主だった。そして長谷部久連も、能登国大屋荘（輪島市）内の小領主だったらしい。先祖の長谷部信連は、源平合戦初期に以仁王《もちひとおう》に仕えており、のち頼朝から大屋荘を与えられている。

生け捕り人たちは、得宗被官諏訪盛重に取り調べられて、謀叛の企図などすべて白状したというが、その詳細は公表されなかった。それどころか翌日には、全員が処刑されている。口封じだったとしか考えようがない。謀叛の企図の詳細を明らかにすれば、必然的に時頼の大陰謀も露顕することになるからである。

つまり時頼の大陰謀は、すでに一端が洩れていたのである。そして今度の謀叛の企図というのは、時頼の大陰謀に反撃しようという動きだったことになる。もちろん背後に九条家があったことは、まず間違いない。

前摂関の九条道家と、さきに京都に追却された前将軍九条頼経との父子が、京都での黒幕だっただろう。現将軍九条頼嗣はまだ十三歳だったから、その生母の大宮局（二位殿、二棟御所とも、中納言桶口流藤原親能の娘）が、鎌倉での黒幕だったかも知れない。時頼の大陰謀は、すでに敵側に察知されてしまったのである。ことは急がねばならない。

そして年が明けて、建長四年（一二五二）となった。この年は、正月から騒がしかった。正月七日の深夜、完全武装の騎馬武者の一手は将軍御所に馳せゆき、また同様の騎馬武者の一手が、時頼館に集結したのである。

あわや合戦かと思われたが、夜が明けると、双方ともに軍を退いた。しかし五代将軍側と執権時頼方との間に暗黙の対立があることは、これで世上には知られることとなった。

そして二月八日の子ノ刻（午前零時）、鎌倉に大火事があった。西は寿福寺の前、東は名越山王堂（法性寺の奥ノ院）の前、南は和賀江島、北は若宮大路の上というから、鎌倉中の中核的地域が焼け野原になったことになる。しかし将軍御所や時頼館は、ともに火災を免れたらしい。

直後、不死身の鎌倉は、復興再建に取りかかった。ここかしこで木造りが始まり、工事の響きがわき起こっている。その現場を視察した時頼は、すぐに下知を発した。

一、鎌倉中、小路を挟むるを禁ず。

一、許可なく鞍置き馬を路上におくべからず。

そして二月十二日、時頼館で如意輪ノ法が行なわれた。関東安全のための祈禱だと、世上に触れ出されている。つまりは時頼館で、また北条一門の主立った者たちが、秘密の会議を開いたということが、暗に示されている。現将軍を更迭した後、新将軍を誰にするか、それが議題だったのではないだろうか。

そして同二月二十日、ついに時頼は動いた。二階堂行方、武藤景頼を両使として、上洛させたのである。二人が携えた密書は、時頼自ら筆をとったもので、それには北条重時の署名と花押が据えられていた。もちろん密書の内容は、誰にも内緒にされていた。将軍更迭のことを京都朝廷に申請するものだったが、やや捻った文章になっていた。

伏して願わくは、我れら両人、現将軍の執権、連署の職を辞し、後嵯峨上皇の御長男にして第三ノ宮たる宗尊親王《むねたかしんのう》を、六代将軍にお迎えしたく候えば、よろしく関東へ御下向あるべく候。

平朝臣時頼
平朝臣重時

前半だけ読むと、時頼、重時の二人が、まるで執権、連署を辞任したがっているかのようだが、実際には現将軍を更迭する予定だということを、婉曲に表現しているのである。重要なのは、新将軍として宗尊親王を指名していることだった。後嵯峨上皇の長男だったが、生母が蔵人勘解由次官平棟基という中級の官人の娘棟子だったので、第三ノ宮とされていた。ときに十一歳だった。

のちに判明したことだが、新将軍の候補者に上った親王は、ほかにもあった。後嵯峨上皇の三男だったが、生母が高貴の出身だったので、八歳年長の宗尊親王を抜いて、第二ノ宮とされていた恒仁親王(のち亀山天皇)である。後嵯峨上皇の次男でありながら第一ノ宮とされていた久仁親王は、すでに寛元四年(一二四六)正月二十九日、父帝の譲りを得て皇位についていた。第八十九代の後深草天皇である。

なお後嵯峨上皇が一ノ宮の後深草天皇より二ノ宮の恒仁親王の方を偏愛していたことは、よく知られている。これが原因となって、やがて後深草天皇の系統の大覚寺統と、亀山天皇の系統の持明院統との間に、凄絶な対立が生ずるのである。後嵯峨上皇の親王三人のうち、父帝の愛情がもっとも薄かったのは、宗尊親王だった。長男でありながら三ノ宮とされたのは、その証拠である。

時頼が後嵯峨上皇最愛の恒仁親王を選ばず、この宗尊親王を新将軍に指名したのも、そんなところに理由があったのだろう。もっとも貰い易い人物を選んだのである。

二月二十日、時頼自筆の密書を持った両使は、鎌倉を発って京都に向かった。朝廷の回答が待たれる同二十七日、まったく別の急報が、鎌倉に入った。去る二十一日の戌ノ刻（午後八時）、九条道家が死んだというのである。現将軍の祖父でもあり、摂政や関白を歴任した朝廷の有力者の死である。将軍御所や執権館などでは、ただちに喪が宣言された。

しかしこれは、表面だけのことだった。実際には時頼館などは、まさに喜色が満ちていた。将軍更迭という時頼の大陰謀に、もっとも強硬に反対するだろうと予想されていたのが、この道家だったからである。

「いまこそ武家、対策のあるべきの期なり」

このように放言した者も、時頼館にはいたらしい。

それにしてもいま、道家が死んだというのは、あまりにも時機が合っていた。時頼の大陰謀にもっとも強く反対しそうな人物が、時頼が密書を送った翌日に死んだのである。時頼にとっては、あまりにも都合がよすぎた。そんなところから、やがて世上に、さまざまな噂がとぶことになる。

異本の『北条九代記』には、次のように記されている。

道家公、薨じ給う。年六十一歳なり。（中略）いま薨じ給ひけること疑心なきにあらず。

武家より計らひ奉りけるにやと、心ある人は怪しみけり。

時頼が道家を暗殺させたのではないかと、疑う者もあったというのである。しかし、時頼は、道家を殺してはいない。この時期、すでに道家は政治的には不遇になり、自分でも死を覚悟していたらしいのである。

さきの宮騒動の直後に、息子の頼経が京都に追却され、自分は関東申次を罷免され、翌宝治元年正月には息子の一条実経が摂政を解任され、了行法師の事件の直後には勅勘まで蒙っている。そして、建長二年（一二五〇）十一月には、死を覚悟していたらしく、九条家一門に所領の処分を行なっている。このとき勘当していた息子二条良実には所領譲与がなかったのが原因で、九条家は九条、一条、二条の三家に分流することになる。

いずれにしても時頼の読みは、まさしく的を射抜いていた。幕府に従順な後嵯峨上皇は、宗尊親王の関東下向を快く許可したのである。そして三月十九日の辰ノ一点（午前七時）、宗尊親王の一行は京都六波羅の探題館を出立、東海道の宿々に泊まりを重ねて、四月一日、ついに稲村ガ崎から鎌倉に入った。

由比ガ浜の浜ノ大鳥居の西を通って、行列が下ノ下馬橋にいたると、供奉の人々はみな下馬した。そのまま若宮大路を北行し、中ノ下馬橋の辺で柳ノ辻子に折れて小町大路に入り、北行して、宗尊親王は時頼館に入った。六代将軍ということになる。

鎌倉幕府では、つねに皇族を将軍に推戴しようという願いがあったという学説がある。かつて頼朝は以仁王を将軍に立て、自分はその執権になろうとした。のち三代将軍実朝のとき、北条政子が後鳥羽上皇の皇子を、四代将軍にしようとしたのは、これであるというのである。この学説が当たっていたら、鎌倉幕府の永年の願いが、ついに果たされたことになる。

なお新将軍は皇族だったから、宮将軍と呼ばれることになる。ここで思い合わされるのは、寛元四年の事件が、宮騒動と呼ばれたことである。あの事件では、宮はまったく関与してはいない。それなのに宮騒動と呼ばれたのは、そのときから時頼は、すでに宮将軍推戴を考えていたということだろうか。

ここに哀れをとどめたのは、前将軍の一家である。まだ宗尊親王が東海道を下向中だった三月二十一日、前将軍九条頼嗣と弟の乙若丸および二人の母、大宮局の三人は、将軍御所を出て、佐介ガ谷の北条時盛館に入った。そして四月三日、日が悪いからと必死に抵抗したが、ついに鎌倉を出て京都に追却されていったのである。

時頼の大陰謀は、ついに成就した。これに反対するものは現われなかった。時頼の準備が周到だったからと言うよりも、すでに得宗専制が成立していたので、誰も時頼には反対できなかったというのが、真相ではないだろうか。

いささか余談になるが、日本国の外国に向けた玄関口となる国と言えば、博多湾を擁する筑前国であり、国中で最大の神社は、宗像《むなかた》神社だったかも知れない。早くから社領を宗像荘として立荘していたから、大きな荘園領主でもあった。

承久ノ乱後、宗像荘は幕府の将軍を領主とする関東御領になり、現地を預かる地頭には、三浦氏本宗が任じられた。そして三浦合戦で三浦氏本宗が滅びると、地頭には北条時頼が任じられて、得宗領になっている。

広大な宗像荘を支配するにあたって、時頼は宗像荘をいくつかに分け、それぞれの地の有力者を小地頭あるいは地頭代官に起用したらしい。そのうち玄海灘に浮かぶ小島である小呂島《おろのしま》の小地頭は、女性だったようである。その女性の許に入婿として入ったのは、謝国明《しやこくめい》という南宋からの商人だった。博多を根拠地とした貿易商人で、小呂島も貿易のための中継地点だったらしい。夫婦の間には、やがて子供も生まれていた。

その謝国明は、建長四年の前半までの時期に、すでに死亡したらしい。宗像神社に対する社役対捍ということで訴えられ、それに対する時頼、重時連署の裁許状が建長四年七月十二日付で出されているが（鎌倉遺文七四五八号）、実際の宛名は「国明の子息」となっている。

続けて建長五年五月三日、六波羅探題北条長時は、重ねて下知状を発したが（鎌倉遺文七五五一）、これには「船頭謝国明遺領」、「謝国明遺跡」、「後家尼」などとあって、これより以前に謝国明が死んでいることは明らかである。

鎌倉時代の中期、日本と南宋との貿易は、きわめて頻繁だった。質素倹約を自他に勧めた時頼の没後には、大陸からの輸入品は「唐物」と呼ばれて、非常に珍重されている。時頼が質素倹約を呼号したのも、このような風潮への反動だったのかも知れない。

とにかく日宋貿易は活発で、謝国明のような貿易商人は、数多く活躍していたと思われる。謝国明は、そのうちの一例である。

これら南宋の貿易商人の口から、蒙古の動向など中国大陸の様子は、日本にも知られていたものと思われる。同時に日本人の間に宋人への親近感も生じ、その宋国を圧迫している蒙古に対する反感も、しだいに醸成されていたに違いない。

博多の承天寺には、元禄八年（一六九五）作の「謝国明肖像画」があり、博多駅前には天保四年（一八三三）建立の「謝国明之碑」が現存している。その石碑では、謝国明は弘安三年（一二八〇）十月七日、八十八歳で死んだとあるが、間違いであろう。

傀儡将軍と宗教都市鎌倉

宗尊親王の下向を迎えた鎌倉では、種々の儀式や饗宴も行なわれ、御格子番なども新任されて、清新の風が漂っていた。

そして四月五日、京都からの飛脚が、鎌倉に入った。四月一日付けの将軍宣旨の案文が届けられたのである。正文の方は、同十一日には鎌倉に届くことになっていた。

右、左大臣の宣を蒙って言う、件の親王、よろしく征夷大将軍たるべし。

三品宗尊親王

建長四年四月一日　大外記中原朝臣師兼奉

こうして宗尊親王は、正式に鎌倉幕府の六代将軍になった。直後の同十四日の寅ノ一刻（午前三時）、暗夜のなか、新将軍は鶴岡八幡宮に参詣した。供奉人の行列は、偉容をきわめた。神拝が終わって親王が還御すると、辰ノ刻（午前八時）、政所《まんどころ》始《はじめ》が行なわれた。将軍に就任した宗尊親王が、初めて幕府の政務をとるという儀式である。この儀式も、またまた盛大なものだった。しかし、過差（贅沢）はそこまでだった。直後の同十六日、執権と連署の名前で、次のような布告がなされた。

旧来、鶴岡八幡宮の恒例、臨時の御祭礼のつど、歴代の将軍、必ず御参宮のことあり。向後においては、その儀を停止して、御奉幣は御使の代参と治定す。

新将軍本人が鶴岡八幡宮に参詣するのを、以後はやめにすると決定したのである。直後、倹約のためと説明された、質実剛健、質素倹約ということが、新将軍にも適用されたのである。

しかし新将軍が、いつまでも時頼館に居るわけにはいかなかった。また前将軍の御所は、頼経、頼嗣二代の藤原将軍の陰謀の故に、いまは大きく穢《けが》れていた。新将軍が入居するわけにはいかなかった。とにかく人心一新のためにも、新御所の造営は必要だった。同二十一日から、新御所造営関係のことが、幕閣での重要議題となった。

考えておかねばならないことは、まさに無数とあった。旧御所破却の日時、新御所造営の場所、工事開始の日時、その間の将軍の方違《かたたがえ》の方位などなどである。次から次へと出てきたこれらの案件を、時頼、重時らは一つずつ処理していき、やがて工事が始まった。場所は旧御所のあったところ、つまり若宮大路の東側で、最北端に位置していた重時館の南隣だった。いわば藤原将軍御所の建て替えということになる。のちに第二期若宮大路御所と呼ばれることになる。

工事が行なわれている間にも、時頼の政治は続いていた。四月三十日に引付衆を三番から五番に編成替えしたのは、その一例である。各番の平の引付衆は、それぞれ六人ずつ。だから総人数は三十人で、今までと変わりはない。一番から三番までの頭人も、従前通りの政村、朝直、時章の北条一族だったが、四番の頭人は二階堂行盛、五番の頭人は安達義景だった。

今度の引付衆の編成替えには、注目すべきことがあった。一番は毎月の二日、二番は七日、三番は十二日、四番は二十三日、五番は二十七日と、それぞれ会議を開く日が、決められていたのである。

御所の工事が完成に近づいた十月十四日、時頼は条々の法令を発した。

一、他人の牛馬を盗みたる者および人間を拘引《かどわか》したる者。
　これ三度に及ばば、その科《とが》、当人の妻子にも及ぶべし。
一、放火のこと。
　強盗に准じて、よろしく禁圧すべし。
一、殺害刃傷の人のこと。
　当人だけを、処罰すべし。父母、妻子、親類、所従などには、咎《とが》をかけるべからず。
一、窃盗のこと。
　小過たりといえども、再犯に及ばば、一身の咎たるべし。
一、盗品の弁償のこと。

寛喜三年（一二三一）四月二十日の式目に任せ、二百文以下の物品は二倍の過料、三百文以上たらば一身の咎たるべくも、三族に及ばざれ。

一、諍論のこと。
土民の習い、喧嘩せしむといえども、疵を負わさざれば、罪科に処すべからず。

一、山賊、海賊、夜討、強盗のこと。
式目に任せて、その沙汰のあるべし。

一、他人の妻を密懐すること。
名主、百姓らのうち、他人の妻を密懐するのこと、訴人出で来たらば、両方を召し決し、証拠を尋ね明らむべし。名主の過料は三十貫文、百姓の過料は五貫文。女の罪科のことは、もって同前。

直後、これらの法令を発した理由が、主立った人たちに公表された。近年、この種の訴訟が民間から提起されることが、きわめて多いからだというのである。世情一般の情況、とくに不倫も金銭で処理されるような社会相が、如実に窺われそうである。同時に時頼の政治に、撫民という思想が貫徹しているとも、窺い知ることができる。

十一月四日、ついに将軍御所造営の工事が終了して、吉日だった同十一日、宗尊親王は時頼館を出て、新御所に移徙《いし》した。新御所の工事は、実に五か月を要した。釘を使わず、柱と欄間《らんま》とが交叉する箇所は嵌め込みにするのが、当時の工法だった。このような工法だと、通常さほどの日数は要しない。それが、五か月も要したのである。時頼は倹約とばかり言っているが、必要なことには金をかけたのである。造営なった新御所は、かなり豪華なものだったらしい。

寝殿、広ノ御所、二棟ノ御所、中ノ御所、小御所、持仏堂、御厩、東西の両侍所、車宿、泉殿などのほか、東西南北の四門のうちには、池のある南庭や、蹴鞠用の鞠ノ坪もあった。

小侍所だけは、未完成だった、将軍の身のまわりの世話をする小侍の詰所であり、小侍が出仕したとき着到を付ける（出仕しましたと書類を呈出する）場所である。急場のこともあるというので、小侍の詰所には、御厩付属の侍所があてられることになった。同時に着到状は二通呈出《ていしゅつ》するものとされ、一通は将軍居室の簀子《すのこ》で読み上げられ、もう一通は時頼の許に呈出されることになった。

また宗尊親王が時頼館から出たのを機会として、あらたに問見参衆《といげざんしゅう》という役職が設置された。将軍に面謁しに来た者を、将軍に取り次ぐ役である。これは各番三人ずつで六番に編成されていたから、問見参衆の総員は十八人ということになる。すべて中流程度の一般御家人であった。

一番は卯ノ日と酉ノ日、二番は辰ノ日と戌ノ日、三番は巳と亥、四番は子と午、五番は丑と未、そして六番は寅と申というように、各番は六日目ごとに勤仕するものとされた。いずれにしても小侍の着到状が時頼の許に呈出されることになり、時頼の意向に反対するはずのない中流の御家人で問見参衆が編成されたことには、かなり重要な意味があった。

将軍に、誰がいつ近侍し、誰がいつ面謁したかというようなことを、すべて時頼は知ることができるようになったのである。いわば新将軍宗尊親王は、時頼の監視下に置かれたと言える。頼経、頼嗣の前二代の藤原将軍の側近たちの陰謀に、いかに時頼が手を焼いたかが、よく示されている。と同時に、すでに得宗専制が成立していたということも、ここに知られるのである。

やがて年が明けて、建長五年（一二五三）となった。この頃から御家人たちの動きに、新将軍軽視、あるいは将軍のための諸役を、御家人たちが疎《おろそ》かにすることが、目立つようになった。

この年の的始《まとはじめ》は、正月十一日に予定されていた。弓矢の名人として選抜された御家人が、本年、最初に将軍に腕の冴えを披露するのである。頼朝が生きていた頃は、その射手に選ばれることは、まさに名誉なことだった。だから十人だけが選抜される当日には、腕に自信のある御家人たちが、我も我もと詰めかけてきたものだった。

射手十人の選抜は、二日前の九日に行なわれた。場所は由比ヶ浜、御霊神社の前浜だった。当然、激しい勝ち抜き戦があるものと、多くの人々は予想していた。

ところが実際には、まったく様子が違っていた。十七人が指名されていたが、そのうちの三人が欠勤していたのである。それだけではなかった。出仕していた十四人のうち、五人までが灸治、障《さわ》り、所労（病気）などと申し立てて、選抜に応じようとはしなかったのである。

結局、残る九人は、無選抜のままで、的始当日の射手ときまった。しかしそれでも、定員の十名には、一人足りなかった。欠勤していた三人のうちから一人を、無理にも引っ張り出して、ようやく当日に間に合わせたのである。

また正月二十一日は、鶴岡八幡宮への将軍の初詣ときまっていた。その供奉人の名簿が、十六日に発表された。すると次から次へと、欠勤という申請がなされたのである。新将軍に対して時頼がとった態度が、このような事態を招いたのだった。将軍に忠勤を励むと、時頼に睨まれることはあっても、褒賞されることはないと、御家人たちに知れわたっていたのである。いささか行き過ぎだった。将軍には将軍なりに、一定の権威は必要だった。

このように時頼が考えていたとき、正月二十八日に慶事があった。戌ノ刻（午後八時）、時頼室（重時の娘）が、男子を平産したのである。童名は福寿丸、のちの北条宗政である。出産の前後には、正寿丸（のち時宗）のときほどではなかったが、それなりに盛大に、祈禱その他が行なわれた。執権時頼の権勢は、それほどだったのである。

これによって、将軍の二所参詣が延期とされた。伊豆山権現（熱海市）、箱根権現の二所権現と三島大社（三島市）に将軍が参詣するという幕府の公式行事まで、時頼一身の私事が左右するようになっていたのだった。

その年の五月に入ると、いささかの問題が生じた。時頼の外叔父安達義景が、病気になったのである。医師の診立てでは、喘息、脚気、不食などの諸病が併発したということだった。当時の脚気は、いわば粗食による栄養不良のことだったらしい。義景の病状は、その後、一進一退を繰り返した。治癒したかと見える日も、ないわけではなかった。しかし五月十三日の夜、ついに義景は出家した。

鎌倉時代には、俗人のままで死ぬことは、よくないと考えられていた。だから死が迫ったと思われると、みな出家したのである。つまり義景も、死を覚悟するまでになっていたのである。もちろん将軍の許可は得られていた。そして六月三日の巳ノ刻（午前十時）、秋田城介従五位上安達流藤原朝臣義景、法名願智入道は四十四歳で死んだ。時頼は、軽服（喪）に入った。

毎年の八月十五日は、鶴岡八幡宮の放生会《ほうじようえ》と決まっていた。鯉などを生きたまま、同宮の放生池（いまの源平池）に放してやるのである。そして頼朝の時期より、当日には将軍が参宮することになっていた。幕府の公式行事のなかでも、とくに重要な儀式だった。

そこで七月八日、供奉人などの名簿が、小侍所に発表された。布衣《ほい》の人、直垂で帯剱する者、先立って廻廊に参向すべき仁などなどである。と、途端に欠勤と申し立ててくる者が、続々と現われた。その理由も、またさまざまだった。

「持病あるが故」

「所用ありて自領にあり」

「軽服中（喪中）なり」
「病いにて猪肉を喰いたれば穢れ多し」

それでも事前に届けが出ていれば、まだよかった。それなりに、やり繰りができたからである。当日になっての欠勤は、とにかく厄介だった。その厄介なことが、今年の放生会には続出した。

この日、小侍所別当の金沢実時は、てんてこまいの忙しさだった。布衣の者を随兵《ずいひょう》役に廻したり、廻廊参向者を布衣に廻したり、とにかく人数不足だった。そのうち、とんでもないことが判明した。事前に散状（回覧板）を廻しておくことになっていたが、担当の事務職員が失念して、廻していなかったのである。

「これを先例となすべからず」と、担当の事務職員は叱責されたが、あまり反省の色は窺われなかった。それでも放生会への将軍の出御は、なんとか行なわれた。

九月に入って空気が涼しくなると、時頼は活発に動き出した。次から次へと、法令が頻発されたのである。

九月十六日には、幕府御家人や鎌倉居住の人々に、改めて過差禁令が出された。贅沢《ぜいたく》は敵だ、ということである。同二十六日には、比叡山延暦寺領以外の地では、延暦寺僧を預所に起用すべからずと発令された。十月一日には、自領の百姓を奴婢雑人とすることが禁じられ、また法家の女房が五衣《いつつぎぬ》、練貫《ねりぬき》を着ることが禁じられた。

そして同十一日、押買いが禁じられ、同時に鎌倉での物価が、次のように公定された。

炭　一駄、百文
萱木　一駄八束、五十文
薪　三把百文、一駄三十把

藁　一駄八束、五十文
糠《ぬか》　一駄一俵、五十文

炭、萱木、薪は基本的には炊事に用いるもので、藁と糠は馬の餌である。鎌倉武士と鎌倉の住人の生活を、ともに支える基本的な品々であった。

そして十一月に入ると、ついに建長寺が完成した。正式には、巨福山建長興国禅寺である。五年ほど前の建長元年頃、心平寺の地蔵堂を小袋坂に移築し、もと地獄谷と呼ばれて死刑場だった跡地の整備に着手し、同三年十一月八日に着工した建長寺が、ついに造営なったのである。本尊は木造丈六地蔵菩薩像、脇侍は小型の木造地蔵像千体。開基は北条時頼、それまで常楽寺住持だった蘭渓道隆（のち大覚禅師）が、開山である。

当寺建立の目的は、上は皇帝の万歳、将軍家および重臣の千秋、天下の泰平を祈り、下は源家将軍三代、二位家（北条政子）ならびに北条一門の没後を弔うためとされた。注目すべきは、「皇帝の万歳」を祈ったり、「興国禅寺」と命名されていたことである。「皇帝」と「興国」、ともに当時の日本語には馴染まない。

この頃、蒙古の圧迫を受けていた南宋では、国家主義的思想が強まっていた。その南宋出身の蘭渓道隆が開山になったのである。当然のことながら、道隆の国家主義的思想が、このようなかたちで建長寺には強く反映したのである。

建長寺は禅寺だった。そして禅寺といえば、鎌倉の寿福寺、さきごろ天台宗から禅宗に転じた常楽寺、京都の建仁寺、そして博多の勝福寺などがある。しかし多くは、天台宗をも兼修する兼修禅だった。比叡山延暦寺からの攻撃に、まだはばかるような弱さがあったのだ。ところが建長寺は専修禅だった。他宗を念頭に置かず、禅宗専門の寺なのだと、堂々と主張したのである。開基が権力者の時頼だったからこそ、できたことだったのかも知れない。「建長」という元号が、そのまま寺名になっている建長寺という寺名にも、時頼の権威が示されている。

ややあとのことになるが、南北朝内乱期の暦応《りやくおう》年間（一三三八―四二）、室町幕府の初代将軍足利尊氏は、亡き後醍醐天皇の冥福のために一寺を建立し、元号にちなんで「暦応寺」と命名しようとした。すぐに比叡山延暦寺の僧兵が、大衆強訴《だいしゅごうそ》に出た。

「元号が寺号になりたるは、ひとり我が延暦寺たるのみ。他寺に、これを許さじ」

僧兵の強訴に押されて、尊氏は暦応寺を天龍寺と改めた。

そしていま、時頼は「建長」という元号にちなんで、「建長寺」と命名したのである。延暦寺の僧兵からの抗議は、まったくなかった。時頼が持っていた権威は、後の尊氏のそれより強かったということになる。

ちなみに元号が寺名になっているのは、ほかにも例はある。摂関政治を創始した藤原良房は貞観寺を建て、鎌倉幕府の二代将軍源頼家は建仁寺を建立している。「貞観」、「建仁」は、ともに当時の元号だった。しかし延暦寺の大衆は、ともに抗議はしなかった。建長寺は元号を寺号にした第四番目の寺になったのである。

いずれにしても、建長寺の供養の式は終わった。しかし建長寺関係の仕事が、すべて完了したわけではなかった。情報が諸国に伝わると、専修禅の講筵《こうえん》に連なろうとした僧侶たちが、続々と建長寺に詰めかけてきた。大檀那としての時頼は、新しく住僧になってきた僧侶たちのために、さらに僧房を建て増さねばならない。そのためには旧地獄谷を、さらに平削しなければならない。

厨子《ずし》、幡《ばん》、華鬘《けまん》、燈籠等々、寺を荘厳《しょうごん》する物品も、充分ではなかった。なによりも大切な梵鐘も、まだ鋳造されてはいなかった。建長寺関係の仕事は、まだまだ多く残っていた。当然のことながら、時頼は忙しかった。

しかしこの頃時頼は、建長寺とは別に、さらに一寺の造営に着手していた。正福寺《しょうふくじ》あるいは聖福寺というのが、それである。

もともとは、正福寺だったらしい。時頼の正室が生んだ二人の男子、正寿丸、福寿丸の童名から、一字ずつ取って寺名にしたものだからである。聖福寺と書くのは、後世の訛伝だろう。時頼が、二人の息男の延命息災を祈って、当寺を建立したのである。本当は長男でありながら三男とされた宝寿丸のことは、時頼は問題にはしていない。

現在、江の電「稲村ヶ崎」駅の前から、緩やかな坂道を北方に向かって歩くと、突き当たるのが「正福寺公園」で、そのあたりが「聖福ガ谷」だった。正福寺は、そこにあった。のち鎌倉に攻め込もうとした新田義貞や、鎌倉幕府滅亡直後に本間、渋谷などの北条残党軍が、一時的に本陣を置いたことがある。しかし南北朝内乱が終結した頃には、すでに廃寺になっていたらしい。

正福寺の造営工事が完了した時期は、明確ではない。しかし、『鶴岡八幡宮社務職次第』の建長六年（一二五四）正月二十八日条に、次のような記述がある。

鶴岡八幡宮ノ神宝ヲ、聖福寺ノ新熊野社《いまくまのしゃ》ニ移ス。

この時点より以前に工事は完了しており、新熊野社のような神道関係の付属建築も完了していたことは、これで明らかである。その新熊野社は鶴岡八幡宮の末社のような位置にあり、同宮の神宝が移されるほど、重要な存在だったことが窺われる。

続いて『吾妻鏡』の同年四月十八日条に次のように記されている。

聖福寺の鎮守諸神の神殿、上棟す。いわゆる神験、武内、平野、稲荷、住吉、鹿島、諏訪、伊豆、箱根、三島、富士、夷社などと云々。これ惣じては関東の長久、別しては相州（時頼）の賢息の息災延命のためなり。よって、かの兄弟両人の名字をもって、寺号に模せらると云々。

いわば日本中の主立った神社の神々が、みな勧請されたかたちである。それもこれも、すべて正寿丸と福寿丸の息災延命のためだった。両息に対する時頼の偏愛とも言える感情が、よく窺われるようである。

ちなみに北条氏得宗家の略系図を、それぞれ童名で記してみると、次のようになる。

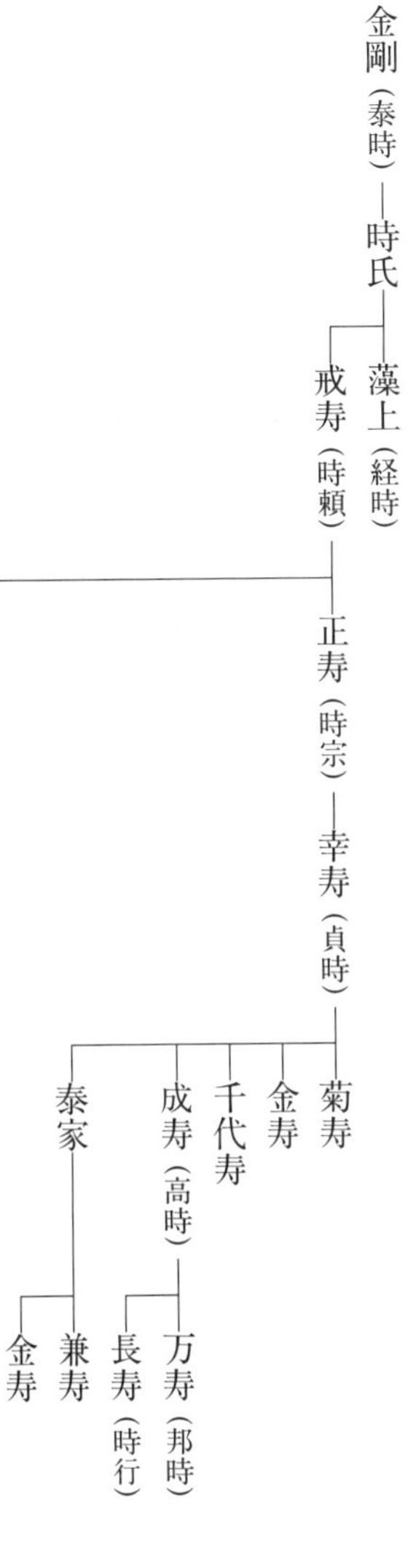

時氏、泰家、師時の三人については、童名が判らなかったので、成人としてからの名乗りで記

しておいた。北条氏の早期の頃の泰時が金剛丸、経時が藻上丸（藻上御前）だった。単純に嫡系相続だったこの時期までは、童名に一定の法則性は感じられない。

　ところが経時から弟の時頼への代替わりがあってから以降、時頼系の人々の童名には、ほぼすべて「寿」の字が付くようになる。「寿」というのは、まさしく息災延命を祈ったことを示している。得宗家の歴代は、みな短命だった。政子の六十九歳、義時の六十二歳、泰時の六十歳は、ほとんど例外だったと言える。以降の得宗家では、時氏の二十八歳、経時の二十三歳、時頼の三十七歳、時宗の三十四歳などと、いずれも短命だった。同族内結婚あるいは安達、足利両家との間に繰り返された近親結婚が、その原因だったと考えられる。

　いずれにしても時頼より以前は、それなりに長命で、童名などに一定の原則はなかった。これに反して時頼以降は、みな短命で童名に「寿」の字が付けられることになる。次男でありながら偶然のことで家督を継ぐことができた時頼が、得宗家の家督を自分の系統で独占し続けようとした、その必死の想いが、そこに看取されるようである。

　聖福寺の建立というのも、まさにそのことだった。しかし疎外されたかの観があった宝寿丸の心中は、どんなだっただろうか。聖福寺が建立されたとき、宝寿丸は七歳であった。

　なお聖福寺の開山は、時頼の帰依浅からぬ隆弁だった。そして二代住持には、時頼室の弟（兄とも）の極楽寺流北条長時の子長弁。三代目は宗弁だった。僧名ではあったが、いずれも「弁」を通字としていることに、注目される。

　そして年が改まって建長七年（一二五五）二月二十一日、ついに建長寺の梵鐘が完成した。やがて時頼の子時宗が造った円覚鐘とともに、「鎌倉二大鐘」と謳われることになる。大檀那は北条時頼、銘文は開山の蘭渓道隆、鋳造大工は関東鋳物師《いもんじ》棟梁の大和権守物部重光、銘文にも記されているが、時頼が千人と結縁《けちえん》して造ったものだった。

総高は、二百八・八センチ、龍頭は四十三・五センチ、笠形は十・三センチ、鐘身は百五十五センチ、口径は百二十四・三センチ、乳は五段七列、通常の鐘よりはるかに大きい。しかし、きわめて細身に見える。

いまも建長寺に残るこの鐘には、ほかには類例の少ない特長がある。池ノ間の銘文が文字が突き出ている陽鋳であること、銘文は第一区と第二区のみで、三区、四区に文字がないことなどである。目立って特長的なのは、全体のシルエットを最下端で引きしめる役を果たす駒ノ爪が、厚く盛り上がってはいず、数本の条線でそれと示されていることである。時頼の権勢、あるいは時頼の増長を感ずるのは、ひとり筆者だけだろうか。

時頼の引退と出家

専修禅を鎌倉に興そうとして、北条時頼は建長寺を創建した。その工事が完成に近づいた建長五年（一二五三）、江戸湾をへだてた鎌倉の対岸の安房国で、仏教の新しい宗派が誕生した。法華宗（日蓮宗）である。

仏教の経典は、数が多い。しかし真実の正法が記されているのは、ひとり法華経のみである。さすれば唱名すべきは、「南無妙法蓮華経」であって、「南無阿弥陀仏」ではない。妙《たえ》なること蓮の華のごとき法華経にではなく、阿弥陀仏に縋《すが》ろうとするのは、すべて邪教である。

このような固い信念を抱いた僧蓮長は、まず父母を説いて法華経に帰依させ、父に妙日、母には妙蓮という法号を授け、自分は父母の法号から一字ずつを取って、日蓮と改名した。ときに三十二歳だった。

しかし地元の東条御厨（千葉県天津小湊町《あまつこみなと》）の地頭東条景信の反発もあり、やがて正法宣布の大志を抱いた日蓮は、東国最大の都市鎌倉を目指した。鎌倉での布教に成功すれば、全国への正法宣布も夢ではない。故郷の安房国小湊から房総半島西岸の泉谷（富浦町南無谷《なむや》）に出、船に乗って江戸湾を渡り、相模国米《よね》ガ浜（横須賀市米が浜通）に上陸し、名越坂を通って鎌倉に入った。ときに陰暦五月のことだった。陽暦に換算すると、現今の六月下旬にあたる。太陽は頭上に照り輝き、日射しは暑かった。

山越えで汗をかいた日蓮は、近くの人に水を乞うた。もともと水気の乏しい所だったが、そのとき奇跡が起こった。眼前の岩の間から、こんこんと冷水が湧き出したのである。今に伝わる「日蓮乞水《こいみず》」の伝説である。金龍水、不老水、銭洗水《ぜにあらいみず》、梶原太刀洗水とともに、鎌倉五名水とされている。いずれにしても日蓮は、鎌倉の東南隅、松葉《まつば》ガ谷《やつ》に小庵を結んだ。

直後、下総国印東荘《いんどう》（印旛郡酒々井町《しすいまち》）の領主印東流千葉祐昭の子の僧戌弁《じょうべん》が弟子入りして、日昭と改名した。続いて日昭の妹と印東有国との間に生まれていた子が、また弟子となった。のちの日朗である。その頃から日蓮は、町屋（商店）で賑わう小町大路に出て、布教活動を開始した。世にいう日蓮の辻説法である。

いま、小町大路の妙隆寺の斜め前辺りに、「日蓮辻説法跡」という一画がある。しかし夷堂橋《えびすどう》の北方は、いまでも小町で、当時は武家屋敷が並んでいた。だから日蓮が辻説法をした場所は、この辺りではあり得ない。夷堂橋の南方は、いまでは大町で、当時は魚町《いおまち》・米町などと呼ばれる商店街だった。だから日蓮が辻説法をしたのは、夷堂橋よりは南の地だったに違いない。

「日蓮辻説法跡」の一画の中心は、「日蓮腰掛石」である。もともとは夷堂橋の南にあったものだが、明治三十四年九月、この地に移されたという。

日蓮が辻説法を開始したのは、建長六年だった。同年の十一月二十一日、足利義氏（法名正義入道）が死んだ。計算してみると、六十六歳だったらしい。母は北条時政の娘（政子、義時の妹）で、妻は北条泰時の娘（時氏の妹、経時・時頼の叔母）だった。北条氏得宗家とは、二重の外戚関係だったことになる。義氏の「義」の字は、北条義時の偏諱だったかも知れない。

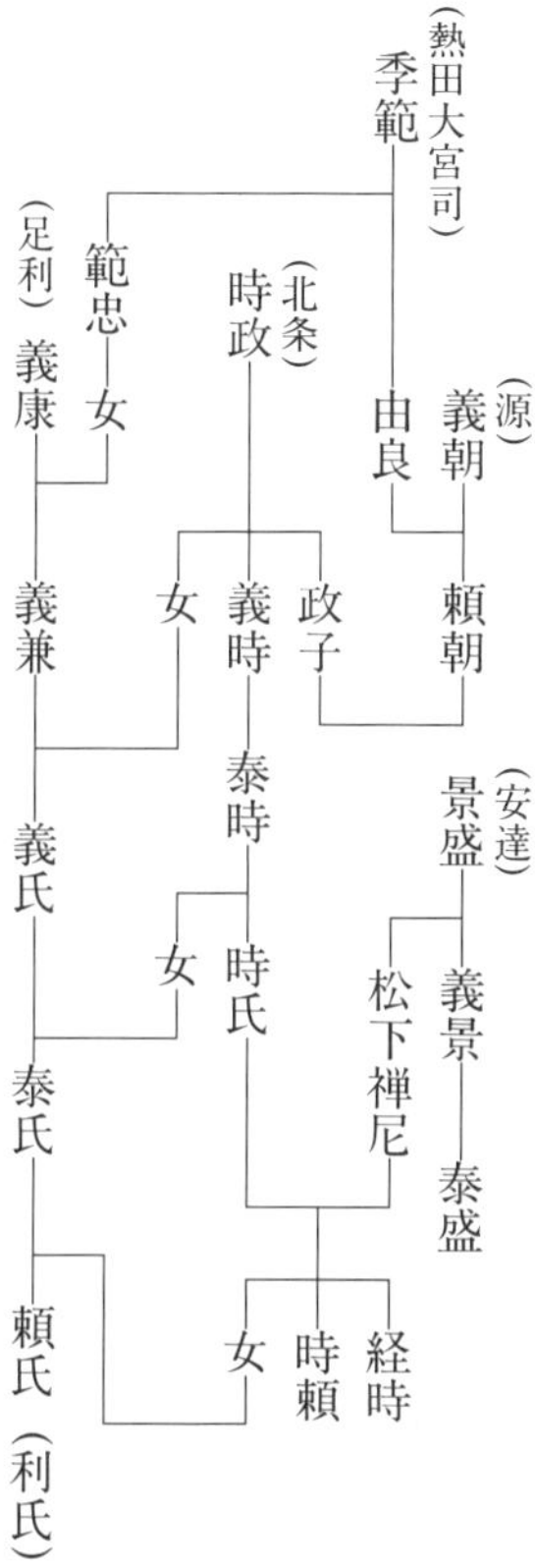

義氏が出家した後、足利氏の家督を嗣いでいた足利泰氏も、得宗家とは緊密な血縁関係にあった。前述したように、母は泰時の娘だった。そして妻は三浦合戦の直前に死んだが、時氏の娘（経時、時頼の姉）だった。泰氏の「泰」の字も、北条泰時の偏諱だったに違いない。そして泰氏と亡妻との間には、足利利氏（のち頼氏）という男子があった。建長八年正月三日には、元三（三ガ日）の垸飯《おうばん》役を勤仕しているから、立派に成人していたと思われる。だから義氏が死んでも、足利一族は得宗家とは血縁関係にある。時頼にとっては、母の実家である安達一族とともに、

もっとも恃みになる味方であった。

この足利義氏の死は、一連の悲劇の幕開けのようだった。以降、赤斑瘡《あかもがさ》という病気が流行して、多くの人々がバタバタと倒れていったのである。

赤斑瘡というのは、どうやら麻疹《はしか》のことだったらしく、日本史上、ほぼ定期的に蔓延している。建長七年には畿内近国の庶民間で流行したらしいが、建長八年（一二五六）に入ると鎌倉幕閣にも及んできた。

早くも元旦から、赤斑瘡は幕閣に侵入していた。こともあろうに六代将軍宗尊親王が、すでに感染していたのである。それでも元旦の垸飯の儀式は、例年のように挙行された。将軍は出席しなかったが、時頼は儀式を強行したのである。正月二日、続いて三日の垸飯には、将軍は出席した。将軍の症状は、案外に軽かったのかも知れない。五日の御行始には、将軍は時頼館を訪れている。

しかし病魔は、見えないままに動いていた。同十二日には、時頼館の贄殿《にえどの》（台所）で、召し使われていた下人が死んだ。時頼館が穢れたというので、三十日の間、時頼は外出できなくなった。だから翌日には、時頼は将軍御所に出仕しなかった。

ところが、この日は御的始という幕府の公式行事が、以前から予定されていた。なにも知らない射手十人は、定刻になると時頼館に出仕してきて着到を付けると、そのまま将軍御所での御的始を勤仕して、また鎌倉の自館に帰っていった。

時頼館の穢れは、十人の射手によって、将軍御所だけでなく鎌倉中に拡散されたことになる。つまり鎌倉中が、穢れてしまったということである。このような論理で宗尊親王を説得したのは、連署の北条重時だった。時頼が御所に出仕してこなかったので、この日の行事を重時は一人で取り仕切って、つかれきっていたのである。

鎌倉中が穢れてしまったのだから、いまさら時頼が自館に閉じ籠っているのも無益だということで、同十四日に、「明日からは将軍御所に出仕すべし」という宗尊親王の命令が、時頼に伝えられた。

こうして同十五日には、いつものように時頼は、御所に出仕している。結局、時頼が将軍御所に出仕しなかったのは、わずか一日だけのことだった。それを重時は、重荷に感じたのである。このとき重時は、すでに病魔に侵されていたのかも知れない。

そして三月に入ると、重時の身に取り憑いた病魔が、ついに発症した。当時としては老齢の部類に入る五十九歳の重時は、同十一日、陸奥守という官職と連署という役職とを辞して出家した。法名は極楽寺殿観覚だった。

こうして時頼政権は、その一角が崩れた。と、直後の同十六日、大事件が起こった。執権北条時頼本人が、病魔に倒れたのである。それから十日間ほど、幕政は動かなくなった。同二十七日、重時急病という急報に驚いた重時の嫡男長時が、六波羅探題を辞して鎌倉に帰着した。

ほぼ同じ頃、時頼の病状は、やや快方に向かったらしい。大幅な人事異動が、幕閣で行なわれたのである。重時が辞任した後の連署には、北条政村が陸奥守に任官して就任した。また長時が辞した後の六波羅探題には、重時の三男北条時茂が就任し、すぐに上洛していった。

そして政村が連署になったため欠員となった一番引付頭人には、二番頭人だった大仏流北条朝直が就任し、その後任の二番頭人には三番頭人だった名越流北条時章が昇格し、その後任の三番頭人には、小侍所別当在任のままで新しく金沢流北条実時が任じられた。執権時頼は、ちょうど三十歳。新任の連署政村は五十二歳。一番頭人の朝直は五十一歳。二番頭人の時章は四十二歳。

三番頭人と小侍所別当とを兼任することになった実時は三十三歳。そして六波羅探題になった時茂は、まだ十六歳でしかなかった。

いわば第二次時頼政権とも言うべき鎌倉幕閣の新陣容は、いささか若返ったようだった。とくに新六波羅探題時茂の十六歳ということは、諸人の耳目を集めた。しかし新陣容が北条一門ばかりで、安達、足利、長井などがいないことには、誰も不審を抱かなかった。すでに馴れっこになっていたのである。

このような間にも、病魔は跳梁をやめはしなかった。しかし病魔のすべてが、赤斑瘡だったわけではない。ほかの種類の病魔もいくらでもあった。四月十日、矢部尼禅阿が、七十歳で病死した。これは不食の病だった。

ちなみに矢部尼は、三浦義村の娘（泰村の姉）である。源頼朝の命令で、北条泰時と結婚し、時氏（経時、時頼の父）や時実などを生んだが、やがて泰時に離縁されて佐原流三浦盛連と再婚して、いまは得宗被官になっている佐原盛時などを生んでいる。夫の三浦盛連と死別すると、出家して相模国矢部郷（横須賀市大・小矢部町）に住んだので、矢部尼と呼ばれた。正式の法名は、禅阿弥陀仏である。

いずれにしても矢部尼は、時頼の祖母にあたる。そこで時頼は、五十日間の喪に服することになった。この間の幕政は、新任の連署北条政村が領導することになった。

そして六月八日、名越流北条頼章が死んだ。二番引付頭人の北条時章の次男である。続いて同六月二十七日、下野国の豪族宇都宮経綱の妻室が死んだ。前任の連署重時の娘である。流産した後、赤痢を病んでいたのだった。そして同七月六日、極楽寺流北条長時の妻室が、重病に倒れた。佐介流北条時盛の娘である。

相次ぐ一族近親の病気と病死に、さすがの時頼も、なにか感ずることがあったらしい。この頃から出家遁世ということを、しきりに口にするようになったのである。自分自身の体調も、あまりよくはなかったらしい。

そのような事情の故か、同七月十七日、将軍宗尊親王が山ノ内の最明寺を訪れたさいの行列は、かなり派手なものとなった。俗人としての時頼に会うのは、これが最後だと宗尊親王は思ったらしい。『吾妻鏡』には、親王が最明寺を訪れたのは、「当寺建立の後、これが初めてなり」と記されている。

この文章を手掛かりとして、時頼が最明寺を建立した時期は、この建長八年七月十七日より以前、さほど遠くない頃と見るむきがある。しかし、これは間違いである。建長三年二月十四日付『宗像神社文書』(『鎌倉遺文』七二七五号)に、「最明寺殿御代建長二年」という字句があって、建長二年か、少なくとも建長三年二月頃には、時頼は「最明寺殿」と呼ばれていたことが、窺われるのである。

つまり最明寺は、建長二年か、少なくとも建長三年二月より以前には、竣工していたということになる。多分、時頼の山荘が山ノ内の明月谷にあり、そこにあった持仏堂が最明寺と呼ばれていたということだろう。いずれにしても六代将軍宗尊親王は、七月十七日、初めて最明寺を訪れた。そして近接していた時頼の山荘に入って、一泊している。

直後の同二十日、またも病魔が動いた。将軍宗尊親王が、発病したのである。親王の発病は、今年の元旦に続いて二度目だった。

しかし、悪いことばかりではなかった。八月九日には、極楽寺流北条長時の妻室が、ほぼ一か月あまりの病気が治癒している。そして八月十一日、時頼の長男宝寿丸が九歳で元服した。降雨を押しての儀式で、烏帽子親は足利利氏（のち頼氏）だった。元服した宝寿丸は、相模三郎時利と名乗った。時利の「利」の字は、足利利氏の偏諱である。

宝寿丸の名乗りのうちの「相模」は、父時頼が相模守だったからである。しかし「三郎」という輩行仮名には、問題がある。長男だったから「太郎」でなければならないのに、三男扱いされたのである。宝寿丸が元服した時点では、時頼の次男正寿丸（のち時宗）、三男福寿丸（のち宗政）は、もちろん元服してはいないから、まだ時頼には太郎、次郎は存在しない。それにもかかわらず宝寿丸が三郎とされたのは、やがて正寿丸と福寿丸が太郎、次郎になることを前提としていたものと思われる。

なお宝寿丸が元服した八月十一日、京都で、四代将軍だった九条頼経が痢病で死んでいる。ときに三十九歳だった。続けて九月二十四日、その子で五代将軍だった九条頼嗣も、赤斑瘡で死ぬ。まだ十八歳だった。

相次いだ前将軍父子の死は、どうやら偶然ではないらしい。父子ともに将軍職への未練を断ち切ってはいなかったらしいから、なおさらである。しかし真相は、歴史の闇の中にある。

一方、将軍宗尊親王の病状は、やや快方に向かっていた。八月二十三日には、新連署北条政村の常盤《ときわ》館を、盛大な行列を組んで訪れている。しかし、これが悪かったらしい。その翌日には、また発病してしまったのである。それから十余日の間、病気治癒のための祈禱が、将軍御所で続けられた。祈禱を担当したのは、鶴岡八幡宮別当の隆弁法印や松殿《まつどの》僧正良基などだった。そして将軍の病気は、やはり赤斑瘡だった。

そして九月十五日、時頼も発症した。これまた赤斑瘡だった。その翌日、時頼の娘も赤斑瘡で倒れ、同十九日には極楽寺流北条長時の嫡男（のち義宗）も、赤斑瘡で病床に伏した。四歳だった。同二十五日、時頼の病状は快方に向かったが、病魔は時頼の周囲に充満していた。

同日の九月二十五日、京都で後嵯峨上皇の四ノ宮雅尊親王（将軍宗尊親王、後深草天皇の異母弟）が、三歳で病死した。同二十八日、鎌倉で金沢流北条実時の妻室（現連署北条政村の娘）が、赤斑瘡で倒れた。同三十日、太田流三善康連が危篤となって、問注所執事を辞任した。後任には、その子康宗が就任した。そして十月三日、太田康連が死んだ。六十四歳だった。

赤斑瘡が蔓延していたのは、鎌倉だけではなかった。京都朝廷においても、赤斑瘡は猖獗《しょうけつ》をきわめていたのである。このようなことから、十月五日、験直《げんなお》しということで改元が行なわれて、建長八年は康元《こうげん》元年ということになった。

しかし、改元したくらいでは、赤斑瘡の猛威は鎮まらなかった。直後の同九日、京都で前摂政近衛兼経の姫君が死に、同十三日、鎌倉で時頼の長女が死んだ。続けて同二十七日、後嵯峨上皇の妹宮（宗尊親王の叔母）が死んだ。当然のことながら、親王は喪に服した。

十一月三日、それこそ本当の大事件が起こった。時頼が、発病したのである。赤斑瘡ではない。赤斑瘡なら、すでに時頼はかかっている。これに赤痢病を併発したのである。赤斑瘡だけでも命取りの病気だった。ことは、まさに重大だった。鎌倉中に暗い雰囲気が漂った。

それからの十余日、幕閣の政務は止まり、鎌倉中の耳目が、時頼館に向けられた。時頼の病状は、どうなっているのだろうか。

十一月二十二日、数日間も危篤状態にあった時頼が、意識を回復した。死が訪れる直前に、一時的に小康状態になるということは、しばしば見られることである。北条一門や時頼の近臣たちも、それだと察した。時頼自身も、そうだと思ったらしい。意識のあるうちにと、極楽寺流北条長時を枕頭に招くと、幕閣の重臣や北条一門が見守るなかで、幕府の執権職を長時に譲ったのである。時頼が長時に譲ったものは、執権職だけではなかった。武蔵国の国務、侍所の別当職、そして鎌倉の執権館もだった。

さきに重時が連署を辞したとき、それまで住んでいた若宮大路東側北端の旧北条泰時館には、時頼が移り住んでいる。いま時頼が長時に譲った館がそれだった。ここに旧泰時館が、執権官邸と意識されていたことが窺われる。

従来の執権職は、経時から弟時頼へという代替わりを除くと、ほかはすべて嫡々相承だった。時政から嫡男義時へ、義時から嫡男泰時へ、そして泰時の嫡男時氏は早世したので、泰時から嫡孫経時へという順だった。しかし今度の場合は異例だった。極楽寺流北条長時は、時頼の嫡系でないだけではなく、得宗家ですらなかったのである。このようなことから、長時が執権職などを譲られたとき、重大な留保条件が付されていた。

「長時殿は、家督幼稚の程の眼代なり。家督たるべき正寿丸の成人のときは、その役職を返すべし」

時頼の嫡系を嗣ぐべき正寿丸は、まだ六歳でしかなかった。だから長時の執権職というのは、その正寿丸が成人するまでの中継ぎでしかなかったのである。

翌二十三日の寅ノ刻（午前四時）、時頼は最明寺で出家落飾して、覚了房道崇《どうすう》と名乗った。戒師は宋人の蘭渓道隆だった。直後、珍事が起こった。朝広、時光、朝村の結城氏の三兄弟、光盛、盛時、時連の佐原流三浦氏の三兄弟、そして行泰、行綱、行忠の二階堂氏の三兄弟が、続いて出家したのである。

いずれにしても北条時頼は、執権職を辞して出家した。少なくとも鎌倉幕閣からは去ったように見えた。しかし時頼は、まだ三十歳だった。

二人の息子たち

死を覚悟して北条時頼が出家すると、皮肉なことに世上の事態が急変した。あれほどまでに荒れ狂っていた赤斑瘡が、突如として終息したのである。

もちろん、まだまだ消え去ってゆく人もあった。一番引付衆の一人だった後藤基綱も、その一人だった。しかし、死因は赤斑瘡ではなく、老衰だったらしい。基綱はすでに七十六歳になっていた。若槻流清和源氏の前伊豆守頼定が死んだのも、七十九歳という老齢の故だった。伊賀光宗が八十歳で死んだのも、これまた老衰だった。

しかし時頼は、まだ三十歳だった。重病を併発して死を覚悟の出家だったが、その若さが重病に打ち勝ったらしい。時頼は死なかったのである。すでに出家していたので、幕政掌握に復帰するなど俗事に参画することは、あり得ることではないと、世人は見ていた。

年が明けて、康元二年（一二五七）となった。と、世人は、意外なことに目を見張った。元旦の垸飯饗応の役を、連署の北条政村が担当したのである。垸飯役が執権北条長時ではなかったことが、意外だったのである。しかし政村は、五十三歳だった。だから二十三歳の長時が政村を年長者として立てたのだと考えれば、充分に納得することはできた。

垸飯の儀式が終わると、まさに意外なことが起こった。将軍宗尊親王が美々しく行列を整えて、時頼が住んでいる最明寺に向かったのである。

元旦の将軍の外出だから、これは御行始ということになる。幕府恒例の公式行事で、通例では幕閣で将軍に次ぐ位置の者、つまりは現任の執権の館を訪問することになっている。従来、出家した身で執権だったという例は、もちろん皆無である。だから御行始で将軍が出家人を訪れたということも、また皆無だった。そして御行始が行なわれるのも、通例では正月十日前後であって、元日ということもなかった。

このように見てくると、康元二年の御行始は違例中の違例だった。繰り返すが、御行始での将軍の訪問先は、「幕閣で将軍に次ぐ位置の者」である。つまり最明寺入道時頼は、「幕閣で将軍に次ぐ位置の者」だったことになる。出家はしていても、すでに幕閣に返り咲いていたということになり、その地位は現在の執権や連署より上位ということでもある。

さすがに僧衣の時頼が将軍御所に出仕して幕政をとったという例は、康元二年には見あたらない。しかし執権長時、連署政村の二人の動きの背後に、時頼の意向が動いていることは感知できる。

康元二年は三月十四日に改元して正嘉《しょうか》元年となった。その翌年の正嘉二年（一二五八）元日には、またまた諸人が目を見張った。なんと僧衣の時頼が将軍御所に出仕して、恒例の垸飯役を勤仕したのである。このときの長時、政村の二人の立場は、じつに微妙なものだった。それぞれ現在の執権、連署でありながら、垸飯が行なわれている部屋に入らず、室外の大庇《おおひさし》に坐していたのである。

そしてこれが、以降への先例となった。出家したあとでも、毎年の元日には、袈裟を着た時頼が垸飯役を勤仕し続けたのである。つまり時頼は執権職を辞任したあとでも、幕政の実権を掌握していたということになる。

回顧してみれば、建長八年（康元元、一二五六）には、多くの人々が消え去っていった。そして時頼も、一時はその波に呑まれそうだった。しかし時頼は、政界に返り咲いたのである。現任の執権や連署は、時頼の意のままに動く存在でしかなかった。

この間の時頼について、『弘長記』という書物は、次のように記している。

はじめ寛元四年より康元元年まで、首尾十一年は執権の職に居て、落飾ののち七年にいたる。すべて十八年、政務を倚《いろ》う。

当然のことながら、この時点で時頼が握っていた権力、権限あるいは権威は、執権という公職に準拠したものではなかった。長時、政村などの同族が時頼に平伏していたことが示すように、時頼の権力の根元は、得宗（北条一門全体の家長）という地位にあったのである。つまり鎌倉幕政は、完全に執権政治が終わり、すでに得宗専制が成立していたことになる。

それでは、得宗専制が成立したのは、いつだったのだろうか。時頼が執権職を辞して出家した時点に、それを求めるというのも、一案かも知れない。そのときまで時頼は、執権だったからである。しかしそれより以前に得宗専制は成立していて、得宗時頼はたまたま執権でもあったと見ることも可能である。

そして私は、寛元四年（一二四六）の宮騒動と宝治元年（一二四七）の三浦合戦とを経て、得宗専制が成立したと見たい。得宗の北条一門支配が確立し、北条氏に比肩する他氏がいなくなったというのが、その理由である。建長元年十二月、引付衆制度が成立した。しかしこれは執権政治の眼目である合議制の発展ではなかった。二階堂行盛、安達義景、泰盛父子など、わずかな例外をのぞけば、各番の頭人がつねに北条一門だったというのが、その一証になる。

同時に、同じ頃から、寄合衆という名の北条一門の家族会議が、幕府の重要政務を議題にするようになったことも、やはり見逃すことのできない事実である。いずれにしても宮騒動と三浦合戦とを契機として、鎌倉幕政は執権政治から得宗専制へと大きく転換したのである。

そして時頼が出家した翌年の康元二年（一二五七）二月二十六日の午ノ刻（正午）、時頼の次男正寿丸が元服して、相模太郎時宗と名乗った。時頼の長男宝寿丸が元服して、相模三郎時利と名乗ったのと比較すると、すべてが対照的だった。

時宗が元服したのは七歳のとき、そして時利は九歳だった。場所は時宗が将軍御所で、時利は時頼館。烏帽子親は時宗が将軍宗尊親王で、時利は足利利氏だった。時宗の「宗」の字は、将軍からの偏諱だった。時利の「利」の字は、大豪族ではあったが、一御家人に過ぎない足利氏からの偏諱だった。

なによりも大きな相違は、長男であった時利が三郎とされたのに、もともと次男だった時宗が、太郎とされたことだった。それぞれの生母の身分の差が、基本的な原因だった。これに時頼の時宗に対する偏愛が、さらに重なったと見ることもできる。いずれにしても時頼の跡を嗣ぐべき次代の北条氏得宗は、相模太郎時宗であると公表されたことになる。三歳も年長だった時利は、弟の風下に立つことが、世上に知らされたのである。

いずれにしても元服の儀式は、美々しく盛大だった。さすがに僧衣だった時頼は臨席しなかったが、将軍、執権、連署などのほか、各種奉行人などの幕閣の要人たち、主立った得宗被官たちから、さらには中納言土御門顕方のような公卿たちまでが、その場に居流れていた。

長男でありながら三郎とされていた時利も、その場に出席していた。それどころか、儀礼として将軍に献上される三匹の馬のうち、第三番目の馬の口輪を把《と》って、堂前の庭上に立っていたのである。見るものによっては、屈辱的とも言える役廻りであった。かつて源義経も、兄頼朝から同様の仕打ちをされたことがある。頼朝は義経を弟としてではなく、家臣として扱ったのである。そしていま、時利の相役《あいやく》として馬の口輪の一方を把っていたのは、得宗被官の南条新左衛門尉頼貞であった。差別され続ける兄時利、偏愛され続ける弟時宗、この異母の兄弟の将来は、心ある人には不安を抱かしめるものがあった。

その後改元があって正嘉元年の六月二十三日は、陽暦に換算すると、現今の八月六日にあたる。もちろん盛夏だった。

この日、宗尊親王は、納涼のためと称して、時宗の住む山ノ内の泉亭に入った。もちろん将軍の来訪を迎えて、時宗は酒宴を開いた。午後には小雨となったので、ますます涼風となった。

元服した時利、時宗は、ともにそれぞれに一家を構えていたのである。時宗の「泉亭」は、明確には現地比定ができない。「山ノ内」とあり「泉亭」とあることから、やがて円覚寺が建てられる地か、あるいは今の泉ヶ谷近辺だったかも知れない。時利が住んでいた地については、『吾妻鏡』その他は、言及すらしていない。

将軍を自亭に迎えるということは、とにかく名誉なことであった。そしてこの日、将軍は泉亭に一泊し、翌日は時頼の最明寺に一泊している。時頼の次の得宗家の家督が時宗であることを、将軍も認めたということかも知れない。

直後、大慈寺の修理が行なわれた。かつて三代将軍実朝が創建した寺である。長い年月を経て、朽損してきていたのだった。やがて修理が完成して、十月一日が供養の日と決まった。と、その前日の夕刻、突然、時頼が大慈寺を訪れた。視察のためだった。たちまち急報が、二階堂行久などの奉行人たちのもとに走った。

「最明寺入道殿、工事視察のため大慈寺に来たる」

あわてふためいた奉行人たちは、大急ぎで大慈寺に集ると、口々に工事の様子を時頼に説明した。いちいちに頷いて聞いていた時頼は、視察が済むと寸言で講評して、すぐに帰っていった。

「寺塔の修治には、難ずることなし。されど南面の滑川の堰《せき》に杉材を用いたること、すこぶる無念」

短く呟くような声だった。しかし奉行人二階堂行久の胸には、ズシンと響くものがあった。朽損し易い杉材を用いたという小さなことにまで、時頼の目は届いていたのだ。

鎌倉時代の滑川は、しばしば大洪水を起こした。陸岸が低湿だったからである。そこで幕府では、両岸に木組みの枠を垂直に立てて、護岸していた。通常、木組みの用材には、朽損し難い松か檜《ひのき》が使われていた。

二階堂行久は、その夜はひと晩中、大慈寺南面の川岸にいた。松明《たいまつ》を灯して百余人の工匠を督励して、徹夜で杉材を檜材に替えさせたのである。

執権ではない僧衣の時頼の呟きが、幕府奉行人二階堂行久には、これほどの威令として受け取られたのである。翌日の大慈寺の供養の儀式が、無事に行なわれたのは、もちろんだった。

同年十一月二十三日、時頼のいる最明寺で、いささか不自然なことが行なわれた。越後守金沢流北条実時の次男が元服して、越後四郎時方（のち顕時）と名乗ったのである。しかし場所が寺院だったということだけでは不自然ではない。本当に不自然だったのは、烏帽子親が時宗だったことである。烏帽子親というほどに、烏帽子子よりは年長であるのが通例である。ところが元服した時方は十歳で、烏帽子親の時宗は、まだ七歳でしかなかったのである。

ここにも時頼の時宗に対する偏愛、少なくとも将来の時宗の地位の強化を図る時頼の配慮が、濃厚に感じられる。烏帽子子となったものが、烏帽子親に対して随順であるのが、当時の一般だったからである。

いまさらという感もあるが、四代将軍九条頼経、五代将軍九条頼嗣父子は、京都の摂関家の血筋だった。そしていま六代将軍になっている宗尊親王は、後嵯峨上皇の皇子である。このような京都朝廷での貴人が鎌倉に下向すると、その供をして鎌倉に下ってくる公卿も多い。前述の中納言土御門顕方などは、その一例である。

こうして鎌倉には、京都の公卿的な文化もしだいに及んできていた。もとからの東国の武家的な文化と交叉しつつ、この頃には武家文化と公卿文化とが混入して、新しい文化が成立しつつあったことになる。この年の十二月二十四日、鎌倉幕閣に採用された廂番《ひさしばん》の制はまさにそれだった。

各番（班）十人で六番に編成された廂衆が、それぞれ六日目ごとに将軍御所近くの廂ノ御所で宿直《とのい》して、将軍に近待するという制である。

特徴的なのは、各番の番頭が、公卿であることだった。一条少将定氏、阿野少将公仲、中御門少将実斉、冷泉少将隆成、二条侍従雅有である。ただ一人例外だったのは、六番の頭人が、名越流北条教時であることだった。この一例をのぞけば、幕閣の諸役のうちに、まさに公卿と武家とが混在するものが成立したことになる。もともとは京都朝廷での制度だったが、この制度の導入を考えた長時、政村らが気にしたのは、この点だった。質実剛健、尚武ということを重んずる時頼が、認めるだろうか。

長時、政村の不安は、結果的に不要だった。恐る恐る二人が切り出すと、すぐに時頼は賛意を表したのである。すぐに二人は使者を上洛させて、公卿五人が幕府の番頭に就任することの勅許を求め、勅許されると制度を発足させた。

執権、連署である長時、政村でさえ、新制度を幕閣に導入しようとすれば、事前に時頼の了解を得ておくことが、必要だったのである。

前述したように、正嘉二年元旦の垸飯役は、時頼が僧衣を着て行なった。将軍の御行始は二月に行なわれたが、行先は最明寺だった。そして十一日に行なわれる御的始の射手が、六日に厳選されることになった。このとき、時頼の「厳命」が下った。

「何々殿といえども、旧労（実績）を選び用いらるべし」

従来からの経験者を選べと、時頼は命じたのである。その結果、いまは信濃国にいた知久信貞に、あわてて急使が派遣された。もちろん信貞を、呼び出すためだった。

直後の正嘉二年正月十七日の丑ノ刻（午前二時）、安達泰盛の甘縄館から出火して、大火となった。おりからの南風で、火は佐介《さすけ》ガ谷《やつ》の薬師堂の後山を越え、扇《おうぎ》ガ谷《やつ》の寿福寺、泉ガ谷の新清水寺、鶴岡八幡宮西南の窟堂《いわやどう》、そして鶴岡八幡宮北方の同宮の宝蔵や別当坊までが、全焼してしまったのである。

そして四月二十五日、小雨降るなかで、時頼の長男三郎時利が結婚式を挙げた。相手の女性は、下野国小山荘（小山市）の領主小山出羽前司長村の娘だった。ときに時利は、まだ十一歳でしかなかった。この結婚式に時頼が出席していたか否か、さだかではない。いずれにしても前後の情況から見ると、さほど盛大ではなかったようである。

同年八月十六日の夕刻、鎌倉で殺人事件が起こった。

この日、宗尊親王は、恒例の鶴岡八幡宮での流鏑馬《やぶさめ》に臨席し、僧衣の時頼も参列していた。その時頼の供をしていた得宗被官の伊具四郎が、儀式が終わって山ノ内の自館に帰ろうと建長寺の前にさしかかったとき、下部《しもべ》一人を連れた騎馬武者とすれ違いざまに、毒矢を射られて殺されたのである。

伊具四郎の所従が事件を見ていたので、すぐに下手人は逮捕された。諏訪刑部という武士だった。所領を伊具四郎に押領されたので、その怨みを晴らしたのだった。

しかし諏訪刑部本人は、いっかな罪を白状しようとはしなかった。入れ代わり立ち代わり奉行人が訊問したが、罪を認めようとはしなかった。直属の被官を殺された時頼が、直接、諏訪刑部を取り調べることになった。

「汝、我が家臣を殺害せり。斬刑、遁れ難し。なれば実正にまかせて、すべてを白状すべし。その詞によっては、生命は助けおくべし」

白状すれば、生命は助ける、そう時頼は約束したのである。喜んだ諏訪刑部は、すべてを白状した。直後、刑部は斬刑され、その首は獄門にさらされた。こうして家臣の仇を取った時頼を、見事と思うか否か、それは人によるだろう。

十月十二日、祖父北条泰時を神聖視するような法令を、時頼は全国に発した。

嘉禄元年（一二二五）より仁治三年（一二四二）にいたる間の泰時殿の御成敗、源氏将軍三代および尼将軍殿（北条政子）の御成敗に准じ、改め沙汰に及ぶべからず。

いわゆる先例固定令と呼ばれる法令である。泰時の行なった政治を先例として固定し、これを改変しないものとしたのだった。泰時の政治を神聖視すると同時に、反面ではそのような法令を発している時頼自身の政治を、神聖視させるという効果があったとは、案外に知られていない。

このように自分の権力の強化に努める時頼だったが、同時に次男時宗の将来に対する配慮も、忘れてはいなかった。

正元《しょうげん》二年（一二六〇）正月二十日、昼番《ひるばん》衆の制が定められた、歌道、蹴鞠、管絃、右筆《ゆうひつ》、弓馬、郢曲《えいきょく》など、それぞれ一芸に秀でている者七十八人を御家人たちから選抜して、一番十三人とし、各番は六日目ごとに将軍御所に出仕して、将軍に近侍することとしたのである。

注目されるのは、一番の頭人が時宗で、その下部の平の番衆に、三十歳の安達泰盛などがいたことだった。時宗は、まだ十歳でしかなかったのである。長兄の時利は、三番に属する平の番衆だった。なお時利は、この頃には時輔と改名していた。

そして同年二月五日の酉ノ刻（午後六時）、美々しく装った行列が、最明寺に入った。かつて関白だった故近衛兼経の姫宰子《さいし》が、将軍宗尊親王と結婚するというので、鎌倉に下ってきたのである。ときに宗尊親王は十九歳、そして宰子は二十歳だった。

しかし結婚式は、すぐには行なわれなかった。その前に、まず宰子が時頼の猶子《ゆうし》になるという儀式が、必要だったのである。歴代の将軍は、みな北条氏と姻戚関係にあった。初代頼朝、二代頼家、三代実朝の源氏将軍三代は、衆知のように北条政子を通じて、北条氏の外戚だった。四代九条頼経の妻室は、頼家の遺姫竹ノ御所鞠子だったから、頼経は政子の孫娘の婿ということになる。そして五代九条頼嗣の妻室は、経時、時頼兄弟の妹檜皮姫だった。

しかし六代宗尊親王だけは、まだ北条氏とは姻戚関係がなかった。そこで時頼は宰子を自分の猶子にして、それから宗尊親王と結婚させることにしたのである。こうしておけば将軍宗尊親王は、時頼の義理の息子ということになる。やがて時宗が長じて正式に家督を嗣げば、時宗は将軍夫妻の義理の弟ということにもなる道理だった。

直後、時宗が小侍所の所司《しょし》に任じられたと、『鎌倉年代記』に記されている。小侍所は直接に将軍に近侍する役所で、もっとも近々に予定されている小侍所の職務は、将軍の結婚式を取り仕切ることだった。所司というのは副長官のことで、正規の長官である別当は、金沢流北条実時だった。学者としても知られており、幕政の実務にも長じている。

その実時の下僚に時宗を任じたということからは、実時から時宗が種々の教育が受けられるようにという時頼の配慮が、充分に感じられる。しかし直接的には、将軍の結婚式に備えての人事だったのではないだろうか。

いずれにしても、宰子は時頼の猶子になった。そして時宗は、小侍所の所司になった。さらに儀式関係の細々した準備は、すべて小侍所別当の金沢実時が終わらせていた。

北条一門にとっては、準備万端が整ったことになる。こうして同年三月二十一日、ついに将軍宗尊親王と宰子との結婚式が、挙行されることになった。

と、当日、案外なことが起こった。すべてを取り仕切ることになっていた金沢実時が、突然、妻室が急病を発したからというので、欠勤を申告してきたのである。時頼も時宗も、執権長時も連署の政村も、そのほかの北条一門たちも、誰も驚かなかった。娘が急病だと聞いても、政村は顔色も変えなかった。

こうして小侍所の所司になったばかりの時宗が、わずか十歳という若さで、将軍の結婚式を取り仕切ることになった。

もちろん、すべての準備は終わっており、執権長時、連署政村などのほか、得宗被官の主立った者たちが、時宗を補佐することになった。前後の情況から推測すると、金沢実時の突然の欠勤は、予定の行動だったのではないだろうか。時頼をはじめとする北条一門の面々は、事前にすべてを知っていたかのように思われる。

夕刻、宰子が乗った輿は最明寺を出て、予定の戌ノ刻（午後八時）、時宗の東ノ御亭（いま宝戒寺）に入った。このとき時宗は東ノ御亭に住んでいたのである。すでに執権長時、連署政村などは、東ノ御亭で待っていた。宰子の嫁入りの行列を警固する武士たちも、東ノ御亭に集結していた。時宗の東ノ御亭から、宰子は将軍の許に嫁入りすることになっていたのである。つまり時宗の東ノ御亭が、宰子の実家ということになる。これがのちに事件になる。

東ノ御亭で小休止すると、やがて宰子の輿は行列を整えて、東ノ御亭の西門から小町大路に出ると、そのまま南行して東門から将軍御所に入った。すでに暗くなっていたので、雑色《ぞうしき》二人が行列の先頭に立って、松明をかざしていた。

将軍の昼《ひ》ノ御所の東ノ対屋《たいのや》は、侍所になっている。その侍所の艮《うしとら》（北東）の角を行列が通り過ぎて行くのを、宗尊親王は侍所の窓から覗き見ていた。宰子が豊満な美人だということを、すでに親王は聞き知っていた。この日のために鎌倉に下ってきていた公卿たちから、教えられたのである。今夜から宰子は、親王の妻室である。しかし親王は、まだ宰子に会ったことがない。当然のことながら、好奇心が抑えきれなかったのである。

宰子についての情報をもたらした若い公卿数人が、親王の傍《そば》にあった。その背後には、時宗の兄三郎時輔の姿もあった。すでに時輔は、将軍の側近になっていたのである。

侍所の角をまわった宰子の行列は、御所北面の中ノ御所に近付き、南渡廊の西向きの妻戸に輿を据えた。輿から降りた宰子を迎えて、幕府の女官たちが中ノ御所に食膳を進めた。軽く夜食を口にした宰子は、乳母だけを連れて、衾《しとね》ノ間に入っていった。

やがて吉時となった。将軍が宰子の待つ衾ノ間に向かった。土御門中納言顕方が、将軍の御剱を捧げ持っていた。そして時宗が、将軍の御沓を差し出した。土御門顕方や時宗が将軍の供をしたのは、衾ノ間に着くまでの間だった。将軍が衾ノ間に一人で入っていくと、宰子の乳母が二人に衾をかぶせ、将軍の沓を持って退出した。

結婚式は、これで終わった。北条氏は将軍外戚という地位を、めでたく回復したのである。

松葉ヶ谷の法難

正元二年（一二六〇）四月十八日、京都からの早馬が、あわただしく鎌倉に走り込んだ。去る十三日、京都で改元があって、正元二年が文応元年になったと知らせて来たのである。建長八年（一二五六）からの五年間、康元、正嘉、正元、文応と、四回も改元があった。いずれも災害を忌避しての改元だった。

実際、この五年間は、あまりにも災害が多かった。建長八年の前半には雷雨と霖雨《りんう》とが打ち続き、八月には暴風雨が日本列島を襲った。降り続いた雨のため、各地で山崩れが起こって人家を押し流し、田畠を荒廃させた。同時に京都で流行していた赤斑瘡と赤痢病とが、手を携えて鎌倉に襲来した。そのため十月五日、康元元年と改元された。

同二年二月十日には京都で太政官庁が焼亡し、続いて大地震があり、さらに同二十八日には五条大宮殿が炎上したので、去年の改元から五か月余で、三月十四日、また正嘉元年と改元された。

しかし四月には月蝕があり、続いて五月には日蝕があり、さらに京都では洪水、鎌倉には大地震があった。六月、七月は旱魃で、八月一日には、また鎌倉で大地震があった。鎌倉での大地震は、さらに八月二十三日、十一月八日と続いた。

正嘉二年（一二五八）の春、鎌倉には暴風、大雨があり、反対に夏は旱魃で五穀が枯れた。八月一日には大暴風雨で田畠が荒廃し、十月十六日には豪雨が打ち続いて諸河川が溢水して、家屋が流失し、人畜が多く溺死した。直後に月蝕も起こった。

翌年三月十四日、また正元と改元されたが、前年の災害で凶作となり、物凄いばかりの飢饉を引き起こした。同時に得体の知れぬ疫病が諸国に蔓延し、人々はバタバタと倒れていった。

人々の恐怖心は、まさに頂点に達しようとしていた。このような情況を鎌倉松葉ガ谷の小庵から見ていたのが、日蓮だった。やがてなにかを感じたらしい。鎌倉を去って駿河国賀島荘岩本郷（富士市岩本）の実相寺に赴き、正嘉二年から正元二年までの足かけ三年間、同寺の一切経蔵に籠って、膨大な量の一切経を読み耽ったのである。

賀島荘を含む駿河国富士神領は、早くから北条氏の得宗領になっており、得宗被官が現地の支配にあたっていた。その賀島荘で日蓮が一切経を研究したということは、この頃、すでに日蓮と得宗被官とが接触しており、得宗被官のうちに日蓮信者が輩出していたことが推察される。実相寺での研究の結果は、正元元年に書かれた『守護国家論』、文応元年の『災難対治鈔』というかたちで実を結んだ。

「かつて浄土教を興した法然上人は、『選択《せんじやく》本願念仏集』を著して、世人に念仏を勧めた。これに人々が従ったのが、打ち続く災難の原因である。これを対治（退治）するには、とにかく日蓮の説くように、法華の正法に帰依しなければならない」

このような強烈な主張を前二書に叩き込んだ日蓮は、正元二年に鎌倉の松葉ガ谷の小庵に立ち帰ると、また一書の執筆に着手した。有名な『立正安国論』がそれである。

日蓮が同書を執筆していた文応元年の六月、鎌倉幕閣では、いささかの事件が起こっていた。近くに迫っている八月十五日には、鶴岡八幡宮で放生会が行なわれる。元三の儀式と並ぶ頼朝以来の重大な幕府恒例の儀式で、鯉などを放生池に放してやるのである。ただし鎌倉時代の鶴岡八幡宮の放生池は、広さが三町余（ほぼ一万余坪）もあった。いまの源平池の約三倍にあたる。

いずれにしても八月十五日が近づいたので、同六月十六日、小侍所別当の金沢実時は、供奉人《ぐぶにん》の交名（名簿）の原案を作成して、執権極楽寺流北条長時に提出した。放生会には将軍が臨席するので、その行列に供奉する御家人たちを決定し、それを本人たちに連絡しておく必要があったのである。

放生会の将軍の供奉人に選ばれることは、御家人にとって、きわめて名誉なことと考えられていた。しかし、先陣、随兵、前駈、御劔ノ役、御調度係り、御後、後陣ノ随兵などの諸役のうち、どの役になるかで名誉にも差があった。ときには供奉人から外されたり、期待していた役ではなかったりして、これを恥辱と感ずる者もあった。

いずれにしても供奉人交名の原案を執権長時に提出するとき、金沢実時は、「これ、計《はから》い沙汰せしめ給うべし」と言い添えた。原案通りでよいかどうか、検討して欲しいと言ったのである。しかし執権長時は、金沢実時の事務能力に、まったき信頼を置いていた。だから一見にも及ばずに、「例にまかせて、将軍家に進覧すべし」と言い、すぐに交名原案を実時に返した。

そこで実時は、すぐに御所奉行の二階堂行方を通じて、その交名原案を将軍宗尊親王に提出した。例年の通りだと、将軍も一見に及ばず、原案通りに裁可するはずだった。ところが今年は、例年とは違っていた。いくつかの点で、将軍は原案を修正したのである。結婚したということで、自信が出たのかも知れない。

将軍が実時に提示した修正案は、次のようだった。

一、本年の放生会には、御息所《みやすんどころ》（親王将軍の妻室宰子）も、御参宮あるべし。されば北条時宗、時輔の両名は、将軍の御方の供奉人から離れ、御息所の御供たるべし。

二、大仏流北条朝直は、将軍の御方の行列の供奉人を免除され、事前に鶴岡八幡宮の廻廊に参候して、将軍の御到着を御迎えするという一段上級の所役を相勤むべし。

三、近江国守護の六角流佐々木泰綱を所役のうちから省き、かわりに小山時長を随兵のうちに加うべし。

将軍の我儘が、如実に窺われる修正案だった。老齢で剛直な佐々木泰綱が嫌われ、若年で将軍と気が合う小山時長が採用されるなどは、まさに将軍の我儘だった。しかし将軍が意図しているのは、それだけのことではなかった。かなり高度な政治的配慮が、その根底にある。

将軍に嫌われた佐々木泰綱は、時頼とは親密な関係にあった。十年前の建長二年（一二五〇）十二月三日、泰綱の息子は時頼を烏帽子親として元服して、佐々木頼綱と名乗った。頼綱の「頼」の字は、時頼からの偏諱だった。

将軍が佐々木泰綱を嫌ったのは、ここに原因があった。泰綱が、時頼と親しかったからである。御息所も参宮するということなら、当日の行列は二組できることになる。将軍自身を警固供奉する組と、御息所の供をする組とである。もちろん前者が主で、後者は従ということになる。そして将軍の修正案では、時宗と時輔という得宗家の二人の若者が従にまわされ、北条氏の庶家である大仏流の朝直が主の方に加えられた上に、従来よりも一段高い所役を与えられることになるのだ。

北条氏の本宗である得宗家の地位を一段下げ、庶家である大仏流の地位を一段高めようという将軍の意図が、あまりにも露骨に示されている。

しかも時宗は、小侍所の所司だった。別当の実時とともに、この日の儀式の全体を統轄すべき役職である。その時宗に全体の一部で、しかも脇役的な御息所宰子の供という役を命ずるなど、いわば得宗家あるいは北条一門に対する挑戦であるとも見えないことはない。

挑戦を受けた北条一門としては、対応の策を考えなければならない。確実な徴証史料は現存していないが、その直後、時頼が住んでいる最明寺で、寄合衆の会議が開かれたに違いない。得宗家の当主である時頼、執権の長時、連署の政村、小侍所別当の実時など、北条一門での主立った面々のほか、若年ではあるが次代の得宗たるべき時宗や、准北条一門でもある安達泰盛なども出席していたかも知れない。数日後、親王将軍の修正案がさらに修正されて、決定事項として御家人たちに布告された。

一、小侍所の別当実時、同所司の時宗の両人は、その職掌柄、放生会当日の諸行事のすべてを統轄すべし。

二、時輔は御息所の供ではなく、将軍の行列の随兵たるべし。

三、実時作成の原案には、時頼の三男の四郎宗政の名はなかった。まだ八歳でしかなかったからである。しかし今回は特例として、宗政も将軍の行列に供奉すべし。

親王将軍が実時作成の原案を修正するというかたちで挑戦してきたのに対し、時頼と中心とした北条一門は、真っ向から立ち向かったのである。このとき決定事項として布告するより前に、これを将軍には見せていなかった。見事なまでに、将軍は無視されたのである。これに対して将軍は、なんの異議も唱えようとはしなかった。負けたということを、痛切に自覚したものらしい。

この時期、鎌倉幕政の実権を握っていたのは、すでに将軍宗尊親王ではなく、執権を辞して僧衣を着ていた時頼だったのである。将軍が完全に屈服したものか否か、さだかではない。いずれにしても放生会の当日、将軍は欠席だった。

「御不例（病気）なれば」

と、世上に触れ出された。しかし本当に病気だったのか、拗ねて反抗的態度をとったものなのか、それは判然とはしない。いずれにしても執権長時が将軍に代わって出席したから、将軍の欠席はなんの支障ももたらさなかった。

放生会の供奉人のことで鎌倉幕閣が揉めていたとき、他方、鎌倉松葉ヶ谷の小庵で、日蓮は必死に筆をとっていた。『立正安国論』の執筆である。

本書の執筆にさいして、日蓮は細心の配慮を怠らなかった。日蓮の本来の持論は、念仏宗と禅宗の排撃だった。しかし本書では念仏宗だけを排撃し、禅宗には言及していない。時頼が禅宗の建長寺を創建し、禅僧蘭渓道隆に傾倒しているのを知っていたからである。

つまり日蓮は、本書執筆に着手したときから、本書を時頼に提出するつもりだったのである。日蓮は、時頼が鎌倉幕閣での最有力者であることを、充分に知っていたのだ。

また時頼は、禅宗に帰依するだけではなく、台密（天台宗系の密教）の隆弁法印に種々の祈禱もさせており、律宗の叡尊《えいそん》を鎌倉に呼んだこともある。このように一宗一派に拘泥しないという点でも、時頼は日蓮に恃みとされたのかも知れない。

文章の上でも、配慮が凝らされていた。旅客と主人との間で交わされる問答というかたちをとったのも、時頼たち鎌倉武士に宗教のことが判り易いようにと、配慮した上でのことだった。また時頼に提出すれば、ことは評定衆の会議での議題になるかも知れない。そうなれば会議の席上で、本書は口頭で読み上げられることになる。そのような場合をも考慮に入れて、音吐朗々と音読できるように、対句《ついく》なども多く用い、修辞にも注意が払われていた。

そして文応元年（一二六〇）七月十六日、ついに完成した『立正安国論』を持って、日蓮は得宗被官宿屋《やどや》光則の亭に向かった。

日蓮の小庵は、鎌倉の東南、松葉ヶ谷にあった。そして宿屋光則の亭は、鎌倉の西南、長谷小路の西端近くにあった（いま光則寺）。当然、日蓮は、大町大路から長谷小路への道を辿っていったに違いない。奈良時代には、官道の東海道だった道である。

宿屋光則は、数多い得宗被官のうちでも、とくに時頼に重用された人物だった。のち時頼の臨終のさい、その枕頭にあったのは、尾藤太景氏と光則の二人だけだったと、『弘長記』に記されている。その光則は、日蓮が案内を乞うと、すぐに会ってくれた。日蓮が僧衣だったことがよかったらしい。信仰心が篤かった鎌倉武士は、とにかく僧侶に対しては丁重だったのである。

この日、『立正安国論』を光則に手渡したとき、日蓮が言ったという言葉が、『撰時抄』に記されている。

「『禅宗と念仏宗とを、失い給うべし』と、最明寺殿（時頼）に申させ給え。このことを御用いなきならば、この一門（北条一門）より、こと起こりて、他国に攻められさせ給うべし」

前述したように『立正安国論』の本文では、禅宗排撃ということは触れられてはいない。しかし、それが日蓮の本意ではなかったことは、この言葉にも示されている。とにかく注目されるのは、日蓮が重点を置いていたのが、自宗の宣布ということよりも、むしろ他宗の排撃だったということである。まったく日蓮は攻撃的だったのである。

いずれにしても宿屋光則は、『立正安国論』を時頼に提出したらしい。そして時頼は、もちろん本書を読んだであろう。このとき時頼が、なにを考えたかは判らない。しかし日蓮の主張の激烈さには、とにかく驚いたであろうことは推察に難くない。

『立正安国論』で日蓮が主張したことの大意は、次のようなことであった。

「近年より近日にいたるまで、天変地夭、飢饉疫癘《えきれい》、遍《あまね》く天下に満ち、広く地上にはびこる。牛馬は巷に倒れ、骸骨は路に充てり。これ、いかなる禍により、これ、いかなる誤によるや。

これすべて、世人が正法に背き、邪法を信ずるが故なり。これを改めずんば、三災七難、やがて日本国を襲うべし」
日蓮の言う「三災」とは、次のようなものである。
一、飢饉で五穀が高騰すること
二、兵革が起こること
三、疫病が蔓延すること
そして「七難」というのは、以下のことであった。
一、人衆《じんしゅ》疾疫ノ難
二、他国侵逼《しんぴつ》ノ難
三、自界叛逆ノ難
四、星宿変怪《へんげ》ノ難
五、日月薄蝕ノ難
六、非時風雨ノ難
七、過時不雨ノ難

とにかく念仏宗などの邪法を捨てて、日蓮が説く法華宗を信じよ。さもないと三災七難という大災害が、次々と襲ってくるであろうというのである。いわば諫言であり、また予言であり、そして警告でもあった。

もちろん時頼は、これを読んだらしい。しかし、時頼はこれを黙殺した。幕政の実権を領導している身としては、そうするよりほかに、とるべき態度はなかったのである。もし時頼が日蓮の主張通りにしたら、日本国中が大混乱に陥ったに違いない。

それにしても日蓮は、『立正安国論』を前執権の時頼に提出した。その上書先は、現執権である極楽寺流北条長時ではなかった。このことが波紋を呼ぶことになった。

現執権の長時は、時頼を得宗（北条一門全体の長）として立てていたから、問題はなかった。しかし長時の父極楽寺流北条重時は、心底から憤怒したのである。我が子長時が日蓮から軽視あるいは無視されて、面子を失ったと感じたのである。その上重時は、熱烈な念仏宗信者だった。その重時が篤く帰依している念仏宗を、日蓮から邪教だと罵倒されたのである。怒らなかったらかえって不思議だった。

八月二十七日の夜半、闇夜をついて暴徒が日蓮の小庵を襲い、松明を投げて火を放った。その場にいた進士太郎善春と能登房とは、必死に防戦したが、暴徒は多人数だった。すぐに二人とも重傷を負って、その場に昏倒してしまった。

日蓮の身に危険が迫った。と、そのとき一匹の大きな白猿が現われ、その場から日蓮を助け、名越坂を通って鎌倉から連れ出し、近くの洞窟に匿った上、数日の間、食料まで日蓮の前に供えたという。

いま名越坂の出口近くに、猿畠山法性寺があり、その奥ノ院の小丘上に、山王権現堂がある。日蓮を助けた白猿は、その山王権現の使者であり、日蓮が匿われた洞窟というのが、その山王権現堂の下にある。

この事件が、いわゆる「松葉ヶ谷の法難」である。のちに日蓮が書いたものによると、日蓮を襲った暴徒というのは、「念仏者ならびに檀那など」であり、また「権人《きれもの》（権力者）が語らいし町人《まちうど》など」であった。事件の直後、暴徒には何の咎めもなかった。事件の背後に北条重時という「権人」がいたというのは、やはり事実だったらしい。

なお「松葉ヶ谷の法難」という事件は、たんなる宗教上の紛争というだけではなく、その根底には、鎌倉由比ガ浜の東側に対する西側からの攻撃という、社会経済史的側面があると指摘するむきも、研究者のなかにはある。

この時期の鎌倉は武家の都として、まさに殷賑《いんしん》をきわめていた。北条、安達、足利などの在鎌倉御家人とその一族郎党たち、番役勤仕のため鎌倉にやってくる地方武士とその下人所従たち、そして数多くの寺社に住んでいる僧侶や神官などは、数万人という消費人口になっていた。これに各種の品々を供給する商人たちも、きわめて多かったに違いない。また地方の荘園村落からはみ出したあぶれ者なども、「鎌倉に行けば、なんとかなるさ」とばかりに、鎌倉に流れ込んでいたに違いない。

こうして一大消費都市となった鎌倉には、全国から各種の品物が送り込まれていた。その玄関口になったのが由比ガ浜だったが、中心になったのは二ヵ所だった。鎌倉の東南で和賀江島の港を擁する材木座海岸と、鎌倉の西南に位置する坂ノ下海岸とである。

この時期の材木座海岸と坂ノ下海岸は、いまでは想像もつかないほど、入船出船が頻繁だったらしい。諸国に散在する関東御領や得宗領などから年貢租税などを積んだ貢上船、巨大な消費人口をあてこんだ商人たちの商船などのほか、大陸からの巨大な唐船にいたるまでが、両海岸にはひしめいていた。

時頼の時代よりさきの貞応《じようおう》二年（一二二三）四月、鎌倉を訪れた源光行は、その著『海道記』に、次のように記している。

申の斜《ななめ》（午後五時頃）に、湯井の浜（由比ガ浜）に落着《おちつき》ぬ。しばらく休みて此所《このところ》をみれば、数百艘の舟ども、つな（綱）をくさり（鎖）て、大津のうらに似たり。千万宇の宅、軒をならべて、大淀のわたり（渡）にことならず。（中略）

東南の角一道は舟《しゅう》檝《しゅう》の津、商売の商人、百族にぎはふ。

引用文の前の方は坂ノ下海岸のことで、後の方は材木座海岸のことである。いずれも着船によって繁昌している様子が、よく窺われる。

当然のことながら、両海岸には沖仲仕《おきなかし》、商人はもちろん、繁昌のおこぼれを狙った人々なども、多く集住していたに違いない。いずれも着船によって繁昌していたのだから、船の荷物の上げ下ろしや商品の扱いなどをめぐって、両地の住人の間に対立が生じていた可能性がある。

そして念仏宗の北条重時の居館は、坂ノ下海岸近くにある。もうすぐに創建される極楽寺である。そして日蓮の小庵があった松葉ヶ谷は、材木座海岸近くにあった。

つまり重時が黒幕となって坂ノ下海岸近くの住人を使嗾《しそう》して、日蓮に代表される材木座海岸近くの住人に弾圧を加えたという図式が想定されるのである。鎌倉の海岸の西側と東側との対立ということである。とすれば、日蓮を助けたという白猿は、東側材木座に住んでいた人々だったかも知れない。彼らは白衣を着ていたらしいからである。

鎌倉にいられなくなった日蓮は、下総国八幡荘谷中郷若宮戸村（市川市若宮）に身を寄せた。その地の領主富木《とき》常忍に、庇護されたのである。のちの中山法華経寺は、その富木常忍館の持仏堂だったという。

第三章　時宗時代の到来

日蓮は下総国に去り、また鎌倉に平穏が戻ってきた。やがて年が改まって、文応二年（一二六一）になった。その正月四日、幕閣でいささかの問題が生じた。

三日後の七日には、将軍宗尊親王が行列を練って、鶴岡八幡宮を参詣することになっていた。当然、供奉人の交名を作成して、名前の書いてある人々に散状を廻さなければならない。

そこで御所奉行だった二階堂行方は、交名を作成して散状を御家人たちに廻した。散状を受け取った御家人たちは、通常は領状《りょうじょう》を提出する。「承知しました。供奉人としての役を務めます」という返事で、これを進奉（奉を進ずる）とも言う。病気あるいは喪中などで欠勤する場合は、理由を書いた短冊を付箋のようにして、散状に書かれている自分の名前の下に張り、その散状を次の人に廻すのである。

この日、散状の廻覧は、意外に早く済んだ。正月だったこともあって、御家人たちは、それぞれに心の準備ができていたかららしい。散状は、その日のうちに供奉人と予定されていた鎌倉御家人たちの間を一周して、夕刻には小侍所別当の金沢実時の手許に戻ってきた。

問題は、その直後に起こった。意外に早く仕事が済んでほっとしていた金沢実時の許に、得宗被官の工藤光泰が時頼の使者として訪ねてきて、時頼が激怒して言った言葉を伝えたのである。

「すでに貴殿も御存知の如く、我が息男たちの序列、太郎時宗、四郎宗政、三郎時輔、七郎宗頼と、我れ定めおきたり。しかるに、先刻御所奉行が廻せし散状を見るに、すこぶる我が意に違《たご》うたり。もはや散状、多くの人が見たるか。我が息男たちの序列、人々が誤解せば悪しかりなん。

なれば散状を書き改めて、再度、発せらるべきか」

先刻の散状では時宗兄弟の序列が違っているから、書き直して、もう一度散状を発行せよと言うのである。かなり我儘で強引な注文だった。これに対して、実時は次のように答えた。

「このたびの散状に対して、人々、すでに奉を進めおわんぬ。その上、同一の催しにつきて、再度散状を発すれば、人々の誤解、さらに免れ難きか。されば、再度の発行はでき難きか。なお御子息の序列につきては、いま直接に御示しあれば、今後においては御下知の如くなすべし」

思慮と勇気に満ちた実時の返事だった。この時期、これだけのことを時頼に言えるのは、ひとり実時だけだったかも知れない。時頼から信頼されているという自負が、その根底にあったものと思われる。散状の再発はなかったが、時頼は、ことを荒立てはしなかった。実時が言うことの理に承服したのである。

こうして一件は、無事に落着した。散状を間違えて書いてしまった二階堂行方にも、なんのお咎めもなかった。しかし一件の詳細は、すぐに世上に洩れ、カンカンガクガクの世評を生じさせた。おおかたの意見は、実時に同情的だった。

「金沢殿（実時）、最明寺殿（時頼）の御下知を対捍（拒絶）されたること、きわめたる勇敢の所行たるか。なかんずく二階堂殿（行方）の失敗を、自分の責任として処理されたること、上役の身として有難きことなり」

こうして実時の人気は上がったが、一方、二階堂行方の失敗について言及する者も、かなり多かった。

「時輔殿は、最明寺殿の御長男たるなり。されば二階堂殿は、時宗殿より上位に時輔殿の名前を書きたるなり。これ、常道なり。これを咎めらるるは、かえって問題あるか」

このように行方に同情する声もあったが、多くは行方に対して批判的だった。

「去年の夏の頃、最明寺殿の御意向は、得宗被官の安東光成殿より、幕閣に御披露あり。されば今度の一件、二階堂殿が失念したるによって起こりたるものにて、金沢殿には責任なし」

「また去年の冬の頃、なにかの会合にさいして、武藤景頼殿などが時輔殿を、時宗殿の上座に請ぜられしことあり。このとき最明寺殿、厳しく突鼻《とっぴ》（叱責）されて『すべてのことにおいて、太郎殿（時宗）は、兄（時輔）より上位にあるべし』と、仰せられたり。されば今日の一件は、二階堂殿の責任なり」

世上の風評はさまざまだったが、ひとつのことだけは確実だった。時頼が長男時輔を三男扱いにして、次男時宗を家督に据えようとしていた、ということである。前にも述べたように時宗の生母が極楽寺流北条重時の娘で、幕府の女官だった時輔の生母讃岐局よりも、身分が上だったということが、もっとも根本的な理由だった。

このような例は、鎌倉時代には、さほど珍しいことではなかった、たとえば下野国足利荘（足利市）の大領主、足利氏の例がある。三男が家督を嗣いだということが、いくつかあるのである。

義康の長男でありながら家督を嗣げなかった義清の生母は不明だが、家督を嗣いだ三男義兼の生母は熱田大宮司範忠の娘で、範忠の父季範の養女になっている。そして季範の娘由良姫が、頼朝の生母である。つまり義兼の生母は、頼朝の生母の義妹ということになる。

義兼の長男でありながら家督を嗣げなかった義純の生母は遊女で、家督を嗣いだ三男義氏の生母は、北条時政の娘（政子、義時の妹）だった。義氏の長男でありながら家督を嗣げなかった長氏の生母は、「家ノ女房」つまり江戸時代風に言えば、足利氏に仕える腰元だった。そして三男でありながら家督を嗣いだ泰氏の生母は、北条泰時の娘だった。

そして泰氏の長男でありながら家督を嗣げなかった家氏の生母は、名越流北条朝時の娘だった。北条一門だから身分は高かったが、名越流は常に反得宗だった。そして三男ではあったが家督を嗣いだ頼氏の生母は、北条時氏の娘、つまり北条時頼の姉であった。

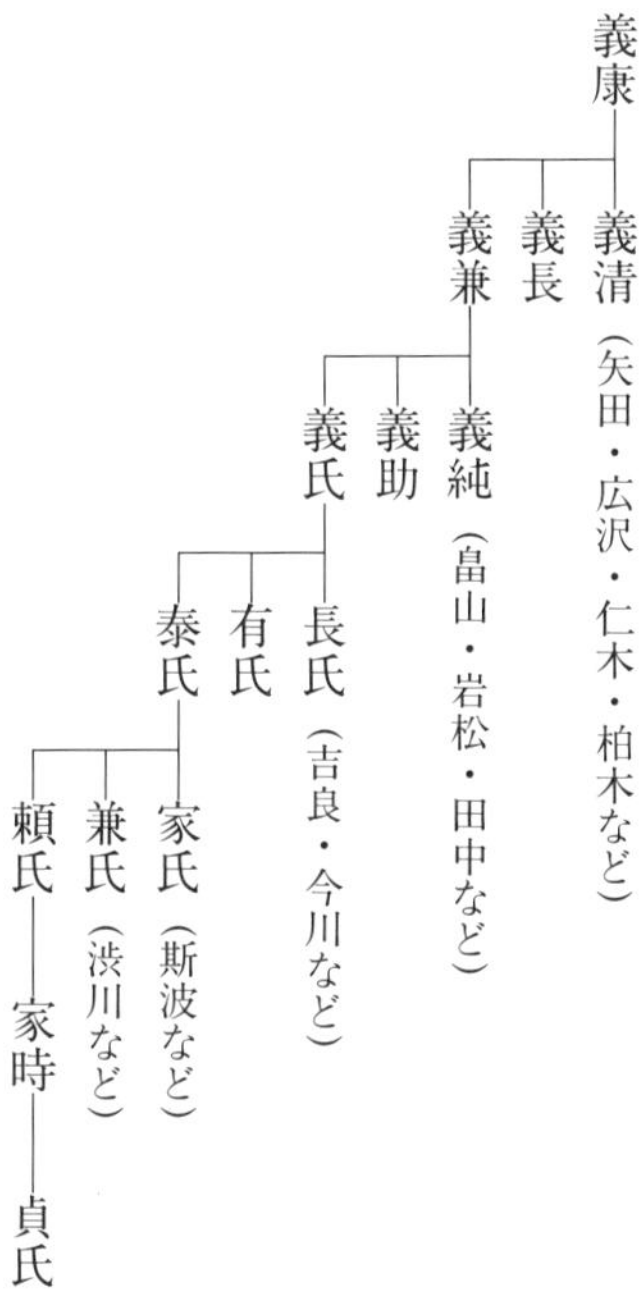

このように足利氏の歴代を通観すると、一定の事実が窺われるようである。それぞれの代における長男あるいは次男などは、いわば「若気の過ち」の結果だったのである。父親にしてみれば、長男あるいは次男を見るごとに、自分の「若気の過ち」を思い出させられることになる。時頼が長男時輔を敬遠するような態度をとったのも、それだったのかも知れない。

一方、足利氏の場合、家督を嗣いだ三男の生母は、源家の由縁のある氏族か、北条氏得宗家のような権力者の娘だった。当然、政略結婚だっただろう。だから三男の生母の実家との親交あるいは同盟の関係を重んじて、三男を家督に立てるようになったのだろう。

時頼が次男時宗を重んじたのも、時宗の生母の実家、極楽寺流北条氏との関係を重んじたからだった。いずれにしても時頼は、長男の時輔よりも、次男の時宗を偏愛した。若年の時宗を小侍所の所司に任じたのも、それだった。幕府の政務に熟達している別当金沢実時に、時宗の教育を委任したのである。いわば次代の得宗たるべき時宗に、帝王学を実地に学ばせようとしたのである。時頼の思惑は、図に当たったようだった。日毎に時宗は、帝王学に精通していったのである。

前述の事件の直後の同正月九日、年頭の儀式のひとつである御的始《おんまとはじめ》の射手の選考が、前浜（鎌倉権五郎神社の前ノ浜）で行なわれた。この日、時宗は奉行の任にあたっている。いわば審判官の役である。ときに時宗は、わずか十一歳だった。

もちろん時宗が、小侍所の所司だったからである。そして別当の金沢実時は、故障を言い立てて欠勤していた。時宗を引き立てるためだったことは、明らかである。幼少の時宗を補佐するために、得宗被官の工藤光泰が近侍していた。また欠勤した実時の四男顕時も、時宗に随行していた。時宗を権威付けるには、これだけの措置が必要だったのである。

直後の同十四日、将軍宗尊親王が臨席して、正月恒例の御的始が行なわれた。この日もまた実時が欠勤したので、奉行の役は時宗が一人で務めていた。将軍や並みいる御家人たちの面前だっただけに、まさに晴れの役ではあった。

そして翌月の二月二十日、また改元があった。文応二年（一二六一）が、弘長《こうちょう》元年となったのである。改元の詔書が鎌倉に着いたのは、同二十六日のことだった。

三日後の同二十九日、「関東新制ノ事書」が発令された。のちに「弘長新制」と呼ばれることになる幕政改革が、本格的に着手されたのである。事書は執権長時と連署政村の名で、発令された。しかし本当の発令者が北条時頼であることは、誰の目にも明らかだった。

通常、幕府の法令には、末尾に「鎌倉殿の仰せにより」とか「将軍家の仰せにより」とか、あるいは簡単に「仰せにより」などと記され、その法令の発令者が将軍であることを明記するのが通例であった。

ところが「弘長新制」の事書には、そのような辞句はなかった。二十歳の将軍宗尊親王を無視したかたちで、「弘長新制」は実行に移されたのである。

かつて北条泰時が発した「貞永式目」は五十一ヵ条だった。ところが「弘長新制」の事書は六十一ヵ条で、さらに約百項目にも分けられていた。もって時頼が「弘長新制」に懸けた熱意の程を、窺うことができる。

「弘長新制」の基本的な対象は、三種に分けられる。幕閣の諸奉行、一般的な幕府御家人、そして御所に仕える女房である。その意味で「弘長新制」は、一種の幕政改革と見ることができる。

通常の吉書《きっしょ》のように、冒頭は神社関係である。これが数ヵ条に分けられて具体化され、神事の勤行、神社の修造、神人《じにん》濫行の禁止、流鏑馬、二所参詣などに関連することが令され、これに若干の仏寺関係が下知されている。

各種奉公人に対しては、「もっぱら（貞永）式目を守るべきこと」から始まって、賄賂を取ったり怠けたりせずに政務に精励すべしとして、評定衆、引付衆、問注（裁判）関係など、それぞれ数ヵ条に具体化されている。

一般の御家人に対しては、とにかく質素倹約が強調されている。具体的には次のように、一見、些細と言えそうなことまでが、厳しく禁じられている。

・御家人相互の書状に厚紙を用いること。
・杉材のかわりに檜材を用いること。

・障子の縁を紫にすること。
・刀剱や甲冑に金銀を用いること。
・馬具に虎や豹の皮を用いること。
これらの奢侈禁令のうち、とくに目を引くのは、次の二項である。
・将軍への御儲け（食事）や引出物（献上品）など、略儀（粗末）を存ずべし。
・垸飯役（将軍に御馳走を献ずる儀式）になりたるとき、垸飯（御馳走）には粗菜を用いることとし、その費用を百姓に転嫁するべからず。
将軍宗尊親王は、これほどまでに軽く扱われていたのである。

すべてで六十一ヵ条の事書のうち、第二十九条は「衣裳ノ事」と題されていて、さらに二十五項に細分化されて、御家人、女官、僧侶、所従などの衣裳に関する奢侈が、きわめて具体的に禁じられている。
・正月の三ガ日の間、狩衣は一着たるべし。
・狩衣に紋を付けるべからず。
・正月の三ガ日の間の衣裳は将軍御所の女官は五着以内、雑仕女《ぞうしめ》は三着以内。
・十二単《じゅうにひとえ》などの重ね着は無用たるべし。
・五月五日より以前の生衣《すずし》着用は禁。
・諸人の衣裳の裏地、無用たるべし。
・僧侶は毛皮、袴を着るべからず。
・金銀の飾り、綾羅《りょうら》錦繍《きんしゅう》は禁。
第三十一条は「従類ノ員数ノ事」と題されて、身分別に従者の人数が決められている。

・四位以上たらば雑色《ぞうしき》六人。
・五位たらば雑色四人。
・六位以下たらば雑色二人。
・五位の検非違使《けびいし》は郎等四人、雑色四人、小舎人童《ことねりわらわ》一人、弓持ち一人、舎人一人、放免五人。
・六位の検非違使は郎等三人、雑色二人、小舎人童一人、弓持ち一人、舎人一人、放免四人。
・僧正は従僧三人、童子六人。

このように供人の人数を定めた第三十一条のうち、とくに目を引くのは、次の二項である。

・番役勤仕のため鎌倉に出仕する御家人は、供の所従五人を過ぐべからず。また所従五人のうち、騎馬せるは二人を過ぐべからず。
・将軍御所に出仕するさい、鎧着用のための直垂《ひたたれ》を着用すべからず。

この二項目については、さらに「違犯せば、罪科たるべし」とした上に、これに気付いた奉公人が「注申《ちゅうしん》（報告）せずんば、これまた罪科たるべし」とされている。

かつて三浦合戦のさい、時頼は中小の御家人たちの向背に悩んだことがある。また鎧用の直垂を着ていれば、いざというときに、すぐに武装できる。このようなことから、以上のような法令が考え出されたのだろう。また撫民ということも、「弘長新制」の眼目のひとつだった。垸飯役勤仕のための費用を百姓に転嫁してはいけないというのも、それである。

一般の地頭御家人たちは、京都大番役を勤仕するために上洛したり、鎌倉番役のために鎌倉にやってきたり、あるいは遠方にある飛び領地に旅をしたりした。当然、費用がかかるが、それを百姓に転嫁することなく、手持ちの銭で支弁せよとも令されている。また旅行にさいして荷物持ちの人夫として、自領内の百姓を使役してもいけないとされている。

さらに鎌倉中のことに関しても、こと細かく規定されている。

・殿上人以上ならびに僧侶をのぞき、鎌倉中は乗輿を禁ず。ただし六十歳以上の御家人は、制の限りにあらず。

・雑色、舎人、牛飼、力者、問注所や政所の下部、侍所の小舎人および諸道の細工人や商人など、鎌倉中での乗馬、一切停止《ちょうじ》すべし。

・念仏者が女人を寺に招き、魚鳥を食し酒宴を好まば、その身は鎌倉中から追い放ち、その家は、各保の奉行人に破却せしむべし。

・僧徒、裹頭《かとう》（弁慶のような頭巾）にして鎌倉中を横行するは禁制す。

・編笠にて面体を隠して鎌倉中を横行するは、固く禁制のこと。

・鎌倉中、押買《おしかい》、迎買《むかえかい》、固く停止のこと。

・鎌倉中、拘引《かどわかし》、人売《ひとうり》、禁断のこと。

・鎌倉中、旅行するを禁ず。

・鎌倉中、各保の奉公人は、橋を修理し、家々の前の路を掃除すべし。

・病者、孤児、死屍など、路辺に棄てるべからず。

七百五十年ほど後世の目から見ると、かなり奇異の感がある法令も多い。しかし時頼が法令で禁じたことは、実際に鎌倉時代に行なわれていたのである。以上の法令で、専制的権力を握った時頼が、どのような社会を目指していたかが窺われる。

泰時執政の晩年の頃から、鎌倉幕閣はもちろん、一般の御家人にいたるまで泰平に酔って、しだいに奢侈の風が強まっていた。「弘長新制」で時頼が目指したものは、このような風潮を押しとどめ、綱紀の粛正に努めることによって、大きく幕政の改革を図ることだった。それが成功するか否か、社会は大きな曲り角にさしかかっていた。

時頼から時宗へ

次男でありながら太郎とされていた時宗は、すくすくと育っていた。とにかく強烈な父、時頼の偏愛があり、外祖父の重時、外叔父の長時、そして温厚な政村、高い教養のある実時など、北条一門からの庇護と薫陶があった。

そして弘長元年四月二十三日、時宗は結婚した。時宗の妻になった女性は堀内殿、安達泰盛の妹だった。ときに時宗は十一歳、そして堀内殿は十歳、ままごとのような若夫婦だった。時宗が生まれたのは、建長三年（一二五一）五月十五日の酉ノ終刻（午後七時）。堀内殿が生まれたのは、翌建長四年七月四日の午ノ刻（正午）である。

二人が生まれた日は、ともに晴天だった。時宗が生まれた日などは、「天、晴れにして、風、静かなり」という好天だった。ところが二人の結婚式の当日は、終日、雨が降り続いていた。まるでなにかの前兆のようであった。この結婚は、所詮は政略結婚だった。とは言っても、それほど単純ではない。早くから北条、安達の両氏は、同盟の関係にあった。二人の結婚は、その関係のさらなる強化を目指したものだった。

時宗の祖父時氏は、堀内殿の祖父安達景盛の娘（松下禅尼）と結婚し、二人の間に時宗の父時頼が生まれた。また堀内殿の姪千代乃（のち無着尼）は、やがて金沢実時の息顕時と結婚することになる。

そして畠山合戦、和田合戦、そして承久ノ乱と打ち続いた戦乱にさいして、つねに安達氏は北条氏を援けてきた。さきの三浦合戦のさいには、安達義景、泰盛父子の軍勢が時頼の勝利に大きく貢献したことは、見てきたとおりである。そのような両氏の関係を、さらに維持強化しようというのが、このたびの結婚であった。政略結婚とは言っても、そのようなものだったのである。

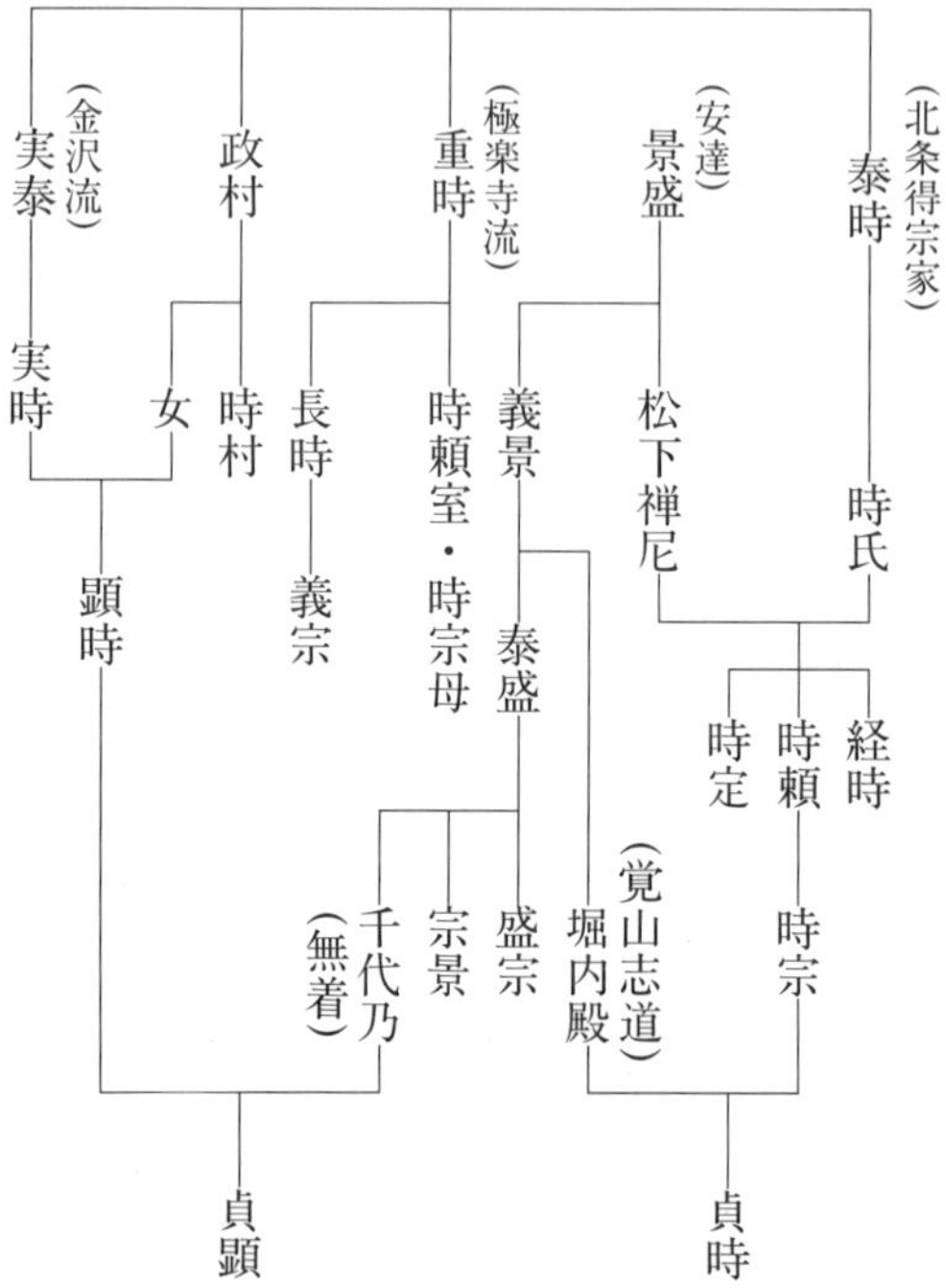

やがて蒙古が襲来してきたとき、執権だった時宗の義兄にあたる安達泰盛は、戦目付《いくさめつけ》でもある

恩賞奉行の職にあった。そのような幕閣の人事をもたらしたのは、実にこの結婚だったと言えるかも知れない。時宗は、四年前に元服してから以降、小町大路北端東側の邸（いま宝戒寺）に自立していた。そして、そこに新妻とともに住むことになったのである。

すでに父時頼は、出家して隠栖していた。だから時宗は、事実において北条氏得宗家の家督を嗣ぎ、すでに得宗の地位に立っていたと言えるだろう。もちろん時頼の出家は、表面上のことだった。袈裟を着たままの僧形で、しばしば幕政に介入していたことは、先述した通りである。そのような例は、時宗の結婚式の翌日にも見られた。

この日、将軍宗尊親王と御息所宰子の夫妻は、行列を連ねて鎌倉の西南隅に向かった。さきに病気で連署を辞して出家した極楽寺流北条重時は、月影《つきかげ》ガ谷《やつ》の東北に山荘を新築していた。その工事が完了したというので、将軍が重時の新邸を訪れることになったのである。

のち、この山荘が極楽寺という寺になるので、しばしば極楽寺の創建は弘長元年だとされている。しかし弘長元年の時点では寺ではなく、あくまでも重時の山荘であった。

京都には七道諸国に通ずる出入口として「京ノ七口（京都七口）」というものがある。時代によって位置や数量、さらには名称なども一定ではないが、だいたい次のようだった。

粟田口（三条口、三条橋口、大津口）、東寺口、丹波口、清蔵口《せいぞうぐち》（西蔵口、新町頭《しんまちがしら》、長坂口）、鞍馬口（艮口、出雲路口）、大原口（大原ノ辻）、荒神口（吉田口、今道口、志賀道口、白河口）、西七条口、伏見口（木幡《こばた》口）、鳥羽《とば》口。

この「京都七口」という概念は、江戸時代に成立したものらしい。同じように江戸時代には、これが鎌倉にもあてはめられて、「鎌倉七口（鎌倉七切通《きりどお》し）」というものが、成立している。

これも「京都七口」と同様に、数量は一定してはいない。いずれにしても鎌倉時代に要塞都市だった鎌倉で、外界に通ずる出入口であった。いわば城門にあたる。ここで注目すべきは、いずれの「口」であっても、その近くに北条一門の山荘があったことである。こうして北条一門は、鎌倉の防衛にあたったのである。

一支族が一口の防衛にあたることもあったが、二ないし三家で一口を担当したり、一家で二口を担当した例もある。以下、これを表示すると、次のようである。

小袋坂（巨福礼切通し）——得宗家
亀ヶ谷坂（亀ヶ谷切通し）——得宗家・金沢流
仮粧《けわい》坂——佐介流・塩田流・政村流・常盤流
大仏《おさらぎ》坂（大仏切通し）——大仏流
極楽寺坂（極楽寺切通し）——極楽寺流
六浦坂（朝夷那切通し）——金沢流
名越坂（名越切通し）——名越流
三浦路（釈迦堂切通し）——名越流
小坪坂（小坪路）——名越流

つまり、鎌倉西南隅の「極楽寺ノ切通し」の防衛を一手で担当していたのが、極楽寺流北条一族だった。その一族のなかでも、とくに北条宗家である得宗家に忠実だったのが、重時である。その重時が「極楽寺ノ切通し」の前面に山荘を新築したのである。当然のことながら、その山荘は半端なものではなかった。「極楽寺ノ切通し」防衛のための仕掛けが、充分すぎるほど設けられていたのである。「山荘」とは言うものの、すでに一箇の城砦であった。

重時山荘の正面は、「極楽寺ノ切通し」の入口と、それに通ずる極楽寺坂とに向かっており、その間に深く落ち込んだ極楽寺川が、山荘の前面を守る濠の役をしていて、その上には木造の桜橋一本だけが架かっている。「極楽寺ノ切通し」を通って鎌倉に侵入しようとする軍勢は、ダラダラと上り坂になっている極楽寺坂で、まず行き悩むことになる。思わず速度が遅くなると、重時山荘から横矢の猛襲を受けることになる。

これを辛うじて逃げきって「極楽寺ノ切通し」に駆け込めば、桜橋の西詰からの矢の雨に背を見せることになる。思い切って山荘に攻め入ろうとしても、極楽寺川が天然の濠となっているし、山荘に通ずる桜橋は、いつでも切って落とせるようになっている。重時が新築した山荘というのは、このような要害だったのである。これを重時や時頼たちは、将軍宗尊親王に見せつけようと図ったのである。

その夜、将軍夫妻は、重時山荘に一泊した。そして翌二十五日、将軍夫妻が見守る前で、御家人や得宗被官たちが、遠笠懸《とおかさがけ》の技を披露した。

遠笠懸というのは、両側に埒《らち》（垣）を結んだ距離五十一杖（約百十七メートル）の馬場を馬を走らせながら、ほぼ八杖（約十八メートル）ほど離れている直径一尺八寸（約五十五センチ）の綾藺笠《あやいがさ》を的にして、鏃《やじり》を取り去った鏑矢を射るのである。

このとき綾藺笠は、高さ二尺ほどの杭を三尺ほどの間を置いて二本立て、その二本の杭の頂部を一本の紐で結び、その紐の中央からぶら下げておく。なお一杖《つえ》というのは弓一張《ひとはり》の長さのことで、通常は七尺五寸（二・三メートル）である。的までの距離が八杖もの遠くにあるというので、これを遠笠懸と呼んだのであるが、的の位置が弓手《ゆんで》（左手）だというのも、ひとつの特徴である。

十四人の射手が出場し、それぞれに巧みな技を披露して、やんやの喝采を浴びた。御家人の島津久時、得宗被官の小野沢時仲などであるが、時頼の子の時輔と宗頼とが射手のうちにあったことは、とくに多くの人々の目を引いた。

遠笠懸が終わると、将軍夫妻と近侍のいる桟敷では、射手の技の巧拙などをめぐって、ひとしきり談論の華が咲いた。そして談論の合間から出たのが、小笠懸ということだった。

「故右大将軍（頼朝）の御時は、源平合戦の余波もありてか、しきりに小笠懸のことあり。しかるに近年は、人々これを好まず」

「我れ古老より聞くに、仁治二年（一二四一）正月二十三日、四代将軍九条頼経殿の御下知により、鶴岡八幡宮の馬場にて小笠懸ありたるという」

「宝治二年（一二四八）四月二十日、五代将軍九条頼嗣殿の御願により、由比ガ浜にて、百番の小笠懸あり」

「されど、それより以降、鎌倉に小笠懸のことなし。建長六年（一二五四）五月十一日、小侍所別当の金沢実時殿、二階堂行方殿と武藤景頼殿を奉行にして、『武家奉公の人々、遠笠懸のみならず小笠懸にいたっても、日々に鍛錬あるべし』と触れらる。これ時頼殿、内々に下知せしめ給うが故なり」

「いかにも小侍所よりの触れ、たしかにありたるなり。されど近年、小笠懸を嗜むの人なし。よって堪能《かんのう》の名人なし」

このような将軍側近の会話を近くで聞いていた時頼は、つと立つや宗尊親王に話しかけた。

「小笠懸に堪能の人、いま鎌倉になしと聞く。されど我が嫡男太郎時宗、もっとも小笠懸は得意なり。たまたまいまは、この場になし。よって速やかに召し出して、これを射しめんとす」

突然の時頼の申し出に、その場は沸き立った。

多くの人は、最近、小笠懸を見たことがない。それが、久し振りに見られるのだ。しかも射手が時頼寵愛の時宗ということになれば、時宗が巧くやるか否かは別として、とにかく見物である。もちろん時頼の息子自慢に、鼻白んだ人も、当然あったに違いない。若年の時宗にあの難しい小笠懸が果たして出来るのか否か、それこそ見物だと思った者もいたであろう。

いずれにしても時宗を召し出して、小笠懸を命ずることになった。このとき時宗は小町大路の得宗館にいたので、そこへ将軍の使者が派遣された。ただし、「小笠懸の射手のこと、口外無用たるべし」と、使者は厳命された。時宗には秘密にしておき、不意打ちで小笠懸をさせようと、小さな陰謀が企図されたのである。しかし、なにも知らずにやってきた時宗は、急に小笠懸の射手を命ぜられても、

「用意のこと無ければ」

と言って、辞退するかも知れない。それでは面白くないということで、念のため手分けして、小笠懸の支度をしておくことになった。すべて、将軍の発案だった。

弓矢や行縢《むかばき》は、安達泰盛が用意した。彼の甘縄館が、近くだったからだろう。四寸（十二センチ）四方の的板は、その場で武田政綱が板を削って作り、それを工藤頼光が的場に立てることになった。

時宗が騎乗する馬は、長崎左衛門尉が用意した。将軍の特別な下知があって、「鬼鴾毛《おにつきげ》」という名の馬が選ばれた。これは小笠懸用ではなく、遠笠懸用に訓練されていた馬だった。将軍宗尊親王は、かなりの悪戯っ児だったらしい。

小笠懸の的は、名前のように小さい。五寸（十五センチ）ほどの篠竹の先端を二つに割って、これに四寸四方の板片を挟んで、馬の通り路から近距離の地面に差しておくのである。的までの距離は近いが、的自体は小さい。これが小笠懸を難しくした理由のひとつであるが、もっとも重

要なのは的の位置が馬手《めて》（右手）だったことである。

弓矢というものは、左手前方を射るのに適している。正面前方は辛うじて射ることができるが、右手側で、しかも脚下近くを射るというのは、とにかく難しい。まして騎乗していると、矢を右手側に向けるということ自体、馬の首が邪魔になって至難なことになる。

もちろん戦場では、いつも敵が左手前方にいるとは限らない。敵が右手側に位置していたら、万事休すである。こちらは敵に矢を向けられないのに、敵に狙われ易いことになる。

こういうところから、かつての源平合戦のさいには、東国武士は小笠懸の技に習熟していた。しかし、近年、天下泰平を謳歌するようになると、きわめて難しい実戦向きの小笠懸は、しだいに疎んじられてきたのである。このような至難の業を、時宗は衆人の前に披露させられることになったのである。しかし、やがて馬を走らせてやってきた時宗は、小笠懸の射手を務めるよう命ぜられても、驚く風もなかった。

「畏まって候」

と、あっさりと頷いたのである。

もしかしたら行縢などを用意した安達泰盛が、妹婿の時宗のことを案じて、秘かに使者を走らせて、将軍の秘密の企図を時宗に知らせていたのかも知れない。

時宗は、重時山荘の別室に下がると、落ち着いて狩装束に着替え、なんの躊躇《ためらい》もなく用意の鬼鴇毛に跨がると、弓を手にして馬場に乗り出してきた。

このときまで時頼は、将軍の座の近くにあって、ただ黙っていたらしい。将軍と側近たちが意地悪めいた悪戯を囁き合っていたとき、それを耳にした時頼の心中がどんなだったか、史料はなにも語ってはいない。馬場に現われた時宗は、まっすぐに将軍の桟敷に向かって一礼すると、馬場の出発点である馬場本《ばばもと》に馬首を向けた。このとき、時頼が声をかけた。

「馬場末《すえ》（馬場の終着点）まで、一度だけ馬を走らせたる後、かまえて本番で射るべし」

一応、馬場を端から端まで、馬を走らせよというわけである。馬の癖や串的《くしまと》の位置や大きさを、事前に確認しておくためである。時頼の親心と同時に、心中の不安をも窺わせる言葉だった。

言われた通り馬場末まで馬を走らせた時宗は、すぐに馬を疾駆させて、串的近くにきたとき馬上に立って、弓を馬首を越えて馬手に向け、無雑作に矢を放った。矢は誤またず串的の上から一寸（三センチ）ほどの箇所に命中し、的板は微塵に砕けて空に散った。鮮やかなばかりの射芸だった。

しかも時宗は、矢が命中したか否か、振り返って確かめようともしなかった。そのまま馬を走らせると、馬場本を走り抜けて、鎌倉に向けて馳せ去ってしまったのである。命中するのが当然と言わんばかりの、自信たっぷりな態度だった。見ていた人々は、いささか呆気に取られたの観があったが、それでもやんやの感嘆の声は、しばらくは止まなかった。将軍の御感も、再三どころではなかった。

散々に息子を褒められた時頼は、誇らし気に次のように言ったと伝えられている。

「太郎時宗こそ、まさに我が家督を受け継ぐべき器なり」

相模太郎北条時宗、十一歳のときの挿話である。

直後の同五月一日の深更、大蔵稲荷で捕物騒ぎがあった。鎌倉の市街地は、北条泰時が執権だった頃から以降、長谷保、大蔵保、名越保など、いくつかの保に区分され、幕府侍所の地奉行の管轄の下、ある程度の自治が町人たちに許されていた。町人たちの代表者が保奉行人で、これを補佐するために、数人の保司《ほうし》も置かれていたらしい。

保奉行人や保司の職務には、道路の掃除や整備、火災や犯罪に関する検断などがあった。夜間に保内を巡視するのを、とくに夜行番（夜行衆）と言った。

この五月一日の夜も、いつものように大蔵保の夜行番数人が、大蔵保内を巡視していた。そして大蔵稲荷の前に差しかかったとき、不審な光景を眼前にした。一人の尼と数人の屈強な男たちが、額を集めて密談していたのである。思い出すと、昨夜にも、さらに数日前にも、同じような顔触れの密談があった。

夜行番たちはあやしく思って、密談していた男たちを誰何《すいか》した。すると男たちは、やにわに太刀を引き抜いて、夜行番たちに斬りかかってきた。もともと夜行番たちは、武士ではない。しかし時代が時代である。それなりの得物をもって反撃に出たところ、不審な者たちは四方に逃げ散ってしまった。

五月一日の夜、大蔵稲荷で起こった捕物騒ぎというのは、この程度のことだった。しかし場所が場所である。ただの物盗り風情の事件ではなかったかも知れない。

大蔵稲荷というのは、現存していない。そのため所在地について、二説がある。

頼朝法華堂の下から南に通ずる道が、横大路（いま金沢街道）に突きあたる地点の西北の角というのが、第一の説である。しかし、この地は昔も今も目抜き通りで、かつては武家屋敷ばかりの地だった。いささか信じ難い。

もう一つは、いまの浄妙寺の境内とする説である。もともとこの地には、極楽寺という寺があった。足利義兼の死後の建仁元年（一二〇一）頃、その未亡人（北条時政の娘）が退耕行勇を開山として創建した。その極楽寺の鎮守が、大蔵稲荷だったらしい。正嘉元年（一二五七）から元享二年（一三二二）の間に、極楽寺は浄妙寺と改称された。このとき山号も「稲荷山《とうかざん》」となった。

これこそ大蔵稲荷の所在地が、この地だったことの一証である。

極楽寺——浄妙寺は、鎌倉での足利氏の氏寺である。その地から三町ほど東に行くと、足利氏の館もあった。つまり大蔵稲荷は、足利氏と関係が深い。その大蔵稲荷で事件があったのである。この事件が足利氏と無関係だったとは、容易には信じ難い。

直後の五月十二日、日蓮が鎌倉から伊豆に配流された。今年の初頭に、下総国八幡荘の富木常忍の許から鎌倉に戻って来て、またも辻説法をして訴えられ、執権長時、連署政村から流罪と裁許されたのである。日蓮が伊豆に向かう船に乗ったのは、鎌倉の「沼ノ浦」だった。いまの九品《くほん》寺《じ》西南隣の地だったらしい。のち、その地に建てられた妙長寺は、江戸時代の中期、小町大路南半東側に移っている。

そして六月二十一日、大蔵稲荷での事件の一端が、世上に知られた。宝治元年（一二四七）に滅亡した三浦一族の残党が、なにやらの陰謀を謀っていたのである。大蔵稲荷の事件は、これと関係があったらしい。

いずれにしても史料が乏しいので、事件の真相は判然とはしない。とにかく寿福寺背後の石切ガ谷に、一味が潜伏しているとのことで、得宗被官の諏訪蓮仏、平盛時らが現場に急行した。そして寿福寺の僧坊のひとつである倉石坊で、一味を取り押さえたのである。一味の張本人は、三浦泰村の弟の大夫律師良賢と三浦胤村の兄弟。これに泰村の娘の野本尼が加わっていた。

その後の取り調べでも、事情は判然とはしていない。三浦合戦で泰村らが敗死した後、良賢らは伊豆の山中に潜伏していたが、やがて秘かに鎌倉に潜入し、譜代の郎従らを語らって、なにごとかを企てていたと、『北条九代記』の異本にあるのみである。

この場合、もっとも疑わしいのが寿福寺であった。一味が潜伏していたのが、同寺の一僧坊の倉石坊だったからである。しかし当時の寿福寺長老の円爾弁円は、この時期京都にいた。東福寺の大勧進、天王寺と尊勝寺の幹事などを、兼任していたからである。直後、一味は由比ヶ浜に引き出されて、梟首されている。深読みをすれば、あまりにも処刑が早すぎたの観もある。あるいは口封じの意味も、そこにはあったのだろうか。

良賢ら三浦残党は、所領所職は没収されていた。譜代の郎従らを掻き集めたと言っても、たかが知れている。それでも彼らが陰謀を企てることができたのは、背後に大きな黒幕があったからではないか。

そもそも一味が石切ヶ谷に潜伏しているという情報を、幕府方はどこから入手したのだろうか。一味の背後に足利頼氏の存在を想定するのは、あるいは妄想だろうか。大蔵稲荷の事件で陰謀が露顕してしまったと誤解し、先手を打って一味の石切ヶ谷潜伏を密告して出たと考えると、辻褄は合うようでもある。七月二十九日、足利頼氏は八月十五日に予定されていた鶴岡八幡宮の放生会での所役を、病気ということで辞退している。

このとき、同様に放生会の所役を辞退した人々のうちに、名越流北条時章の名前もあった。つねに名越流が反得宗だったことは、世上に衆知のことだった。良賢ら三浦残党の陰謀は、案外に底が深かったのかも知れない。

いささか余談になるが、鎌倉幕府の半公的記録である『吾妻鏡』は、日記風に書かれていて、まことに得難い貴重な史料である。しかし反面では、黙示録のように神秘的でもある。

頼朝の死の直前の三年間や北条泰時が死んだ年など、重要な部分が記されていないのである。まるでなにごとかを、後世には秘しておこうとしているかのようである。そのような年には、逆になにかが起こっていたに違いない。

弘長元年（一二六一）十一月三日、極楽寺流北条重時が死んだ。ときに六十四歳だった。このことを記したあと、『吾妻鏡』は欠落が多くなる。同年十二月二十二日、時宗が従五位下の左馬権頭に叙爵されたことすら、『吾妻鏡』には記されてはいない。

そして弘長二年（一二六二）の分にいたっては、一年分がまるまる欠落している。この年、鎌倉でなにかが起こったのだとしか考えようがない。

それを暗に裏付けているのが、弘長二年九月二十九日付の「国分忠俊所領譲状案」（『鎌倉遺文』八八七六号）である。この日、肥前国杵井村《くちいのむら》（佐賀県大和町）の領主国分忠俊は、「鎌倉にひそめくことあって召され候の間、生命、存命し難きによりて」所領を嫡子に譲与して、鎌倉に旅立っていった。死を覚悟して忠俊は鎌倉に向かったのであるが、その鎌倉には「ひそめくこと」があったのである。

現在までに判明している弘長二年における鎌倉での史実としては、次のことくらいしかない。

二月二十七日、金沢実時の招きで、西大寺律宗の中心人物である叡尊が、鎌倉に来訪した。麾下の石工《いしく》集団を引率していたと思われ、前年に鎌倉に先着していた良観坊忍性《にんしょう》の指揮下、重時の山荘が極楽寺に改変されていった。

四月七日、足利頼氏が二十三歳という若さで、この世を去った。死因および死の情況などは、いっさい不明である。一子家時が家督を嗣いだが、歴代の足利氏の当主のうち、北条得宗家から偏諱を受けなかったのはこの家時だけである。

この二つの史実は、「鎌倉のひそめくこと」と、関係があったのだろうか。

弘長三年に入ると、また『吾妻鏡』は書き継がれている。しかし供奉人や射手などの名簿ばかりで、事件や挿話などは非常に乏しい。そのような弘長三年記のうち、目につくのは、次の二項ほどである。
・四月七日、群盗十数人が日金《ひがね》地蔵堂（のち松源寺）に潜伏していることが判明、追捕の手が及んだので、鶴岡八幡宮西南の窟堂付近が騒動。
・八月十四日、南からの風が吹き募って、由比ガ浜に着岸していた船数十艘が、破損漂没。同二十七日、またまたの強風により、九州からの貢納船六十一艘が、伊豆の海で漂没。
しかし弘長三年記の後半で目立つのは、相次ぐ幕閣の要人たちの死である。
・六月十三日、伊具流北条有時の子六郎有義。八月十四日、大宰少弐為佐、八十三歳。九月三日、大江広元の孫那波政茂。九月二十六日、金沢流北条実泰、五十六歳。十月十日、石見守大江能行。十一月二日、引付衆清原満定、六十九歳。十一月十日、政所執事二階堂行頼、三十四歳。
鎌倉幕閣の重臣たちに、世代の交替が進行しているようだった。時頼の施政を補佐してきた人々が、次々に消えていったのである。時頼から時宗への代替わりを、まさに暗示しているかのようだった。そして事実、時頼自身も病気だった。八月の下旬頃から、加持祈禱が繰り返された。しかし効験は、なかなか現われなかった。

九月、十月と過ぎて、十一月になった。しかし時頼の病状は、いっかな快方には向かわなかった。

十一月八日、松殿僧正良基は弟子僧十二人を率いて、昼夜不断の千手陀羅尼《せんじゅだらに》を誦《ず》し始めた。幕府では等身の千手菩薩像を造立して、尊家法印に延命の護摩を修させた。また塩田流北条義政も等身の薬師像を造立し、これを尊海法印に托して伊豆の三島大社に奉納させた。いずれも、効験はなかった。さらに各種の加持祈禱が、多くの名僧たちによって営まれた。しかし、いずれも効験はなく、ますます病状は悪化していった。

そして十一月十九日、ついに時頼自身も、覚悟をしたらしい。苦しい息の下で、次のように言った。

「最明寺の北亭に移り、心静かに死を迎えたし。されば見舞いの人々の群参、固く禁制すべし」

翌二十日の早朝、時頼の体は、最明寺の北亭に移された。時頼の厳命で枕頭にいるのを許されたのは、得宗被官の尾藤太景氏と宿屋光則の二人だけだった。看護の手伝いのため、ほかに次の五人が、北亭に祗候《しこう》するのを許されていた。

武田政綱、南部実光、工藤光泰、安東光成、長崎次郎左衛門尉

それでも時頼は、まだ死ななかった。三十七歳という若さの故か、死ぬまいとする強靱な意志のためか、それは判らない。翌二十一日は、そのままで過ぎた。鎌倉中がひっそりとして、最明寺の方を見守っていた。

そして、弘長三年（一二六三）十一月二十二日が来た。

この日の未ノ刻（午後二時）、夷堂橋の北隣辺りで火災が起こり、折からの南風に煽られて、小町大路東側の武家屋敷が、次々と焼け落ちた。ようやく鎮火したのは、大仏流北条朝直館（いま蛭子神社か）の手前だった。そして戌ノ刻（午後八時）、ついに最明寺入道道崇、俗名は正五位下行《ぎょう》相模守北条流平朝臣時頼が死んだ。

袈裟衣を着て縄床《じょうしょう》に上り、座禅して少しも動揺の気なく、終焉の時には叉手《しゃしゅ》して印を結び、口に頌《じゅ》を唱えて即身成仏の瑞相を現じていたという。のち『平政連諫草《たいらのまさつらかんそう》』に、時頼は「地蔵菩薩ノ応現」とあるから、時頼が死に臨んで結んでいた印相は、合掌印だったと思われる。そして、一首の頌が、遺されていた。

業鏡《ごうきょう》、高く懸《かか》ぐ三十七年
一槌、打砕すれば、大道、坦然たり
ちなみに時頼の遺頌は、中国宋朝の禅僧笑翁妙湛《しょうおうみょうたん》の頌を下敷きにしていた。妙堪の頌は、
業鏡、高く懸ぐ七十二年
で、この「七十二年」を「三十七年」と変えただけだったのである。
妙湛が死んだのは、建長元年(一二四九)だった。その妙湛の頌を、時頼は知っていたのである。時頼が中国大陸の情報に詳しかったことは、この一事だけでも窺うことができる。蒙古が宋朝に迫っていたことも、当然、知っていたに違いない。
いずれにしても、時頼は死んだ。直後、名越流北条時章、安達頼景、武藤景頼、二階堂行氏、安達時盛らが、相次いで出家した。大仏流北条朝直も、続いて出家しようとした。しかし執権長時が弟業時を使者に立てて厳しく禁じたので、止むなく朝直は出家を諦めている。
しかし時頼の死が地方に伝わると、出家する者が続々と相次いだ。直後の十二月十日、出家を禁ずる幕命が、各国の守護を通じて全国の御家人に下された。
相模入道(時頼)の逝去のことにより、御家人等、出家せしむべからずとの由、先日、仰せ下さるるのところ、御制に背き多くもって出家すと云々。その国の御家人のうち、出家せる輩の名前を注申せらるべきの状、仰せによって執達すること、件の如し。
弘長三年十二月十日
某殿
晩年の時頼が、三年間、密かに諸国を廻国したという伝説がある。『太平記』巻三十五、『増鏡』九および謡曲の「藤栄《とうえい》」、「鉢ノ木」、「浦上」などが出典で、いずれも後世の成立だから信憑

性はほとんどない。

しかし『吾妻鏡』に欠落している正元元年（一二五九）ないし弘長二年（一二六二）には、あり得たことだと見る人もある。しかし所詮は、時頼が密偵を諸国に派遣した程度のことで、これが廻国使と呼ばれるようになったものかと思われる。廻国使ということでは、北条泰時、時宗、貞時なども、諸国に派遣した形跡がある。

蒙古帝国の隆盛

日本で日蓮が『立正安国論』を北条時頼に上書した文応元年（一二六〇）、アジア大陸では蒙古帝国の帝位を、クビライが嗣立した。蒙古帝国五代目の大汗である。ジンギス汗の孫にあたる。このとき華南の地を国土としていた南宋は、まさに四面楚歌の悲境にあった。南方の海岸方面をのぞいて、残る三面のすべてが、蒙古帝国の版図に面していたのである。

漢民族が建てた宋帝国は、早くも平安時代末期の大治《たいじ》二年（一一二七）、国土の北半分にあたる華北の地を失い、南遷して南宋と呼ばれるようになっていた。平清盛が日宋貿易を行なった相手国は、この南宋だった。

宋帝国が失った華北に女真族（満州民族）が建てていた金帝国も、文暦元年（一二三四）、蒙古帝国に滅ぼされた。こうして南宋は、国土の北側の全面で、直接的に蒙古帝国と境を接することになった。淮水《わいすい》から荆湖《けいこ》の線がだいたいの国境線だったらしい。そして蒙古兵の南宋入寇事件が、南宋の国土の北側で頻発するようになった。淮水を渡河した蒙古兵が、しきりに南宋の国土に侵入してきたのである。

このとき、意外な事態が起こった。いままで連戦連勝を誇ってきた蒙古兵が、弱化していたはずの南宋軍に、随所で敗れたのである。原因は、華南の地形にあった。草原や砂漠では、蒙古の騎馬兵は無敵だった。しかし水田、河川、濠、クリークなどの多い華南では、蒙古兵は騎馬で疾駆することが不可能となったのである。

また華南に人口が多かったことも、蒙古兵が敗北した一因だった。蒙古領となった華北からの流民も加わって、この時期の華南は人口が多く、そのため南宋軍の兵力は、侵入してきた蒙古兵よりも、圧倒的に多かったのである。華北を占領した蒙古帝国も、すぐには南宋を倒せなかった。このような情況を眼前にして対応策を案じたのは、ジンギス汗の末子ツルイの子、モンケとクビライの兄弟だったらしい。

やがて兄弟は、一つの作戦を考え出した。南宋に直接に攻め込むより前に、まず南宋に隣接している国々を征服して、南宋の孤立化を図ろうというのである。いわば南宋包囲作戦である。

日本で北条時宗が生まれた建長三年（一二五一）、モンケが蒙古帝国四代目の大汗になると、南宋包囲作戦が実施されることになった。いままで西方にばかり向いていた蒙古帝国が、東方に矛先を転じたのである。南宋包囲作戦を実際に推進したのは、弟のクビライだった。そのクビライが最初に目をつけたのは、南宋の西隣の地だった。

日本で執権北条時頼が建長寺の完成を祝った建長五年（一二五三）、現在の雲南省にあったタイ族の大理国は、蒙古兵に滅ぼされて蒙古帝国領となった。攻撃の指揮をとっていたのは、もちろんクビライだった。その次にクビライが狙ったのは、南宋の西南隣、インドシナ半島だった。大理国を併呑した勢いを駆って、クビライは麾下の武将ウリヤンハタイを差し向けたのである。

日本で全焼した寿福寺の再建を執権北条長時が令した正嘉二年（一二五八）、ベトナム人が建てていた安南国は、ついに蒙古帝国に服属して、その朝貢国となった。安南国は南宋との貿易を、全面的に禁じられた。もちろん、南宋を国際的に孤立させるためだった。

この間、蒙古帝国が手を焼いていたのは、南宋の東隣、朝鮮半島だった。

朝鮮半島への蒙古兵の侵入は、東アジアでは、もっとも早かった。日本では経時、時頼兄弟の祖父北条泰時が執権だった寛喜三年（一二三一）、高麗王朝下の朝鮮半島に、第一回目の蒙古兵の侵入があったのである。敗れた高麗朝廷は、翌年、開城《ケソン》を捨てて、海上の江華島に遷都した。しかし高麗人民は、蒙古兵の蹂躙にまかされた。

以降の二十余年間、蒙古兵は朝鮮半島で暴れ続けた。戦う術どころか、身を守る術すら知らない高麗人民は、蒙古兵の暴逆にただ晒されるのみであった。とくに凄惨をきわめたのは、建長六年（一二五四）以降だった。いままでは単なる領土欲だけで攻め込んでいた蒙古兵に、今度は南宋包囲作戦という具体的な目的ができたからであろう。

それにしても今回の蒙古兵の暴逆ぶりは、目を見張らんばかりであった。『高麗史』には、次のように記されている。

　この歳、蒙兵、虜するところの男女、無慮二十万六千八百余人、殺戮するは、あげて計《かぞ》うるべからず。経るところの州郡、みな煨燼《わいじん》となる。

そして正元元年（一二五九）四月、耐えきれなくなった高麗王高宗は、ついに蒙古帝国に降伏した。太子倎《てん》は人質として、蒙古帝国の首都燕京《えんきょう》（いま北京）に送られた。

蒙古帝国による南宋包囲作戦は、かくして完了した。南宋は周囲をすべて包囲されて完全に孤立化したようだった。蒙古兵の南宋総攻撃が、待っていたように開始された。三方面からの攻撃だった。

南宋の西北方、四川《しせん》方面からの攻撃は、モンケ大汗みずからが担当した。これが本軍だった。安南国にいたウリヤンハタイは、南宋の西南方、広西、湖南方面から揚子江を目指した。そしてクビライは、南宋の東北方、湖北地方から侵入した。

蒙古兵の作戦計画では、三軍は鄂州《がく》（いま武昌）で、合流する手筈だった。そしてクビライ率いる左翼軍は、怒濤のように快進撃を続けて、やがて鄂州城を包囲した。

しかしほかの二軍は、快進撃というわけではなかった。ウリヤンハタイ軍が担当した地域は、騎馬戦には不向きな水田地帯だったのである。それでもウリヤンハタイ軍は、ようやく翌年になって、鄂州に到着した。もっとも苦戦したのは、モンケ大汗みずから率いる本軍だった。途中の合州城を落とすこともできず、睨み合うだけの対陣戦になってしまったのである。

やがて蒙古側では、兵糧は枯渇し、悪疫が流行した。そしてモンケ大汗までが重病に陥り、ついに戦陣で病死してしまったのである。やむなく蒙古側の三軍は、兵を撤して引き揚げていった。

こうして蒙古帝国の南宋総攻撃は、あえなく失敗に終わった。

直後に五代目の大汗を嗣立したクビライには、その敗因は判っていた。蒙古側が兵糧不足と装備不充分だったのに対して、相対峙した南宋方は、兵糧、各種の装備などが潤沢だったのである。つまり南宋包囲網は完成してはいず、まだ南宋は孤立してはいないということだった。東南アジアの諸国や日本との貿易によって、大量の金品を獲得しているということである。

華北を失って南遷した南宋は、国土が半減した分だけ、租税収入も半減した。その不足分を補塡するために、貿易に力を注ぐようになった。ある意味では南宋は、東アジア貿易圏の中心だったのである。

この時期の日本の通貨は、南宋から輸入された宋銭だった。産金国だった日本は、金を南宋に輸出して、銅銭を輸入したのである。それも、かなりに大量だったらしい。仁治三年（一二四二）七月、京都の公卿西園寺公経《さいおんじきんつね》が派遣した船が、南宋から銅銭十万貫を持ち帰ったと、『民経記《みんけいき》』に記されている。

日本が南宋から大量の銅銭を輸入していたとき、南宋は大量の金を日本から獲得していた。当時、日本では金一に対して銀は五前後だったが、南宋では銀十三ほどだったらしい。

このような金銀の比率の相違からも、南宋には大量の金が日本から入ったのである。ほぼ同じ頃、マルコ・ポーロが『東方見聞録』において、日本を「黄金の国ジパング」として紹介したのは、このような情況からのものだった。

日本と貿易を行なう一方、南宋は東南アジアの諸国とも、貿易を行なっていた。いわゆる南海貿易で、南宋は主に米などを輸入していたらしい。その対価となったのが、日本から輸入した金だった。この時期の南宋は、日本や東南アジア諸国との南海貿易の結節点の位置を占めて、経済的には充分に繁栄していたのである。南宋の孤立化を図った蒙古帝国による南宋包囲作戦は、まったく効力を発していなかったことになる。

正元元年の南宋総攻撃の失敗を眼前にしたクビライは、もちろん、その敗因を悟った。当然、クビライが次に打つべき手は、日本に向けられることになる。日本を征服するか、征服しないまでも南宋との貿易をやめさせるか、どちらかがクビライのなすべきことであった。

六波羅探題の兄

なんども繰り返すようだが、北条氏得宗家の代替わりのさいには、必ず事件が起こる。少なくともいままでは、いつもそうだった。

時政から義時への代替わりには、牧ノ方の陰謀事件があった。義時から泰時へというときには、伊賀ノ方の事件があった。そして泰時から孫の経時へというときには、名越流北条朝時の動きに、なにやら不穏な気配があった。さらに経時から弟の時頼への代替わりには、直後に宮騒動という事件が起こり、これが尾を引いて翌年に三浦合戦があった。このように振り返ってみると、とにかく得宗家の代替わりには、必ず事件が起こっている。

そしていま、北条時頼が死んで、次男の太郎時宗が家督を嗣立した。ときに時宗は、まだ十三歳でしかない。なにも起こらなかったら、かえって不思議なくらいである。

しかし、なにごとも起こらなかった。執権は従前通りに極楽寺流北条長時、連署も前々からの北条政村、小侍所別当も以前の通りに金沢流北条実時、そして当の北条時宗も、時頼が生きていたときと同じ小侍所の所司だった。鎌倉の幕閣の体制は、時頼が生きていた時期と同じで、なんの変化もなかった。とにかく天下は泰平だった。

時頼が執権を辞して出家したとき、すでに時宗への代替わりが済んでいたからかも知れない。時頼が、出家したあとも厳然と目を光らせていたせいかも知れない。いずれにしても時頼が死んでも、鎌倉の幕閣にはなんの変化もなかった。事件らしい事件は、ついに起こらなかったのである。

しかし、本当になにも起こらなかったのだろうか。注意してみると、不審な気配が、まったく無いわけでもない。『吾妻鏡』に、時頼が死んだ年の翌年である文永元年（一二六四）の記事が、すっぽり抜けているのは、その一例である。

やはり、なにかが起こっていたのかも知れない。しかし未然のうちに抑えられて、大事には到らず、幕閣の重臣たちによってひた隠しにされたということだったのだろうか。時頼が死んでも、一見、世上は平穏だった。そして年も改まって、やがて文永元年となった。

そして四月二十九日、六代将軍宗尊親王に一子が生まれた。のちの惟康王である。生母は近衛兼経の娘宰子、時頼の猶子となった女性である。ときに宰子の枕頭にあったのは、松殿僧正良基だった。御験者《げんざ》として、安産の祈禱を行なっていたのである。ちなみに良基の祖父は、源平合戦の頃、後白河法皇と組んで反平氏の陰謀を謀った松殿流藤原基房である。

五月三日、一番引付の頭人だった大仏流北条朝直が死んだ。五十九歳だった。義時の弟時房の四男で、北条一族では元老格の存在であった。

六月十六日、二番引付の頭人だった名越流北条時章が一番頭人に、三番頭人だった金沢実時が二番頭人に、そして平の評定衆だった安達泰盛が、三番頭人に昇格した。

順送りの人事を指揮したのは、執権の長時だった。ところが直後、長時は病に倒れた。三十五歳という若さだったが、しだいに病は重くなった。そして七月三日、執権を辞して出家した。法名は専阿《せんあ》。その二日後の七月五日、鎌倉に天変が生じた。寅ノ刻（午前四時）、東北東の方向に、一丈余の尾を曳く彗星が現われ、これが十日余も続いたのである。

「なにごとも起こらねばよいが」

世上の人々は、みな心中に怖れを抱いた。彗星というのは、悪いことの起こる前兆だと、一般に信じられていたからである。

八月十一日、長時が辞任した執権の後任に、いままで連署だった政村が就任した。ときに政村は、ちょうど六十歳だった。北条一門中での元老格の存在であり、また老練の政治家でもあり、さらにはいままで次席の執権でもあったのだから、幕閣の誰もが納得する昇格だった。

しかし政村が執権に昇格したあと、欠員となった連署に北条時宗が就任したことは、どのように世上から見られただろうか。とにかく、時宗はこのとき十四歳でしかなかったのである。これを危ぶむ者があっても、不思議ではない。

すでに得宗専制は成立しており、時宗は北条氏本宗家の家督である得宗を嗣立していたのだから、これで当然と思われただろうか。たとえば時宗の兄にあたる時輔などは、どう感じていただろうか。得宗という地位を時輔が嗣立しても、なんら不思議はなかったのである。

直後の八月二十一日、前執権の長時が死んだ。一月余に及ぶ闘病の結果だった。三十五歳という若さだったことは、多くの人の同情を呼んだ。幕閣の中枢は大きく転換した。いままでは若き執権長時を、老練な政村が連署として補佐してきた。その体制が、いま逆転したのである。

政務に熟達している老練な執権政村を、若年未熟な時宗が、連署としてうまく補佐することができるだろうか。このような危惧を抱く者も、少なくなかったに違いない。

しかし他方では、時宗が執権政村の下で連署に就任したのは、時宗が政務の実際を政村から教習するためだと、解釈するむきもあった。時宗が、やがては執権に就任するものと、世上から認められていたからである。新人事があってから、鎌倉中には不穏な気配が漂っていたらしい。東北東の彗星が永く続いたことも、原因の一つだったかも知れない。

不穏な気配が続いて異常な高ぶりになりつつあった十月、追加の新人事が発令された。意外なことに時宗の兄三郎時輔が、六波羅探題南方《みなみかた》に起用されたのである。

かつて頼朝が鎌倉から出張所というかたちで京都に差遣した京都守護は、承久ノ乱後、六波羅探題という職名で責務も拡大された。通常は北方《きたかた》と南方との二人制であり、ともに北条一門から選任されたが、南方より北方が上位にあった。

六波羅探題の北方は、ほぼ常置の職であった。新旧交替の人事などのさい空席になることはあったが、それはきわめて短期間だった。それどころか反対に、旧探題と新任の探題とが、ときには一日か二日の間、重複することさえあった。

寛喜二年(一二三〇)三月、重時が北方に就任してから、北方探題はその子長時、その弟時茂と、極楽寺流北条氏が就任していた。文永年間(一二六四―七四)には、六波羅探題北方は極楽寺流が就任する役職とさえ、世上では思われていたかも知れない。

これと正反対だったのが、六波羅探題の南方だった。仁治三年(一二四二)五月十二日、佐介流北条時盛が辞任してから以降の二十三年間、南方は欠員のままだったのである。まるで南方探題がいなくても、六波羅府の政務には、なんの支障もないと言わんばかりだった。

そのような六波羅探題の南方に、二十三年ぶりに任じられたのが、北条時輔だったのである。北条一門の本宗である得宗家の一員である時輔が、庶家である極楽寺流よりも下位に置かれたとも見える。また六波羅探題北方に在任している極楽寺流の時茂から、時輔が監視されることになったとも、世上は考えたかも知れない。

明確なのは、次男でありながら得宗家の家督を嗣ぎ、次いで幕府の連署にも就任した弟の時宗から、兄時輔は目の上の瘤として疎まれ、遠く京都の閑職に追いやられたということである。そのためだろうか、時輔が六波羅探題南方に発令された月日、および時輔が南方に就任した月日などは、諸本に異同が多くて判然としない。

『鎌倉年代記』には「文永元年十月、六波羅探題となる」とあり、『鎌倉大日記』にも、「十月九日、入洛」とある。しかし『武家年代記』と『将軍執権次第』とには、「十一月九日、入洛」とある。察するに、時輔は僅かな麾下の兵と、ひっそりと入洛したのであろう。

時輔は上洛して、六波羅探題南方の職に着任したが、探題としての執務も、きわめて屈辱的なものだった。そのような情況を如実に示しているのは、文永二年（一二六五）三月二日、六波羅探題北方の時茂と南方の時輔とが連署して、尾張守二階堂行有に宛てて発した「六波羅御教書《みきょうじょ》」の末尾部分である（『鎌倉遺文』九二二七号）。

文永二年三月二日、平（時輔）（裏花押）

左近将監（時茂）（花押）

尾張守殿

まず注目されるのは、時輔が署判している位置が、年月日の直下だということである。これは「日下署判《にっか》」と呼ばれて、謙譲の態度を示すとされている。

宛所《あてどころ》の行有は尾張守で、連署している時茂は左近将監だから、ともに朝廷から官位を与えられている身分である。これに比して時輔は、まだ無位無官だったのだから、日下署判するのも当然と言える。ちなみに弟の時宗は、弘長元年（一二六一）十二月二十二日に、すでに十一歳で左馬権頭に任官して従五位下に叙爵し、文永二年正月五日には従五位上、同三十日には但馬権守を兼任し、さらに同三月二十八日には、相模守に昇任している。しかし、三歳も年長の時輔は、まだ無位にして無官だったのである。

時輔の署判は、たんに日下というだけではなかった。「裏花押」と呼ばれる書式、つまり文書の裏面になされていたのである。これは謙譲というよりは、むしろ卑下していると言うべきものだった。行有や時茂に対して、

「私は貴殿方の署判と同じ表面に署判できるほどの者ではありません」と言っているわけで、きわめて卑屈な屈辱的なものだった。これが、京都での時輔の立場だったのである。

後嵯峨上皇を首班とする京都朝廷も、さすがに見兼ねたのか、直後の文永二年四月二十一日、時輔は叙爵して従五位下になり、同日、式部丞に任じられている。もちろん鎌倉にいた時宗たちが、認めた上での叙爵と任官だっただろう。六波羅探題というのは、京都朝廷に対して幕府を代表する役職だった。それが無位無官では、鎌倉幕府の体面にかかわると、時宗たちは考えたのかも知れない。

直後の同五月十日、執権政村と連署時宗とは、六波羅両探題に御教書を書き送った。その文面には、時輔は明らかに「相模式部大夫殿」と記されている（『鎌倉遺文』九二九二号）。「相模」というのは父時頼が相模守だったことを示し、「式部」は時輔の現任の官職が式部丞であることを示し、「大夫」は五位の位階を持つ者の通称である。明らかに時宗は、兄時輔の叙爵と任官を承認していたことになる。

ところが同十月五日、おかしなことに、六波羅探題という立場で発した御教書に、時輔は「散《さん》位《に》」と署判したのである（『鎌倉遺文』九三六三号）。「散位」というのは、位階はあるが、官職はないということである。四月二十一日ないし五月十日より以降、十月五日までの間に、時輔は式部丞ではなくなっていたということになる。自主的に辞任したのか、辞任するように強制されたのか、それとも官職を剝奪されたのか、その間の事情は、まったく判らない。

以降の時輔は、死ぬまで六波羅探題の南方だった。その間、十余通の御教書を残している。しかし時輔の署判は、いつも「散位」か「平散位」だった。死ぬまで無官だったのである。

さらに、奇妙なことには、鎌倉の時宗が京都の時輔に宛てて発した御教書は、つねに宛名が「相模式部大夫殿」だったのである。まるで時宗は、時輔の式部丞辞任を認めてはいないかのようだった。この頃から以降、つねに時輔は「散位」と自署して、自分が無官であることを他に顕示し続ける。これに対して時宗は、最後まで時輔を「相模式部大夫殿」と書いて、時輔の辞任を認めないという態度を取り続ける。

双方ともに、意固地になっているかのようだった。なにがあったのだろうか。

この間の事情について、鎌倉幕府の半公的記録である『吾妻鏡』は、完全に沈黙を守っている。それどころか時頼の死後、『吾妻鏡』に時輔は一度も登場しない。六波羅探題として時輔が鎌倉になにかを報告しても、『吾妻鏡』は完全にそれを黙殺したのである。

なにかが、あったのである。対立と反目、あるいは時輔が拗ねたのか、とにかく、なにかが、起こっていた。

十五歳の連署

弘長四年（文永元、一二六四）元旦は、誰が垸飯役を務めたか、まったく判らない。前述したように、この一年間の記事は、『吾妻鏡』に欠落しているからである。

すでに得宗専制が成立しているいま、本来ならば得宗時宗が務めるべきだった。しかし時宗は、務めなかったと思われる。前年に父時頼が死んで、服喪中だったからである。

文永二年（一二六五）の元旦には、時宗が垸飯役を務めている。幕府の連署でありながら、執権政村をさしおいて、幕閣で第一番の重要人物であることを、幕府の内外に闡明《せんめい》したのである。

ときに時宗は、わずか十五歳でしかなかった。その元旦は、事前に天文道の博士から、

「その日、日蝕あるべし」

と、予言されていた。しかし実際には、前夜から雨が降り続いていたので、ついに日蝕は正現しなかった。だが、将軍宗尊親王は、垸飯の席には現われなかった。

「正現はせずとも、今日は日蝕の日なり。将軍家の御尊体を露わにされれば、必ずや不吉の事あるべし」

と、将軍側近の京下りの公卿たちが、将軍の出席を押し留めたらしい。

それでも垸飯は強行された。将軍の出席なしでも、時宗たち幕閣の要人たちは、押して執り行なったのである。

「正月三ヶ日の垸飯は、右大将家（頼朝）の御時より以来、幕府恒例の公式行事たるなり。たかが正現もせぬ日蝕の故に、かほどの儀式を棄破せらるべからず」

時宗たちは、このように考えたのである。この勢いに押されたのか、将軍側近の大納言土御門顕方は、

「麿は、必ずや垸飯に出席せん」

と言ってきた。そして用意だけはしたらしいが、結局は出席しなかった。こうして文永二年という年は、元旦早々から、少しばかり荒れたことになる。そして幕閣に微妙な対立が存在することを、世上に露呈してしまったのである。将軍宗尊親王を囲繞《いにょう》する京下りの公卿たちと、時宗を中心とする東国武士たちとの対立である。

垸飯というのは、家臣が忠節を誓うという意味で主君に酒肴を献上し、これを受け取った主君が側近たちと酒宴を開くことで、通常は正月の三ヶ日に行なわれる。だから時宗は幕府御家人を

代表して、この日、将軍に酒肴を献上しようとしたのである。ところが当の将軍が欠席したのである。時宗は、誰に対して酒肴を献上したのだろうか。この日の垸飯は、きわめて面妖なものになったに違いない。いずれにしても文永二年は、不穏な情況で始まった。

正月五日の亥ノ刻（午後十時）、早馬が鎌倉に走り込んだ。六波羅探題からの急報だった。北方の時茂と新任の南方時輔とが、連署して発した使者だった。

「比叡山延暦寺と三井寺との間に争論あり。近々、両寺の僧兵ら、激突の気配あり。対応の策、御指示を仰ぐ」

もともとから仲の悪い両寺が、またまた問題を起こしたのである。ともに三千と号する僧兵を擁しているから、これが戦端を切って落とせば大変なことになる。一方、京都の治安維持を任とする六波羅探題府には、常駐の兵力は数百騎ほどしかない。両寺の僧兵が激突すれば、手の打ちようはない。だから両探題は、幕府の指示を仰いできたのである。

翌日の早朝、臨時の評定衆の会議が開かれた。あまりに突然のことだったので、参集できなかった者もある。『吾妻鏡』によると、出席したのは次の人々だった。

執権	北条政村	
連署	北条時宗	
評定衆	名越流北条時章	一番引付頭
〃	金沢流北条実時	二番引付頭
〃	安達泰盛	三番引付頭
〃	二階堂行義　法名道空	
〃	中原師連	

〃　少武景頼　法名心蓮
〃　伊賀時家　法名道円
〃　三善倫長
〃　太田康有　問注所執事

出席できなかった評定衆は、二階堂行泰、同行綱、同行忠の三人だったが、三人が欠席したまま会議は開かれた。たまたま出仕していた佐藤業連が決定事項を手筆し将軍の上覧を得るや、回答書を懐中した使者は、すぐに京都に向かって馬を飛ばした。

このとき、時宗ら幕閣の首脳陣がどのように六波羅探題に指示したのかは、まったく判らない。とにかく延暦寺と三井寺との間で、この年には合戦は起こらなかったらしいから、それなりに幕府の指示が役に立ったものと思われる。問題は後日に起こった。

「毎年、最初に開かれる評定衆の会議は、『評定始』という幕府恒例の公式行事なり。そのさいには、みな布衣《ほい》（式服）を着し、酒宴あるを常とす。しかるに先日の評定衆の会議には、みなみな布衣を着せず。また恒例の酒宴もなし。されば先日の会議は、『評定始』とは見倣し難し。よって恒例の『評定始』を、さらに他日に正式に行なわるべし」

いかにも形式を重んずる公卿の意見だった。誰が言い出したかは判然としないが、もちろん将軍宗尊親王を囲繞する公卿たちのなかから、言い出されたものと思われる。

時宗たち鎌倉武士は、形式よりも実質を重んずる。また質実剛健を旨とする風は、時頼の時期より以降、いや頼朝の時代から以降、幕府の鉄則でもある。

「布衣を着て儀式を行ない、さらに幕府の支出で酒宴を開こう」

このような宗尊親王側近の意見は、時宗たちには舌打ちしたくなるようなものだった。

「まるで駄々っ児みたいだ」

と苦笑して、幕閣の要人たちは顔を見合わせたかも知れない。いずれにしても同十二日、正式な「評定始」が、例年のようにきちんと行なわれた。評定衆たちは布衣を着て参列し、いつものように酒肴も用意された。

将軍たちの言い分が、通ったのである。側近の公卿たちは、さぞ満足したに違いない。時宗たちは、ヤンチャな公卿たちと事を構えるのを避けたのである。これで一件は、ひとまず落着した。しかし続いて同十四日、将軍の駄々っ児ぶりが、またも繰り返された。

前日に予定されていた「御鞠始」は、当日、風が激しかったので中止となった。だから日を改めて、正式の「御鞠始」をやりたいというのである。正式な「御鞠始」には、事後に酒肴が供されることになっていた。それが将軍たちの狙いだったとすると、官費で呑みたがるどこかの役人と同じである。

将軍と側近公卿たちの駄々っ児ぶりには、時宗たち幕閣の要人たちは、ただ苦笑するばかりだっただろう。正式な「御鞠始」は、やはり行なわれている。その「御鞠始」には、時宗たち北条一門や評定衆の面々は出席していない。時宗は幕府政所の雑色たちに命じて、その支度をさせただけだった。

その「御鞠始」に出席した人々の交名（名簿）が、時宗のもとに提出された。なに気なく手にした時宗の目は、そのうちの一点に釘付けになった。名越流北条教時の名が、その交名に記されていたのである。名越流北条氏は、義時の次男朝時（泰時の弟）から始まる。祖父時政の鎌倉名越館を伝領したこともあって、自流が北条一門の本宗であるとの気概を持ち、しばしば本当の本宗である得宗家と対立している。

寛元四年（一二四六）の宮騒動では、長男光時と四男時幸の二人は、前将軍九条頼経の陰謀に加担し、事件後、光時は伊豆国江間郷（伊豆長岡町江間）に配流され、時幸は自刃を強いられたらしい。

このとき時章、時長、時兼の三人は、「我れら、陰謀に加担せることなし」と時頼に申し出て、これが認められている。教時は年少でもあったので、最初から陰謀加担の嫌疑を受けてはいない。

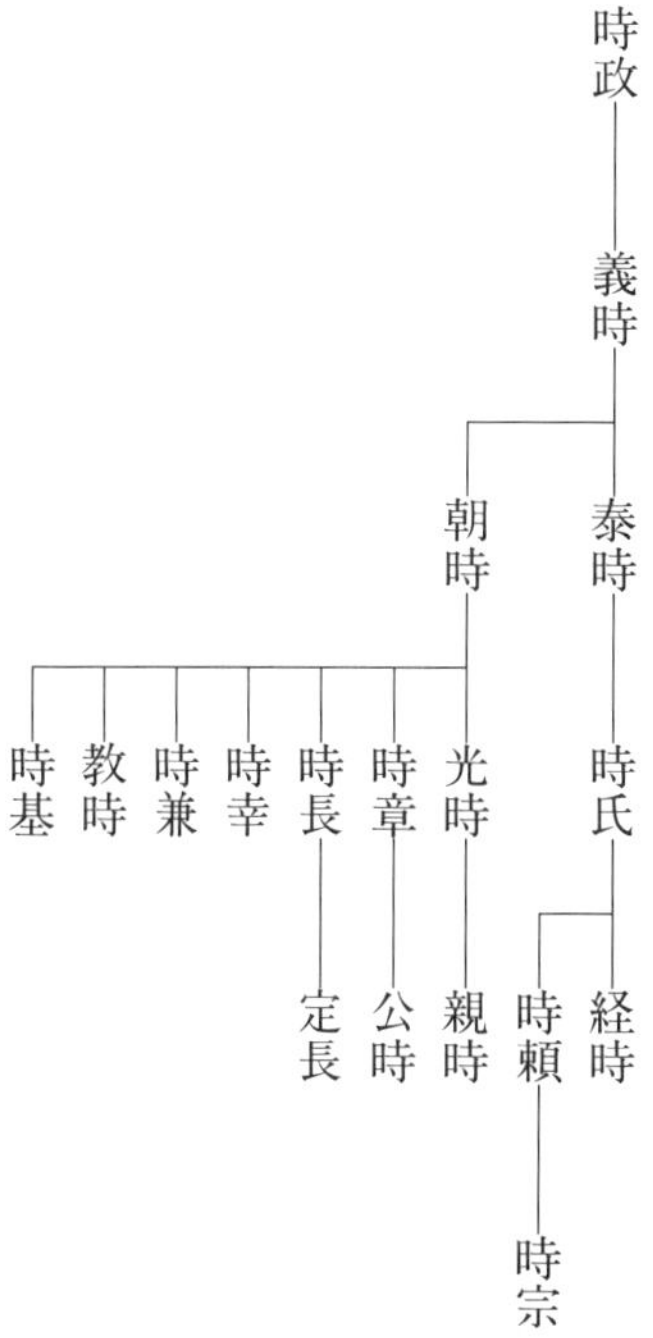

名越流は、宮騒動で大打撃を受けて勢力を失墜した。以降、得宗家に対して柔順になったのはもちろんである。そのため名越流は、しだいに勢力を回復しつつあった。時章は三浦合戦直後に評定衆に任ぜられ、建長三年（一二五一）六月には、三番引付頭人になっている。そして肥後、筑後、大隅、能登など、四か国の守護も兼任している。この間、将軍に近侍するような疑惑を招

く振舞いは、まったくなかった。

気になるのは、弟の教時だった。建長四年（一二五二）四月一日、京都から宗尊親王が下ってきたとき、教時は片瀬まで出迎えにいき、直後の同三日に将軍御所の御格子番に任じられてから、宗尊親王に近侍することが多くなったのである。将軍御所での所役に従うことも、また多かった。御格子番、昼番衆、廂番などのほか、建長五年三月には御鞠衆に任じられ、弘長三年（一二六三）正月十日には、鞠奉行にも任じられている。

いずれの所役も、将軍宗尊親王が任じたものだった。康元元年（一二五六）元旦には刑部少輔に任じ、弘長三年元旦には中務権大輔に昇任しているが、ともに将軍が京都朝廷に推挙したものだった。教時がいまある地位は、ほぼすべて将軍のお蔭だった。得宗家から受けたものは、正嘉元年（一二五七）閏三月二日、引付衆に任じられたことくらいで、守護職は一つも与えられていない。

このように見てくると、教時が将軍に恩を感ずるのは当然だし、それと同じ程度に得宗家に怨みを抱いたとしても、不思議ではない。その教時が、時宗らが出席しなかった「御鞠始」に、出席していたのである。将軍の鞠奉行だったから当然とも言えようが、どうもそれだけではないようである。「御鞠始」の出席者の交名中に教時の名を見た時宗が、その場で考えたのは、このようなことだったらしい。とにかく教時を、自分の側に引き付けておかねばならない。

同年六月十一日、いままで引付衆だった教時は、評定衆に登用された。もちろん時宗が、指名したのである。しかし、この程度のことで、教時の心を得宗家の側に引き止めておけるものか否か、いささか心許ないようではあった。

執権政村、連署時宗の二人が、注意を払わなければならなかったのは、将軍宗尊親王や側近のことばかりではなかった。お膝元の鎌倉の市政にも、充分な注意が必要だった。

そして文永二年三月五日、次のような法令が、執権・連署二人の名で発令された。

近年、鎌倉中の各地に、町屋が散在せり。まことに不当なり。よって次の七ヵ所にのみ、町屋の営を免許す。

大町、小町、魚町、穀町、武蔵大路下、須地賀江橋、大倉ノ辻

付けたり(付記) 家の前の大路を掘り上げて屋を造ること、固く停止のこと。

鎌倉で商業が発展してきて、各地に町屋(商店街)が簇出《そうしゅつ》してきた。これを政村、時宗らは、七ヵ所に制限したのである。町屋制限令は、建長三年(一二五一)十二月三日、すでに時頼も発令している。そのときに免許されたのは、次の七ヵ所だった。

大町、小町、米町、亀ガ谷ノ辻、和賀江、大倉ノ辻、気和飛坂山上

建長令でも文永令でも、免許された町屋は、ともに七ヵ所だった。しかし、若干の入れ替わりがある。建長令で免許されていた七ヵ所のうち、亀ガ谷ノ辻、和賀江、気和飛坂山上の三ヵ所は、文永令では免許されてはいない。事実上、町屋としては、禁止されたことになる。

建長令、文永令の両令で町屋経営が免許されている四ヵ所のうち、大町、小町、米町(穀町)の三ヵ所は、いわゆる大町四ッ角の周辺に位置している。

西方からの長谷小路と、これに続いている大町大路とは、奈良時代からの官道である東海道だった。だから一定の集落は、早くから成立していたかも知れない。また大町四ッ角を中心とした地域は、地形的に平地で、商品の搬入などにも便利だった。また小町大路と大町大路とが交叉している上に、近くには若宮大路や車大路もあった。さらに商業を阻害しかねない武家屋敷は、この地域の北に多かった。

このような歴史的、地理的、社会的な好条件に恵まれて、大町四ッ角を中心とした地域は、建長令、文永令の両令で町屋経営が免許され、鎌倉中の商業の中心地だったのである。建長令では免許されていなかったが、文永令で新しく免許されたのは、魚町、武蔵大路下、須地賀江橋の三ヵ所である。

魚町は大町四ッ角から以南の小町大路、武蔵大路下は武蔵大路の南半部分のことで、多分、裁許橋から六地蔵までの地である。須地賀江橋は筋違橋のことで、東の橋詰付近であろう。

全体として、鎌倉中の外周部から中心部へと、町屋が移りつつあることが感じられる。また文永令で、「家の前の大路を掘り上げて、屋を造ること」が、禁じられていることにも、注目される。最近、主に鎌倉の南半分の地で発見される半地下式の方形竪穴建築址は、かつての町屋の名残りだろう。

三月二十八日、時宗は相模守に任じられた。さきに京官である左馬権頭に任じられていたから、これは兼任ということになる。時宗の正式な官位は、従五位上左馬権頭兼相模守ということになったのである。

相模守という官職は、鎌倉では特別の意味がある。いままで相模守になったのは、義時、時房、重時、時頼、政村の五人で、いずれも執権あるいは連署に就任している。これ以降にも執権あるいは連署になると、相模守になることが多い。こうして鎌倉時代の中期から以降、相模守というのは執権の代名詞のようになっていく。その相模守に、時宗は任官したのである。まさに鎌倉幕府を代表する人物であると、内外に闡明したことになる。

前述したように時輔も朝官に任じられて、従五位下の式部丞になるが、それは時宗が相模守に昇任してから約一か月後の四月二十一日のことであった。時宗にしてみれば、兄時輔を六波羅探題に任じたら、早晩、従五位下の位階を与え、朝官に任じさせなければならない。とすれば、それよりも先に、自分が時輔よりも上位の朝官に就任しておく必要があったのである。以降も時宗は、より高位に昇っていく。しかし時輔の官位は、死ぬまで従五位下の式部丞のままで、それより以上に昇進することはなかった。

ところで、文永二年元旦の垸飯が、将軍欠席のままに強行されたことも、続く「御鞠始」に今度は政村や時宗たちが欠席したことも、すでに述べてある。将軍宗尊親王やその側近たちと、得宗時宗を中心とする幕閣の要人たちとの間に、いささかの隙間が生じていたのである。そのような幕閣の様子は、すぐに御家人たちに看取されたらしい。三月、四月となった頃、しだいに反応が現われてきた。将軍御所に出仕する御家人が、だんだんと減ってきたのである。

御所に出仕すると、将軍側に加担するのだと思われて、時宗たちに睨まれるかも知れない。そのような怖れを感じた御家人が、多かったのであろう。このような情況を知った時宗は、閏四月二十日、小侍所別当の金沢実時に書状を書き送った。

「最近、将軍御所、無人との由、その聞こえあり。こと実たらば、もっとも不当なり。よって向後、所役の番たりながら不参せる者あらば、その名を注進すべし。それなりの事情あらずんば、罪科に処せらるべし」

このことが知れわたると、将軍御所の所役を懈怠《けたい》する御家人は、まったくいなくなった。時宗にしても、幕府の諸機構は、整然と動いていなければならなかったのである。このとき時宗が、執権政村に相談することもせず、独断で実時に書状を発した点に注目される。まだ時宗は十五歳でしかなかったが、一定の政治的決断ができるまでにはなっていたのである。

ある意味では平穏だった文永二年だが、六月に入った頃、小さな事件が相次いで起こった。

最初は、六月三日だった。建長五年（一二五三）の六月三日、四十四歳で安達義景が死んでいる。その十三回忌の仏事が、源氏山南辺の無量寿院で行なわれた。鶴岡八幡宮別当の隆弁僧正を導師として、鎌倉では珍しい多宝塔も建立され、二階堂行綱、行忠兄弟や武藤景頼らも参列して、それなりに盛大な法会であった。

ところが夕方、車軸を流すような激しい夕立で、崖崩れが起こったのである。経供養の聴聞客のために建てられていた仮屋が流され、男女二人が源氏山南嶺から佐介ヶ谷に押し流された。二人とも半死半生だったが、幸いにして死にはしなかった。

直後の六月十一日、幕閣に人事異動があった。評定衆が三人増員されて十五人となり、引付衆が六人増員されて、総計で九人となったのである。かなり大幅な人事異動だった。それまで引付衆でしかなかった名越流北条教時が、評定衆に昇格したのは、このときのことだった。

引付制の廃止

鎌倉幕府を草創した源頼朝は、とにかく偉大な独裁者であった。

麾下に集まってきた武士たちを御家人（家臣）とし、その御家人たちと結んだ主従関係では、その頂点に立った主君であった。そのとき頼朝が有した権能は、主従制的支配権あるいは人間的支配権と言うことができよう。

一方、頼朝は御家人たちを自分の版図の守護や地頭に任じて、これらを通して自分の版図を統治した。このような権能は、統治権的支配権あるいは領域的支配権と呼ぶことができよう。頼朝は、このような二種の権能を、一身に具備していたのである。だからこそ頼朝は、独裁者たり得たのである。

ところが幕府の政治形態が、将軍独裁制から執権政治に移り、さらに得宗専制へと変質していくと、前述した二種の権能はしだいに分化していく。主従制的支配権は、もちろん将軍の持つ権能であった。将軍の歴代が四代九条頼経、五代九条頼嗣、そして六代宗尊親王と替わっても、いずれも幕府御家人たちの主君ではあった。

しかし統治権的支配権は、しだいに執権＝北条氏得宗家の権能になっていった。義時、泰時、経時、時頼と、代々の執権が幕政の実務を担当したことから、必然的に起こった現象だった。しかし、歴代の将軍は、当然のことながら、統治権的支配の権能も自分の手中に握りたくなる。いわゆる将軍の陰謀と呼ばれるもので、これは北条氏を打倒しなければ、成就するはずのないことだった。

一方、執権＝北条氏得宗家としては、将軍が政務に口出しすることは、自分が持つ権能が侵されることになるから、極力これを排除しようとすることになる。こうして歴代の将軍と執権＝北条氏得宗家とは、必然的に対立することになる。そしていままでは、つねに得宗家が勝ってきた。

寛元二年（一二四四）四月、経時は四代将軍九条頼経を退位させ、同四年七月、時頼は頼経を京都に追却した。

建長四年（一二五二）三月、時頼は五代将軍九条頼嗣を退位させ、同四月に頼嗣を京都に追却している。

そしていま文永二年には、六代将軍宗尊親王も、すでに二十四歳となった。十一歳で幕府の将軍になってから十二年余、この間に側近とも言うべき集団が、形成されていた。親王自身も、案外な自己主張を始めていた。元旦の埦飯や、これに続いた「御鞠始」などがそれである。

経時、時頼あるいは九条頼経、頼嗣のことを先例として、六代将軍宗尊親王を退位させ、そろそろ京都に追却すべきではないか。幸いなことに、去年の四月九日、惟康王が生まれている。宗尊親王の長男である。まだ二歳でしかないから、七代将軍に推戴しても、政務に口出ししてくるようなことはない。

また惟康王の生母宰子は、関白だった近衛兼経の娘だが、北条時頼の猶子にもなっている。仁治二年（一二四一）の生まれだから、建長三年（一二五一）生まれの時宗には、いわば義理の姉のような存在である。我が子惟康王が新将軍ということなら、なにも文句は言うまい。

たとえば文永二年正月、ちょっとした事件が重なって、宗尊親王やその側近たちの間に対立が生じたとき、時宗、政村たち北条一門の面々の脳裏に、そんなことがよぎったかも知れない。ところが実際には、そのような方向へは事態は進まなかった。文永二年の後半にさしかかった頃から、意外にも協調路線とも言うべき方向に、進んでいったのである。

より協調的だったのは、もちろん将軍の側だった。しきりと時宗たちに、接触してきたのである。最初は六月二十三日だった。将軍宗尊親王が、山ノ内の最明寺亭を訪れてきたのである。

かつて時頼が執権を辞して出家したとき、山ノ内本郷（いま北鎌倉）にあった山荘の持仏堂を、やや拡大して寺院とした。これが最明寺である。いまの明月谷に比定される。残りの居住用の山荘は、最明寺に付属しているからというので、以降「最明寺亭」と呼ばれるようになった。時頼没後には時宗が伝領して、やはり山荘として用いていた。

その最明寺亭を、宗尊親王が親しく訪れてきたのである。将軍の御入来だから、時宗にとっては至極の名誉である。供奉人はきわめて多く、騎馬の者が二十八人、徒歩の者が十六人だった。前大納言の土御門顕方や中御門少将公仲のような公卿のほか、時房流北条氏の時広、清時、宗房や、教時、公時などの名越流北条氏などの姿も、そのなかに見えた。将軍のお成りを迎えた時宗は、寝殿で酒宴を開いて接待した。酒肴を調えたのは、政村、実時のほか、准北条一門ともいうべき安達泰盛であった。

七月十日、今度は将軍室の宰子が、時宗の弟宗政館に入った。御産が近々だというので、宗政館を御産所にしたのである。なお宗政館の所在地は、明らかではない。

続いて七月十六日の夕刻、前触れもなく、将軍が政村の小町亭を訪れた。いまの宝戒寺である。文永二年の後半期には、時宗は若宮大路の東側北端の「執権館」に住み、明月谷の「最明寺亭」を山荘としていたらしい。そして執権政村は小町亭に住み、常盤館を山荘として用いていたらしい。もともとは小町亭に住んでいた時宗が、いつ小町亭を政村に空け渡して、自分が「執権館」に移り住むようになったのか、判然とはしない。

仮説だけは、二種たてることができる。文永元年八月十一日、執権政村、連署時宗という体制が成立したときか、あるいは文永二年三月二十八日、時宗が相模守に任官した直後かである。いずれにしても文永二年七月十六日、宗尊親王は、政村の小町亭を訪れた。土御門顕方などの公卿や、教時、業時、顕時などの北条一門のほか、十数人の御家人が供奉した。

突然の将軍のお成りだったが、政村は冷静だった。作法通りに庭に跪いて将軍一行を出迎え、出居に案内すると、一行がそれぞれの席に坐するや否や、間髪も入れずに酒肴の膳を全員の前に供えたのである。

鎌倉時代の酒は、白濁した濁り酒である。まだ防腐剤は入っていないから、造ると数日で酢になってしまう。だから酒が必要だと事前に判っていると、これに合わせて造酒するのが通常だった。ところが、将軍のお成りは突然だった。当然、前もって支度するなど、できたはずはない。

それなのに政村は、すぐに、しかも全員の前に酒肴の膳を供えたのである。どうして、こんなことができたのだろうか。

将軍が政村館を突然に訪れるということを知った安達泰盛は、あわてふためいた。親しい間柄にあった政村が、狼狽しているものと察したからである。だが泰盛には、政村の急場を助けられない。泰盛館にも、酒の支度はなかったからである。

「せめて、これだけでも……」

そんな気持ちからだっただろう。泰盛は砂金百両に鞍置き馬一疋を、政村館に送り届けた。せめて将軍への引出物だけでも、ということだったに違いない。将軍の突然のお成りは、それほどまでの急場に政村を追い込んだのである。ところが案に相違して、政村亭には大量の酒肴の用意があった。何故か。

実は、ことは簡単だった。この夜、政村の娘が時宗の弟宗政の許に輿入れすることになっていたのである。だから政村亭には、婚礼用の酒肴が充分に用意されていた。政村は、それを将軍用に転用しただけのことだった。しかし将軍一行は、このようなことはまったく知らなかった。だから、

「突然の将軍のお成りに、政村殿、さぞや狼狽せらるるか。当然のことながら、酒肴などの饗応は、よもやあるまじ」

と、いささか意地悪く考えていたらしい。ところが案に相違して、美酒佳肴が饗応されたので、驚くと同時に、政村への讃嘆の声が起こった。

「大名たる者の用意、まさに時の美談なり」

こうして政村に対する評価は、一度にぐっと上がった。

やがて戌ノ刻（午後八時）、政村の娘は予定通りに宗政館に向かった。出居では将軍一行が酒宴を開いていたので、花嫁行列は裏口から出た。この間、将軍一行の接待にあたっていた政村は、ついにその場を立たなかった。花嫁は父に挨拶することなく、花婿の許に向かったのである。新郎の宗政は、このとき十三歳だった。新婦の年齢は判らない。新婦の父政村は、ときに六十一歳だった。

将軍宗尊親王がとった態度が協調的だったのは、もちろんのことである。誰しも争いは好まないものだし、まして政村や時宗たちと争ったら、自分の側の方が不利だということは、親王もよく承知していたに違いない。しかし、政村亭を突然に訪れたことの狙いが、とにかく判らないのである。

政村を、将軍を饗応できない急場に追い込んで苛めるというのでは、あまりに子供っぽすぎる。恥を掻かせて笑い者にするというのが狙いだったとしても、それで将軍の立場が強まるものでもなかろう。まして政村に恥を掻かせたとしても、それは執権政村の怨みを買うだけのことである。ほかのことで将軍が協調的な態度に出ても、それではすべて無駄になってしまう。将軍の意図したことは判然とはしないが、とにかく政村は急場を凌ぐことはできた。

将軍宗尊親王の協調的な態度は、なおも続いた。直後の七月二十三日には、またも最明寺亭を訪れたのである。このときは事前に連絡があったので、時宗は充分に饗応することができた。

この夜、興を尽くした将軍は、最明寺亭に一泊している。もちろん時宗としては、

「かくもやあらんか」

と予想して、支度は充分にしてあったから、いささかの支障も生じなかった。

それどころか翌日には、さらに盛大な接待が行なわれた。最明寺亭の馬場で、相撲や競馬《くらべうま》も

行なわれ、山海の珍味を集めた宴会も開かれている。夕方になると、将軍は帰館していった。もちろん時宗は、砂金、鞍置き馬、鷹の羽など、充分すぎるほどの引出物を、将軍に献上している。また供奉人たちにも、それぞれに贈物をしている。

直後の八月五日、将軍が室家宰子の御産所、北条宗政館を訪れた。宰子が悪阻《つわり》などで苦しんでいたので、そのお見舞いである。ところが夫妻は、ほとんど会話も交わさず、将軍はあわただしいまでに急いで帰館したのである。将軍の室家見舞いは、まるで形式的なもので、まったく心が籠っていなかった。はたから見ても、将軍夫妻の仲は、あまり睦まじくはなさそうだった。

将軍室家宰子の鎌倉での実家は、北条得宗家である。故時頼の猶子になっていたから、時宗にとっては義理の姉のような立場にある。その宰子と将軍との仲が、あまりよくないらしいのである。このことは将軍の立場を、危険なものにしないだろうか。

八月十五日は、鶴岡八幡宮の放生会の日である。そして翌十六日には、境内での流鏑馬が予定されていた。ともに頼朝の頃から、代々の将軍が臨席するのが恒例となっている。ところが十五日、将軍は放生会に出席しなかった。

「将軍の御室家、御懐孕《かいよう》によってなり」

世上には、そのように触れ出された。

十五日の放生会と十六日の流鏑馬とは、いわば一対のものである。だから、放生会に将軍が欠席ならば流鏑馬にも欠席だろう、御家人たちはみなそう思った。

「さすれば我れら、供奉参列の用なし」

そう思った御家人たちは、通常では流鏑馬見物のために組む桟敷を、今回は組まなかった。それなりに諸経費の節約にもなる。

鶴岡八幡宮を東西する流鏑馬道で、流鏑馬は行なわれる。その流鏑馬道の西端を南北する馬場小路を越えた流鏑馬道の突きあたりに、例年だと将軍用の桟敷が組まれる。

流鏑馬の射手に選ばれた御家人は、まず自分の乗馬を引いて将軍の桟敷の前に現われ、将軍に一礼した後、流鏑馬道を西から東にしずしずと歩み、道の東端で乗馬するや西に向かって馬を疾駆させながら、途中の的に向かって三本の矢を射る。

将軍の桟敷からは、自分に向かって疾駆してくる射手を、正面から見ることができる。その将軍の桟敷の南隣と北隣とに、執権、連署の桟敷が組まれ、その背後や周囲に一般御家人の桟敷が組まれるのが通例である。

しかし今年は、将軍の桟敷は組まれず、得宗北条時宗の桟敷だけが組まれた。将軍の代官として、時宗が臨席することになったからである。時宗の桟敷は、例年よりは間口を広くとって、七間（十二・六メートル）の幅だった。将軍は欠席すると思われたから、その分だけ間口を広くしたのである。

ところが当日になると、欠席とばかり思われていた将軍が、密々に時宗の桟敷に現われたのである。微行してまでも、将軍は流鏑馬が見たかったのだ。実時の子の金沢流北条顕時、重時の子の極楽寺流北条業時、名越流北条教時など、十数人が供奉していた。

こうして、事態は妙なことになった。

射手の勝負の判定や行賞などは、本来は将軍の所務である。しかし将軍は公式には欠席なのだから、代官として時宗が行なわねばならない。しかし現実に臨席している将軍をさしおいて、将軍の所務を時宗が行なうのは、いかにも不自然である。時宗が当惑していると、老練な政村が代案を出した。

「射手の勝負の判定や禄物の賜与など、鶴岡八幡宮の神官ら、これを行なうべし」

この一言で、時宗は急場を救われた。流鏑馬神事の儀式関係は、すべて神官たちがやることになったのである。ときに時宗は、まだ十五歳でしかなかった。諸事に経験不足だったから、将軍を眼前にしていながら、将軍不在を装ってその代官を演ずるような不敵なことは、まだできなかったのである。当日の流鏑馬は、なんとか無事に終了した。しかし収まらない気分が、政村や時宗たちには残った。

「将軍は、御室家の御懐孕を口実として放生会を御欠席されながら、流鏑馬に密々に御臨席なり。いかにも将軍は、自専我儘なり。流鏑馬は、風流《ふりゅう》の遊びにはあらず、武芸なり、神事なり。軽《きょう》忽《こつ》の儀、あるべからざるなり」

時宗たちの怒りの矢は、将軍の側近たちにも向けられた。

「かくの如きの将軍の我儘、お側近きの面々、いかにしてお留めなさざるか。これ、もっとももって不便のことなり」

時宗たちの怒りは、しこりとなって残った。

それから約一か月ほど経った九月二十一日、将軍室家の宰子は、無事に女子を出産した。安産を祈って枕頭にあった験者は、惟康王が生まれたときと同様、松殿僧正良基だった。

生まれたばかりの女子は、倫子《りんし》（掄子とも）と名付けられた。長じて大覚寺統の亀山天皇の後宮に入り、次いでその子後宇多天皇の後宮に入った倫子女王は、この人である。

直後の十月五日、六波羅探題は、一通の御教書を発した。時輔が「散位」と署名したのは、このときである。

そして十一月に入った頃、八月十六日の流鏑馬事件の影響が見られた。将軍の身のまわりの世話をする小侍所で、人事の交代が行なわれたのである。新しく別当になったのは、時宗の弟の左近大夫将監宗政。副長官にあたる所司には、極楽寺流北条重時の七男、弾正少弼業時が就任した。こうして将軍の行動のすべてが、時宗の厳しい看視の下に置かれることになり、それからしばらくの間、将軍はおとなしくなった。

そして年が改まって、文永三年（一二六六）となった。その元旦の戊ノ刻（午後八時）、鎌倉の西方の空に、彗星が現われた。不吉の前兆である。諸人がおののいて騒ぎまわった。しかし幕閣には、騒ぎはなかった。いつになく将軍が素直だったのである。おかげで元旦の垸飯や御弓始なども、恒例の通りだった。

正月十三日の御鞠始だけは、やや違例だった。将軍の蚊触《かぶれ》によって、延期になったのである。同十七日に予定されていた鶴岡八幡宮への初詣も、同じ事情で延期になった。しかし同三十日、病気が回復した将軍は、同宮への初詣を果たしている。

とにかく将軍は素直に、将軍のなすべきことを、真面目にきちんと果たしていた。しかし時宗たちに油断はなかった。宗政、業時に監督される窮屈な立場を、いつまで将軍が我慢できるか判らないのだ。

二月一日の夜、不思議なことが起こった。泥の雨が降ったのである。もしかしたら中国大陸からの黄砂だったかも知れない。しかし人々には、とんでもない不吉の前兆と思われた。そして三月五日、またまた変異があった。李《すもも》ほどの大きさの雹《ひょう》が、鎌倉に降ったのである。

「春に降雹あれば、天下に兵乱が生じ、五穀が熟さず、人民は多く餓死すべし」

と、陰陽家たちは口をそろえて勘申《かんじん》した。

このことが世上に伝わると、人々はいよいよ混乱し、鎌倉中のここかしこで騒ぎが起こった。

政村、時宗たちは、自家の郎等たちばかりではなく、一般の御家人たちにも命じて、騒ぎを鎮めようと努めた。このような世上の混乱をよそに、将軍御所はひっそりと静まり返っていた。しかし将軍の側近たちは、やはり将軍を中心にして、なにごとかを密談しているようだった。

もちろん時宗たちには、将軍側近の面々の名は知れていた。

公卿　大納言土御門顕方、近衛中将一条能清、左兵衛督二条教定、
　近衛少将中御門公仲、刑部卿難波宗教、木工権頭藤原親家

高僧　宮内卿入道禅恵、左大臣法印厳恵

北条一門　評定衆名越教時、引付衆極楽寺義政、引付衆名越公時、
　引付衆大仏宣時、引付衆極楽寺業時

他氏の引付衆　二階堂行有、伊賀光政

北条一門のうち、将軍側近となっている者が五人もいた。そのうち四人までが引付衆だった。また北条一門ではないが、引付衆のうち二人までが将軍側近になっていた。引付衆は、全部で九人である。そのうち六人までが、将軍側近だった。まるで引付衆会議は、将軍派の巣窟のようだった。このような情況を見て、政村、時宗らは、なにごとか心に決するものがあったに違いない。

そして世上の混乱が鎮まってはいなかった三月六日の早暁、まだ明けやらぬ闇の中、将軍御所の裏門から、わずかな数の人影が、ひっそりと抜け出した。将軍の近侍、木工権頭親家である。内々の将軍の御使として、京都に向かったのである。

将軍が内々に京都に差遣した密使親家は、まさに将軍宗尊親王の腹心中の腹心だった。系統は藤原氏北家ではあったが、やや傍系の魚名《うおな》流だったので、親家の父親任は、従五位下加賀守が、昇り詰めた末の極位極官だった。しかし親家自身は、きわめて目端《めはし》が効いていた。早くから後嵯

峨院に仕えて上北面となり、後嵯峨院の信頼を勝ち得て左馬権助に任じられた。
建長四年（一二五二）四月、後嵯峨院の皇子宗尊親王が、六代将軍として鎌倉に下向したとき、親家はとくに後嵯峨院から頼まれて、親王に供奉して鎌倉に下向した。以降、つねに将軍に近侍して身のまわりの世話に任じ、将軍の世話役というよりも、将軍の相談相手のような地位に立った。いわば将軍の機密などにも、通ずる存在だった。

その後の親家の昇進は、目覚ましいものがあった。左馬権助から右馬助、そして父親の位階をはるかに超える従四位下の内蔵権頭を経て、いまや木工権頭にまで累進している。同時に所領も増加させたらしい。鎌倉下向から二年目の建長六年二月二十五日付『藤原茂範啓状』（『鎌倉遺文』七七一三号）によれば、この時点ですでに武蔵国で二か所、安房国で一か所と、所領も加増されていた。

それほどまでに将軍から信頼されていた親家が、内々の将軍御使として、京都に向かったのである。よほどの重大事だったに違いない。しかし親家が内々に上洛していったことは、その日のうちに政村、時宗らの耳に入ったと思われる。『吾妻鏡』には、そのことが明記されているからである。

いずれにしても政村、時宗らは、親家が内々に鎌倉を抜け出たことを知った。これに対する政村らの対応は、まさに電光石火のごとく早かった。その日のうちに、思いきった手を打ったのである。引付衆制度の廃止である。

将軍の側近たちは、三種に大別できる。公卿、高僧、そして幕閣の重臣たちである。そのうち公卿と高僧とは、京都朝廷の管轄下にあるから、政村らには手が付けられない。残る幕閣の重臣たちの処置は、執権政村と連署時宗との権限下にある。その重臣たちは、評定衆である名越教時一人を除けば、ほかはすべて引付衆であった。

政村が目を付けたのは、この点だった。引付衆制度を廃止してしまえば、彼らが幕政に関与する道はなくなる道理である。もちろん将軍側近の引付衆のみを解任すれば、それでも事は足りる。しかし角が立って、双方にしこりが残る危険がある。ならば引付衆の制度そのものを幕政改革というかたちで廃止すれば、角が立たずに事を処理できる。これが政村らの考えだった。

こうして将軍が自分の意見を幕政に反映させる機関となっていた引付衆会議は、この日、廃止された。幕政を合議する制度的な場は、評定衆会議だけということになった。そこで評定衆も三番（三班）に分け、それぞれは十日目ごとに会議を開くことにした。その会議には、つねに執権と連署が出席することとして、政村、時宗の意向が反映するようにした。

一番　会議は三日、十三日、二十三日
　名越教時、北条時広、長井時秀、小田時家、和泉行空

二番　会議は六日、十六日、二十六日
　金沢実時、名越教時、二階堂行義、三善倫長、二階堂行忠

三番　会議は十日、二十日、三十日
　安達泰盛、中原師連、少武景頼、二階堂行綱

廃止された引付衆のなかにも、将軍側近ではない者がある。たとえば二階堂行実である。彼を野に下してしまうのは、政村らには忍び難いものがあった。しかし、すぐに手は見つかった。行実は引付衆であっただけではなく、政所執事でもあった。このことに目を付けた政村は、「政所執事は、その役職柄、評定衆会議に出席するものとする」と付則を発して、問題を解決した。

また引付衆のうちには、得宗家に忠実な京極氏信もあった。そこで半年後の十二月、氏信は評定衆に昇格されている。

幕政諸機関のうち将軍派の牙城だった引付衆会議は、こうして粉砕された。政村、時宗らは、まったく血を見ることもなく、鎌倉幕閣を一つにまとめ上げたのである。見事と言うほかはない思い切った幕政改革であった。

六代将軍の追放

引付衆制度を廃止して、将軍派の有力御家人多数を幕政の中枢から追放はしたものの、政村、時宗らには、まだ片付けねばならぬ問題がいくつも残っていた。そのうちの最大のものは、将軍側近の公卿と高僧たちだった。将軍に寄食するかたちで、彼らは鎌倉に居ついていたのである。京都朝廷の管理下にある身分だったから、政村、時宗らには、手の付けようがなかった。

政村、時宗らが引付衆制度を廃止したことは、将軍派の勢力に、大きな痛手を与えたはずだった。しかし彼らは、すぐには反応はしなかった。あいかわらず将軍御所は、ひっそりと静まり返っていた。しかし直後、妙な噂が巷間に流れた。

「左近大夫将監宗政殿、家務ことに無行」

時宗の同母弟宗政の家庭が、乱れているというのである。

ときに宗政は、まだ十四歳。しかし去年七月十六日に政村の娘と結婚して、自立したばかりである。家庭が乱れていると言っても、具体的な情況はまったく判らない。時宗、宗政兄弟と政村とを仲たがいさせようという狙いが、この噂にはあったのかとも思われるが、確実ではない。

そして四月二十一日の午後、数刻にわたって比企《ひき》ヶ谷《やつ》で騒ぎがあった。甲乙人《とこうのひと》（一般庶民）が数十人、二手に分かれて、「向い飛礫《つぶて》」を打ち合ったのである。「向い飛礫」というのは、京都で始まったものらしい。一般庶民の間で、悪疫悪霊を祓うという意味で小石を投げ合ったのである。

かつて北条泰時は、京都での「向い飛礫」を禁じている。怪我人などが出て、喧嘩狼藉になることが多かったからである。だから鎌倉では、いままで一度も起こったことがなかった。それが、鎌倉で初めて起こったのである。比企ヶ谷を管轄する保の夜廻りなどが駆けつけて、張本人と思われる者を追捕して、ようやく鎮圧している。

直後、将軍は健康を損じ、月余にわたって病床に伏すことになった。松殿僧正良基が験者として枕頭に侍し、鶴岡八幡宮別当の隆弁大僧正が伴僧八口を率いて祈禱にあたったが、なかなか治癒はしなかった。

五月二十五日、久し振りに時宗は、将軍御所に出仕した。たんなる病気見舞いだったのか否か、判然とはしない。いずれにしても六月に入った頃、将軍の病状は、やや回復の兆しが見えたようだった。

六月五日、木工権頭親家が、京都から帰ってきた。三月六日に鎌倉を出立したのだから、ちょうど三か月ぶりの帰倉である。親家は将軍の父後嵯峨上皇の将軍あての諷詞《ふうし》（忠告）を、将軍にもたらした。もちろん公表はされなかったが、若干のことは、すぐに世上に洩れ伝わった。将軍の室家、宰子に関することだったらしい。

『吾妻鏡』には、後嵯峨上皇の諷詞の内容について、「中ノ御所（宰子）の御事と云々」としか、記されてはいない。

しかし京都朝廷で大外記《だいげき》という職を世襲している中原家に伝わる『外記日記』（『新抄』とも）

には、次のように記されている。

関東将軍御休息所（宰子）、日来□□□殿僧正良基露顕。

なお「日来《ひごろ》」の下の三字分の□は、虫喰いではなく、最初から伏字《ふせじ》だったらしい。書くのがはばかられるような文字だったので、筆者は伏字にしたのだろう。大外記という職は、詔勅の校正などを任とする外記局の長官で、外記局では各大臣や参議たちが政務を議することもあったので、京都朝廷の機密や密事を知り得る立場にある。

問題の伏字三字分のうち、「殿僧正良基」の真上の一字分は、当然、「松」という字であろう。つまり「□□松殿僧正良基」である。

問題は、残る二字分である。前後の文意から見ると、「密通」あるいは「密懐」という文字よりほか考えつかない。つまりこの文は、次のように読むことができよう。

関東将軍（宗尊親王）の御休息所（室家宰子）、日頃、松殿僧正良基と「密通」せること露顕せり。

とんでもないことが起こったのである。時宗の弟宗政の家庭が乱れているどころか、将軍の家庭自体が、乱れていたのである。ここまで来れば、事件の全貌も、だいたい想像がつく。

室家宰子の動きに不審を感じた将軍は、これを政村や時宗に相談することなく、京都の父帝後嵯峨院に相談をかけた。木工権頭親家は、その使者だった。

この時点で、将軍は宰子の密通ということは、まだ知らなかったらしい。ましてや密通の相手が松殿僧正良基だとは、まったく知らなかったに違いない。自分が病気をすると、良基を験者にしているからである。ちなみに鎌倉での出来事は、どういうわけか、鎌倉でよりも京都のほうが伝わり易い。宰子の密通ということを知った後嵯峨院は、それを適宜に処理せよと、親家を通じて将軍を諷詞した。

このような事情は、すぐに政村、時宗らにも伝わった。まずはひと安心である。

さきに将軍は、内々に木工権頭親家を上洛させた。これを将軍の陰謀と誤解した政村、時宗らは、先手を打って将軍の爪牙《そうが》を捥《も》いだ。将軍派が多かった引付衆を、一斉に解職したのである。ところが蓋をあけてみたら、たんなる将軍室家の不倫ということだった。とんだ疑心暗鬼だったことになる。将軍には、陰謀などはなかったのである。

しかし、問題はまだ残っていた。将軍が京都の後嵯峨上皇に密使を送り、将軍の家庭での醜聞が、京都に洩れてしまった。幕府の体面をどう保つかである。また将軍が一件を、政村、時宗らに相談しなかったことも、やはり問題となった。幕府御家人たちに対する執権、連署の面子はどういうことになるのか、である。木工権頭親家が京都より帰ってからの十余日の間、政村、時宗らは困惑のうちに鳩首協議を重ねた。

やがて一つの結論が出た。それがどのようなことだったかはよく判らない。いずれにしても同十九日の早暁、得宗被官の諏訪盛経が、鎌倉を発って京都に向かった。将軍宗尊親王は後嵯峨院の皇子だったから、後嵯峨院の意向を伺っておく必要を、政村、時宗は感じたのかも知れない。

その翌日、時宗の館で「深秘ノ御沙汰」があった。いわゆる寄合衆の会議である。

出席したのは、時宗、政村、金沢実時、そして安達泰盛の四人だけだった。ほかの人々は、誰一人として招かれてはいなかった。あくまでも秘密会だったのである。当然のことながら、この四人が話し合った内容は、公表されることはなかった。しかし事件の全貌を知ったいま、四人が話し合った内容も、推測に難くはない。将軍室家の宰子と松殿僧正良基とが、不倫をはたらいたのである。僧正良基をどのように処置するか、これが当面の問題だっただろう。将軍夫妻の仲の調停ということも、議題になったに違いない。

このとき四人の念頭には、将軍室家の宰子は故時頼の猶子だったということが、当然、あっただろう。言いかえれば宰子の鎌倉での実家は、ほかならぬ北条得宗家だということになる。つまり今回の事件では、なによりも得宗家の名誉を保つことが大切なのである。具体的には宰子の不倫という醜聞は、なるべく世上には秘密にすることである。

今回の事件で、将軍夫妻の仲も、当然悪くなると予想される。その場合には、徹頭徹尾、宰子の味方をすべしということも、この日の寄合衆の会議で、申し合わされたのではないだろうか。この日の寄合衆の会議は秘密会だったが、会議が開かれたということまでは秘密にはできなかったようである。松殿僧正良基は、この日、鎌倉から逐電して、どこへともなく姿を消した。

その前に、良基は将軍御所に一度は出仕していたから、その御所でなにかがあったのかも知れない。いずれにせよ良基の逐電は、処罰を怖れてのことだったと思われる。

そして、六月二十一日の酉ノ刻（午後六時）、将軍室家の宰子が、去年九月に生まれたばかりの倫子を連れて、山ノ内の最明寺亭に、突然、入御したのである。直後、将軍の長男惟康王の身柄は、若宮大路東側北端の時宗館に移された。

これは時宗らが仕掛けた政変だという説がある。しかし、ただの将軍夫妻の夫婦喧嘩だったかも知れない。そうだとすると、宰子の身柄を時宗らが移したというよりも、宰子自身が将軍御所から逃げ出したというのが、ことの真相だということになる。

将軍御所を逃げ出したとき、宰子は生まれたばかりの倫子しか、伴うことができなかった。三歳の惟康王にまでは手がまわらず、不本意ながら御所に置いてきてしまった。そこで時宗が、惟康王の身柄を預かることになった。こんなところだったかも知れない。いずれにしても惟康王の身柄は、すでに時宗の手中にあった。惟康王はまだ三歳でしかなかったが、次代の将軍たるべき資格は充分に持っていた。

それにしても、突然のことに鎌倉中は、大混乱に陥った。鎌倉在住の御家人の多くは、武装して時宗館に馳せ集まった。なにも知らない凡下の町人たちは、やみくもに大路小路を右往左往するばかりだった。

その日の真夜中、子ノ刻（午前零時）ばかりの頃、鎌倉を大地震が襲った。粗末な造りの町人の家はここかしこで倒壊して、あちこちの道路に倒れかかった。掻き上げの土堤や築地塀も、諸所で崩れて門前の堀を埋めた。大混乱はさらにその度を加えたが、そのさなかに、奇妙な噂が巷間を馳せめぐった。

「将軍、御謀反」

「将軍の御陰謀、すでにして露顕」

「北条一門の方々、激怒との由」

こうして世上の混乱は、さらに激しくなった。「すわや合戦ぞ」という声さえ、鎌倉中に広がったのである。

重武装の武士たちが、あちこちで乗馬を疾駆させた。かと思うと民家を取り毀して道路に投げかけたり、逆茂木《さかもぎ》を仕掛けて通路を塞ぐ武士もあった。やがて誰の下知があったのか、鎌倉七口の要所要所には関所がたてられ、外部との接触が遮断された。

町人たちは資財を隠そうとして右往左往し、ここかしこで武士たちの馬蹄にかけられながら、必死に逃げまどっていた。阿鼻叫喚の声が、巷に満ち満ちた。とんでもない大混乱のなかで、またまた噂が飛んだ。

「将軍側近の左大臣法印厳恵殿、突然に遁世して御逐電、その後を知らず」

「将軍に陰謀を唆かしたる罪科を免れんがためか」

「否、将軍の密命により、内々に上洛せんとしたるならん」

九条兼実の四男良平の孫として生まれた厳恵は、醍醐寺に入って僧となった。生家が摂関家だったので早くから法印に昇叙され、祖父良平が左大臣だったので、「左大臣法印」と俗称されていた。建長四年（一二五二）四月、宗尊親王が六代将軍として鎌倉に下向したとき、これに随行して鎌倉に下向した。以降、将軍宗尊親王の側近として、鎌倉では権勢の高僧だった。その厳恵が、いま鎌倉を逐電したというのである。混乱のさなかにあっても、世人の関心を集めるのに充分な事件だった。


この間にも鎌倉では混乱が続いており、やがて鎌倉の近国にも、このことが伝わっていった。相模、武蔵さらに上野、下野から安房、上総、下総、そして伊豆、駿河、甲斐、信濃等々、近国の御家人たちにとっては、まさに「いざ鎌倉」である。それぞれに押っ取り刀で、鎌倉に馳せ参じようとした。


「かかる時こそ、忠勤を励まずんば、あるべからず」

である。久しく平穏が続いたので、武士たちには軍忠を抽《ぬき》んでる機会がなかった。軍功を樹てなければ、恩賞にもあずかれない道理である。しかし鎌倉七口の要所要所には、すでに関所が構えられていた。最初のうちは、山中に分け入って遠廻りをし、秘かに鎌倉中に参入する者もあった。しかし関所の外側に次第に人馬が密集してくると、騎虎《きこ》の勢いとなった。たちまちに関所は破られて、多勢が鎌倉中に奔入したのである。


故時頼は、かつて弘長元年（一二六一）二月の頃、次のような法令を発している。

「鎌倉中出仕の輩、所従は五人を過ぐべからず。また御家人の御供の人々、従来の装束のほか、直垂を着するのを止むべし」

御家人が鎌倉に入ってくるとき、供の所従は五人を超えてはならず、その所従たちも完全武装していてはいけないというのである。鎌倉の治安を守るのがその狙いであった。この法令が生きていることを想い出した者は、鎌倉に持ち込んだ兵具を民家などに隠し、供の所従たちを谷々に分散させた。しかし多くの武士たちは、小具足を身につけ、弓矢なども携えていた。

こうして鎌倉中には、完全武装や半武装の武士が充満し、あちこちで気勢を上げていた。まさに一触即発の危険な情況が、鎌倉中を覆い尽くした。このような情況は、以降の数日間も続いた。そして七月に入り、やがて七月三日となった。

この日は、早暁から騒がしかった。前夜、木星が自分の軌道を外れて、五諸候星の軌道を侵したからである。これは、戦乱が起こるという前兆だった。町人たちの多くは、自分の住家を自分の手で毀し、資財を背にして山中に分け入った。老母を背にした息子、幼児の手を引く母親などの姿が、朝早くから見られた。

そして巳ノ一点（午前九時半）、完全武装の騎馬武者数十騎が、それぞれに旗を上げて東西より馳せ集まり、若宮大路東側北端の時宗館の門前を、声を上げて疾駆した。やがて彼らは、鶴岡八幡宮前を東西する横大路の東端近く、執権政村館（いま宝戒寺）の門前で、一斉に鬨の声を上げた。誰が指揮していたかは、定かでない。いずれにしても彼らの行動は、時宗、政村に対する示威であった。

「我れらには、かほどの軍勢あり」

と、時宗たちに見せつけたのである。つまり彼らは、将軍宗尊親王かその側近の命令で動いたものと思われる。彼らの示威を眼前にして、時宗の気持ちが決まった。ただちに武藤資頼、二階堂行忠の二人を使者に立て、将軍御所に差し向けたのである。将軍に対して、退位を迫ったものと思われる。

これまでの約一か月の間、政村は時宗に対して、しきりに将軍更迭のことを主張し続けていた。しかし時宗の心は揺れ動いていた。宗尊親王は、後嵯峨院の皇子であり、かつて亡父時頼が京都から迎え入れた人である。それからの十五年間、それなりの親しみも湧いている。このたびの宰子不倫の一件にしても、一点の同情も感じている。そう簡単には、将軍を退位させるわけにはいかない。

だが、そんな時宗の心中の逡巡は、いま将軍の手先が行なった示威を眼前にして、はっきりと断ち切られた。やはり老練な政村が主張するように、将軍は更迭せねばならない。しかし時宗が将軍御所に送った使者二人は、なかなか帰ってはこなかった。宗尊親王は、まだ将軍職に未練があるようだった。

やがて使者二人が、ようやくにして帰ってきた。案じていた通り、親王は将軍職にしがみつこうと必死だったのである。使者は、将軍御所と時宗館との間を、二度三度と往復を重ねた。そのつど親王の立場は弱くなり、親王が提示した条件は、しだいに削られていった。

その間、親王と時宗とが折衝を重ねているということが、しだいに将軍御所中に広まっていった。すると怖じ気づいた者が、次から次へと続出した。沈みゆく船を見捨てる鼠どもが、御所中に現われた。いままで親王将軍に近侍して羽振りがよかった者たちが、一人減り二人減りして、こそこそと逃げ出していったのである。

夕闇が迫ってきた頃、将軍御所は、無惨な情況となっていた。広大な将軍御所のなかが、まるで無人になってしまったのである。わずかに残っていたのは、次の四人だけだった。いずれも日頃の思顧を忘れぬ勇気ある人々と言わざるを得ない。

周防判官（島津忠景）、信濃三郎左衛門尉（二階堂行章）、刑部左衛門尉（伊東祐頼）、次郎左衛門尉（鎌田行俊）

この事件が落着して数年がたち、ほとぼりも冷めた頃、時宗はこの四人に報いている。将軍派の与党だったからというので、処罰したのではない。むしろ彼らの誠実さと勇気とを認めて、厚く遇したのである。

島津忠景は時宗の推挙を得て、朝廷から豊後守に任じられた。二階堂行章は、やがて引付衆制度が復活すると、引付衆に登用されている。鎌田行俊は、源義朝と共に死んだ政清（政家）の嫡孫である。のち左衛門尉から右兵衛尉に昇進しているのは、やはり時宗の推挙があったからと思われる。残りの伊東祐頼については、まったく判らない。

使者二人が往復を重ねている間に、将軍御所はほとんど無人となった。実は、これこそが時宗の作戦だったらしい。やがて心細くなった宗尊親王は、ついに退位を受諾した。時宗の狙い通り、穏便に将軍の更迭ができることになった。

しかし翌日の昼頃、またも事件が起こった。評定衆のなかで一人だけ将軍派だった名越流北条教時が、突然、動いたのだ。

教時の館は、薬師堂ヶ谷（いま鎌倉宮から覚園寺《かくおんじ》に通ずる道）の真ん中辺にあった。そこへ完全武装の騎馬武者数十騎を集めた教時は、これを引き具して筋違橋の橋詰の塔ノ辻まで疾駆して、そこで気勢を上げたのである。

退位されかかっている宗尊親王を、最後まで守りたかったのだろう。自分だけでも立ち上がれば、ほかの将軍派の面々も、これに応じて立ち上がるものと期待していたらしい。しかしすでに勢いがなくなっていた将軍派には、誰一人として、教時に応ずる者はいなかったのである。時宗は、東郷八郎を使者に立てて、教時を難詰した。そのときになってやっと教時は、自分が軽挙をしたことに気がついた。ひたすら陳謝するよりほかに、教時には打つべき手はなかった。

教時の行動が軽挙妄動だったことは、誰の目にも明らかだった。すでに勝敗は、完全についていたのである。いまさら将軍更迭に反対しても所詮は無理なことだとは、衆目の一致するところだった。こうして時宗に反対する者はなくなり、たちまちに鎌倉中は平穏となった。一か月来の混乱と騒動とは、まるで嘘だったかのように静かになった。

その夜の戌ノ刻（午後八時）、宗尊親王は女房輿に乗せられて、不浄門とも呼ばれる北門から、将軍御所を出た。小町大路を北上して政村館の前で左折し、鶴岡八幡宮の前を東西する横大路に入り、同宮の赤橋の前で輿を少時止めて、同宮を祈念した。そして寿福寺前でまた左折して武蔵大路に入り、やがて佐介流北条時盛の館に入った。

将軍をやめさせられて京都に追却される前将軍は、鎌倉を出る前に佐介館にしばらく逗留するのが、四代将軍九条頼経のとき以来の慣例だった。同八日に大仏坂から鎌倉を出た親王は、同二十日に京都の六波羅探題北方館に入った。同夜、北方探題の北条時茂は、北方探題館を親王に明け渡して、自分は長井頼重館に移った。しかし探題館の親王は、在京御家人たちによって厳しく警固されていた。

翌二十一日、幕府からの使者が京都に入った。二階堂行忠と安達泰盛の弟四郎時盛である。そして二十二日、幕府の使者二人は、後嵯峨院の御所である常磐井殿に参上した。

「宗尊親王の一ノ宮惟康王に、征夷大将軍の院宣を賜るべし」

これが、東使二人の申請だった。

二日後の文永三年（一二六六）七月二十四日、朝廷で小除目が行なわれた。宗尊親王の一子惟康王が、第七代の征夷大将軍に任じられたのである。ときに惟康王は、まだ三歳でしかなかった。

振り返ってみると、宗尊親王の将軍在任の期間は、ほぼ十五年間だった。後々、このことを回想した親王の和歌が、『宗尊親王御集』にある。

十とせあまり　五とせまでも住みなれて　なお忘られぬ鎌倉の里

鎌倉幕府から京都に追却された宗尊親王に対して、世間の風は冷たかった。父帝後嵯峨院までが鎌倉をはばかって、対面も許さずに義絶したのである。親王の居処も転々と変わった。正親町院、嵯峨の斉宮御所、六波羅探題北方館、土御門大路と万里小路との交叉点ぎわにあった承明門院旧跡等々である。誰もが鎌倉をはばかって、親王の身柄を預かろうとはしなかったからだった。

しかし同年十一月六日、少弐景頼と京極流佐々木氏信の二人が、幕府の使者として入洛した。宗尊親王に所領五ヵ所を進めるのと同時に、後嵯峨院に対して親王への義絶を解くように勧告したのである。こうして親王は収入が確保されて、自活できるようになった。たらい廻しにされている親王に対して、時宗が同情したものと思われる。

十一月十七日には、親王の室家だった宰子が、娘の倫子を連れて上洛し、京都の北小路堀川の武蔵殿に入った。武蔵殿は、親王の住む承明門院旧跡とは、ほぼ十町（一キロ）の近さにある。ともに京都の東北隅に位置する。しかし、もと夫妻が顔を合わせたか否か、よく判らない。

そして蒙古襲来の直前である文永十一年（一二七四）、親王は承明門院旧跡で死んだ。三十三歳だった。死んだ日は、『本朝皇胤紹運録』では七月二十九日、『北条九代記』では七月三十日、そして『一代要記』では八月一日とある。諸説があるということは、親王が世間と縁を断って、ひっそりと暮らしていたことを暗示している。

歌人でもあった宗尊親王には、『初心愚草』、『瓊玉《けいぎょく》和歌集』、『柳葉和歌集』など、いくつかの家集がある。

ありて身の　甲斐やなからん国のため　民のためにと思いなさずば

心をも　身をもくだかしあじきなし　よしや世の中あるにまかせて

宰子と密通した松殿僧正良基は、事件発覚の直後に鎌倉を逐電し、やがて高野山で断食して死んだと、諸本には記されている。しかし『尊卑分脈』にだけは、延慶《えんきょう》元年（一三〇八）十二月に入滅したとある。

鎌倉幕府の半公的記録である『吾妻鏡』は、宗尊親王が京都に着いたというところで、終わっている。それどころではない大事件が、日本国を襲おうとしていたのである。

第四章　忍び寄る蒙古の影

蒙古帝国の牒状

宗尊親王が鎌倉を去ったとき、側近だった公卿たちも、親王に随行して鎌倉を去った。側近だった高僧たちも同様だった。もとは将軍派だった有力御家人たちも、引付衆制度が廃止されてからは、発言する場を失って静かになっていた。親王追却のさいにも、彼らがまったく反対しなかったのは、それである。

ただ一人だけ親王支持を表明した評定衆の名越教時も、いまは自分が血気に逸ったことを後悔して、きわめて穏和《おとな》しい。多くの御家人たちは、断然として親王を追却した時宗の果断振りを眼にしてから、十六歳の時宗に一目を置くようになっている。

新しく七代将軍となった惟康王は、まだ三歳でしかない。幕政の実権などよりも、玩具の方を欲しがる幼児である。当然のことながら、将軍側近というような派閥勢力も、まだ形成されてはいなかった。

宗尊親王を追却した直後の時宗の立場は、だいたい、このようなものであった。一言で言えば、時宗の施政に反対する者はいない、ということである。

これと逆に、時宗を補佐する立場には、きわめて人材が豊富だった。北条政村、その子時村、金沢流北条実時、その子顕時、そして安達泰盛等々である。文永三年に六十二歳だった北条政村は、経験豊富で、老練な政治家だった。いまは執権として、若き得宗時宗を補佐している。その子時村も、正元二年（一二六〇）正月より以降、小侍所の四番頭人で、これも時宗を支える有力な一翼である。

四十三歳という熟年に達している金沢実時も、経験豊富な政治家である。小侍所の別当を経て、いまは二番評定衆の頭人で、越訴《おつそ》奉行《ぶぎょう》も兼任している。冷静沈着な人柄とともに、東国では珍しく学者、読書家としても、御家人たちの信頼を集めている。蔵書の豊富なことでも、すでに世に知られている。

本領の武蔵国六浦荘の金沢郷（横浜市金沢区）に山荘があったが、文応元年（一二六〇）には付属の持仏堂を独立させて、念仏宗の念仏寺とした。そして文永六年（一二六九）には真言律宗の妙性房審海を開基に迎えて、念仏寺を金沢山《きんたくざん》弥勒院称名寺《しょうみょうじ》と改めた。その称名寺と一小丘を隔てて建てた舎屋に、実時が蔵書を収納したのが、のちの金沢文庫である。

しかし実時に関して注目すべきことは、ほかにもある。北条得宗家とともに、独占的な対宋貿易を行なっていたことである。これよりさき北条時頼は、建長六年（一二五四）四月二十九日、次のような法令を、大宰府に対して発している。

唐船は五艘のほか置くべからず。ほかはすべて、速やかに破却すべし。

そして文永元年（一二六四）四月に、執権北条長時、連署北条政村の名で、次のような法令が出されている。

一、御分唐船のこと

御教書を大宰府に成さるべし。幕府の公許ある唐船を除き、ほかは自今以後、停止せらるべし。

建長六年以降の鎌倉幕府が、対宋貿易のための唐船派遣の公許を制限していたことは、これで明らかである。

しかし一方、鎌倉の和賀江の津には頻繁に唐船が入港しており、また六浦荘内の洲崎《すさき》、瀬戸には、多くの唐船が入ってきていた。このようなことから見れば、得宗家と金沢流北条氏とが、対宋貿易の独占を図っていたことは間違いない。つまり実時は、学識、御家人たちからの衆望、そして財政という三方面から、時宗を支えていたのである。

そして安達泰盛が、故時頼の頃から得宗家の准同族的な地位にあって、つねに得宗家を補佐してきたことは、いまさら言うまでもない。時宗の時期には、二番評定衆頭人の金沢実時と並んで、三番評定衆の頭人であった。妹堀内殿（のち覚山志道尼）が時宗と結婚していたから、時宗の義兄にもあたることになる。

時宗を補佐していた要人たちについては、もう一つ重要なことがある。彼らが相互に緊密な血縁関係にあったということである。

政村の弟実泰の子が、実時である。だから政村と実時とは、伯父と甥の関係にある。しかし、政村の娘が実時の妻だから、義父と娘婿との関係でもある。その実時夫妻の間に生まれた顕時は、安達泰盛の娘千代乃（のち如大禅尼無着）を妻としている。つまり泰盛と顕時とは、これまた義父と娘婿の関係にある。そして時宗の妻堀内殿は、泰盛の妹である。すなわち泰盛と時宗とは、義理の兄弟ということになる。

このような複雑な血縁関係の中心に、北条一門全体の家督としての得宗時宗がいたのである。血縁の関係を重んずる時代だったから、時宗は彼らに盤石《ばんじやく》の信頼を置くことができた。また幕閣に有能な事務官僚が、これだけ多く簇出したのも、ほかの時期には見られないことだった。

二階堂行忠、中原師連、京極流佐々木氏信、長井流大江時秀、少弐業頼などの評定衆、政所執事の二階堂行実、そして問注所執事の太田流三善康有などである。いずれも時宗の手足となり爪牙となって、活躍している。

将軍宗尊親王の更迭という重大局面に時宗が立ち向かったとき、鎌倉幕閣の陣容は以上のようなものだった。いずれ劣らぬそうそうたる人材が、時宗の周辺に群がっていたのである。だからこそ将軍更迭というような重大事を、わずか十六歳の時宗が、平穏のうちに乗り切れたのだと言うことができよう。

しかし、わずか十六歳の時宗に、あれほどのことができたはずはないと見るむきも、現代の研究者のなかには多い。いわば主犯格は、ほかにいたと見るのである。

たしかに将軍室家の不倫という家庭内の些事を、将軍の陰謀という重大事に強引に擦り替えるには、かなりの狡智を必要とする。そのために、鎌倉中に大混乱が起こったのである。そのような狡智は、お坊っちゃん育ちの少年時宗には無かったのではないか。これほどの狡智をめぐらしたのは、老練な政治家の政村のほうだったに違いない。

しかし政村の提案を採用するという大英断を下し、これを強引に遂行していったのは、まさしく時宗だった。まさに将に将たる者としての器量があることを、時宗は天下に示したのである。

いずれにしても、事件は終わった。三歳の惟康王を七代将軍に戴き、老練な執権政村、気鋭の連署時宗の下、鎌倉幕府はすこぶる安泰平和のようだった。

同じ頃、隣りの朝鮮半島の高麗王朝では、一つの事件が起こっていた。当時、蒙古兵の襲来を怖れた高麗は、開城西北の海上の小島、江華島《こうかとう》に首都を移して江都《こうと》としていた。その江都に、文永三年十一月二十五日、蒙古の使者二名が到着した。兵部侍郎《ひょうぶじろう》の黒的《こくてき》と礼部《らいぶ》侍郎の殷弘《いんこう》である。高麗を属国にしていた蒙古帝国の大汗クビライの命令を、高麗にもたらしたのである。

二名は高麗に対する使者であると同時に、日本への招降使でもあった。日本に対して、「蒙古に降伏して、服属せよ」と、伝えにいこうというのである。

高麗に対しては、クビライは、

「その招降使二人を、日本に案内せよ」

と、命じていた。

ちなみにクビライは、高麗人の趙彝《ちょうい》という人物から、「高麗と日本とは、古来、通交好関係あり」ということを、すでに聞き知っていた。だから高麗に対するクビライの命令には、

「よって日本への海路、風濤険阻《ふうとうけんそ》なるを辞（口実）として、案内を拒むを認めず」

とも、付け加えられていた。こうして高麗は、最初から逃げるに逃げられない立場に、追い込まれていたことになる。

いずれにしても高麗が命ぜられたのは、蒙古の使者二人を、日本に案内することだった。それだけのことなら、たいしたことではない。しかし厄介なことが、その次に予想された。

「降伏して、服属せよ」と言われて、すぐに日本が降伏するわけはない。必ずや、拒絶するだろう。そうなればクビライは、必然的に遠征軍を日本に送るにきまっている。地理的位置から見ても、高麗は遠征軍の基地にされ、兵糧の徴発、造船や各種装備の調達、人夫や水夫の徴用、そして軍兵の提供など、数々の難題が課されるに違いない。

さらに多数の蒙古兵が駐屯すれば、乱暴狼藉、掠奪暴行なども頻発して、治安が乱れに乱れる危険がある。高麗は、すでに三十余年間も、蒙古兵に蹂躙され続けてきている。疲弊しきった高麗には、もはや更なる負担に耐える力はなかった。

それでもこれは、クビライの命令である。すでに属国になっている高麗には、拒絶することなどできない。さらに「風濤険阻を辞とするなかれ」と、釘までさされている。高麗国王の元宗、その宰相の李蔵用《りぞうよう》などが直面した難題は、こういうことだった。とにかく蒙古の使者二人を、日

本に行かせてはならない。

使者が到着してから三日目の同二十八日、蒙古の使者二名を送る一行は、江都を出発して日本に向かった。クビライの命令に従って、高麗王朝の枢密院副使の宋君斐《そうくんひ》、侍御史《じぎょし》の金賛《きんさん》などが、案内に立っていた。

しかし一行が行ったのは、朝鮮半島南端海上の小島、巨済島《きょさいとう》の松辺浦《しょうへんぽ》までだった。そこからはるかに対馬《つしま》を望み、眼下に怒濤の荒波を見るや、使者二人は渡海を諦めてしまったのである。

実は、これには裏があった。高麗朝の宰相の李蔵用が、わざと怒濤の風波を蒙古使二名に見せ、もともとから気が進まなかった黒的を説得して、渡航を諦めさせたのである。こうしてクビライが日本に送った第一回目の使者は、ついに日本には到着しなかった。当然ながら日本では、このようなことがあったとは、誰も知らなかったに違いない。

クビライは、使者二人の復命を受けて激怒した。さきにクビライは、「風濤険阻なるを辞とするなかれ」と、一本釘をさしてあった。ところが使者二名の復命は、「巨済島より対馬を望むに、大洋は万里にして、風濤は天を蹴る」という情況だったから渡海を諦めた、というものだった。文章の表現は別だったが、意味している内容は、同じである。

激怒したクビライは、また黒的と殷弘の二名を使者として、すぐに高麗に送りつけた。二名が江都に到着したのは、蒙古暦の至元四年（文永四、一二六七）八月一日だった。激怒したクビライが発しただけに、その命令は一段と苛酷なものになっていた。高麗が理屈をつけて命令を守らなかったことを強く責めると同時に、

「日本への（蒙古の）国書伝達のこと、蒙古使を煩わせることなく、もっぱら高麗一国の責任において、これをなせ」

と、クビライは命じたのである。さきに高麗は、蒙古使渡海の危険に配慮するような言辞をとった。これをクビライは、逆手にとったわけである。高麗は、ギリギリの所まで追いつめられたことになる。

そして九月二十三日、高麗朝の起居舎人《ききよしやじん》の潘阜《はんぷ》を正使とする日本招諭使一行が、江都を出発した。「海道険阻」を理由として、蒙古使二人は、これに同行してはいない。

潘阜の官職である起居舎人というのは、高麗朝の中書門下省の属官で、従五品（のち正五品）に相当する。国王に近侍して、国王が出す勅書や国王の行動を記録するのが、その職務である。つまりは史官である。

その潘阜は、去年、黒的一行が江都にいたとき、その世話係を務めた。そのようなことがあって、黒的らに認められ、今回の日本招諭の正使に取り立てられたものらしい。高麗人の潘阜を正使に任じたのは、形式的には高麗国王の元宗だった。しかし事実においては、蒙古人の黒的だったのである。

このとき潘阜一行が辿った航路は、よく判らない。多分、対馬、壱岐両島を通って、博多湾を目指したのだろう。対馬あるいは壱岐に立ち寄ったものの、すぐには出航できなかったらしい。当然のことながら、島主や島民たちとの間に、それなりの紛争が生じたのだろう。

いずれにしても、潘阜の一行が博多湾に入港するまでに、三か月以上もの時日がかかっている。潘阜一行の博多到着は遅れたが、反対に、「高麗使、来たる」という情報は、意外に早く京都に伝わっている。京都朝廷の大外記だった中原師栄《もろひで》は、その著『外記日記』の文永四年十一月二十五日条に、次のように記している。

二十五日、戊申、高麗の牒状、到来す。

蒙古国、高麗を打ち取る。また日本を打つべしとの由と云々。

十一月二十五日といえば、まだ潘阜一行は海上にあった時期である。一行が博多湾に入港するより一か月以上も前に、潘阜が所持していた高麗の牒状の内容までが、早くも京都に伝わっていたのである。

この時期、対馬、壱岐両島の国司および守護が誰だったか、まったく判らない。わずかに手掛かりらしいものが、四年後の文永八年七月五日付「下総国々宣」(『鎌倉遺文』一〇八四六号)に見える。「前壱岐守中原朝臣」という字句が同文書に記されているのであるが、実名は判らない。文永八年に「前壱岐守」と名乗っている「中原朝臣」は、文永四年には壱岐守だったかも知れない。

そして『外記日記』を書いた中原師栄とは同姓だから、同族だったとも思われる。このような伝手で前述のような情報が、いち早く師栄の許にもたらされたということも、考えられなくはない。

文永四年九月二十三日江都を出帆した潘阜一行は、翌年の文永五年元旦、博多湾に入港して、即日、大宰府に到着した。このとき潘阜が呈出したのは、二通の国書と潘阜自身の上申書だった。二通の国書とは、至元三年(文永三、一二六六)八月付の蒙古の国書と、至元四年九月付の高麗の国書とである。

このとき大宰府にいたのは、大宰少弐の武藤資能《すけよし》だった。ときに七十一歳。数年前に出家して、入道覚恵《かくえ》と名乗っていた。国書の授受が、すんなりと行なわれたか否かは判らないが、結局は国書を受け取った資能は、これを早飛脚で鎌倉に送った。資能自身は幕府御家人だったし、頼朝の頃より、大宰府は幕府の管轄下にあったからである。

資能が鎌倉に送った早飛脚は、途中、京都を通過したとき、院政を布いていた後嵯峨上皇にも、ことの由を上奏したらしい。『一代要記』の閏正月五日条に、次のように記されている。

大宰府より、蒙古国ならびに高麗の牒状、到来す。関東、彼の牒状を仙洞に進む。

まさにその直後、その日に予定されていた御賀の儀式が、急拠取りやめとなった。かなりの騒ぎがあったものと想像される。けれども時の関白近衛基平が知ったのは、五日後の閏正月十日のことだった。基平の日記『深心院関白記』のこの日の条に、

異国の賊徒、我が朝に来たるべしとの由、風聞す。実否、いまだ詳らかならず。

とある。意外なことに、これほどの重大な情報が、すぐには広まらなかったらしい。同二十八日、後嵯峨上皇は嵯峨の亀山殿に移り、しばらくの間、そこを院ノ御所とすると定めた。保津川を眼前にする嵐山の風光を、賞《め》でようとしたのである。蒙古兵の来襲を眼前にするまでは、誰も本当とは信じられなかったのであろう。

しかし二月四日になると、世間は騒がしくなった。ようやく情報が、世間に伝わったのである。『深心院関白記』のこの日の条に、次のように記されている。

異国の賊徒の間のこと、その説、頻りなり。

一方、大宰府が発した早飛脚が鎌倉に着いたのは、潘阜一行が博多に到着してから三十八日目、同年閏正月八日だった。京都から鎌倉まで、わずか三日間で走ったことになる。当然のことながら、執権政村、連署時宗、金沢実時、安達泰盛らが、鳩首協議を重ねたに違いない。だが、その間の様子は、まったく史料には現われてはいない。

二月五日には、亀山殿にいた後嵯峨上皇の許に、

「近日、異国のことにより、幕府よりの使者、参着すべし」

という先触れが届き、上皇はにわかに冷泉万里小路殿に帰った。

そして二月六日、幕府の使者二人が、京都に入った。二階堂行忠と伊賀光政だったと思われる。この日、関白近衛基平は、「異国のことにつき、院の仰せあり」ということで、後嵯峨上皇の御所に出仕している。どのような「仰せ」があったのか、記されてはいない。

二月七日、幕府の両使は、関東申次の西園寺実氏の北山第（いま金閣寺）に参り、正式に蒙古の国書を朝廷に呈上した。東大寺の尊勝院の僧宗性が書写した国書が、いま東大寺に伝わっている。宗性は長良流の宮内大輔藤原隆兼の子だったから、そのような伝手で、見ることができたのだろう。

上天の命をうけたる
大蒙古国の皇帝、書を、
日本国王に奉ず。朕思うに、古《いにしえ》より小国の君は、境土、相接すれば、なお務めて信を講じ、睦みを修む。いわんや我が祖宗（ジンギス汗）、天の明命を受け、区夏（世界）を奄有《えんゆう》（領有）す。遐方《かほう》（遠方）の異域、威を畏れ徳に懐く者、悉《ことごと》くは数うるべからず。
朕、即位の初め、高麗の無辜《むこ》の民、久しく鋒鏑（合戦）につかれしをもって、すなわち兵を罷《や》め、その境域に還し、その旄倪《ぼうげい》（家族）に帰せしむ。高麗の君臣、感戴して来朝す。義は君臣といえども、歓は父子の如し。計るに王の君臣、またすでにこれを知らん。
高麗は、朕の東藩なり。日本は高麗に密邇（隣接）し、開国以来、また時に中国に通ず。朕が躬《み》にいたっては、一乗の使も、もって和好を通ずるなし。なお王の国、これを知ること、いまだ審《つまびら》かならざるを恐る。
故に特に使を遣わし書を持し、朕が志を布告す。願わくはいまより以往、通問して好みを結び、もって相親睦せん。かつ聖人は、四海をもって家となす。相通好せずんば、あに一家の理ならんや。兵を用いるにいたっては、それ、いずくんぞ好むところぞ。

王、それ、これを図れ。不宣。

至元三年八月　日

蒙古の牒状の趣旨は、「とにかく付き合おうよ」ということに尽きる。「古くから日本は、朝鮮や中国とは、付き合ってきたではないか、だから自分（蒙古）とも、同じように付き合っていこうよ」というのである。それだけのことだったら、たいした問題ではない。また文体にしても、若干の配慮は払われてはいる。たとえば文章の末尾の書き止めである。「不宣」とされているのが、それである。

ほぼ同じ頃の中国の宋王朝下では、この種の文章の書式が定まっていて、書き止めの文言も三種ある。身分の上の者が下位の者に対するときは「不具」で、下から上へは「不備」、そして同格であれば、「不宣」である。蒙古の牒状の書き止めは「不宣」という文言だった。「大蒙古国皇帝」と「日本国王」とを、同格と見做した書式だったのである。

しかし反対に、きわめて尊大かつ無礼な表現も多い。片や「大」が付く「皇帝」に対して、日本はただの「国王」だというのが、それである。御丁寧なことには、日本国王のことを、わざわざ「小国の君」とまで記している。

中国、朝鮮、日本など、文章を縦書きにする国では、敬意を表現する書式が、かなり早くから成立している。敬意を示さねばならない人名、官職、事物などを書くとき、その文字の上を一字分だけ書かないでおく「欠字」、その文字を次の行の冒頭に持っていく「改行」、その文字を頭をそろえている各行から一字ほど突き上げて書く「抬頭」などである。欠字、改行、抬頭の順で、しだいに敬意の程は強まっていく。

そして蒙古の牒状では、「上天」と「大蒙古国皇帝」だけが抬頭で、群を抜いた敬意が払われている。しかし「日本国王」に対しては、たんに改行という程度の敬意しか払われていない。

前述したように牒状の趣旨は、「とにかく付き合おうよ」ということである。つまり和親を求めてきたことになる。しかし、一方では、「兵を用いるにいたっては……」とあるように、「従わねば、武力を用いるぞ」と、威嚇もしている。蒙古側の、自分の方を「大」とした上での和親を受け入れれば、日本は蒙古の服属国あるいは朝貢国ということになる。蒙古が目指しているのは、まさにこのような服属の関係だった。

二月七日、鎌倉幕府の使者二人は、蒙古の牒状を京都朝廷に奉呈した。この時期には、外交権は朝廷にあると思われていたことを示している。直後、京都朝廷は大騒動となった。その様子は『深心院関白記』に、かなり詳しく記されている。二月八日、関白近衛基平は、早朝にたたき起こされた。亀山天皇の勅使が、

「急ぎ天皇の御所、五条大宮殿に参内すべし」

という天皇の命令を、伝えてきたのである。

しかし基平は、まず後嵯峨上皇の院ノ御所、冷泉万里小路殿に出仕した。上皇の御前で、異国の件で評定があったからである。前関白の二条良実、一条実経の二人も、その場に出仕していた。そして高麗と蒙古の国書二通が、その座で披露された。

「とにかく蒙古は、和親を求めている」

これが列席者全員が、最初に受けた印象だった。また、

「このこと、国家の珍事、大事なり」

というのも、全員の感想だった。結局、院ノ御所では結論は出なかった。評定が終了すると、すぐに基平は、亀山天皇の御所に参内して、ことの由を天皇に報告した。そして夜になると、また基平は院ノ御所に戻ったが、いずれにしても結論は出なかった。

二月九日の申ノ刻（午後四時）、基平は院ノ御所に出仕した。大納言花山院師継、大宰権帥吉田経俊なども出仕してきて、数刻もの長時間、会が持たれた。しかし結論は出なかった。その夜、基平が自邸に帰るとすぐに、上皇の使者が基平邸を訪れてきた。

「明十日、また御前評定あるべし。相構えて、必ず出仕すべし」

ということだった。十日、また基平は院ノ御所に出仕した。わざわざ前日に呼び出しがあった上に、これほどの重大事では欠勤できないと思ったからである。しかし八日、九日と二日も続いた評定で、そろそろ基平もつかれ気味だった。この日の会議には、前関白の二条良実、一条実経の二人も、また出仕していた。そして、ようやく議題が煮つまってきていた。

「返牒、あるべきや否や」

である。

返事を出すか否かが議題になったということは、和親を求めてきた蒙古に対しての態度が、すでに拒絶と決まっていたことを示していた。拒絶とは決まったが、その上で、「返牒、あるべきや否や」だったのである。それでも評定は、かなり荒れたらしい。その情況を基平は、「子細、筆紙に尽くし難し」としている。二条良実と一条実経とは兄弟だったが、相当な罵言なども、飛び交ったようである。

夕方、基平は院ノ御所を退出して、天皇の御所に参内した。しかし、とにかくつかれていたので、ここもすぐに退出した。ときに基平は、まだ二十三歳でしかなかった。

翌日の二月十一日は、後嵯峨上皇の御前での評定は、ついに開かれなかった。ときに一条実経は六十歳、弟の二条良実は五十三歳、そして後嵯峨上皇は、四十九歳だった。若年の基平でさえ疲労しきっていたのだから、ほかは推して知るべしだった。

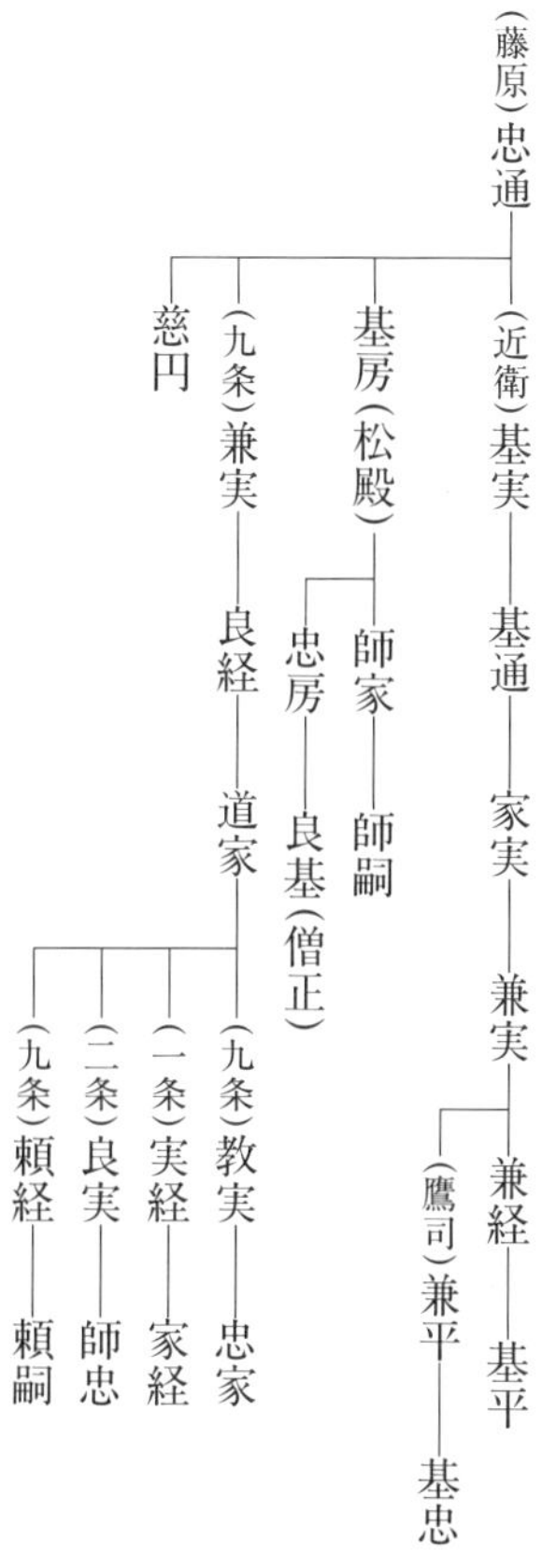

二月十三日、ときどき風雨という悪天候で正規の評定は開かれなかったが、基平は院ノ御所へ参って余人を遠去け、一人で後嵯峨上皇に自分の意見を開陳した。その日の夕方、基平が仁和寺西方の嵯峨野の西谷の自邸に帰り着くと、追いかけるようにして「明十四日、院ノ評定あり。出仕すべし」との後嵯峨上皇の召文が到来した。

そして二月十四日、基平は院ノ御所に出仕した。出席者は多かった。前関白の一条実経と二条良実、前左大臣洞院実雄（五十二歳）、権大納言花山院師継（四十七歳）、右近衛大将花山院通雅（三十七歳）、大宰権帥吉田経俊（五十一歳）、左大弁源雅言（四十二歳）などである。

もちろん議題は、返牒の有無である。かなりに激しい議論が、後嵯峨上皇の御前で展開された。近衛基平の意見は、もちろん、「返牒せず」だった。かほどに無礼な蒙古の国書に、返牒する必要はない、下手に返牒すれば、かえって侮られることになるし、日本国の体面も潰すことになる。だから返牒する必要は、まったくない。

席上でただ一人二十代の近衛基平の、血気盛んな意見がこれだった。比較的に若手に属す花山院通雅が、これに同調した。しかし老人たちは慎重だった。和親の申し出は拒絶するが、なるべくことを荒立てたくはない。丁重に和親だけは断って、蒙古に日本を攻撃する口実を与えないようにすべきだというのである。

「返牒せず」と主張した若手方は、現在官職を帯している者、そして、「返牒せよ」と主張したのは、たんに老人たちというよりも、前関白二人や前左大臣の洞院実雄など、現在は任官していない者たちのように、基平には感じられた。激しい議論が展開されたが、しだいに議論は一定の方向に向かった。やはり若手の意見が、大勢を圧したのである。つまり「返牒せず」ということに、ほぼ内定したのである。

当然のことながら、すぐに次の問題が浮上した。和親を拒絶して返牒はしないということになれば、蒙古は二度目の使者をよこすか、すぐに攻めてくるかということになる。万一、すぐに攻めてくるということになった場合に、朝廷としては備えておかねばならない。つまり敵国降伏の祈禱を、諸大社に命じなければならない。

この日、祈禱関係のことにまで踏み込んで、議論は沸騰した。ようやく評定が終わったときには、すでに夜になっていた。院ノ御所を退出した基平は、すぐに亀山天皇の御所に向かった。

「院ノ御所では、返牒はせずと、すでに御内定あり」

と、基平が天皇に報告していると、前関白兄弟が参内してきた。院ノ御所での評定で言い負かされた二人は、天皇の御前での沙汰で、これを引っ繰り返そうと考えたものらしい。しかし、二人の前関白が天皇の御所に参内してきたと知ると、つかれきっていた基平は、すぐに天皇の御所を退出した。基平は、その日の日記に次のように書いた。

「近日、現任の官職なき人々、競って参内す。すこぶる先例を無視するものなり。先例は遵守すべからずということか、いかん」

こうして、蒙古の国書への対応のしかたに関して、京都の公卿社会は真っ二つに割れた。一方は先例墨守を建前とした現任の関白、現任の右近衛大将など、現任の若手公卿たち。これに対するは、危険を避けようと努める慎重派で、多くは官職を去った老人たちだった。そして若手派の中心は、現任の関白近衛基平、対する老人派の中心は、前関白の一条実経、二条良実の兄弟だった。

かつての源平合戦のさい、近衛家の祖、近衛基実は平家側だった。そして一条、二条両家の祖である九条兼実は、源氏方だった。つまりいま、源平合戦での対立が、ふたたび燃え上がったことになる。

この時代は、後嵯峨上皇が天下に院政を布いていた。その後嵯峨上皇の院ノ御所で、「返牒せず」と内定したのであるから、すでに決定したも同様だった。だから続く二日間、御前評定は開かれなかった。上皇からも天皇からも、基平は召し出されなかった。

しかし、後日のことから考えると、この二日間に、誰やらが暗躍していたらしい。

二月十七日、後嵯峨上皇の院ノ御所で、また御前評定が開かれることになった。基平の許へも、上皇からの召文が届けられた。基平が院ノ御所に出仕してみると、意外な情景が目に映った。たしかに十四日の評定の顔触れは、全員そろっていた。しかし新しく、二人の公卿が加わっていたのである。前中納言の葉室定嗣（六十一歳）と、前太政大臣の徳大寺実基（六十八歳）である。ともに政界を去って久しく、ここ十数年の間、基平は二人に会っていない。

葉室定嗣は、『葉黄記』を著わした才人である。しかし十八年前の建長二年（一二五〇）、官を辞して隠退している。そして徳大寺実基も、十四年前の建長六年に、これまた辞官して政界を去っている。その二人が、久し振りに院ノ御所の評定に出席したのである。老人派は葉室定嗣、徳大寺実基を評定に呼び出して自派の勢力を増強し、十四日に内定したことを、もう一度、引っ繰り返そうとしたのである。

このような陰謀があったのだから、御前評定の方式も、先例通りではなかった。出席者全員が、それぞれに自分の意見を書面にして、後嵯峨上皇に上呈することとされたのである。いままでにはなかった方式で、一種の政変だった。

基平は、あまりのことに激怒して、書面を上皇に上呈しなかった。意外なことに、二人の前関白兄弟のうち、兄の一条実経も書面は上呈しなかった。これで弟の二条良実が、この政変の黒幕だったのだと、推定することもできよう。

現任の関白が激怒したこの日は混乱して、まるで評定にならなかった。そして時間はいたずらに過ぎて、ついに亥ノ刻（午後十時）になった。しかし評定らしい評定は、ついに成立しそうになかった。そして、「本日の評定は延期して、明日たるべし」という後嵯峨上皇の鶴の一声で、この日は終わった。

しかし、翌十八日、評定は開かれなかった。後嵯峨上皇が、召文を発しなかったのである。また昨夜のような騒ぎが起こるのを怖れたのだろう。ちなみに後嵯峨上皇は、きわめて穏和な性格だったことが、世に知られている。

召文はなかったが、この日一日中、基平は忙しかった。昨夜には出さなかった書面を、一生懸命に書いていたのである。推敲に推敲を重ね、「返牒、あるべからず」という所存を、力説したのである。やがて、これぞと思われる快心の文章ができ上がると、基平は高檀紙《たかだんし》を取り出して、これに清書した。ちなみに高檀紙というのは、檀《まゆみ》の樹皮から製した紙で、一般の紙よりも白くて厚手である。いまのような特別な場合に備えて、わざわざ遠く陸奥国から取り寄せておいたものだった。

そして翌日、その意見書を、基平は後嵯峨上皇に上呈した。これでことは決した。基平が上呈した意見書は、特別な高檀紙が用いられていた。そして文章、辞句などには、並々ならぬ基平の決意が示されていた。現関白の基平が、これほどまでに明確に、自分の所存を披瀝したのである。もはや誰も、これに逆らうことはできなかった。

こうして、文永五年（一二六八）二月十九日、朝議は決した。蒙古からの和親の申し出は拒絶するが、拒絶するという趣旨の返事は、出さないことになったのである。

当然のことながら、蒙古の襲来が予想された。その日、三万六千柱の神を祀るよう、朝廷の命令が下った。祭文は菅原在匡、祭司は安倍泰盛だった。

以降、しばらくの間、諸神諸社に対して、祈禱のことが令された。京都近辺の主立った二十二社、なかにも皇祖を祀った伊勢大神宮などには、わざわざ勅使が差遣されて、異国降伏の祈禱が命ぜられた。しかし同三月十五日、従儀師の相秀は、次のような伺書《うかがいしょ》（質問状）を、担当の小槻有家に呈出している（『鎌倉遺文』九八八九号）。

異国降伏の御祈りのこと、先日の宣旨に任せて、諸寺に施行（命令伝達）せしめんとするの処、宣下せられ候の如くんば、「経を読み、呪を誦すべし」との由、記され候といえども、「何の経、何の呪たるべし」との由は、記されず候。もし諸寺より質問が候わば、いかように返答すべく候や。

異国降伏のことにおいては、先例、分明ならず候。準拠すべきの先例を伺うの処、あるいは仁王経を転読すべきか、あるいは不動明王の像を造立または絵に描くべきかの由、宣下せられ候か。所詮、重ねての御命令に随い、急ぎ施行せしむべし。恐惶謹言。

三月十五日　　従儀師相秀

壬生殿

「異国降伏の祈禱をせよ」と諸寺に伝達せよとのことであるが、とにかく異国降伏の祈禱には先例がないから、どの経文、どの呪文にするか、必ず諸寺の方から質問があるに違いない。そのときには、どのように返答すればよいのか、御指示を頂きたいということである。

まさに、もっともなことだった。長年、対外的には天下泰平だったから、異国降伏の祈禱など、日本ではしたことがなかったのである。同時に京都朝廷が、どれほど狼狽していたかも、これによって知ることができる。ただ「異国降伏の祈禱」というだけで、具体的なことは、まったく指示されてはいなかったのである。京都朝廷はもちろん、その命令を受けた各寺社でも、かなりの混乱が生じたことは、この一事からだけでも推測することができる。

「返牒せず」と朝議が決定したことは、すぐに鎌倉にも伝えられた。これを受けて鎌倉幕府は、ただちに次のような下知を西国の守護たちに下した。讃岐国の守護だった駿河守伊具流北条有時に宛てたものが、鎌倉幕府の法令集に引用されて残っている（『鎌倉遺文』九八八三号）。

一、蒙古国のこと、

蒙古人、凶心をさしはさみ、本朝を伺うべしとの由、近日、牒使を進むるところなり。「早々と用心すべし」との由、讃岐国の御家人等に相触れらるべきの状、将軍家の仰せによって執達すること、件の如し。

文永五年二月二十七日

相模守（時宗）
左京権太夫（政村）

駿河守殿

「異国降伏の祈禱をせよ」という命令を諸寺に伝達させようとした京都朝廷が、どの経文、どの呪文というような具体的なことは、まったく指示していなかったのと同じように、鎌倉幕府も「早々と用心すべし」という下知を警固の御家人たちに伝達せよと西国諸国の守護に命じたが、「どのように用心するのか」という具体的なことには、まったく触れていない。

いずれにしても現存する関東御教書が、讃岐国の守護宛だったということには、注目される。瀬戸内海に面した讃岐国にまで、このように下知されたのである。当然のことながら、九州の九ヵ国はもちろん、山陽道の国々や四国の四か国に淡路国、さらには山陰道の諸国にまで、同じような下知が下されたものと推定される。

これよりさきの文永五年正月二十九日、左馬権頭兼相模守だった時宗は、京官である左馬権頭を朝廷に上表して、ただの相模守になった。まだ蒙古の牒状が鎌倉に到着するより前だったから、この処置は、蒙古の問題とは無関係だっただろう。

しかし西国の守護たちに、「用心すべし」と下知した直後の同三月五日、時宗が連署から執権に転じたのは、朝廷が返牒せずと決定したと知らされた直後だったから、明らかに蒙古問題と直接に関係した措置だったと思われる。いままで連署だった時宗は執権になり、執権だった政村は、一段下位に降りて連署になった。いわば時宗と政村とが、互いに幕府での役職を交換したことになる。

十八歳という年少気鋭の時宗が幕府の先頭に立って、来たるべき蒙古の襲来に対処する、そして六十四歳という経験豊富で老練な政村が、その時宗を補佐することになったのである。「来るなら、来てみろ」と、蒙古の襲来を迎え撃つ体制が、鎌倉幕閣では、いちおう成立したことになる。しかし、蒙古襲来に対する具体的な措置については、まだまだの感が深い。むしろ、まったく手も付けられていなかったのである。

三月二十七日、京都朝廷で公卿の会議が開かれた。すでに二月十九日、関白近衛基平の意見書を受けて、「返牒せず」と後嵯峨上皇は決定していたにもかかわらず、また同じ議題で会議が開かれたのである。老人派の巻き返しの暗躍が、底流にあったからに違いない。

老人派の主張にも、若干もっともな点もあった。彼らが会議の再開を主張したとき、もっとも力説したのは、次のようなことだった。

「さきの決定は、前天皇である後嵯峨上皇の院ノ御所にての決定にて、現天皇である亀山天皇は、あずかり知らぬことなり。よってさきの決定は、無効なり」

「また院ノ御所での会議は、鎌倉幕府に倣って始められたる評定という新儀のものなり。朝廷で正統かつ先例のある仗儀で決せしものにはあらず。よって無効なり」

「されば、よろしく内裏にて、仗議を行なわるべし」

「仗議」は、「陣議」、「陣の定め」あるいは「殿上の定め」とも言い、内裏《だいり》（現天皇の御所）での最高の合議機関である。摂関政治成立の頃から続いているから、先例も豊富で、発言の順は下位の者からときまっている。

出席が許されるのは、太政大臣、左大臣、右大臣、内大臣などの各大臣、大納言、中納言および参議など、儀仗（飾りの太刀）佩用が許されている身分の公卿だけである。身分は高くても、前任、前官は出席できない。原則として摂政、関白は出席しない。が、出席してはいけないというのではない。摂政、関白が出席したという先例は、数は少ないがある。

このように「仗議」は、内裏での正規の会である。これに対して、その対極にあったのが「院ノ評定」だった。寛元四年（一二四六）十一月三日に、北条時頼に強く勧められた後嵯峨上皇が、鎌倉幕府の評定衆制度に倣って、始めたものである。始まってから年も浅く、それだけに先例も乏しい。だから「院ノ評定」を臨時かつ非公式のものと見るむきも、公卿のうちには多かったらしい。

前関白二人など老人派が着目したのは、このようなことだった。より高次の仗議を開くことによって、頽勢《たいせい》の挽回を図ったのである。表面的には朝議を、「返牒すべし」で一決するのが目的だった。しかしそろそろ面子の問題にもなっていた。若者派には負けたくないのである。

老人派が当てにしていた第一は、下位先議制だった。下位の者から順に発言するのだから、若年の公卿たちも素直に意見を述べるだろうと、期待したわけである。

当日の仗議で、下位先議制に従って最初に口を開いたのは、最年少の姉小路流藤原忠方だった。忠方は二十八歳、立身出世への意欲は強い。藤原氏の末流の出だったから、近衛基平に迎合しようと、すでに心をきめていた。だから忠方の意見は、簡単だった。「返牒せず」である。

続く参議たちも、事情は同じだった。関白近衛基平が、「返牒せず」と強硬に主張していることは、みな知っていた。これに反対して基平から睨まれたら、と思った参議たちの意見は、みな、

「返牒せず」だった。

こうして老人派が仗議で当てにしていたことは、一つずつ外れていったが、そのうちの最大は、関白基平が出席したことだった。通常、摂関は出席しないものだったが、この日の仗議に基平は強引に出席したのである。その基平が陣の座（会議室）の上座に陣取って、周囲を睥睨《へいげい》していたのである。素直な意見など、誰にも言える道理はなかった。

こうして仗議は、圧倒的多数で「返牒せず」と決した。それだけではなかった。返牒しないということの理由まで、付け加えられたのである。『歴代鎮西志』には、次のように記されている。

「蒙古の牒状、（中略）、その書、礼を失うをもって、返翰に及ばず」

ようやくこれで、ことは決着した。老人派の抵抗には多分に面子の問題が絡んでいたが、根底には、蒙古の襲来は避けたいという思いが、やはり存在していた。日本国開闢《かいびゃく》以来の国難が、予想されたからである。老人派の執念にも、日本人としての心があったのである。

それにしても基平も、よく頑張ったものである。なんとか老人派の抵抗は抑え込んだが、以降も基平の心労は続いた。そして同年十一月十六日、発病した基平は、ついに同十九日、二十三歳の若さで死んだ。

再度の牒状と国内の動揺

蒙古から牒状が来たこと、朝廷が返牒せずと決めたこと、だから近いうちに蒙古の襲来が予想されることなど、すぐに情報は風説となって、一般庶民の間に伝わった。

当然のことながら、さまざまな反応が生じた。不安、憂慮、焦燥、恐怖等々である。もっとも多かったのは、合戦への不安だったが、無関心の者もかなり多かった。このような情況の下で、一人だけ際立って行動的だったのは、僧の日蓮だった。

九年前に自分は、『立正安国論』を時頼に提出した。そこで予言しておいたことが、ズバリ的中したではないか、というのである。いわゆる他国侵逼《しんぴつ》難である。意気軒昂として日蓮は、時宗と会おうとしたらしい。しかし身分違いということもあって、それは叶わなかった。すると四月五日、日蓮は書状を書いて、得宗被官の平盛時（法名法鑑）に提出した。世に『安国論御勘由来』と題されているのが、それである（『鎌倉遺文』九九一一号）。

正嘉元年（一二五七）八月二十三日の戌ノ刻（午後八時）、亥ノ刻（午後十時）、前代を絶する大地震あり。同二年八月一日には大風吹き、同三年は大飢饉、正元元年（一二五九）は大疫病、同二年は四季にわたって大疫やまず、万民、すでに大半は死したり。

国主は驚きて祈禱を凝らさるも、一分の験もなく、かえって飢餓と疫病を増大させるのみなり。我れ、その原因を考え、ついに道理の由を感得し、一通の勘文を記して『立正安国論』と題し、文応元年（一二六〇）七月十六日の辰ノ刻（午前八時）、得宗被官の宿屋光則殿を介して、故最明寺入道殿（時頼）に奉進せり。これ、偏えに国土の恩に報いんがためなり。しかるに世上、世を挙げて念仏者となり、人ごとに禅宗に赴き、山門（延暦寺）に帰依し、国中に法華経の信者は、棄ておかれおわんぬ。よって我れ「他国より此の国を破るべし」と、先ず勘するところを述ぶ。

それから以後、九か年を経て、今年閏正月（実は正月）、大蒙古国の国書を見る。我が勘文に相叶い、さながら符契の如し。いままでの如く念仏宗、禅宗などの謗法の徒に祈禱を命ぜらるれば、仏神はいよいよ怒り、国土を破壊せんこと疑いなし。

いま国難に直面するも、これを退治する法を知るは、叡山を除き、日本国中で我れ一人なり。もし我が言、妄言ならば、我が所持せる法華経守護の十羅刹の罰を蒙らん。我が言を用いずんば、定めて後悔あるべし。恐々謹言。

文永五年四月五日　　　　日蓮

法鑑御房

法華経を信じなければ、他国侵逼難が起こるぞと、九年前に予言しておいたが、いま、その通りになった。だから念仏宗や禅宗をやめて、我が信者になれ。さもないと後悔することになるぞ、というのである。この日蓮の書状を、時宗が読んだか否か、判らない。かりに読んだとしても、黙殺したようである。いずれにしても日蓮に対して、なんの音沙汰もなかったらしい。

日蓮が蒙古牒状事件に便乗したと言えるかどうか、これも判然とはしない。しかし便乗したものは、確かにあった。九州筑前国博多の筥崎八幡宮の神官が、その一例である。

異国降伏の祈禱をするから、甲乙人（庶民）に押領されている神領を、取り返して欲しいと、京都朝廷に願い出たのである。

当宮は、八幡大菩薩が異国を征討し、天下を鎮護せし後、延喜二十一年（九二一）、神託により大宰少弐藤原真材朝臣、神殿を造進してより以来、いまだ回禄（火災）の例を聞かざるのところ、去んぬる文永二年（一二六五）二月十一日、神火にわかに出来《しゅったい》して、神殿、悉く灰燼となり、神宝、みな煙焔に変じおわんぬ。そしていま、異国、牒状を献ず。神託を啓するに、掌《たなごころ》を指すが如し。あに八幡の冥助にあらずんば、誰か三韓の来冦を防がんや。されば偏えに異賊降伏の本誓あり。よって甲乙人の神領支配を停止せらるれば、いよいよ異国降伏の本誓を祈り奉らん。

筥崎八幡宮の神殿などが安泰だったときには、一度も外敵の襲来はなかった。しかるに文永二年に火事が起こり、神殿が焼け落ちると、とたんに蒙古の牒状が来た。だから蒙古降伏の祈禱をするには、甲乙人に押領されている神領を回復しなければならないのだ、というのである。

このような申請を受けた京都朝廷では、同七月二日、「たしかに申請通りにせよ」と、大宰府に命じている（『鎌倉遺文』一〇二七一号）。

筥崎八幡宮の神官が右のような申請をしたとき、蒙古の牒状を持ってきた高麗使潘阜が乗ってきた船は、まだ博多湾に碇泊していたかも知れない。その船を眼前にしている筥崎八幡宮の神官の申請である。これを無視することは、朝廷にはとてもできなかっただろう。

それにしてもあてが外れたのは、高麗使の潘阜だった。完全なまでに無視され、黙殺されて、朝議が「返牒せず」と決定したとも知らされず、五か月間も大宰府に留め置かれたのである。

この間、潘阜も、さまざまに嘆願してなんとか情報を得ようと努力した。しかし所詮は無駄だった。結局、少しの情報も得られないまま、帰っていかなければならなかった。

潘阜が江都に帰着したのは、元宗九年（文永五、一二六八）七月十八日だった。まったく要領を得ない潘阜の報告に、元宗は怖れを感じた。クビライが激怒するに違いないからだ。ただちに元宗は、潘阜を蒙古に差遣した。潘阜自身にこの間の事情を説明させ、弁明しようとしたのである。

潘阜の説明や弁明を聞いても、クビライが納得するはずはなかった。元宗が怖れていたように、真っ赤に激怒したクビライは、すぐに高麗に遣使した。クビライが派遣した使者は、またも黒的と殷弘とであった。両使が江都に到着したのは、同年十一月二十日だった。

高麗王元宗に宛てたクビライの命令書は、きわめて厳しい内容のものだった。

「さきに汝『風濤険阻の故に、日本へは渡ることを得ず』と言えり。しかるに汝の遣使潘阜は、とにかくも往復せり。汝の言、かくも信ずるに足らざるものなれば、潘阜の報告も、また信ずるに足らず。よって黒的、殷弘の両名を日本に差遣することにしたり。なれば汝、必ず案内の責務を果たすべし」

もはや高麗には、弁解する余裕も、言い抜ける余地もなかった。クビライの命令に、素直に従うよりなかった。すぐに案内人が、高麗朝の官人のうちから指名された。知門下省事《ちもんかしょうじ》の申思佺《しんしぜん》、侍郎の陳子厚《ちんしこう》、それに前回の使者だった潘阜である。

そして十二月四日、蒙古使一行は江都を出立して、翌文永六年（一二六九）二月十六日、対馬国豊岐浦（上対馬町豊崎町）に着岸した。このとき、一つの問題が生じた。島主の宗資国《そうのすけくに》が一行を抑留して、それ以上の渡航を阻止したのである。対馬国の守護は、武藤資能だった。しかし資能は大宰少弐を兼任していたので、この時期には大宰府にいた。だから宗資国は、守護武藤資能の代官でもあった。

宗資国は、蒙古使一行を抑留したまま、すぐに早舟で大宰府に急報した。早舟の急報が大宰府に着いたのは、のち金沢称名寺の二代長老になる釼阿《けんな》上人が書き残した記録によると、同二月二十二日のことだったらしい（『鎌倉遺文』一〇三八〇号）。

対馬からの急報を受けた武藤資能は、すぐに早飛脚を京都の六波羅探題に発した。その早飛脚が六波羅探題館に走り込んだのは、三月七日の午ノ刻（正午）だった。

前年の早飛脚は、元旦に大宰府を発して、閏正月五日に京都に到着している、所要の日数は、三十五日間だった。これに対して今回の早飛脚は、二月二十二日に大宰府を発して、三月七日の午ノ刻に京都に到着している。所要の日数は、わずか十六日間だった。実に十九日間も、日数が短縮されたのである。このことから推察すると、山陽道の宿駅ごとに、伝馬、継馬の設備がなされていたのだろう。

去年に潘阜が来てから、またの蒙古使の来着を予想して、伝馬が整備されたものだろう。去年の三月に執権になったばかりの時宗が、最初に実施させたのが、これだったかも知れない。だとすると、また気が付くことがある。蒙古使一行が対馬で抑留されて、それ以上の日本国内への渡航を、阻止されたことである。壱岐島、博多湾、大宰府など、まだ防衛の構えはできていなかった。そのような情景を、蒙古使一行に見られないための措置だったかも知れないのである。

さらに考えれば、去年潘阜が五か月間も大宰府に抑留されて、なんの情報も得られなかったのも、日本側のこのような線上での措置だったかも知れない。これだけ一貫した措置が指揮できたのは、この時期の日本では、幕府執権の北条時宗しか考えられない。幼時からの俊敏の才が、いま時を得て花開いたということであろう。

いずれにしても三月七日の午ノ刻（正午）、大宰府からの早飛脚が、六波羅探題館に走り込んだ。直後、北方探題の北条時茂、南方探題の北条時輔は、ただちに事の由を京都朝廷に報告した。このとき大宰府がもたらした情報は、『帝王編年記』に記録されている。対馬にやってきた蒙古使一行の内訳などは、次のようだったとある。

蒙古国の使八人。高麗国の使四人。従類七十余人。

対馬国に着くとの由、午ノ時、九国より六波羅に申す。

また『師守記』の貞治六年（一三六七）五月九日条に引用されている文は、次のようである。

蒙古国ならびに高麗国、上下六十余人。

対馬島に来着。去年、牒状を帯して到来のとき、返牒なきの状、蒙古国、疑貽《ぎたい》をなし、実否を尋ね聞かんがためなりと云々。
いずれにしても大宰府が発した早飛脚は、やがて鎌倉にも到着して、さらに詳細な報告をした。その報告は、金沢実時の口から、釼阿上人にも伝えられたらしい。のちに、釼阿は次のように記録している（『鎌倉遺文』一〇三八〇号）。

文永六―二―十六
蒙古、高麗の使など渡海の事
蒙古人の官人三人、同従人五人
高麗人六十七人
船四艘　対馬島豊岐浦に着くと云々
同二―二十二　（大宰府に）馳せ申しおわんぬ。

以上を総合すると、蒙古使は黒的、殷弘のほかにもう一人おり、この三人の所従が五人いた。高麗使は申思佺、陳子厚、潘阜などとその所従とで合計六十七人。これが船四艘に分乗してきたのだから、船を操る水手《かこ》、梶取《かんどり》も多数いたが、そのすべてが高麗人だったと思われる。
これを日程関係でまとめてみると、次のようになる。

文永五年
十一月二十日　蒙古使、江都に着く。
十二月四日　蒙古使一行、江都を出発。
文永六年
二月十六日　蒙古使一行、対馬国豊岐浦に到着。対馬島主宗資国、大宰府に早舟を派遣。
二月二十二日　資国派遣の早舟、大宰府に到着。大宰少弐武藤資能、早飛脚を京都に派遣。

三月七日午ノ刻　早飛脚、六波羅探題館に到着。その日、両探題、京都朝廷に報告。

その三月七日の午後、当然のことながら両六波羅探題は、早馬を鎌倉に向けて差遣したに違いない。しかしその早馬が鎌倉の執権館に走り込んだ日時は、管見の限り、記録されてはいない。多分、早ければ三月十一日、遅くとも三月十二日には、早馬は鎌倉に着いたと思われる。そして同十三日、鎌倉で評定衆の会議があったと、前述の釼阿上人の記録には記されている。急報を受けるや、すぐに鎌倉幕府では、評定衆会議が開かれたのである。

これに比して、京都朝廷の対応はかなり遅かったというように、いままで思われてきた。『師守記』によると、一か月以上もたった四月二十六日になって、ようやく院ノ評定があったと記されているのである。

しかしこれは、間違いであろう。六波羅の両探題から報告を受けた三月七日から以降『師守記』にある四月二十六日までの間に、いく度となく会議があったに違いない。たまたまこの時期の朝廷については、公卿の日記が欠けていて、確認できないのである。

その『師守記』によると、四月二十六日に開かれた院ノ評定の様子は、次のようであった。

連年、牒状到来するの間、沙汰（会議）あり。清書せられたる返牒（の案文）に相違（異論）なくんば、

「大宰府（を通じて蒙古使）に遣わすべし」

との由、関東（鎌倉幕府）に仰せ合わさる（相談する）といえども、

「返牒を遣わさるべからず」

との旨、（鎌倉幕府が）計らい申すの間（返牒することは）略されおわんぬ。

この記事を詳細に読むと、三月七日から四月二十六日までの情況を、かなりの程度まで推測す

ることができる。三月七日の午後、六波羅探題から報告を受けると、京都朝廷では評定が開かれた。いろいろとすったもんだの議論があったかも知れないが、やがて結論が出た。

「去年に蒙古から牒状が来たとき、返牒しなかったから、今年、また牒状が来たのだ。面倒だから、今回は返牒しよう」

ということで、誰かが下書きを作成し、誰かが清書して、

「こういう内容で、返牒しようと思うが、どうだろうか」

と、鎌倉幕府に相談した。帰ってきた鎌倉幕府の回答は、

「返牒、遣わさるべからず」

ということだったので、四月二十六日、改めて院ノ評定が開かれて、鎌倉幕府の意見に従って、

「(返牒することを)略されおわんぬ」

ということになった、というのである。

しかし、四月二十六日の京都での院ノ評定も、三月十三日の鎌倉での評定衆会議も、所詮は無駄だった。返牒すべきや否やの大議論も、結局は役には立たなかった。それより以前の二月二十四日、蒙古使一行は、対馬を発って帰ってしまったからである。京都や鎌倉に「蒙古使、来たる」という急報が届いたときには、実は蒙古使一行は、すでに対馬を去っていた。

釼阿上人の記録には、次のように記されている。

　同二月二十四日　(蒙古使一行は)本蕃に逃げ帰りおわんぬ。

二月十六日に対馬に到着した蒙古使一行は、その地に抑留されて、それ以上の内地に向かうことを阻止された。これよりさきに、鎌倉の北条時宗の下知が、すでに下っていたからしい。対馬の豊岐浦は、小さな漁村だった。そういう所に一行は抑留されたのである。

しかも島主の宗資国が、手兵を率いて一行を見張っていたらしい。時宗が発しておいた下知は、かなり徹底した厳しいものだったようである。さらに物見高い島人たちも、しきりに覗きに来たであろう。彼らは蒙古や高麗では高位にあったのだから、これを屈辱と感じたであろうことは、疑いない。

それでも最初の三日目ぐらいまでは、まだよかった。四日目、五日目そして六日目と抑留生活が続くと、しだいに一行は苛立ってきた。さらに七日目、八日目と続くと、ますます苛立ちは高じてくる。

そして九日目の同二十四日、ついに事件が起こった。『五代帝王物語』には、「不慮の喧嘩」だったとある。弥次馬、物売り、あるいは宗資国の手兵との間に、喧嘩が起こってしまったのである。もちろん、多勢に無勢である。蒙古使一行が喧嘩に勝てるわけはない。結局、喧嘩に負けて、乗ってきた船に逃げ込み、そのまま故国を指して帆を揚げたらしい。

釼阿上人の記録に、「本蕃に逃げ帰りおわんぬ」とあるのは、このことを指したものだろう。このとき、椿事が重なった。対馬の島民二人が、連れ去られたのである。一行が船に逃げ込むとき、楯がわりにされたのか、あるいは人質にされたのかも知れない。『五代帝王物語』には、次のように記されている。

不慮の喧嘩いできて帰国の間、対馬の二人、とられて高麗へ渡る。

『歴代鎮西志』には、連れ去られたのは塔二郎と弥三郎という名だったとあり、これは偶然のことではなく、「日本の事を尋ね問わんがため」の予定の行動だったと記されている。

蒙古の船、来たる。塔二郎と弥三郎とを捕らえて帰る。これ、日本の事を尋ね問わんがためと云々。

しかし直前に「喧嘩」があったということを考えると、やはり偶然のことだったかも知れない。また二人を連れ去ろうとして、その「喧嘩」が生じたのか、とも考えられる。

三月十六日、蒙古使一行は、江都に帰り着いた。日本側にしてみれば二度目の牒使の来訪。クビライにしてみれば三度目の遣使は、こうして終わった。

二度目の蒙古の牒状が来たという急報が入った直後の四月二十七日、鎌倉で一つの改革が行なわれた。文永三年三月六日に廃されていた引付衆制度が、三年振りに復活したのである。廃止されたときの引付番は、三番だった。そして今度復活したのは、五番編成だった。

各番の頭人は、次のようだった。

一番頭人　名越流北条時章
二番頭人　金沢流北条実時
三番頭人　塩田流北条義政
四番頭人　佐介流北条時広
五番頭人　安達泰盛

五人のうち四人までが北条一門であり、一人だけ北条一門ではない安達泰盛は、妹堀内殿が時宗の妻で時宗の義兄にあたり、准北条一門である。引付衆制度を復活させたことと、新しい頭人の顔触れとから、時宗の決意の程が窺われる。幕閣に北条一門の血縁原理を導入して、その陣容をさらに堅固なものにしたのである。

「蒙古め、来るなら来てみろ」という体制が、鎌倉幕閣では、さらに固められたのである。

鎌倉幕府と京都朝廷

鎌倉時代の日本人で、塔二郎と弥三郎の二人ほど不思議な体験をした者は、ほかにはいないだろう。京都どころか大宰府すら見たことはなかったと思われる二人は、蒙古皇帝の金殿玉楼などを見てまわったのである。さぞかし龍宮城ででもあるかのように、目を見張ったに違いない。

対馬から連れ去られた二人は、やがて江都に着いた。すると高麗国王の元宗は、すぐに二人を蒙古の首都、燕京に送った。クビライは非常に喜んで、二人に謁見を許し、あまつさえ宮殿などを、詳細に見てまわらせたのである。

豪奢な宮室、きわめて多くの武具と兵員、これら蒙古の隆盛ぶりを、二人に充分に見せつけて、それが二人の口から日本人に伝わることを、クビライは期待したのである。威圧作戦であり、一種の示威である。それからクビライは、二人に種々の禄物を与えて、日本に送り帰した。このことについて『歴代鎮西志』は、いとも簡単に記している。

その後、二人、禄物を受け持って（帰り）来たる。

『五代帝王物語』には、やや詳しく記されている。

（二人を）高麗より蒙古へつかわしたれば、王宮へ召入て見て、種々の禄をとらせて、本朝へ返し送る。是に付きて、また牒状あり。

二人を日本に送り帰すと同時に、またもクビライは、日本に牒状を送ろうとしたのである。クビライにしては四度目、日本にしては三度目ということになる。蒙古使ウルタイが二人を連れて江都に着いたのは、七月下旬だったらしい。高麗に対して、

「二人を日本に送り帰せ。そのとき同時に、ウルタイ所持の蒙古の牒状を、日本側に提出せよ。今度ばかりは、とにかく日本に返牒させよ」

と命じてきたのである。

すでに高麗には、蒙古に反抗する気はなかった。高麗国王の元宗は、朝臣のうちから金有成《きんゆうせい》と高柔《こうじゅう》の二人を抜擢して、日本に派遣した。もちろん両使は、塔二郎と弥三郎とを伴っていた。

『本朝文集』に残された一通の書状（『鎌倉遺文』一〇五七一号）によると、一行が対馬国伊奈浦（上県町伊奈）に着いたのは、文永六年（一二六九）九月十七日の申ノ刻（午後四時）だった。同書状には、次のように記されている。

大宰府の去年（文永六年）九月二十四日付の解状《げじょう》を得るに、

「去んぬる十七日の申ノ刻（午後四時）、異国船一隻、対馬の伊奈浦に来着」とあり。

また『関東評定衆伝』にも、ほぼ同じことが記されている。

九月、蒙古、高麗の重ねての牒状、到来す。牒使は、金有成と高柔との二人なり、対馬の島人の答二郎と弥二郎とを返す。

ここでは、「塔二郎」が「答二郎」に、「弥三郎」が「弥二郎」になっている。なお『北条九代記』では、「金有成」は「全有成」と書かれている。

前回の牒使は、対馬で抑留されて、それ以上の日本内地へは行くのが許されなかった。しかし今回は違っていた。すんなりと通されて、やがて大宰府に着いている。対馬の島人二人を連れていたので、島主の宗資国もこれを許したのであろう。一行が大宰府に着いたとき、副使の高柔が次のようなことをしたと、『関東評定衆伝』に記されている。

高柔は「霊夢を見たから」と称して、所持していた毛皮造りの冠を、安楽寺（太宰府天満宮付属の太宰府神社）に奉納し、さらに霊夢のことを詩にして、これも同社に奉納したのである。安楽寺に祀られていたのは、菅原道真である。日本人が神と崇めている人が、高柔の夢に現われたというのである。もちろん政治的な演技であろう。しかし大宰少弐の武藤資能は、これにあっさりと欺された。一行が提出した牒状を、簡単に受理してしまったのである。

遣使四回目（着いたのでは三回目）ともなると、高麗使もいろいろと策を用意していたらしい。ところで今回の蒙古の牒状の差出人は、「大蒙古国皇帝」ではなかった。一官衙でしかない「中書省」が、その差出人になっていたのである。「大蒙古国皇帝」の名で出した初回の牒状には、日本からの返牒はなかった。そのことで面子を潰された感のあるクビライは、今回の牒状で同じような恥を掻かないようにと、配慮したものと思われる。つまり、またも返牒なしということになることを、あらかじめ覚悟していたのだ。

大宰府に提出された牒状は、その蒙古国中書省からのもののほかに、高麗国王からの牒状も添えられていた。これを受理した武藤資能は、すぐに早飛脚を発した。その日は『本朝文集』所収の書状によれば九月二十四日、釼阿上人の記録によると、早飛脚が京都に着いたのは十月十七日だったらしい。二十四日ほどかかっていた。

ちなみに大宰府から京都まで早飛脚が要した日数は、第一回目が三十五日間だったが、第二回目は十六日間、第三回目は二十四日間であった。

第一回目、文永五年元旦大宰府発――閏正月五日京着　所要日数三十五日
第二回目、文永六年二月二十二日大宰府発――三月七日京着　所要日数十六日
第三回目、文永六年九月二十四日大宰府発――十月十七日京着　所要日数二十四日

第一回目が三十五日間もの日数を要したのは、山陽道に宿駅などの設備がなかったからであろ

う。かつて頼朝は、京都、鎌倉間の東海道には宿駅を設定したが、山陽道にまでは手が及ばなかったのである。北条時宗は、第二回目があることを予想して、山陽道の連絡路を整備させておいたのだろう。その結果、大宰府、京都間の早飛脚が十六日という驚異的な日数に短縮されたのである。山陽道に宿駅の設備を命じて伝馬を置かせたか、瀬戸内海の水運を活用することにしたか、そのどちらかである。

一回目と二回目との間は、わずか一年ほどでしかなく、宿駅を整備するには、あまりにも短期間に過ぎる。とすれば時宗が命じたのは、瀬戸内海航路の活用だったと思われる。それでも第三回目は、二十四日も日数を要している。前二回は春先だったが、第三回目は台風の季節だった。海が荒れていたのかも知れない。

いずれにしても、京都朝廷ではまた評定が行なわれた。例によって、「返牒すべきや否や」が議題だった。またまた甲論乙駁が展開され、評定はいく度となく繰り返された。返牒派と返牒せず派の応酬も激烈で、評定は一か月余も続いた。

この間、鎌倉では、日蓮が自分の予言が的中したとして、一文を書き残している。『日蓮立正安国論跋語』と題されている(『鎌倉遺文』一〇五四〇号)

文応元年(一二六〇)七月十六日、我れ宿屋光則入道最信を通じて、『立正安国論』を故最明寺入道時頼殿に奉ず。それから九か年を経て、文永五年閏正月十八日、「西方の大蒙古国、我が朝を襲うべし」との由、牒状を渡す。また同六年、重ねて牒状を渡す。すでに我が『立正安国論』での予言的中す。これに准じて思えば、未来もしかるべきか。これ、偏えに日蓮の力にあらず。『法華経』の真文、感応のいたすところなり。

文永六年十二月八日

また臨済宗の正伝寺《しょうでんじ》の開山東巌慧安《とうがんえあん》は、この頃、蒙古調伏を熱烈に祈っていた。その願文は、いま三通ほど残っている（『鎌倉遺文』一〇五五七号、一〇五五八号、一〇五五九号）。正伝寺（京都市北区西賀茂鎮守庵町）は、一年前の文永五年に創建されたばかりの寺だった。そして慧安は、その直前まで鎌倉の建長寺にいて、宋僧兀庵普寧《こったんふねい》の門下だった。

正伝寺住持東巌叟慧安　再拝す。

一心に八幡大菩薩ならびに六十余州五畿七道の一切の神々に啓白す。

いま日本国の天神地祇、正法をもって国を治めしより以来、部類眷族は此の国に充満し、おのおの威を振るう。しかして蒙古は辺国貪人《どんじん》なり。なんぞ降伏せんや。しかのみならず、我が国は草創より以後、億千万年を経るといえども、いまだ異国に進退されたるを聞かず。されば蒙古は、猫の子が獅子に敵対するが如し。我れら一心清浄にして至誠を尽くして祈らば、怨国を降伏させ、その悪心を直すべし。

我が国は、大小巨細のこと、偏えに武家（鎌倉幕府）に任ず。武家は、朝家第一の重宝なり。日本国の武芸は諸国を超過す。弓箭は、比類あるなし。

しかして蒙古は情性憍慢にして、ただ勝ちに乗るのみ。合戦に強剛なるも、あるいは天竺（インド）に赴き、あるいは唐土に向かうも、我が国は遼遠の長途数千万里なり、風波の難を凌ぎ、海上の危うきを過ぐべからず。

文永六年十二月二十七日　　開白

至心発願　一心諷誦　諸大乗教　真言神呪
功徳威力　八幡権現　今上皇帝　獅子大勢
虎狼威猛　蒙古怨賊　万国降伏　聖朝安穏

この願文の日付からみて、十二月二十七日の直前になって、ようやく京都朝廷の評定の結論が出たものらしい。「返牒あるべし」が、その結論だった。前述の釼阿上人の記録によると、その趣旨は次のようだった。

通交の義、唐、漢の先例あるによって子細に及ばず。ただし、かの国（蒙古）と我が国、昔より宿意（敵意）なし。しかるに、「兵を用いる」との蒙古の牒状にある一句は、「はなはだもって不義なり」との旨、返牒を遣わさるべきなり。

漢の時代や唐の時代にも、通交和親した先例があるから、蒙古とは付き合ってもよい。ただし蒙古と日本との間には、互いに敵意はないはず。にもかかわらず「兵を用いるぞ」と、脅喝的な字句が蒙古の牒状にあるが、「これは非常に間違ったことだ」ということだけは、とにかく言い送らねばならない。

要は、付き合ってはやるよ。だけど威かされたからではないぜ、ということである。

ちなみに時の関白は、鷹司基忠だった。去年十一月十九日に近衛基平が死んで、十二月十日、その後を嗣いだのである。基忠は、まだ二十三歳でしかなかった。性格は温厚というよりもやや憶病に近く、それでいて理屈っぽかった。その基忠の性格が「返牒する」と決めたことの理由にも、よく表われている。

いずれにしても、「返牒あるべし」と決まると、すぐに具体化がなされた。返牒の文章の作成は高辻流菅原長成、清書は世尊寺流藤原経朝と決まった。清書が経朝とされたのは、経朝が世尊寺流の書道の名人だったからである。

長成が文案作成と決まったのは、彼が文章博士だったから、ということに加え、ほかにも理由があった。

さきに副牒使の高柔は、菅原道真を祀る安楽寺に寄進をしている。道真の霊夢も見たと言っているから、道真信仰を持っているのかも知れない。それならば道真の末裔である長成が返牒を書き、明確に「菅原長成」と書いておけば、それなりの効果があるかも知れない、そんな仄かな期待も、かけられていたらしい。

やがて、菅原長成の文案が完成した。前記の『本朝文集』所収の書状というのがこれで、「日本国太政官牒」と題されている（『鎌倉遺文』一〇五七一号）。

蒙古国中書省に贈る牒　菅原長成

日本国太政官牒す、蒙古国中書省

高麗国の使人に付して牒送す。

牒す。大宰府の去年九月二十四日付の解状を得るに、

「去んぬる十七日の申ノ刻（午後四時）異国船一隻、対馬島の伊奈浦に来着す。例によって来たるの由を存問せしむるのところ、高麗国の使人参り来たるなり。よって、かの国ならびに蒙古国の牒を相添え、言上すること、件のごとし」

と言う。その大宰府からの解状につき事情を案ずるに、いまだ「蒙古」という国名を、聞いたることなし。そもそも貴国、かつて我が国と人あるいは物を通ずることなし。よって本朝、なんぞ貴国に対し好悪の使あらんや。しかるに貴国、そのような由緒をも顧りみず、「凶器を用いんと欲す」

と言う。なんぞ帝徳仁義の境と称しながら、かえって民庶殺傷の源を開かんとするや。

我が国は、皇土をもって神国と号す。智をもって競うべきにあらず、力をもって争うべきにあらず。乞う、よく思量せよ。

よって牒す。

高麗の牒使、定めて対馬島に留まるか。この牒状、よろしく高麗国より蒙古国に伝うべし。

文永七年正月　日

一か月ほど遅れて、高麗に対する返牒もでき上がった。これまた『本朝文集』に所収されていたもので、いまは「大宰府守護所牒」と題されている（『鎌倉遺文』一〇五八八号）。

高麗国に贈る牒　　菅原長成

日本国大宰府守護所牒す。

高麗国慶尚晋安東道按察使来牒の事。

牒す。高麗国の按察使の牒を尋ぬるにいわく、

「我れ高麗国の牒使、大宰府守護所に着き、日本国に牒す」

とあり。貴使は万里の路を凌ぎ、まず本朝の柳営の軍令（鎌倉幕府の出先である大宰府）を訪れしこと、九重ノ城（大内裏）に達す。

よって先月、本朝の太政官の牒をもって、よろしく蒙古中書省の衙に伝えしむべし。ともに返すところの対馬島人二人は、護送の舟を艤して、父母の郷にいたらしむ。この二人を返されたること、我れら両国の盟約空しからざるを知り、仁義の云露に感ず。

去年、貴国の牒使対馬に到着せるとき、我が方よりの警固の武士来たらず、海浜の漁者が集まり、爪外の心をもって、慮外の煩いを貴国の牒使にいたす。このことを漏れ聞きて、古くからの貴国との好《よし》みに背けるを恥じ、これら漁者には早々と霜刑を加え、よろしく後々への戒めとなさん。

ことに貴使たちの遠路の艱難を察し、いささかの旅糧、些少の資養をいたさん。よって牒

す。

文永七年二月　日

蒙古と高麗とでは、返牒の調子に、かなりの相異がある。

蒙古に対しては、「蒙古」という国名すら聞いたことがなく、ましていままでまったく付き合いはなかったのだから、好意も敵意も相互にまったくないはずなのに、「凶器を用いんと欲す」と威嚇するのはどういうことだ。と、なかば詰問調である。

これに比して高麗に対しては、

「蒙古からの牒状に対する日本側からの返牒は、先月渡したから、よろしく蒙古に伝えてほしい。なお対馬島人二人を返してくれたのは、古くからの両国の付き合いを貴国が忘れてはいないということで、当方も感激した。二人は、すぐに故郷に送り帰した。

なお去年、貴国の牒使申思佺らが対馬に来たとき、申思佺らを警固すべき日本の武士がいなかったので、付近の漁者たちが集まって申思佺らに無礼を働いてしまった。このことを知って我々は恥じ、その漁者たちは厳しく処罰することにした。遠路はるばるとやってきた貴殿たちに対して、それ相応の接待をするつもりである」

と、きわめて懇切な態度に出ようとしたのである。

蒙古と高麗とが同盟関係にあると誤解して、両者の関係を分断しようと、朝廷は図ったのかも知れない。すでに高麗が蒙古に服属していることを、知らなかったのだろうか。

しかし、「返牒すべきや否や」で、朝廷がすったもんだの議論を重ねたことも、「返牒すべし」と朝議が決定したことも、さらには菅原長成が蒙古、高麗両国への返牒の文案を作成したことも、すべては無駄だった。長成が書いた返牒の案文が鎌倉に届けられると、折り返し幕府からの意見

書が、朝廷に届けられた。それには、

「異国の牒状、無礼なる字句あり。よって返牒あるべからず」

と記されていたのである。

このとき京都朝廷は、鎌倉幕府の意見に素直に従っている。今度もまた、返牒はなかったのである。金有成、高柔一行は得るところもなく、帰国していった。

第一回目のとき、京都朝廷では、返牒派と返牒せず派とが、ほぼ五分五分だった。第二回目のときには、返牒派が勝ちを収めた。そして第三回目には、返牒の文案までが作成されている。京都朝廷の大勢が、返牒派だったのである。強硬な返牒せず派だった近衛基平が死ぬと、なおのこと返牒派の勢力が、増大していたのである。

「なんとしても、戦争は避けたい」

これが、京都朝廷の基本の姿勢だった。

これに比べると、鎌倉幕府は終始一貫して、「返牒せず」だった。いかにも武家政権らしく武断的で、その鎌倉幕府を率いている若き執権北条時宗の面目躍如といった観がある。

しかし、よく考えてみると、裏の事情が伏在していたらしいことも、見えてくるようである。蒙古の牒状は、「日本国王」つまり天皇宛だった。これに天皇の名で返牒すれば、以降、クビライと天皇、あるいは蒙古政府と京都朝廷とが交渉を続けることになり、鎌倉幕府は局外者の立場に落とされる危険がある。時宗たちは、これを避けようとしたのである。

もしかしたら、時宗たちには、それ以上の意図もあったかも知れない。

承久ノ乱で、京都朝廷は鎌倉幕府に敗れた。以降、京都朝廷は、唯々諾々と鎌倉幕府に従ってきた。多種多様な権限あるいは権力が、京都朝廷から鎌倉幕府に委譲されていった。そしていま、蒙古の牒状が到来した。宛名は「日本国王」だった。京都朝廷の手許に、外交権が残っていたことが判明したことになる。時宗たちは、京都朝廷に残っていた外交権をも、奪取しようと図ったのではないだろうか。

文永七年の日本と高麗

菅原長成が高麗への返牒の文案を作成したのは、文永七年二月のことだった。この時点では、高麗使金有成の一行は、まだ大宰府にいたことになる。この間、日本国内では、さまざまな流言が飛んでいたらしい。『鎌倉大日記』の文永七年の項に、次のように記されているのも、その一例である。

　正月十一日、蒙古船、対馬に寄せ来たる。

「寄せ来たる」というのは、「攻めて来た」という意味である。このとき、対馬で合戦があったとは、他書にも見えないから、これこそ流言で、このような流言が飛ぶということは、民心が脅えていたということである。

そして同年正月二十七日、六波羅探題北方の北条時茂が、三十一歳で死んだ。以降、翌八年十一月二十七日、後任の赤橋流北条義宗が着任するまで、六波羅探題は北条時輔ただ一人ということになった。先述したように京都朝廷は、とにかく戦争を避けようとして、ことごとに返牒しようとした。和親返牒派が圧倒的に多かったのである。

そうした情況の京都に、ただ一人でいた時輔は、必然的に京都朝廷からの影響を免れることはできなかった。しだいしだいに時輔は、和親返牒派に近づいていった。そのような時輔の考えや態度は、鎌倉幕府つまりは弟の時宗の考えや態度と、真っ向から対立することになる。やがて襲ってくる兄弟の悲劇は、こんなところにも原因があった。

同年五月十日、足利泰氏が五十五歳で死んだ。すでに建長三年（一二五一）十二月二日、自由出家をして法名を称阿と号し、家督を嫡男頼氏に譲っていたから、一見、ことはなさそうだった。しかし実際には問題があった。北条氏得宗家と幕閣有数の大豪族足利氏との血縁関係が、しだいに薄くなりつつあったのである。

義兼、義氏、泰氏の足利氏三代は、いつも得宗家の娘を妻にしていた。この時期までの両家は、固い絆で結ばれていたことになる。ところが四代目の頼氏の母（泰氏室、時頼の妹、時宗の叔母）は、三浦合戦の直前、宝治元年（一二四七）三月二日に死んだ。

足利氏との関係が疎遠になるのを怖れた北条時頼は、足利頼氏を烏帽子親として、自分の長男時輔を元服させた。ときに頼氏は利氏と名乗っていたので、時輔も時利と名乗った。「利」という一字を媒介として、烏帽子親子の関係が成立したのである。しかし、五代将軍九条頼嗣から偏諱を頂戴した足利利氏は頼氏と改名し、ほぼ同じ頃、北条時利も時輔と改名したので、利氏と時利との烏帽子親子の関係も解消されてしまった。

前述したように足利氏三代は、いつも得宗家の娘と結婚していた。ところが四代目を嗣立した足利頼氏が妻に迎えたのは、上杉重房の娘だった。得宗家の娘ではなかったのである。上杉重房は、建長四年（一二五二）四月、六代将軍宗尊親王が鎌倉に下向してきたとき、これに随行して鎌倉に下向してきた。だから生粋の宗尊親王派だったことは、もちろんである。その宗尊親王は、文永三年（一二六六）七月、北条時宗によって京都に追却された。上杉重房がどう感じたか、想像するのは難しいことではない。

時宗を怨むようになった上杉重房の娘が、足利頼氏の妻だったのである。頼氏が時宗をどう感ずるようになったか、これまた想像するに難くはない。その頼氏の父泰氏が死んで、頼氏が足利氏の惣領になったのである。時宗としては従兄弟の頼氏をも、警戒しなければならなくなったのである。

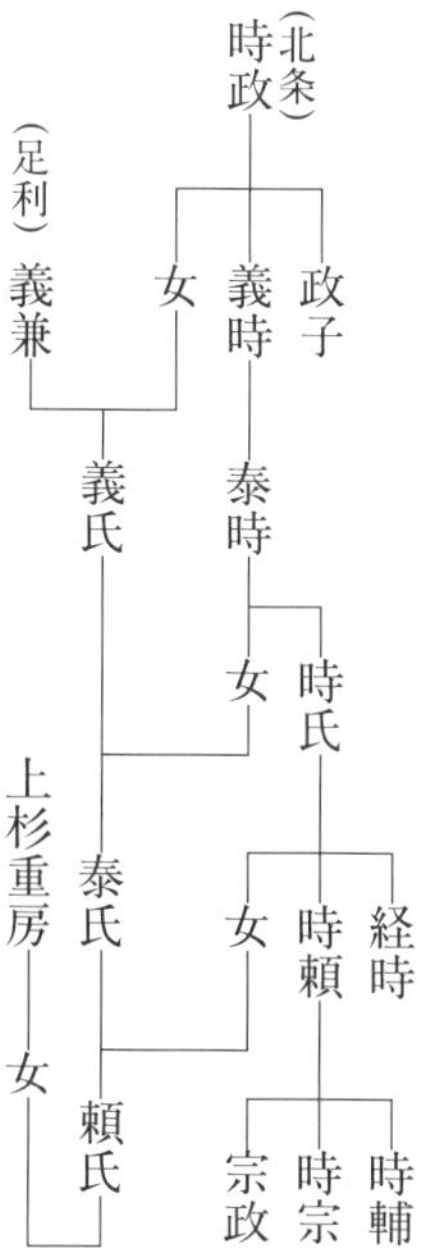

鎌倉で足利泰氏が死んだのと前後して、京都で流言が飛んだ。京都朝廷での評定で、蒙古の牒状に対して、「和親返牒」と決定したというのである。

たしかに京都朝廷は、一度は「和親返牒」と決定している。しかしそれはかなり以前のことで、実際には幕府の意見に従って、返牒はしていない。それどころか、この流言が飛んだ頃には、高麗使金有成らは、すでに帰途に着いていて大宰府にはいない。それなのに今頃になって、「和親返牒」と京都朝廷が決定したと、流言が飛んだのである。

このことから、蒙古の牒状問題については朝廷が秘密主義をとっていたこと、そして一般人が強く脅えていたことなどが、推測される。この流言を耳にして激怒したのが、熱血の僧東巌慧安だった。二十数人の弟子僧とともに、すぐに一通の願文を書いて、日本の神々に祈っている（『鎌倉遺文』一〇六三〇号）。

正伝寺住持老僧東巌慧安
　正伝寺知事妙智
　正伝寺檀那浄眼
　福田庵檀那仏心

先内衆
禅聖　覚心　大明　理観　道眼　円覚　唯心　親縁　了達　明仁　如実　慈雲
法雲　道恵　浄雲
以外衆
親助　隆豪　覚源　一円　覚浄　俊誉

再拝して、

八幡大菩薩ならびに六十余州五畿七道の一切の善神等に一心に啓白す。蒙古辺州の貪人、妄《みだ》りに此の神国に敵対して、両度の牒使を派遣せしむ。先度、返牒なきは我が国の勢いを増すものなり。しかるに今度は返牒あって、あまつさえ応じて和親に及ぶと聞く。つらつら此のことを案ずるに、愁嘆きわまりなし。願わくは、国主聖朝、先度の例にまかせて、返牒なきの義を成すべし。

我れ聞く、高麗副使高柔、蒙古の毛冠を安楽寺に献ずと。これ偏えに、蒙古降伏の先瑞なり。我れこれを知り、歓喜のあまりに社参せしめて祈願す。

伏して乞う。八幡大菩薩、百皇鎮護の誓約を忘却することなく慈悲を垂れ給わんことを。

文永七年五月二十六日

慧安再拝。

朝廷が返牒しないようにと、必死で祈願したのである。祈願する諸神の中心が、八幡大菩薩であったことは、やはり注目される。また高柔が安楽寺に毛冠を寄進したという挿話が、すでに京都正伝寺の慧安の耳に入っていたことも、これで判る。『関東評定衆伝』だけにしか記されていない挿話が、すでに京都には伝わっていたのである。慧安は、それを蒙古降伏の瑞兆と解釈していたのである。

同じ頃、高麗では大事件が起こっていた。麾下の三別抄《さんべつしょう》が、反乱したのである。

三十余年間も蒙古軍の馬蹄にかけられた高麗では、首都を古京の開城から江華島に移し、これを江都と称していた。京畿湾上の一小島だった江華島は、以降、厳重に要塞化された。同時に特別に精鋭の兵のみを選抜して、「別抄」という特別部隊を編成した。左ノ夜別抄、右ノ夜別抄、そして神義別抄の三隊だったので、総称して三別抄という。精鋭の三別抄に守られ要塞化した江都には、さしもの蒙古兵も手を焼いたらしい。いまは完全に服属した高麗朝に対して、しきりに古京の開城に戻るよう要求した。

元宗十一年（文永七、一二七〇）、ついに高麗は開城に還都した。しかし三別抄は、同六月、これに抗議して反乱し、海上を南下して半島西南端の珍島に拠って、なおも抵抗を図った。

一方、やや遅れて同年十一月、鎌倉にいた日蓮は、俗弟子の四条金吾（中務三郎左衛門尉）頼基に、書状を書き送っている。さきに「他国侵逼難」を言い当てた日蓮は、その書状のなかで、今度は「自界叛逆難」をも予言していた（『鎌倉遺文』一〇七四二号）。

ちなみに「他国侵逼難」とは、「外国から攻められる」ということで、具体的には蒙古のことを指している。そして「自界叛逆難」とは、「身内から裏切りが出る」ということである。

（前略）また法華経の経文によって見るに、自界叛逆難のことも有るべし。震丹（中国）・高麗、すでに禅宗あるいは念仏宗に帰依せるにより、守護の善神、かの国々を去るの間、ついに蒙古に服属せり。我が朝、また邪法弘まって我が天台法華宗を無視するの故に、やがてはいかがあらんかと見え候。

文永七年十一月二十八日　　日蓮

金吾殿への御返事

この時期、すでに高麗は蒙古に服属していたが、まだ中国（南宋）は服属してはいない。日蓮が得ていた情報には、誤りがあったわけである。しかし、高麗が禅宗、念仏宗だったから、蒙古に服属することになった。同様に日本も、禅宗、念仏宗を信じているから将来が危険だ。自界叛逆難だって、充分に起こり得るぞという主張には、かなりの説得力があった。

この日蓮書状の宛名人である四条金吾は、名越流北条光時の旧臣だった。そして名越流北条氏は、北条一門ではあっても、ほぼ常に北条得宗家に対抗していた家系だった。金吾頼基の旧主名越光時は、寛元四年（一二四六）の宮騒動で失脚し、時頼から伊豆国江間郷に配流されている。直後、その家臣だった金吾頼基は、日蓮に帰依して俗弟子となり、法名を日頼とした。鎌倉長谷にある四条山収玄寺は、その頼基の屋敷だったという。

同七年十二月二十日、鎌倉で、一見、些細な事件が起こった。七代将軍の惟康王が、皇親の籍から離脱して臣籍に降下して、源惟康となったのである。同時に左近衛中将に任じられて、従三位に叙せられた。

これは別段、珍しいことではなかった。天皇の御子で天皇にならなかった親王あるいはその御子が、皇籍離脱、臣籍降下したという例は、あまりにも多い。

皇親だったときには、姓名はないから、臣籍降下するとき、「源」あるいは「平」というような姓を賜るのも、普通のことだった。「源」あるいは、「平」という姓を天皇から賜ることを、源姓賜与あるいは平姓賜与という。そのとき系図を遡っていって、最初に突きあたった天皇の名を冠して、〝〜源氏〟あるいは〝〜平氏〟と呼ぶ。惟康王の場合、後嵯峨天皇——宗尊親王——惟康王（源惟康）という順だから、これは後嵯峨源氏ということになる。

これより以前に成立した〝〜源氏〟というのを、古い順に列挙すると、次のようである。

嵯峨源氏、仁明源氏、文徳源氏、清和源氏、陽成源氏、光孝源氏、宇多源氏、醍醐源氏、村上源氏、冷泉源氏、花山源氏、三条源氏、後三条源氏、後白河源氏、順徳源氏

惟康王の後嵯峨源氏より以降に成立した〝〜源氏〟は、次のようである。

後深草源氏、亀山源氏、後二条源氏、後醍醐源氏、正親町源氏

ついでながら〝〜平氏〟も挙げておくと、次のように四氏ある。

桓武平氏　仁明平氏、文徳平氏、光孝平氏

惟康王が源惟康になったのは、あり触れたことだったのではあるが、重大な問題が鎌倉幕閣には存在していたらしい。その根底には、鎌倉時代の中頃に源平交替説という思想が成立した、という事実があった。

かって摂関政治の頃、その爪牙だった源氏が抬頭した。やがて院政が成立すると、その傭兵隊長だった平氏が、源氏にとって代わった。続く源平合戦で源氏が勝つと、鎌倉幕府初期の源氏将軍三代となるが、すぐに幕政の実権は北条氏（平氏）の手に移っている。まさに源平両氏が、かわるがわる権力を握ったことになる。このように過去から帰納してきて、一種の歴史の見方となったのが、源平交替説だった。

しかし、源平交替説は、すぐに変質した。過去を見る方法だったものが、将来を予想する考え方になったのである。いま天下を握っているのは北条氏（平氏）である。次に来るのは、当然源氏であると考えられたのである。

義親——頼朝という源氏の嫡系は、いわゆる源氏将軍三代で断絶している。とすれば系図を遡って義親の弟足利義国の系統が、いまは正統ということになる。

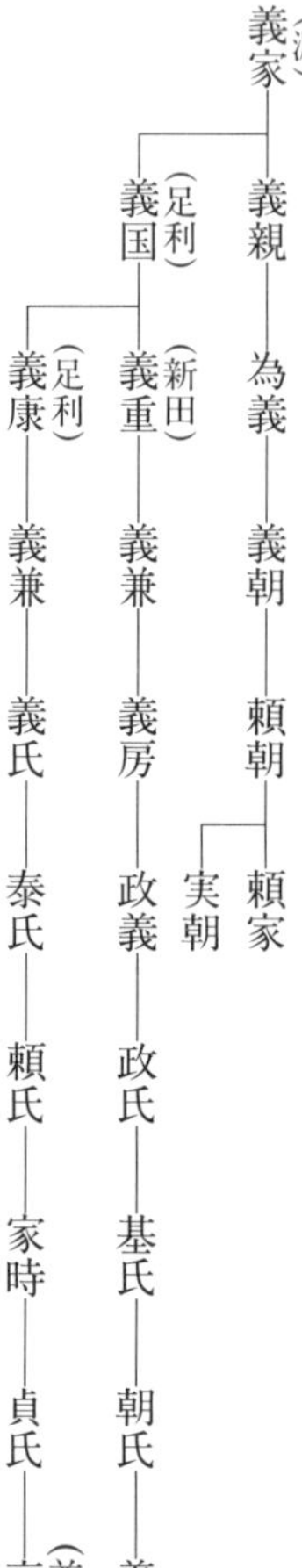

義国の系統は、長男新田義重の新田流と、次男足利義康の足利流とに分流している。しかし新田流は、初代の義重が源平合戦で平氏側だったことなどが重なって衰微し、足利流の通字である「氏」を名乗るなど、いまは足利氏の庶家の地位になり下がっている。

とすれば、「次は源氏」という「源氏」とは、つまりは足利氏ということになる。代々の北条氏得宗家が足利氏三代を女婿に迎えたのは、このことへの配慮からだった。姻戚関係を結ぶことによって、足利氏を懐柔してきたのである。

ところがいま、足利氏の当主は頼氏だった。得宗家との血縁関係が切れかかっていたことは、先述してある。ここにこそ、惟康王の臣籍降下の意味があった。将軍惟康王が源惟康になれば、「次の源氏」は足利氏ではなく、現将軍の源惟康だということになる。そうなれば、足利頼氏が抱くかも知れない野心も、事前に封ずることになる。現執権である北条時宗の地位も、しごく安泰になる道理だった。文永七年十二月二十日、将軍惟康王が臣籍降下して源惟康となったのは、若き得宗北条時宗の策謀だったのである。

このようなことが日本であったとき、朝鮮半島東南端の金州（巨済島の北岸）では、大事件が起こっていた。広大な田地が強引に蒙古に接収されて、日本遠征軍の基地とされたのである。やがて蒙古の大軍が進駐してきて、屯田《とんでん》することになっていた。日本に向かって出撃するまで、彼らは金州で農耕に従事する予定だった。

これよりさき蒙古では、約四十人の屯田経略使が任命されていた。金州屯田兵の指揮官たちであり、やがては日本遠征軍の各部隊の将にもなるはずだった。蒙古軍のクリンチ、高麗人の洪茶丘《こうちゃきゅう》、女真族の趙良弼《ちょうりょうひつ》、そして宋人の王国昌《おうこくしょう》などである。

このうちの趙良弼は、江淮宣撫使《こうわいせんぶし》、陝西《せんせい》宣撫使などを歴任し、金州屯田経略使に任じられたときは、蒙古朝の秘書監だった。屯田経略使に抜擢されたとき、趙良弼はみずから願い出て、日本への牒使に起用された。クビライにしては五度目、日本にとっては四度目の牒使だった。ときに趙良弼は、五十四歳であった。

三別抄の牒状

文永八年（一二七一）正月、蒙古の牒使趙良弼一行は、高麗の首都開城に着いた。約四十人の屯田経略使も一行に同行していた。三別抄の反乱以来、高麗人の抵抗も激しくなり、道中が危険になっていたからである。

開城には着いたものの、趙良弼一行は、すぐには日本に来られなかった。途中の海上を三別抄の水軍が横行していて、危険だったからである。また途中が危険だからとして、高麗が一行を引き止めていたらしい。高麗では、日本との戦争は、少しでも遅らせたかったのである。

さきごろ珍島に栖籠った三別抄は、蒙古と高麗との混成軍に敗れて、さらに南走した。やがて三別抄は、半島最西南端の耽羅《たんら》（済州島）に新たな根拠地を置いた。

今度の三別抄は、ただの敗残兵ではなかった。周辺の漁民たちが多数加わってきて、一千余艘の軍船を擁するようになったのである。軍隊としての質も、基本的に陸軍から水軍へと転化して、積極的に攻勢に転じていた。

半島東南端の巨済島、その北岸の金州屯田地の沿岸地帯、さらには半島南部の広汎な多島海地域などが、三別抄の版図に帰した。蒙古兵の手薄な地点を選んでは逆上陸して攻撃するなど、散々に蒙古兵を翻弄したのである。これを気にしたのが、クビライだった。約四十人だった屯田経略使の人数を、さらに大きく増加させたのである。

新しく屯田経略使に任じられた忻都《きんと》、史枢《しすう》などは、同年三月高麗に着任、同時にクビライの追加命令が高麗に下達された。

疲弊しきっていた高麗にとっては、まさに恐るべき命令だった。首都である開城の周辺など、新たに十ヵ所の地が、屯田地に追加指定されたのである。各屯田地全体の総司令部にあたる屯田経略司は、西海道の鳳州《ほうしゅう》に置かれることになった。

高麗王朝の版図のほぼ全域に、屯田地が存在することになったのである。屯田とは言うものの、その実体は進駐軍であり、占領軍であった。そして屯田兵六千名の兵糧のほか、軍馬用の秣《まぐさ》、農業に用いる牛三千頭、そのほか各種の農具と種子なども、供出するように命ぜられた。高麗の一般庶民の手許には、なにも残らなくなるほどの物量だった。

この日本の南方海上における三別抄水軍の跳梁跋扈、半島全域における屯田騒動などが、どの程度まで日本に伝わっていたかは判らない。しかし民間貿易船の往来はしきりだったから、かなりのことが民間にも通じていたものと思われる。

さきに、入宋僧の南浦紹明《なんぽじょうみん》、寒巌義尹《ぎいん》の二人が、南宋から帰国している。これに続いて南宋の僧大休正念も、日本にやってきている。紹明は太宰府の崇福寺に、義尹は博多の聖福寺に、大休正念は鎌倉の禅興寺（明月谷）に住持したから、それなりの情報を大宰府、博多あるいは鎌倉にもたらしたものと考えられる。禅興寺は、北条時頼の最明寺の跡地に、文永五年ないし同六年に、北条時宗が創建した寺院である。いまも残る明月院は、もともとは禅興寺の一塔頭だったという。

いずれにしても大休正念の口から、大陸の様相が時宗の耳に伝わったことは、まず間違いない。ところで文永八年七月十八日、京都正伝寺の熱血の禅僧東巌慧安は、南宋に帰国していた宋僧兀庵普寧に水晶の念珠一連を送るとともに、一通の書状を書き送っている（『鎌倉遺文』一〇八五一号）。その書状の宛名は「大宋国径山万年正続、兀庵老師大和尚大禅師」差出人は、「日本国洛陽正伝寺、住持小師慧安」と書かれている。

その書状の仲介をしたのが、六波羅探題の北条時輔だった。このような関係から、時輔も大陸の様子は聞き知っていたものと思われる。鎌倉の時宗も、京都の時輔も、ともに大陸の様子を知る伝手は持っていた。高麗の悲惨な情況も、当然、知っていたに違いない。しかし情報の受け取り方は、おのずから相違していたかも知れない。

文永八年八月十日、鎌倉幕府の評定衆会議で、次のようなことが決まった。

一、寛元元年（一二四三）より康元元年（一二五六）にいたる御成敗のこと。

右、自今以後においては、三代将軍ならびに二位家（尼将軍北条政子）の御成敗に准じ、

改め沙汰に及ばず。

一般に先例固定令と呼ばれる法令で、頼朝、頼家、実朝の源氏将軍三代ならびに尼将軍北条政子（執権は北条義時、泰時）が行なった政治は、先例として変更はしないというものだった。これは同時に、以上の人々が裁許（判決）した訴訟事件は、再審要求があっても受理しないということでもある。その先例固定令を、寛元元年から康元元年までの時期にも、適用させるというのである。具体的には北条経時、時頼兄弟が執権として行なった政治と裁許は、いまさら変更はしないということである。

換言すれば、過去のことは振り返らない。ただ前進あるのみという幕府の決意を、世上に闡明したことになる。近々に蒙古の来襲を覚悟した上で、不動の態度を示したというところだろう。ちょうど同じ頃、博多湾に異国船が入港して来て、一通の牒状を大宰府に提出した。

一説によると、趙良弼の使者で、三別抄水軍が海上を横行していたので渡海できず、牒状だけを日本に送り届けたのだという。しかし、蒙古の牒使である趙良弼の牒状だったら、「和親服属」ということが、記されているはずである。ところがその牒状には、まったく意外なことが記されていたのである。

「近々の間、蒙古兵、必ずや日本を攻めるべし。されば我れら両国は、ともに蒙古を敵とする同志なり。よって我れ、貴国に糴《ちょう》を求む。また救援の出兵を求めること、はなはだ切なり」

三別抄が日本に、救援を求めてきたのだった。「糴」というのは、〝売《う》り米《こめ》〟とも読む。援軍の派遣を求めると同時に、兵糧米を売ってくれとも、頼んできたのである。この間のことは、京都

の公卿吉田経長の日記、『吉続記《きちぞくき》』に詳しい。

三別抄から牒状を受け取った大宰府の少弐資能は、すぐに鎌倉に送った。一見した時宗たちは、これをすぐ京都に送った。九月二日、鎌倉の使者は、牒状を関東申次の西園寺実兼に渡した。その日のうちに実兼は院参して、牒状を後嵯峨上皇に奉呈した。

翌九月三日、院ノ評定が開かれた。そうそうたる公卿たちが出仕してきて、牒状が読み上げられることになった。この時代には、会議の席上、議題のもとになる奏状、解状、牒状などが声高に読み上げられ、出席者たちはそれを聞いて「議題はなにごとなのか」を知ることになっていた。

ところがこの日、牒状を読み上げることになっていた文章博士の菅原長成が、突然、その役を辞退したのである。やむを得ず、左大弁の日野資宣が、代わって牒状を読み上げた。しかし資宣の読みは、きわめてたどたどしいものだった。三別抄のことを知らないのだから、無理もなかった。読み上げた資宣に意味が判らなかったのだから、これを聞いた公卿たちに牒状の意味が判るわけはない。その日の評定は、訳も判らないままに閉会となった。

その翌日、吉田経長は、必死に頭を使った。三別抄からの牒状の趣旨を、一生懸命に理解しようと努めたのである。三別抄が蒙古に抵抗していることを知らなかった経長は、その牒状が蒙古の手先になっている高麗からのものと誤認していた。だから牒状の趣旨が、つかめなかった。

「蒙古兵、必ず日本を攻めるべし」

というのは、三別抄からの警告あるいは忠告であったが、経長には蒙古の手先である高麗からの威嚇と解された。それでいながら牒状には、

「我れ、貴国に糶を求む。また救援の出兵を求めること、はなはだ切なり」

とある。これが理解できなかった。

「これから攻めるぞ。だから米を売ってくれ。ついでに援軍を送れ」というのでは、まったく筋が通らない。菅原長成が牒状の読み上げ役を辞退したのも、それが理由だった。

そして五日、亀山天皇の御前で、牒状が読み上げられた。文章博士の藤原茂範が、とくに呼び出されて、その役を務めた。さすがに茂範は文章博士だった。きわめて流暢に牒状を読み上げたのである。面目を失ったのは、菅原長成だった。やがて十月十三日、長成は参議と文章博士という官職を辞任することになる。

しかし茂範も、すらすらと牒状を読み上げはしたものの、意味が判ったわけではなかった。その席上にいた公卿たちにしても、同様だったらしい。全員が、牒状の趣旨を理解できなかったのである。

こうして、異例のことが行なわれた。牒状の文章が二十数通も筆写されて、院ノ評定衆全員に配られ、さらに、

「明六日、院ノ評定あるべし。それまでに、牒状の趣きを理解し来たるべし」

とされたのである。とにかくこれは、まったく先例のないことだった。評定衆たちに、宿題が課されたのである。しかし翌日、予定されていた院ノ評定は、ついに開かれなかった。牒状の写しを配られても、やはり意味が通じなかったかららしい。

その日、文章博士の藤原茂範は、吉田経長の邸を訪れた。茂範は流暢に牒状を読み上げはしたものの、やはり意味がつかめず、学者として定評のあった経長に、教わりに来たのである。しかし経長にしても、牒状が理解できないという点では、茂範たちと同じだった。とにかく三別抄のことを知らなかったのだから、やむを得ないことだった。

そのため経長と茂範との関心は、結局、牒状の文字面だけのことになった。牒状には「貼」と

いう文字があるが、これでは意味が通じない。これは「貼」という文字を、書き間違えたのではないか。「貼」ならば、「典」に通ずるが……。しかし意味は、とにかく判らない。

九月七日、また院ノ評定が開かれた。しかし三別抄の存在を知らなかったのだから、牒状の趣旨が判るはずもなく、まともな会議になるはずもなかった。この日の評定がなんの結論も出さずに終わると、しばらくの間、評定は開かれなかった。会議を開いたところで、なにも得るところがないと、ようやく気がついたらしい。

九月二十一日にも評定が開かれ、とにかく仁王会を行なってからということになった。神仏に祈っておけば、なんとかなるだろう、というのである。ところが願文を書く段になって、また問題が生じた。

「蒙古」という国名は、中国の史書などにも見当たらない語である。前記の牒状では、蒙古のことを「北狄」と記しているが、蒙古は高麗からは北かも知れないが、日本からは西にあたるのではないか、さすれば日本で蒙古降伏を祈るのならば、「北狄」ではなく、「西戎」とすべきではないか。このような空虚な議論で評定は紛糾して、結論は出なかった。そしてまた、しばらくの間、評定は行なわれなくなった。結果として、三別抄からの牒状に対しても、なんの返牒もなされなかったのである。

こうして京都では、公卿たちはなんらの対応の措置も、講じることができなかった。しかし鎌倉では、様子が違っていた。九月十三日前後の頃、九州に飛び領地のある東国御家人たちに対して、

「速やかに九州の自領に下向して、その国の守護の指揮下に入り、異国が襲来せば防衛に励むべし」

と、執権時宗、連署政村が下知していたのである。

武家政権らしい実際的な措置だった。九州での軍事力の増強を、時宗らは図っていたのである。だから、とくに名差しで九州下向を命ぜられた者も、少なくはなかったらしい。一例を挙げると、次のようである(『鎌倉遺文』一〇八七三号)。

「蒙古人、襲来すべし」との由、その聞えあるの間、御家人らを鎮西に差遣するところなり。早速、自身、肥後国の所領に下向し、守護人(名越流北条時章)に相伴い、かつうは異国の防御を致さしめ、かつうは領内の悪党を鎮むべし。将軍家の仰せによって、執達すること件のごとし。

文永八年九月十三日　相模守(花押)

左京権大夫(花押)

小代右衛門尉子息等

武蔵国小代《しょうだい》郷(東松山市正代)を「苗字の地」としていた小代重俊は、三浦合戦で樹《た》てた軍功の賞として、肥後国野原荘(荒尾市野原)の地頭職を与えられていた。そのため重俊本人でなくとも、その子息のうちの誰かが現地に下向するようにと、命ぜられたのである。野原荘は水田八百余町もの大荘で、もとは毛利季光の所領だった。季光が三浦合戦で三浦方として戦死したあと、毛利氏から没収されて、小代氏に与えられたのである。もう一つ例を挙げておく。

「蒙古人、襲来すべし」との由、その聞えあるの間、御家人らを鎮西に下し遣わすところなり。早速、器用の代官を、薩摩国阿多北方に差遣し、守護人(島津久時)に相伴い、かつうは異国の防御を致さしめ、かつうは領内の悪党を鎮むべし。将軍家の仰せによって、執達すること件のごとし。

文永八年九月十三日

相模守（花押）
左京権大夫（花押）

阿多北方地頭殿

薩摩国阿多郡北方（鹿児島県金峰町）は、三浦合戦の直後、幕府評定衆だった二階堂行久に与えられたが、これを行久は娘（故二階堂行景の未亡人忍照尼）に譲っていた。

時宗、政村が発した命令書の宛名の「阿多北方地頭殿」は、忍照尼という女性だったのである。だから時宗、政村は、（本人ではなく）「器用の代官」を、現地に差遣せよと命じたのである。この命令を受けた忍照尼は、すぐに子息二階堂三郎左衛門尉泰行を、現地に派遣している。

わずか二例しか挙げなかったが、直接的に名差しをされたり、あるいは間接的に下知されて、九州に赴任した東国御家人は、かなりに多かったと思われる。

もちろん、「異国の防御を致す」のが本務だったが、同時に「領内の悪党を鎮むべし」と下知されているのも、注目される。このころ畿内以西では、「悪党」と呼ばれる反抗的な集団が、しだいに多くなっていたのである。

時宗らが小代、二階堂などの諸氏に下知を下したのは、文永八年九月十三日だった。その直前、同日の丑ノ刻（午前二時）、鎌倉を出て行く武士の一行があった。得宗被官の平頼綱が、前日に捕らえた日蓮を護送して、西に向かっていたのである。一行は鶴岡八幡宮前を通り、由比ヶ浜、極楽寺ノ切通し、七里ヶ浜、腰越を経て、やがて龍ノ口の刑場に着いた。

その場で日蓮は、斬首されることになっていた。直前の同六日、鎌倉極楽寺の良観房忍性と祈雨の勝負をして、日蓮が勝ってうらまれたからだとされている。しかし祈雨の競争というのは、俗説である。祈雨をした場所は、鎌倉の西郊七里ヶ浜の田辺池（霊光寺）だともいうが、所詮は

伝説でしかない。真相は、

「禅宗に帰依せし故最明寺入道殿（時頼）、念仏を信じし故極楽寺入道殿（重時）、ともに無間地獄に堕ちたり」

と、日蓮が言い触らしていると聞いた時頼未亡人（重時の娘）が、亡夫と亡父の悪口を言われたとして激昂して、息子時宗らを動かしたものらしい。また、

「日蓮は僧侶なるに、草庵に弓箭兵仗を隠し持ちたり」

との訴えを受けた幕府の取り調べに対して、

「武器を所持せるは、法華経護持のためなり」

と日蓮が反論して、武器を持っていることを否定しなかったことが、幕府の要路に警戒されたということもあったらしい。建長三年（一二五一）十二月の了行法師、弘長元年（一二六一）六月の大夫律師良賢、そして文永三年（一二六六）六月の松殿僧正良基など、僧侶が事件を起こした例が、少なくなかったからである。

いずれにしても龍ノ口の刑場に着いた日蓮は、馬から降ろされて、大地に坐らされた。後を慕ってきた弟子の四条金吾は大声をあげて泣いた。日蓮の背後に立った太刀取りが、その太刀を振りかぶった。そのとき、光が辰巳《たつみ》（東南）から戌亥《いぬい》（西北）に飛んだと見るや、太刀取りが振りかぶった太刀が、鍔元から折れたというのである。

伝説によれば、平頼綱は、すぐに鎌倉に使者を走らせた。本当に処刑してよいのか、時宗に尋ねようとしたのだという。その使者が七里ヶ浜の真ん中辺りに来たとき、鎌倉から馬を走らせてくる武者と行き合った。時宗が発した使者だった。

「今暁、相大守（時宗）の室、御懐妊のこと露顕。よって日蓮の処刑は、中止とせり」

こうして日蓮は命拾いした。しかし釈放されたわけではない。大仏流北条宣時に召し預けの身となり、宣時の家臣本間重連の代官右馬太郎が、日蓮を相模国依智郷（厚木市依知）に護送していった。やがて宣時の所領佐渡ヶ島に、配流されることになる。

同年十二月十二日、時宗室（堀内殿）は、男子を出生する。のちに得宗八代目を嗣立する北条貞時である。なお平頼綱の使者と時宗の使者とが「行き合った」場所が、いまの「行合川《いきあいがわ》」だといわれる。しかし実際は、承久ノ乱後、京方として斬首されることになった大監物源光行が、赦免状を持った息子親行と「行き合った」のが、この川のほとりだったらしい。

鎌倉で時宗が小代、二階堂などの諸氏に軍勢催促状を発し、日蓮が龍ノ口で処刑されかかったりしていた頃、京都朝廷では三別抄からの牒状を高麗からのものと誤解して、返牒するか否か、まだ揉めていた。そして朝廷の様子は、六波羅探題の北条時輔にも伝わり、さらに正伝寺の東巌慧安にも伝わった。

当然のことながら、慧安も三別抄と高麗とを間違えていた。それでも慧安が得た情報は、容易ならぬものだった。

伝え聞く、蒙古人いわく、

「日本の弓箭兵仗などの武具、他国を超えて勝れ、人に勢力あり。夜叉、鬼神も敵対するに由なし。しかりといえども、国中は下賤無道にして、上は下を卑しみ、下は高く挙ぐ。万民は乱雑にして、王と臣と分ち難き無理の乱国なり。されば、なんぞ掌に入らざらんか。一陣、破却せば、残党、難《かた》からず。先ず高麗を破り、次に日本を攻む。彼（日本）の軍兵をもって、天竺、震旦を降伏するは、はなはだ易し」

日本の武士は強いが、国は乱れていて、天皇と家臣（幕府）との区別もない。だから先ず高麗を破り、次に日本を攻め取るのは簡単なことだ。その日本の武士を用いて攻めれば、天竺（インド）、震旦（中国）を征服するのも、難しいことではない。そのように蒙古人（クビライ）が、言ったというのである。

日本の悪口を言われて怒った慧安は、さらに願文を書いて神仏に祈っている（『鎌倉遺文』一〇八八〇号）。文永八年九月十五日付の願文の末に、慧安が書きつけた和歌は、後世に有名となる。

すへのよの　末の末までわが国は　よろづの国にすぐれたる国

とにかく文永八年という年は、蒙古襲来の危険という外患と、悪党蜂起などという内憂とが、こもごもの年であった。その文永八年は、まだ終わってはいなかった。

「二月騒動」と時宗の決断

三別抄の牒状を高麗からのものと誤認した京都朝廷は、字句の解釈や返牒の有無などをめぐって、文永八年の九月三日から同二十三日にいたるまで、断続的に堂々めぐりの評定を繰り返していた。その間の九月十九日、博多湾の今津（福岡市西区今津町）に、趙良弼が現われた。三別抄も含めると、日本にとっては五回目だった。そして日本に行き着かなかった初回を勘定に入れると、クビライにとっても五回目だった。

この時期の朝鮮海峡では、三別抄水軍が、蒙古に服属した高麗朝に反抗していた。その間隙を縫って渡来した趙良弼には、生命の危険をも顧みない熱意の程が充分に見てとれた。それだけに趙良弼は、きわめて強硬だった。牒状の引き渡しを迫る少弐資能、経資父子に対して、

「日本国王ならびに大将軍に直接に謁見を遂げ、我れ良弼みずから牒状を献ぜん」

と主張して、牒状を少弐父子に手交するのを、頑として拒絶したのである。

こうして、交渉がしばらく続いた。そして数日後、趙良弼がわずかに妥協したと、『関東評定衆伝』に記されている。つまり趙良弼は、牒状の正文は引き渡さないが、

「案文は、我れ直に大将軍に伝うべし」

と、主張したのである。正文ではなく案文（副本）は大将軍（幕府の将軍）に渡すが、それも自分が鎌倉に行って、直接、将軍に渡したいというのである。これでまた、交渉は暗礁に乗り上げた。僧侶や商人ならともかく、国書を持った外国の使臣を、鎌倉に入れて将軍に会わせるなど、とんでもないことだったからである。

このとき有利な立場にあったのは、少弐氏の方だった。相手が牒状を渡さないと言えば、はいどうぞで済むのである。これに対して趙良弼の立場は、きわめて不利だった。牒状を渡すのが、彼の使命のうちだったからである。

九月二十五日、趙良弼が折れて、ようやく妥協が成立した。牒状の正文は渡せないが、その副本だけは少弐氏に託すということになったのである。それだけではなかった。なんとしても使命を果たそうとした趙良弼は、その決意の程を示す書状を書いて、その牒状の副本に添えて手交してきたのである（『鎌倉遺文』一〇八八四号）。

「この副本、汝、別人に授受せば、すなわち我れ、まさに汝を斬るべし。また汝、強いて我より正文を奪わんとせば、すなわち我れ、この処において、まさに自刎すべし」

さらに副本を手交しようとしたとき、趙良弼が言った言葉というのが、『五代帝王物語』に記されている。

「この副文、唐櫃に納めて金の鍵をさし、王宮に持参して帝王に献ずべし。それ叶わずんば、時の将軍に伝えて参らすべし。その儀なくんば、正文においては、『持って帰るべし』との由、大汗（クビライ）より勅を承りたれば、我れ、手を放つべからず」

ようやく九月二十五日に手交された副文は、鎌倉幕府を経て京都朝廷に提出された。十月二十二日のことだった。そして翌二十三日、院ノ評定が行なわれたと『帝王編年記』にあるが、案件を公卿たちに周知させるためだけだったようだ。二十四日には、本格的な評定が開かれたと、権右中弁の吉田経長の『吉続記』に記されている。その席上、趙良弼がきわめて強硬であることなどのほか、意外な事実も披露されていた。

ある公卿は、次のような意見を述べた。

「牒使の趙良弼、『牒状を直接に帝都に持参すべし』と称し、『しからずんば、牒状の正文より、我が手を放つべからず』とも号す。されども蛮夷の者、大内裏に参ったること、先例なし。されば牒状にて和親を求め来たるに、承知して返牒あるべし」

京都まで来られては困るから、とにかく和親承諾と返牒せよというのである。また、

「度々、牒状ありといえども、本朝からは返牒なし。よって今度は、返牒すべきか」

という公卿もあった。とにかく返牒論が、圧倒的に優勢だった。趙良弼が強硬であるという情報が、弱腰の公卿たちに大きく影響していたのである。そして、趙良弼が言明したという言葉を、ある公卿が席上で披露すると、評定の結論は決定された。

「来たる十一月をもって（返牒あるべきの）期となすべし。それでもなお無音（返牒なし）ならば、兵船を艤すべし」

明らかに威嚇であった。来たる十一月を回答の期限とする。それまでに返牒がなかったら、攻

め寄せるぞ、というのである。この情報は、まさに決定的だった。今度ばかりは、返牒することに決したのである。さきに菅原長成が書いたものを、少々、書き直すことになった。

その翌日、亀山天皇が、石清水八幡宮に行幸した。異国降伏の祈禱のためだった。天皇みずからが祈禱に赴くなどは、まさに前代未聞のことだった。いかに京都朝廷が脅えていたかが、よく示されている。

一方、「返牒あるべし」と朝議が決定したということは、すぐに鎌倉に知らされたに違いない。その報が鎌倉に入った日の夕刻、鎌倉から早馬が飛び出したものと思われる。

「返牒のこと、しかるべからず」
二、三の側近と話し合っただけで、すぐに時宗は京都に使者を発したらしい。時宗の断固たる意見が京都に届くと、京都朝廷は脆かった。とたんに公卿たちの足並みが乱れて、結局は「返牒せず」と、変わったのである。
そして十一月二十二日、また院ノ評定が開かれた。しかし議題は、すでに返牒の有無ではなかった。異国降伏の祈禱に関する些事が、討議されただけだった。朝議が簡単に変更されるであろうことは、鎌倉の時宗も充分に承知していた。しかし時宗には、なおも油断はなかった。直後、極楽寺流北条長時の子赤橋義宗を、六波羅探題北方に任じたのである。時宗に急がされた義宗は、十一月二十七日には、鎌倉を出立している。

京都朝廷は、異国の牒状が来るたびに返牒しようとしてきた。外交権を保持しているということを主張する意味も、あったかも知れない。時宗は、そのような京都朝廷の決定を阻止するのが、六波羅探題としての北条時輔の責務であると考えていたのかも知れない。鎌倉幕府つまり時宗は、終始一貫して返牒せずとしてきている。その幕府の出先である六波羅探題として、つねに時輔は幕府の代弁者であり、時宗の意向に従うべきだということだ。

しかし時輔本人は、返牒論者だったらしい。一人で京都に七年間も在任していたので、公卿たちからの影響も受け、しだいに穏健な保守派になっていたのだろう。それを見抜いた時宗は、強硬派の赤橋義宗を時輔の上役にあたる六波羅探題北方に任じて、急遽、京都に送り込んだのである。時輔を掣肘《せいちゅう》し、幕府の意向を直接的に朝政に反映させるのが、その狙いだった。兄弟相克という悲惨な情況までは、まだ時宗は予想もしていなかったと思われる。

いずれにしても京都朝廷では、返牒せずと決まった。わずかに残っていた返牒論の公卿も、強硬派の赤橋義宗が上洛してくると、ついには「返牒せず」と言うようになった。

こうして博多にいた趙良弼は、待ち呆けを喰わされることになった。自分で回答期限を決めた十一月中は、それでも辛抱して返牒を待ち続けていた。しかし十二月に入ると、さすがの彼も、ようやく返牒なしと気付いたらしい。使命達成を諦めて、帰途についている。趙良弼が高麗に帰着したのは、翌九年正月だった。このとき彼は、日本人十二人を伴っていた。うち一人の名は、弥四郎であった。

高麗に帰着すると、すぐに趙良弼は、書状官の張鐸《ちょうたく》を蒙古に派遣した。このとき日本人十二人は、張鐸に伴われていた。趙良弼あるいは張鐸は、日本人十二人を大宰府の使者と偽っていたらしい。『関東評定衆伝』、『鎌倉年代記裏書』、『武家年代記裏書』の三書には、これに関連した妙なことが記されている。しかも三書の文章は、奇妙なことに、ほぼ同一なのである。


『関東評定衆伝』

十二月、良弼、渡使者張鐸於本国。翌年五月、張鐸帰来。高麗牒状又持来之。

『鎌倉年代記裏書』

十二月、良弼、渡使者張鐸於本国、翌年五月、張鐸帰来。高麗牒状又持来。

『武家年代記裏書』

十二月、良弼、渡使者張駅（鐸）本国。翌年五月、帰来。高麗牒状亦持来。

読みは、すべて同一である。

「(文永八年）十二月、良弼、使者張鐸を本国に渡す。翌年五月、(張鐸）帰り来る。高麗の牒状、また持ち来る」

あまりにも文章が似ているから、三書の情報源が同一なのか、あるいは三書のうちの一書の文章を、他二書が引用したかであろう。注目すべきは、三書が共通して、関東系の記録だということである。そして趙良弼が張鐸を本国（蒙古）に送ったのは、良弼自身が高麗に帰着してから以後だった。つまりは外国での事実である。その外国（高麗）での事実を、関東（鎌倉幕府）は知っていたのである。どのような情報源があったのか、それは判然とはしないが、高麗の様子などを、ある程度までは時宗たちが知っていたということになる。

趙良弼が初度に日本に来た文永八年、鎌倉に一偉僧が現われている。南宋から来た臨済宗の禅僧、西澗子曇《せいかんしどん》である。ときに二十三歳という若さだった。早くから名僧知識という評判が高く、これを海を越えた日本で聞いた北条時宗が、わざわざ書状を送って日本に招いたのである。

鎌倉に着いた子曇は、禅宗関係のことだけではなく、大陸の様子も時宗に伝えたに違いない。弘安元年（一二七八）に帰国するまでの七年間、鎌倉の建長寺に住んで、同寺住持の蘭渓道隆に師事している。いま建長寺の山門に、「建長興国禅寺」と筆太に書いた額がある。子曇の筆跡だと伝えられている。

そして文永八年の末頃、鎌倉では北条時宗が、すでに蒙古襲来を覚悟していた。筑前、肥前両国の守護少弐経資に対して両国沿岸部の防衛を命ずると同時に、豊後国守護の大友頼泰に対しても、少弐経資に加勢するようにと、次のように下知していたのである。

筑前、肥前両国の要害の防備のこと、近々、東国の御家人ら下向すべし。よって来たる三月晦日にいたるまで、貴殿が守護として奉行せる豊後国の御家人を相催し、警国すべし。

このような時宗の下知を受けた大友頼泰は、明くる文永九年（一二七二）二月一日、豊後国野上村（九重町野上）の地頭野上資直などに対して、次のように時宗の下知を伝えている（『鎌倉遺文』一〇九六四号）。

以上の如き関東御教書、到来す。よって某《それがし》は我々豊後国の御家人が守備すべき役の所の指定を受け、それを豊後国の御家人やその代官にさらに配分せんがために、すでに現地に打ち越し候。されば貴殿は、急ぎ御自分の役の所の指定を受けられ、懈怠なく勤任せしむべく候なり。恐々謹言。

文永九年二月朔日　　　頼泰（花押）

野上太郎殿

蒙古の襲来が予想される場所を筑前、肥前両国の沿岸部と想定し、その地域を筑前、肥前および豊後の三か国に配分し、これを三国の守護がさらに管国の御家人に配分するという方式が、すでにとられていたことが判る。

断固として戦うという北条時宗の決意は、少弐経資、大友頼泰など北九州三ヵ国の守護を通して、しだいに現地に伝わっていった。

一方、この頃、京都では、深刻な対立が生じていた。新しく六波羅探題北方に着任した赤橋流北条義宗と、七年前から六波羅探題南方だった北条時輔との対立である。

時輔にしてみれば、自分は家督は嗣立できなかったが、北条氏諸家の嫡流家である得宗家の一員である。そして義宗は、極楽寺――赤橋という庶流ではないか。年齢も時輔は二十五歳で、義宗は二十歳でしかない。六波羅探題としての経験も、時輔は七年間、義宗は新任である。それなのに、何故、自分が義宗の下位にされねばならぬのかと、時輔は思ったに違いない。そのような時輔の不満は、このような人事を行なった弟の時宗にも、向けられることになる。

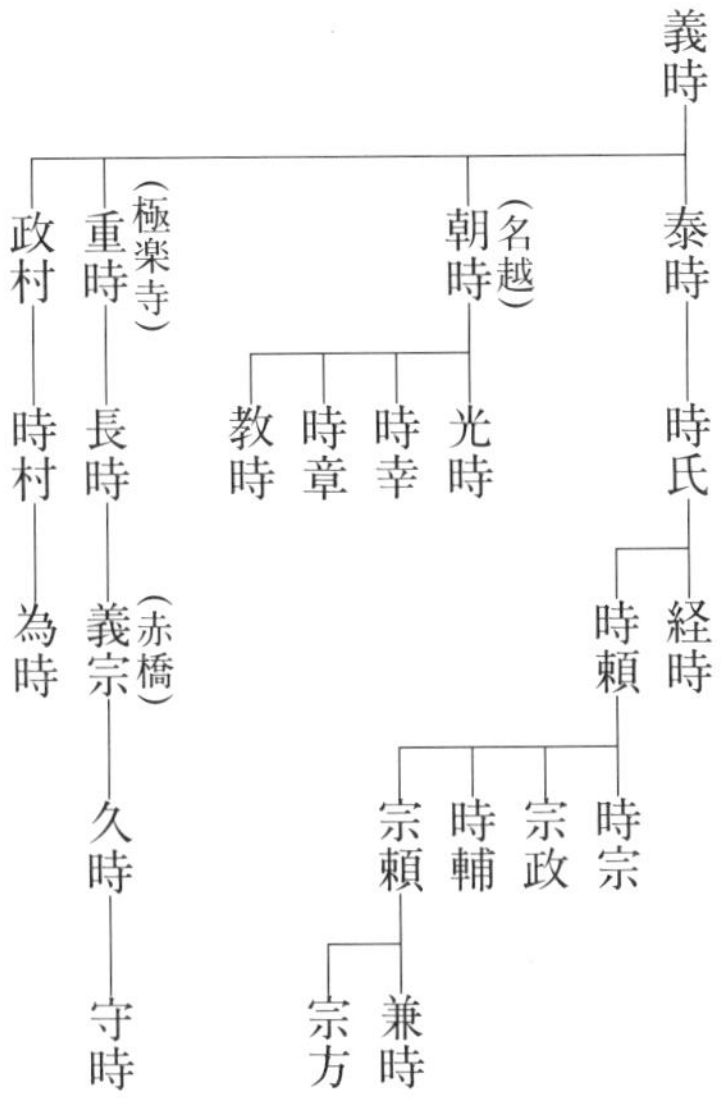

他方の義宗にしてみれば、鎌倉幕府つまり執権得宗の時宗の方針は、返牒せずという強硬なものである。その出先である時輔は、当然、幕府の基本方針に従うべきなのに、公卿たちと同調して温和な和親返牒論を唱えるとは、それでも鎌倉武士か、ということになる。

こうして時輔と義宗との対立は、家系、年齢、地位という相互の問題から始まって、さらに蒙古問題と家督問題とに発展してゆき、多くの人々を巻き込んでいった。

蒙古問題では和親返牒論を実現しようとして、京都の公卿数人が時輔を押し立てた。北条一門の家督問題では、つねに得宗家に楯突く名越流北条氏の名越教時が、時輔に加担していた。名越教時は、かつて時頼が宗尊親王を鎌倉から追却したとき、最後まで時頼に楯突こうとした。そのときは赦され、いまは評定衆にまで昇進しているが、さらに大きな野心を抱いていたのである。

京都と鎌倉との陰謀の与党が、どのような具体的な計画を持っていたか判らないが、推測あるいは想像することは、できないことではない。文永八年の夏頃から、院政の主であった後嵯峨上皇は、病気だった。文永九年に入ると、さらに病状は悪化していた。そのことが陰謀の与党に、ある種の期待を抱かせたということが、果たしてなかっただろうか。

周知のように後嵯峨上皇は、鎌倉幕府に対しては、きわめて従順だった。時頼に勧められると、鎌倉に倣って院ノ評定衆を新設し、時宗に反対されると、返牒と決した朝議を覆したなどは、ほんの一例である。

その後嵯峨上皇が崩御ということになれば、大覚寺統の亀山天皇の親政ということになる。その亀山天皇は奔放不羈《ほんぽうふき》かつ豪放磊落な性格である。当然、時宗の指示に従おうとはしないだろう。必然的に朝議は、和親返牒ということになる。

もちろん時宗は、黙っていないだろう。朝議に反対するに違いない。それこそ好機である。違勅の咎ということで時宗を責め、天下の武士に号令すれば、得宗専制に内心は反対している武士たちが挙兵するだろう。いささか妄想に過ぎるかも知れないが、陰謀の与党が考えていたのは、案外、こんなことだったかも知れない。

ところが文永九年二月に入った頃、この陰謀が時宗に洩れたのである。誰が洩らしたのか、これまた判らない。時宗は素早かった。二月十一日、突如として討手の兵を、鎌倉の東方、薬師堂ガ谷に発したのである。いまの鎌倉宮前から覚園寺に通ずる道筋に、名越教時の館があった。ほとんど合戦にはならなかった。不意を打たれた教時麾下の兵には、防戦の準備をするどころか、甲冑を着る余裕すらなかったのである。

名越教時は、その場で誅殺されたが、不幸な間違いが、そのとき起こった。たまたまその場にいた教時の兄時章が、同じく誅殺されたのである。ときに時章は一番引付頭人で、五十八歳であった。なお、間違えて時章を討ち取った大蔵頼季など五人は、それを咎められ斬首されている。

この日、続いて中御門流藤原実隆が捕らえられた。天皇を護衛すべき左近衛中将でありながら、鎌倉にいたのである。もともと亀山天皇の側近で、蔵人頭でもあった。その実隆が鎌倉にいて、しかも陰謀の一味だったのである。意外なまでに陰謀の根が深かったことが察せられる。ちなみに幕府が公卿を捕らえたというのは、きわめて重大なことだった。かつての承久ノ乱のさいを除けば、幕府が公卿に手出ししたということは、まず皆無だった。

公卿は天皇家の藩屛だから、幕府の権限の及ばない存在であると、一般に意識されていたのである。その公卿を、幕府は捕らえたのだ。時宗の並々ならぬ決意の程が、ここに察せられる。

その決意の程は、京都でも示された。鎌倉での事件の直後、秘密の指令が、六波羅探題北方の赤橋義宗に発せられた。その早馬が六波羅探題北方館に駆け込んだのは二月十五日の早朝、まだ夜が明けやらぬ頃だった。直後、赤橋義宗の下知を受けた使者数人が、忍びやかに洛中の諸方に散った。

そして午ノ刻（正午）ばかりになると、狭くはない北方館の庭内に、多数の武士が完全武装で集結してきた。義宗が発した使者が、在京御家人を呼び集めてきたのである。

六波羅探題の北方館と南方館とは、背中合わせに隣接している。当然、北方館で人馬がひしめいている様子は、南方館の時輔らにも筒抜けだったはずである。時輔が、このときどのように対応したか、史料はなにも語ってはくれない。しかし一定の備えだけは、したものと思われる。だから未ノ刻（午後二時）、義宗が南方館に攻撃をかけたとき、手痛い迎撃を受けることになった。こうして京都の東南端の六波羅の地は、北条一門同士の戦場となった。

しかし、所詮は多勢に無勢だった。時輔麾下の激しい抵抗も、束の間のことだった。どちらが放ったものか判らないが、やがて南方館に火が点くと、勝敗は決した。時輔麾下の兵は、あるいは討死にし、あるいは猛火のなかで焼け死んだ。そして時輔自身も、乱戦のなかで討死したと、諸本は記している。

わずかに『保暦間記』一書のみは、時輔は戦場を離脱して、吉野山に遁《のが》れ去ったと、次のように伝えている。

時輔、遁テ吉野ノ奥へ立入テ、行方不知

この間、京都の公卿たちは、「なにごとならんか」と、ある者は恐れ、ある者は不審に感じていたが、翌十六日、義宗が使者を朝廷に送って、「謀叛の者あるによって、召し捕って候。ほかには別のこともなし」と報告したので、やっと静まったという。史上この事件を「二月騒動」という。

これより以降、鎌倉幕閣ではもちろん、京都朝廷においても、和親返牒を主張するような勇気のあるものは、もはや現われなくなった。時宗らの対外強硬論で、日本の国論は統一されたのである。反面で見れば、朝廷が外交権を失ったということでもあった。

そして時輔が死んでから二日目の文永九年二月十七日、後嵯峨上皇が五十三歳で崩御、大覚寺統の亀山天皇が、親政することになった。これこそが、陰謀の一味が期待していたことだった。しかし陰謀の中心の時輔は死んでいた。

日本で二月騒動があった頃、趙良弼の書状官だった張鐸は、日本人十二人（二十六人ともいう）を伴って蒙古に着いていた。この日本人たちを張鐸は、大宰府の使者と偽っていたが、クビライは、この日本人たちに謁見を許そうとはしなかった。

日本で時宗が蒙古襲来を覚悟していたように、蒙古でクビライは、すでに日本遠征を決意していたのである。前年の文永八年十一月に国号を「大元」とし、首都を大都としていたのが、その証拠である。日本人たちに謁見を許さなかった理由は、

「彼らは蒙古の内情を知らんとするのみ」

としている。このように誤解したのは、すでにクビライが日本遠征を決意していて、そのために自分自身が日本の内情を知りたかったということの反映かも知れない。

いずれにしてもクビライは、その日本人たちを本当に大宰府の使者であると、信じてしまっていたらしい。クビライに会えなかった日本人たちは、三月七日に元都を出立し、四月三日には高麗に戻った。そして同七日、高麗使に伴われて、日本に帰り着いている。

その日本人たちは、かなり多くの武士に迎えられたものと思われる。さきに時宗の下知を受けた筑前、肥前両国の守護少弐経資と、豊後国の守護の大友頼泰とが、それぞれの管国の御家人たちを交代制で、博多湾の防備に勤番させていたからである。

なお同年十月、鎌倉では、異例の人事が行なわれている。

時宗の同母の弟宗政が、わずか二十歳という若さで、しかも引付衆を経験することなく、評定

衆に抜擢されたのである。二月騒動後の鎌倉幕閣を北条氏得宗家の立場から補強するのが、その狙いだったと思われる。こうして幕閣は、さらに強硬派で固められた。

その直後、鎌倉幕閣は、意外な、そして重大な事態に直面した。諸国の田文《たぶみ》が「欠失」していることが判明したのである。田文というのは、大田文《おおたぶみ》ともいう。幕府御家人の個々の所領の面積や領主の名前を、各国ごとに書き上げた帳面で、いわば租税年貢の台帳である。当然、兵員徴収の台帳にもなる。蒙古の襲来が必至といういま、これを「欠失」したということは、きわめて重大である。もしかしたら二月騒動のさいに、燃えてしまったのだろうか。

すぐに作成しなおさなければならなかった。文永九年十月二十日、時宗が守護を兼任していた駿河、伊豆、武蔵、若狭、美作などに、急ぎ田文の作成注進が命じられた（『鎌倉遺文』一一一二五号）。同時に、同様の下知が安芸国守護の武田信時にも出されていることに、注目される。安芸国も、蒙古襲来が予想されたのである。

一方、張鐸を元都に送った趙良弼は、自分はそのまま高麗に留まっていた。そしてクビライの再度の指示を受けると、文永九年五月、また博多に来ている。しかし日本では、事件にはならなかった。「二月騒動」によって、時宗の固い決意が、鎌倉・京都そして大宰府に、如実に伝わっていたからである。だから趙良弼は、もちろん入国は許されず、返牒も得られなかった。しかし趙良弼は、今度は穏やかだった。執拗に返牒を求めるようなことは、まったくなかったのである。

趙良弼は、十か月ほども博多にいた。穏やかに、まるで居ないかのようにおとなしかった。しかし彼が乗っていた船からは、夜ともなると、誰やらが上陸したりもしていたらしい。そして翌十年（一二七三）三月、ようやく趙良弼は、高麗に帰着し、ついで同五月（六月とも）に元都に帰り着き、すぐに「日本の君臣の爵号、州都の名数、風俗や土宜」などについて、次のようにクビライに報告した。

「日本、民俗は狼勇にして殺人を好み、父子上下の礼を知らず。その土地、山川多くして、農耕に適さず。住民は支配すといえども柔順ならず、土地は征服すといえども、富を生ぜず。水軍が渡海するに風は定めなく、風波の難の怖れなしとせず。よって日本、これを討つことなかれ」

趙良弼の二度目の日本渡航が、日本からの和親返牒を得るのが使命だったとすると、明らかに趙良弼は失敗したことになる。当然、クビライは激怒するはずだった。ところが、意外なことが起こった。

「汝の二度の日本渡航、まことにこれ、君命を辱しめざるものと言うべし」

クビライが趙良弼を、こう言って激賞したのである。趙良弼の二度目の日本渡航は、日本から和親返牒を得るためではなかったのだ。日本の内情を探知することこそが、その使命であった。

すでにクビライは、完全に日本遠征を決意していたのである。

第五章　二度の蒙古襲来

クビライの出撃命令

日本では北条時宗が、蒙古襲来を覚悟していた。蒙古ではクビライが、日本遠征を決意していた。しかし文永十年（一二七三）には、元寇はなかった。蒙古の側での準備が、まだ整っていなかったのである。

日本の偵察を終えて趙良弼が帰途にあった頃、クビライは、その準備に奔走していた。具体的には日本遠征の前に、南宋を占領しようと図ったのである。南宋を占領できれば、日本遠征軍の出港地を手に入れることができる。

南宋帝国の版図の西北隅の襄陽《じょうよう》は、すでに足掛け五年間も蒙古兵に包囲されていた。基本的に兵糧攻めを図っていた蒙古兵に対して、五年間もの籠城戦に南宋軍が耐えてこられたのには、三つの原因があった。

第一は、襄陽が堅固な囲壁都市だということだった。きわめて分厚い城壁が周囲全面に張り巡らされていて、さすがの蒙古兵もこれを破壊できなかったのである。

第二は、眼下を流れる漢水の岸辺に、付城《つけじろ》の樊城《はんじょう》があったからである。おかげで漢水を通じて、わずかではあっても兵糧米などが搬入されていた。もちろん蒙古兵の方でも、このことは察知していた。だから樊城に対する対城《むかえじろ》を築いて、しきりに樊城を攻撃してきたが、樊城の城壁もきわめて堅固で、容易には破られなかった。

そして、もっとも重要だったのは、襄陽守備の南宋兵のすべてが、守将呂文煥《ろぶんかん》を信頼していたことだった。襄陽が蒙古兵に包囲されて兵糧攻めが始まった頃、呂文煥は自分の妻子を城外に突き出した。妻子が蒙古兵に生け捕られるのを覚悟した上で、乏しい兵糧の温存を図るという態度を示したのである。呂文煥の犠牲的な行動は、城兵の心を強く打った。なかには呂文煥を見倣って、自分の家族を城外に突き出した兵もあった。

　こうして城兵の気持ちは、一つに固まった。もはや兵糧を粗末に扱うことはなく、自分だけ貪ろうとする者もなかった。襄陽の戦闘力は一挙に倍加した。いままで破竹の勢いだった蒙古兵も、ついに襄陽は攻めあぐねることになった。こうして襄陽戦は、足かけ五年にも及ぶことになった。

　文永十年正月、襄陽の付城樊城の前面に、新式の攻城具が据えつけられた。クビライが遠く西域から取り寄せた巨大な投石器、回々《フイフイ》砲だった。

　そして、ついに樊城は落ちた。同時に漢水の舟運が止まり、襄陽への兵糧の搬入も、ついに途絶した。襄陽城内は、日ごとに飢餓の度を増した。

　呂文煥が発した使者が、西湖対岸の葛嶺《かつれい》に飛んだ。いく度も使者は相次いだ。南宋の宰相賈似《かじ》道《どう》の別荘に、兵糧を求める使者だった。しかし賈似道は、少しも動こうとはしなかった。もともと無能な趣味人の賈似道には、動くべき方策も思いつかなかったし、また動く気もなかったのである。

　宰相に見捨てられた襄陽は、日一日と飢えていった。同時に戦闘能力も一日ごとに落ちていった。さすがの襄陽にも、最後の日が迫った。そのときクビライの書状が、城内に送られた。

「汝ら孤城を守ること五年、まことに忠烈と言うべし。されど宋国の王は愚にして臣は奢なり。汝らの忠節も、所詮は無駄たるべし。もし汝ら、大元に投降せば、汝らの忠誠をよみして、重く用いるべし」

　招降状だった。蒙古に降伏せよと言うのである。

城将の呂文煥も、迷いに迷ったに違いない。しかしクビライの言っていることは、とにかく真実だった。宰相の賈似道は玉器や銅器などの古美術にばかり凝っていて、襄陽の飢餓などは気にしてもいない。呂文煥は、ついに意を決した。部下の生命を助けることを条件として、城を明け渡したのである。

このとき驚いたことに、呂文煥らが城外に出ると、すでに惨殺されたとばかり諦めていた妻子が、立派に生きていたのである。かつて城外に突き出され蒙古兵に生け捕られた妻子たちは、丁重に扱われ、生き永らえていて、いま呂文煥らに返されたのだった。

これには呂文煥らも、一同に感激した。自分たちを見捨てた宰相賈似道に比して、蛮夷の大汗クビライの側にこそ人間らしい温情があった。胸を打たれた呂文煥らは、クビライの南宋攻略作戦に参加すると、申し出たのである。

こうして襄陽は陥落した。すでに南宋の領内には、蒙古の攻撃を防ぎ得る拠点はなかった。さすがの南宋帝国も、ほとんどがら空きとなったのである。

しかしクビライは、なおも慎重だった。かつての大帝国南宋の底力に、油断しなかったのである。襄陽陥落の勢いをかって、南宋領内に攻め込むのを後廻しにした。かわりに攻めることにしたのは、朝鮮半島南端に跋扈している三別抄だった。

そして文永十年四月、三別抄水軍は潰滅した。高麗王朝の官兵と蒙古兵とに攻撃されて、ついに敗れ去ったのである。日本に通ずる朝鮮海峡は、蒙古の日本遠征軍にとって、安全な海上となった。日本遠征の準備に、ますます拍車がかかった。

同じ頃、鎌倉では重大事が生じていた。連署として若き時宗を支えてきた北条政村が、重病で倒れたのである。五月十八日、政村は連署を辞して出家し、法名を覚崇と名乗った。そして同二十七日、政村は死んだ。六十九歳だった。幕閣の重鎮だった政村の死は、鎌倉幕閣のみならず、九州の武士にも大きな影響を与えた。閏五月二十九日、肥後国の御家人菊池武房は、次のような書状を小侍所所司の平岡実俊に書き送っている(『鎌倉遺文』一一三三一号)。

畏み啓せしめ候。

左京権大夫(政村)殿、御非常(死)との由、承り及び候。ことにもって驚き入り候の間、参上を企だて申し入るべく候のところ、

「異国のことにより、鎮西の地頭御家人等、参向せしむべからず」

との由、御教書を下され候の間、参拝つかまつらず候の条、恐れに存じ候。よって相親しみ候出田《いでた》又太郎泰経を進上せしめ候。この旨をもって御披露あるべく候。恐惶謹言。

後五月二十九日　藤原武房状す(花押)

進上、平岡左衛門尉

政村が死んだと知ったので、早速、鎌倉に参上しようと思ったが、異国警固番があり、鎮西の武士は現地を離れてはいけないと幕命が下っているので、代理を差遣するというのである。

これでみると、連署が死ぬと、菊池武房など九州の大豪族武士は、いつもなら鎌倉に参上していたらしい。連署の死というのは、それほどのことと思われていたのである。また、それほどのことでも、

「異国のことにより、鎮西の地頭御家人等、参向せしむべからず」

と厳命されていたことにも注目される。近々に蒙古が襲来することに、幕府は充分に覚悟をきめて、それなりの対応をしていたのである。

妙なことに、政村が連署を辞任したのは五月十八日、後任の連署が就任したのは六月十七日、

その間に閏五月の三十日間があったから、実に五十八日間という長期にわたって、幕府に連署がいなかった。幕閣あるいは北条一門に、なにごとかがあったに違いない。人材難に苦しむなどということは、この時期の鎌倉にはなかったからである。むしろ人材に富んでいたことが、ことの原因だったかも知れない。

六月十七日には、後任の連署が就任した。故極楽寺流北条重時の六男、やがて塩田流の初代となる北条義政である。ときに三十二歳だった。

その六月、朝鮮半島南端の耽羅島(済州島)に、日本招討司が設置された。日本遠征のための司令部である。蒙古軍の日本襲来は、刻々と迫りつつあった。七月十二日、鎌倉でも重大なことがあった。幕府の評定衆の会議で、次のような法令が可決されたのである。

一、質入れしたる所領のこと。

今日より以前の質入れの所領は、借金を返済せずとも、本領主は取り返すべし。これ、本年中に行なうべし。ただし、いままでに質流れしたる所領に、すでに幕府より安堵の御下文が成されおれば、いまさら取り返すには及ばず。

実質的には、すでに借金棒引きという命令だった。早くから銭貨が流通した畿内と九州とでは、所領を質入れして質流れとなり、所領を失ってしまった武士が多い。いわゆる無足の武士である。これでは戦力にならないから、借金を返済しなくても、質入れした所領を取り戻してもよいと、思いきって命じたのである。もちろん来たるべき蒙古襲来に備えての処置であった。

同じ頃、大宰少弐資能は薩摩国御家人の某に宛てて、次のような覆勘状を手交した(『鎌倉遺文』一一〇六八号)。

鎌倉より命ぜられし異国警固のこと、去んぬる六月二十四日より今月二十四日にいたるまでの一か月間、貴殿が博多ノ津の番役を勤仕せられ候のこと、認め申し上げ候。恐々謹言。

文永十年七月二十五日　　資能（花押）

薩摩国御家人某殿

博多ノ津における異国警固番役は、もともとは筑前、肥前両国の御家人に豊後国の御家人を加えて、勤仕されるものとされていた。ところが右の文書によれば、薩摩国の御家人にも番役が課されていたことになる。当然のことながら、九州のすべての国の御家人にも課されていて、その総指揮は少弐氏がとっていたと考えられる。

日本側の迎撃態勢は、それなりに進んでいたのである。しかし鎌倉の時宗は、さらに慎重だった。八月三日、大宰少弐資能に対して、次のような幕府の御教書が発せられている（『鎌倉遺文』一一四六八号）。

豊前、筑前、肥前、壱岐、対馬の国々の御家人等のこと。

右、以上の五ヵ国の地頭御家人の交名(名簿)および、その所領の面積など詳細に進ずべし。なお一所といえども、漏らすべからず。

御家人の名簿と水田の面積を記した大田文の提出を、時宗が命じたのである。もちろん蒙古襲来に備えて、軍事力の把握を図ったものである。以上の五ヵ国が戦火にさらされるのを、時宗は覚悟していたのかも知れない。なお安芸国に対しても同様の命令が出ていたことは、先述してある。安芸国にも、すでに臨戦態勢が布かれていたのである。

やがて年が明けて、運命の文永十一年（一二七四）となった。正月早々、クビライの命令が、高麗に下った。造船命令である。わずか三か月の間に、大船三百艘、軽疾舟《けいしつしゅう》三百艘、給水用の小舟三百艘、計九百艘を建造せよというのである。

正月十五日、造船工事が始まった。木材が豊富な全州道の辺山《へんざん》と羅州道の天冠山《てんかんざん》との両地に、工匠と人夫とで計三万五千人が集められていた。わずか三か月間で計九百艘である。最初から突貫工事だった。当然のことながら、手抜き工事ばかりだった。

その正月二十六日、日本では亀山天皇が、皇位を第一皇子の世仁親王《ときひとしんのう》に譲った。第九十一代後宇多天皇である。皇位が大覚寺統であることには変わりはなかった。京都朝廷自体にも、変わりはなかった。文永九年二月十七日に後嵯峨法皇が崩御してから以降、朝政は亀山天皇の親政だった。それが、亀山上皇の院政になっただけのことだったからである。

しかし天皇には、天皇としての規矩《きく》があり、制約がある。それらを取り払って始まった亀山院政には、奔放闊達な清新さが期待された。そしてそれこそが、蒙古襲来を目前にした京都朝廷の狙いだったかも知れない。

大覚寺統が亀山、後宇多と二代続くことになったので、失意の極に陥ったのは、持明院統の後深草上皇だった。自統からは二度と天皇が出なくなると危惧した上皇は、やがて法華経を自分の血で書写したり、出家して上皇という尊号を返付したいと言い出し、さらに護衛役の随身《ずいじん》も辞退しようとした。蒙古襲来という一大国難を目前にしながら、持明院統と大覚寺統と、天皇家は真っ二つに割れたのである。

そして二月、佐渡に配流されている日蓮を、このあたりで赦免せよという声が、幕閣で起こった。二月十四日、時宗が書いた赦免状を持った使者が、ついに鎌倉を出立した。三月八日、使者は佐渡に着き、同十五日、日蓮は佐渡を発って同二十六日、鎌倉に帰り着いた。四月八日、日蓮は鎌倉幕府の評定所に召し出され、得宗被官の平頼綱から取り調べられた。

頼綱の最初の質問は、

「蒙古の襲来は、いつ頃と思うか」

ということだった。これに対する日蓮の返事は、

「法華経には、年月のことまでは記されおらず。されど天の気色によって考えうるに、必定、今年のうちならん」

というものだった。次に平頼綱は、次のように言った。

「汝を鎌倉の愛染堂の別当に任じ、千町の田地を寄進すべし。されば蒙古調伏の祈禱を専らにし、他宗の悪口をやめるべし」

しかし日蓮は、言下に拒絶した。そして法華経の功徳を説いて他宗の排絶を主張して、最後の直諫を行なった。しかし日蓮の直諫が、頼綱に受け入れられるはずはなかった。鎌倉には、管見の限り、「愛染堂」なるものは存在しない。この挿話も、数多い日蓮伝説の一つかも知れない。

三度目の、そして最後の直諫が入れられなかった日蓮は、五月十二日に鎌倉を去って、甲斐国波木井《はきい》郷の身延山に向かった。その地の地頭、波木井六郎実長が、日蓮の信者になっていて、日蓮を自領に招いていたのである。

同じ頃、蒙古大元帝国の首府である大都では、盛大な結婚式が行なわれていた。人質として送られてきていた高麗の皇太子諶《しん》と、クビライの娘クツルガイミシとが、結婚したのである。

これよりさき同年三月、高麗の鳳州にいた屯田経略使の忻都、高麗軍民総管の洪茶丘らのもとに、クビライの命令が下達された。

下す。
鳳州経略使忻都、高麗軍民総管洪茶丘ら
千料船、バートル軽疾舟、汲水小舟おのおの三百艘ずつ、計九百艘に士卒一万五千人を載

せ、期するに七月をもってし、日本を征すべし。

ついに日本遠征が、命令されたのである。高麗を出撃するのは来たる七月、兵員は一万五千。「千料船」というのは、日本の千石船にあたる。だいたい二百人ほどが乗れる。「バートル軽疾舟」は、とくに船体を細長くして速度が増すように造られている。平時には千料船相互の指揮連絡用だが、いざとなれば高速を利して上陸用舟艇に転用できる。そして「汲水小舟」は、いわば補給船である。

このときの命令では、遠征軍の兵員は「一万五千人」とされていた。しかし直後の五月、蒙古から征東兵一万五千人が、高麗に送られてきている。すでに忻都指揮下の屯田兵が四千五百人あり、洪茶丘の麾下にも高麗兵が五百人あった。さらに高麗が六千人を助成したので、遠征軍の総兵数は、二万六千人ということになる。

これを国別で見ると、高麗兵は六千五百人、蒙古兵が一万九千五百人ということになるが、蒙古兵のなかには、すでに蒙古の版図に入って久しい北宋人のほか、襄陽戦で蒙古に服属することになった旧南宋兵も、かなり多く含まれていたらしい。

また高麗は、水手《かこ》、梶取《かんどり》、漕夫および雑役夫として、六千七百人を提供していた。この人数は千料船百二十六艘分に相当するというから、蒙古自身が負担した船員などは、これより多かったことになる。このような非戦闘員だけでも、総計で二万人ほどはいたはずである。

続いて指揮官の序列も、通達された。全軍の総司令官にあたる都元帥《とげんすい》には、蒙古人の忻都が指名された。続く右副元帥は、祖父の代から蒙古朝に仕えていた高麗人の洪茶丘、そして左副元帥には北宋人の劉復亨《りゆうふくこう》。また要点攻撃を任務とする別働隊が、高麗が提供した兵員六千人で編成され、その司令官にあたる都督使《ととくし》には、高麗の将軍の金方慶があてられた。

六月十六日、高麗の使者が、蒙古の首府の大都に着いた。三種総計で九百艘の造船工事が完了し、すでに朝鮮半島南端の金州にすべて廻漕されたと、クビライに報告したのである。これで日本遠征の準備は完了したことになる。あとは、七月に予定されているクビライの出撃命令を、待つばかりとなった。

このとき、不測の事件が生じた。六月十八日、高麗で国王の元宗が死んだのである。いまやクビライの女婿になっていた諶が、同時に高麗の国王ということになった。八月末、帰国を許された諶は高麗に戻って即位した。忠烈王《ちゅうれつおう》である。続いて九月十二日、元宗の亡骸が、韶陵《しょうりょう》に葬られた。

こうして七月に予定されていた遠征軍の高麗出撃は、大幅に延期された。実際に遠征軍が朝鮮半島南端の合浦《がっぽ》(馬山)を出撃したのは、十月三日であった。すでに日本列島では、台風の季節は過ぎているはずだった。

文永ノ役

文永十一年(一二七四)十月五日の午後に、彼らは来た。対馬の西方海上は、蒙古の軍船でいっぱいだった。ちなみに対馬は、北側の上県《かみあがた》、南側の下県《しもあがた》と、二島よりなる。彼らが来たのは、下県島だった。対馬二島の中心である国府(厳原《いずはら》町国分)は、下県島に所在する。そのことを彼らは、知っていたのである。趙良弼が、報告していたのかも知れない。

岸辺の漁民たちは、あっけに取られて、遠くから見守るばかりだった。これだけ多くの巨船を見るのは、初めてだったのである。申ノ刻(午後四時)頃、深く落ち込んだ佐須浦《さすのうら》(厳原町小茂《こも》田浜《だ》）の海岸に、数艘の軍船が接岸し始めた。この頃になって漁民の一人が、ようやく気が付いた。

「地頭の殿に知らせねば」

対馬の地頭である宗資国の館は、佐須浦の反対で下県島の東南側の国府にある。その資国館に急報が入ったのは、酉ノ刻（午後六時）頃であった。ただちに資国は、大急ぎで軍兵を召し集めた。しかし小島の悲しさ、なんとか集められたのは、わずか八十騎ほどでしかなかった。

しかし資国は、この手勢を率いて、大急ぎで佐須浦に向かった。炬火《たいまつ》で山道を照らしながら、中央部の鶴翼山を越えての難行軍だった。夜が明けかかる直前、資国軍は佐須浦に着いたが、疲労は甚しかった。そして海岸には、すでに一千人ほどの蒙古勢が上陸していた。

念のため資国は、朝鮮語が判る真継《まつぎ》という者を、使者として送った。しかし蒙古勢には、その気はなかった。近づく真継に対して、矢を射かけてきたのである。これを見た資国は、すぐに真継を呼び返すと、下知を発して応急の陣を構え、こちらからも矢を射返した。

こうして、矢戦さが始まった。しかし、所詮は多勢に無勢である。遠巻きにされて矢の雨を浴びた資国軍は、しだいしだいに追い詰められ、一騎また一騎と倒されていった。

蒙古兵にも、かなりの痛手は与えた。なかでも斉藤兵衛三郎資定は、目ざましかった。彼の矢先に倒れた蒙古兵は、十人以上には達しただろう。肥後国の御家人江井藤三も、資定と同じように凄かった。ちなみに江井藤三は、些細のことで咎められて、対馬に配流されていたのである。

しかし資国軍の敢闘も、長くは続かなかった。ほぼ一刻（二時間）ほどは持ちこたえたが、やがて矢種も尽きてきた。矢を射尽くした者たちは、背後の山中に分け入って、戦場を落ちのびた。しかし戦死したものもあり、そのうち十二人の名前が伝わっている。

対馬の守護代兼地頭の宗資国、その資国に家督を譲っていた兄右衛門三郎盛継、資国の次男右馬次郎、猶子だった弥次郎などの宗一族のほか、資国の郎等の荘ノ太郎入道、流人の江井藤三、対馬の御家人の斉藤資定などである。のち小茂田浜には一祠が建立されて、資国が帥《そちの》大明神として祀られることになる。また厳原町の下原の観音山には「資国首塚」があり、同樫根の法清寺には「資国胴塚」がある。そして小茂田浜から椎根に通ずる山道の傍には、資国の兄盛継の墓もある。

いずれにしても、抵抗はやんだ。直後の佐須浦は悲惨だった。すべての民家が焼き払われたというが、それだけでは済まなかっただろう。対馬の全島は、蒙古兵に制圧され、蹂躙された。住民の多くは山中に逃げ隠れた。しかし見つかって殺された者も、少なくはなかったようである。

宗資国は戦死する前に、二人の郎従を背後に脱出させていた。小太郎、兵衛次郎という名前だけが、いまに伝わっている。山中に脱出した二人は、主の資国たちが戦死するのを、遠くから見届けた。それから二人は山中に分け入って東海岸に出て、博多に向かった。二人が乗った小舟は、手漕ぎのものだったらしい。潮流に流されたこともあって、二人が博多に着いたのは、実に七日目の十月十三日だった。

二人から報告を受けた少弐資能は、すぐに鎌倉に飛脚を飛ばした。同時に壱岐島にも、警告を発したものと思われるが、それを裏付ける史料はない。いずれにしても次に蒙古勢が狙うのは、壱岐島よりほかにはなかった。そして事実、彼らは来た。十月十四日、これまた午後だったらしい。壱岐島の西北方の海上に、蒙古の軍船団が黒々と現われたのである。

それにしても一点、判らないことがある。蒙古勢が対馬を占領したのは、十月六日の午前中だった。それなのに彼らが壱岐島に来たのは、十月十四日だった。実に八日もたっている。何故、すぐに壱岐島に来なかったのか。「蒙古勢」と一口で言っても、その内実は雑多だった。蒙古人、北宋人、南宋人、高麗人など、まさに寄せ集めの混成部隊である。そのような不統一という体制的な弱みが、こんなところに表われているのかも知れない。

いずれにしても対馬占領から八日後、蒙古勢は壱岐島の西北方の海上に現われた。そしてまた申ノ刻（午後四時）頃になると、壱岐島の西北岸に、二艘の軍船が接岸してきた。

やがて一艘からは、約二百人ほどが、板木ノ浦（勝本町勝本港）に上陸した。もう一艘からも、これまた約二百人ほどが、湯ノ本（勝本町湯本浦）に上陸した。約二百人ほどずつが上陸した二地点、板木ノ浦と湯ノ本とは、約一里半（六キロ）ほど離れている。しかしともに、壱岐島の西北岸である。

壱岐島の守護所は、反対の東側、湯岳興触《ゆたけこうふれ》（芦辺町）にあった。だから急を知って守護代の平景隆が馳せつけたときには、すでに蒙古勢の上陸は完了していた。日本軍による水際迎撃戦は、もはや不可能になっていたのである。やはり趙良弼が、対馬と同様に壱岐島についても、詳細に報告していたらしい。

平景隆は、勝負本（勝本町本宮西触）の小丘に、麾下百騎ほどで陣を布いた。二手に分かれて上陸した蒙古勢と、ほぼ二等辺三角形の頂点にあたる地点である。蒙古勢二手を眼下にして、二手の双方に対応しようとしたものではあったが、反面、二手から挟撃される危険もあった。その危惧は、すぐに現実になった。二手に分かれていた蒙古勢は、すぐに平景隆軍を南北両面から挟撃してきたのである。

そして、ここでも多勢に無勢だった。日本軍百騎に対して、蒙古兵は約四百人だったのである。しかも両軍の矢頃《やごろ》（射程距離）の差は、あまりにも大きかった。日本軍の矢頃が一町弱（約百メートル）でしかないのに対し、日本の半弓ほどの小振りな蒙古兵の弓は、二町余もの遠くから矢の雨を景隆軍に降らせたのである。

源平合戦の頃、源氏方の東国武士の矢頃は、かなりに長かった。なかには和田義盛のように、三町もの遠矢を射るものもあった。半世紀におよぶ泰平で、鎌倉武士も腕が落ちていたのである。矢戦さが始まると、日本方の劣勢は明らかだった。始まった途端に二人の武士が射倒されたのは、その証だった。

やむを得ず景隆軍は、やや東北方の唐人原（勝本町北触）に退却した。しかし情勢は、同じだった。南北二手の蒙古勢は合流することなく、景隆軍を間に挟むようにして追撃してきたのである。唐人原でも陣を支えられなかった景隆軍は、さらに東方に退却して鯛原（勝本町新城《しんじょう》東《ひがし》触《ふれ》）に陣を構えようとしたが、これも無駄だった。まだ景隆軍は崩れ立ってはいなかったが、その気配は濃厚だった。

やがて景隆軍は、近くの樋詰《ひのつめ》城に追い込まれた。景隆麾下の荘ノ三郎の居館である。方一町程度の小館だったから、かえって四周から矢の雨を浴びることになった。そして平景隆と麾下の武士数十人は、その場で矢尽きて自刃して果てた。こうして対馬に続いて壱岐島も、蒙古勢の手に帰した。いま勝本町新城東触の新城神社は、樋詰城の跡だという。同社境内には、いまも景隆の墓がある。そして同社東側の新城橋際の「千人塚」は、「文永ノ役新城古戦場」として県指定の史跡になっている。

こうして十月十四日、壱岐島は蒙古勢に占領された。平景隆は自刃する前に、下人の宗三郎という者を、秘かに脱出させていた。博多に急報するためである。対馬の宗資国が急派した使者二人が、十月十三日博多に着いたことは、先述してある。直後、少弐資能は、飛脚を鎌倉に飛ばすと同時に、九州一円の武士に廻状を発して、博多に糾合していたらしい。この廻状を受けた武士のうちの一人、肥前国石志《いしし》（唐津市石志）の領主石志源三郎兼は、同十月十六日、娘の猟子に対して自領の譲状を書いている（『鎌倉遺文』一一七二八号）。

蒙古人の合戦に、嫡子二郎をば相具して出陣し候あいだ、我れら父子ともに無事に戻らんこともありがたく候へば、猟子に自領を譲るところなり。

文永十一年十月十六日　源兼（花押）

蒙古との合戦に嫡子二郎は連れていく。ともに戦死を覚悟しているので、事前に娘猟子に所領を譲与しておく、というのである。このような覚悟をした鎮西武士が、この頃、相次いで博多に集結していたらしい。

十月十三日に少弐資能が飛ばした飛脚は、十月十七日、京都六波羅に到着し、ただちに鎌倉に向かった。同時に六波羅探題北方の赤橋流北条義宗は、ことの由を京都朝廷に報告している。そして翌十八日、亀山上皇の御前で議定が行なわれた。しかし対馬が占領されたと報告されても、出席した公卿たちの間で若干の動揺が生じただけで、それ以上のことはなかったらしい。

しかし同日、博多では壱岐島の平景隆の下人宗三郎が到着して、壱岐島も失陥したと報告されていた。すでに博多に集結していた九州の御家人たちの眉宇には、それなりの決意が浮かんでいた。実際、博多には、きわめて多くの御家人が、麾下を率いて集結していた。大宰少弐の武藤資能は、ときに七十七歳。あまりにも老齢だからということで、全軍の指揮を執るのは、長男の少弐経資に譲られていた。ときに経資は、四十代の半ばだったらしい。

豊後国の守護大友頼泰も、すでに博多に来ていた。ときに四十七歳。麾下の相模武士の一団には、さすがに鎌倉武士の様子が窺われた。筑前、肥前両国の守護である武藤少弐氏は、もともとは武蔵国比企郡の出身だったらしい。そして豊後国の守護家大友氏は、相模国大友郷（小田原市東、西大友）が本貫の地だった。

九州の人々にとっては他所者《よそもの》である武藤少弐、大友両氏に対し、現地生え抜きの武将も、数多く参集していた。肥後国菊池荘（菊池市）の大領主菊池武房などは、その最たるものだった。ときに武房は三十歳だった。

筑前国の御家人だということで少弐氏の指揮下に属していた深堀時光は、もともとは上総国の出身だった。承久ノ乱の恩賞として筑前国長渕荘（福岡県朝倉町）を与えられたので、九州に来ていたのである。

そのほか、いちいちに詳述するのが煩わしいほど、数多くの御家人が、博多に集結していた。有馬、大村、臼杵、高木、竹崎、戸次《べつき》、山鹿、龍造寺などのほか、松浦党《まつら》、児玉党などである。すべて九州北半の御家人たちで、南半の御家人がまるで見えないことに注目される。

いずれにしても、源平合戦以来、見たことのなかったほどの大軍が、博多に集結していた。『八幡愚童訓』は、次のように記している。

　大将ばかりで十万二千余騎、都合数は何千万騎という数を知らず。

物凄いばかりの誇張だが、実数は一万騎程度ではなかっただろうか。それでも、とにかく意気は高かった。なかには、次のような心配をした者もあったと、『八幡愚童訓』は伝えている。

　味方は多く、敵兵は少なし。我れら面々に敵の首を分捕らんに、我れら全員に敵の首が行きわたらずんば、如何あるべき。

日本の武士一人一人に敵の首が行きわたらなかったら、手柄をたてられないと、心配したのである。しかし、その心配は、実際には杞憂だった。十月十九日、ついに博多湾に侵入してきた蒙古の巨船は、とにかく多かったのである。その情況を『神明鏡』は、次のように記している。

（蒙古の兵船は）同時に博多ノ津に押し寄せたり。大なる舳艫《じくろ》を並べ、舫《もや》いを入れ、歩み板を敷き渡し、陣々に油幕を引きて、楯を掻き並べたれば、五島列島より東、博多ノ浦にいたるまで、海上の四囲三百余里、にわかに陸地になる。

源平合戦最後の壇ノ浦海戦では、源氏方の舟は八百四十余艘、平家側は五百余艘だった。しかし平家側に若干の唐船があったほかは、すべて渡洋不能の小船だった。いま博多湾に侵入してきた蒙古の船九百艘は、すべて大型だった。疾快船三百艘、汲水小舟三百艘も、すでに渡洋してきたのである。博多湾が陸地に変じたというのも、ただの誇張ではなかった。

しかし蒙古勢は、その日は上陸しては来なかった。おびただしいばかりの炊煙が、各船から上がっていた。翌日の上陸戦に備えて、兵糧を事前に用意しているものと思われた。これで日本側にしても、一日の余裕が得られたことになる。各御家人の守備位置が確認されたり、陣地が移動されたりした。

全軍の形式上の指揮者である少弐資能は、東南方の大宰府に退いた。源平合戦より以来、首将が戦死でもすると、全軍が敗北したと、見做されるようになっている。だから資能の身柄は、安全な場所に置いておく必要があった。

しかし翌年、このことを聞いた日蓮から、資能は逃げ隠れたと言われることになる。実際に前線の指揮をとる資能の三男、景資は息子の資時とともに、筥崎八幡宮の大鳥居近くに本陣を置いた。西方に口を開いている博多湾で、東方の突きあたりにあたる。

西北方の玄海島、博多湾中央の能古島《のこのしま》は、最初から放棄されていた。両島ともに、すでに蒙古の軍船群のなかに、漂っているかのようだった。海ノ中道《なかみち》で辛うじて本島とつながっている志賀《しかの》島《しま》も、当初から放棄されている。これまた蒙古の軍船群に囲まれて、息もできないかの観があった。

必然的に蒙古勢は、志賀島から海ノ中道を経て、香椎宮から筥崎八幡宮を攻撃してくるものと、予想された。前線の指揮にあたる少弐景資が筥崎八幡宮前に陣取ったのは、そのような予想に立ってのことだった。

景資の予想は、半分ほどは的中した。十月二十日の早朝、百艘ほどの軍船が真っ向から筥崎八幡宮方面に迫ってきたのである。あなや、と見る間もなく、約二万人ほどの蒙古兵が、景資の本陣を襲った。人数から見ても、蒙古勢の本軍に違いない。

このとき景資の子資時は十二歳。今日が晴れの初陣だった。ただ一騎、味方の陣から進み出て、殺到してくる蒙古兵の前面に馬を立てると、可憐な声で名乗りをあげた。

「ヤァヤァ我れこそは、俵藤太と異名をとりし藤原秀郷から十一代の孫、武藤景資の子少弐資時なり。当年とって十二歳。今日こそ初陣なり。ならば、この矢を受けてみよ」

先祖からの系図を読み上げる氏文読《うじぶみ》みが済むと、いとも古式ゆかしく、鏑矢を蒙古兵の頭上めがけて放った。ブーンと音を発して、矢はかなたに飛んだ。日本人にとっては、きわめて優雅な振舞いだったから、全軍が固唾を呑む想いだった。

しかし蒙古兵には、日本語も通じなければ、鎌倉武士の作法も通じない。

「なにごとならん?」

と、寸時の間、あっけに取られて見ていたが、鏑矢が奇妙な音を発して頭上を飛び去ると、一斉に笑い出し、次の瞬間、銅鑼《どら》を叩いて攻撃に出た。開戦劈頭《へきとう》に射る鏑矢は、敵に命中させてはいけないことになっている。蒙古兵は、それを知らなかったのである。

これがすべての始まりだった。蒙古兵と鎌倉武士では、風俗習慣から戦い方にいたるまで、あまりにも違いが大きかった。鎌倉武士の作法では、一騎打ちが当然だった。複数で敵一騎と戦うのは、卑怯至極のことだった。最初に敵味方双方が名乗り合うのも、当然の礼儀だった。自分があげる名乗りは、敵も黙って聞くべきだった。敵が名乗りをあげているときは、こちらも黙って聞いていなければならなかった。

また渡り合う敵味方は、対等でなければならなかった。騎馬武者が徒歩の者を攻めるなどは、もっとも卑怯な振舞いとされた。反対に徒歩武者が騎馬武者に戦いを挑むのは、きわめて勇敢なことと賞讃された。だから徒歩武者に攻められた騎馬武者は、その場を去らねばならなかった。勝っても卑怯とそしられ、負けたら死ぬだけだったからである。

徒歩武者が騎馬武者と戦うにも、一定の作法があった。大切なのは、敵の馬の脚を薙いではいけないということだった。また鎌倉武士の作法では、敵の首を取るということがあった。もっぱら論功行賞に備えてのことだったが、敵手に対する敬意からでもあった。

とにかくいままでの合戦は、国内戦で日本人同士の戦いだったから、勝っても負けても、誰かが見ていた。だから卑怯な振舞いはできなかった。しかし蒙古兵の戦い方は、すべてが異様だった。とにかく鎌倉武士には、面喰らうことばかりだった。

まず第一に蒙古兵は、名乗りも聞かず、集団戦法をとった。

「ヤァヤァ我れこそは……」と始めた鎌倉武士が、気が付くと数人あるいは十数人の蒙古兵に、すっかり包囲されているというようなことも、たびたびだった。また蒙古兵の多くは徒歩だった。背後に騎馬の将校がいて、銅鑼や太鼓を打ち鳴らして、包囲、攻撃あるいは退却などを指揮したのである。

日本の騎馬武者の多くは、蒙古側の騎馬兵に「佳き敵ござんなれ」と目がけて突き進むと、足下から蒙古側の歩兵に長槍で突き上げられた。その長槍というのも、鎌倉武士には目新しい武器だった。鎌倉武士の世界には、まだ槍はなかったのである。また毒矢を使うなどということは、鎌倉武士には思いもつかぬことだった。しかし蒙古兵の矢の先には毒が塗ってあった。「なんの、これしき」と思われた矢傷から、やがて全身に毒が回って落馬すると、即座に蒙古兵多数が寄り重なって殺された。

なにより鎌倉武士が手を焼いたのは、「てつはう（鉄炮）」というものだった。大きな鉄丸に火薬を詰めたもので、これに点火して投げると爆発したといい、金属製の筒から発射したものともいう。直接的な殺傷効果は、きわめて乏しかったが、爆発したときに発する轟音は、鎌倉武士を驚かしただけではなく、その乗馬を驚かせて棹立ちさせ、背の武士を落馬させたのである。もちろん落馬すれば、とたんに蒙古兵多数に包囲された。

いずれにしても蒙古兵との戦いは、面倒だった。とにかく戦いにくいのである。慣れない戦いを強いられた鎌倉武士は、文字通り一人ずつ、倒されていった。

豊後国日田《ひだ》郷（日田市）の領主日田永基は、乗馬が特別に悍馬《かんば》だったので、麾下の郎等三百騎ほどを置き去りにして、ただ一騎で敵中に走り込んでしまった。しばらくして馬が戻ってきたとき、馬上に主の姿はなかった。

松浦党の一人で肥前国松浦西荘佐志村（唐津市佐志町）の領主佐志《さし》房《ふさ》は、息子の直、留、勇の三人とともに戦死を遂げた。この場合も、やはり一騎ずつ倒されたものらしい。とにかく損害が多かったのは、松浦党だった。『八幡愚童訓』にも、「そのうち松浦党、多く打たれぬ」と、特記されている。

前線の指揮者だった少弐景資も、危い目に遭っていた。混戦のなかで、たまたま一騎だけになってしまったところを、数十人の一団に狙われたのである。だが、さすがに景資の乗馬は、屈強の逸物だった。一鞭あてて馳せ過ぎざま、背後を振り返って一矢を放つと、敵集団の先頭にいた巨漢に命中し、身の丈七尺ほどの巨漢が落馬したのが見えた。

よほどの大物だったらしく、ほかの蒙古兵は景資を追うのをやめ、その巨漢の介抱を始めた。その隙に景資は逃れ去ったが、のち生け捕った蒙古兵に尋ねると、その巨漢こそ左副元帥の劉復亨だったらしい。が、劉復亨は手傷は負ったものの、死にはしなかった。

筥崎八幡宮近くに上陸してきたのは、北宋出身の中国人だったことになる。筥崎方面での合戦では、とにかく日本軍は劣勢だった。しだいしだいに退却を余儀なくされ、じりじりと戦場は南に移っていった。この間、筥崎八幡宮は戦火のなかで焼け落ちている。

しかし筥崎・博多方面の合戦は、蒙古側の陽動戦術だったらしい。日本軍が多く筥崎・博多方面に集中していると看て取ると、隙を狙った洋上のほかの軍船からの新手が、博多湾南岸方面にも上陸してきたのである。一説によると、新手が上陸してきたのは、博多湾の南岸だけではなく、湾岸の全面、つまり湾の北部、東部そして南部の海岸一帯と、一斉に上陸してきたのだという。

しかしこの説に従うと、蒙古側には作戦もなく、上陸したあとに橋頭堡《きょうとうほ》も設けなかったということにもなってしまう。広いアジア大陸を馳せめぐって、すでに百戦錬磨になっていた蒙古勢である。そんな馬鹿げた戦いを、するはずはなかった。また日本軍も、多くは筥崎、博多方面に集中はしていても、湾の南部方面が完全に手薄になっていたはずもない。

やはり蒙古勢の新手は、一点集中の突破戦を狙ったに違いない。その後の戦闘の情況や地形から見て、その上陸地点は百道原《ももじばる》（早良区百道《ももち》）だったものと思われる。上陸してきたのは、都督使金方慶麾下の高麗勢だった。上陸すると高麗勢は、すぐに橋頭堡を固めた。さらに攻勢に出るための本拠地でもあったし、万一のさいの退路としても、固めておく必要があったからである。

それが済むと、高麗勢は海岸に沿って、しだいに東進を開始した。麁原《そはら》（早良区祖原）、鳥飼（城南区鳥飼町）を経て、やがて赤坂（中央区赤坂）に迫った。

「このままでは、日本の本軍が挟み討ちにされる」

と看て取ったのかどうか、肥後国の御家人竹崎季長が、このとき「とりかひ（鳥飼）のしほひかた（潮干潟）」に打ち向かい、その地の「塩屋の松の下」で戦ったことは、『蒙古襲来絵詞』に詳しい。

しかし蒙古勢が上陸してきたのは、筥崎八幡宮前面と百道原海岸とだけではなかった。はるか西方の今津にも、彼らは上陸してきたのである。指揮をとっていたのは、右副元帥の洪茶丘だったらしい。

これで蒙古勢各部隊の部署割りと全体の戦略とを、推察することができる。蒙古勢全軍にとっての左翼は左副元帥の劉復亨が担当し、右翼は右副元帥の洪茶丘が担当し、中央部は都督使金方慶指揮の高麗勢が担当したのである。

以上の三手が上陸戦を敢行していたとき、全軍の総指揮官だった蒙古人忻都直率の蒙古兵は、最後まで安全な軍船で勢力を温存していたことになる。全体として、きわめて不公平な部署割りだったと言える。

いずれにしても日本軍は、きわめて劣勢だった。蒙古側左翼の劉復亨勢だけでも手を焼いていたのに、これに中央の金方慶勢と右翼の洪茶丘勢までが加わったのである。日本軍には敗色が濃厚だった。蒙古勢右翼の洪茶丘勢が、はるかな今津から博多西南隣の赤坂まで進撃したというのったろう。も、このときである。まるで疾風のような急進撃であった。新手だったから、疲労もしていなかっただろう。

これに対して、日本軍は疲労しきっていた。慣れない戦いを強いられた上に、蒙古勢が次から次へと新手を繰り出してきたので、そのつど日本軍は右往左往しなければならなかったからである。また軽装軽快な蒙古兵にくらべて、鎌倉武士の大鎧は、とにかく重かった。なによりも泰平が続いていたので、鎌倉武士の戦闘能力が低下していたことも、大きかった。

辰（午前八時）ないし巳ノ刻（午前十時）頃から、戦い続けたのである。その日の夕暮れどきになると、つかれきった日本軍は、戦場から東南方面、那珂川上流の大宰府に向かって退却していた。

博多湾と大宰府との間に横たわるのが、長さ十町（約一キロ）ほどの水城《みずき》である。かつて天智三年（六六四）に、唐、新羅の連合軍の攻撃に備えて、天智天皇が造らせた土塁である。現存する水城を計測してみると、基底部の幅は三十七メートル、高さは十四メートルもある。二ヵ所に城門が設置されていたが、もともとは水を溜めておいたものらしい。

「水城に楯籠って、大宰府を守らん」

ということに、日本軍の方針は、しだいに決まっていった。このとき蒙古勢が追撃していたら、どういうことになっていたか予想もつかない。しかし勝ちに勝った蒙古勢は、どういうわけか軍船に引き揚げていった。

劉復亨が負傷したことが、その原因だったのかも知れない。敵中で一夜を明かすことに、危険を感じたからかも知れない。また日本軍と一戦して、その強さ（弱さ）を知って安心したのかも知れない。少数意見ではあるが、日本側の誰かが、水城を切って水を流したのではないか、とするむきもある。すでに水というよりは泥水になっていたから、洪水になって蒙古兵を押し流すということはできなかったが、地面は泥だらけになる。これを嫌って、蒙古勢は軍船に戻っていったのだというのである。

その夜、博多湾を強風雨が襲った。

蒙古の軍船の多くは難破し、岸辺に乗り上げて粉微塵となった。乗っていた蒙古兵は、ほとんどが溺死した。戦死および溺死は、一万三千五百人に及んだとある。水手、梶取なども含めれば、蒙古勢の総数は約四万六千人、そのうちの三割が死んだことになる。しかし忻都、洪茶丘、劉復亨、金方慶らの指揮官たちは、助かって無事に帰国している。それでも合浦に帰り着くまでに、かなりの日数を費している。

ここで思い出されるのは、蒙古の軍船が、「大なる舳艫を並べ、舫いを入れ、歩み板を敷き渡し」ていたと、『神明鏡』に記されていることである。つまり蒙古の軍船は、同型艦ばかりを並べて鎖などで結び付け、甲板には板を並べて各船間の往来を自由にしていたというのである。このような措置は、波が立っていなければ、しごく便利である。しかし少しでも波が立てば、隣り合う船同士の高さが異なることになり、必然的に船腹と船縁とが衝突することになる。

この夜の風は、やがて「神風」と謳われ、「台風」と解釈されることになる。陰暦の十月二十日は、陽暦では十一月十九日、つまりはすでに冬である。冬の玄界灘では、やや強い風は決して珍しいものではない。日本側の記録でも、「台風だった」とは、決して記されてはいない。その程度の風で破壊されたということは、よほど粗悪な船だったということになる。蒙古に造船を強制された高麗の人々が、必死に手抜きをしてくれたお蔭というべきだろう。

もう一つ気になるのは、『八幡愚童訓』の一節である。

「さる程に夜も明くれば、二十一日の朝、海面を見やるに、蒙古の船一艘もなく、皆々、馳せ帰りけり」

蒙古の軍船は、自分の意志で帰っていったのだというのである。だとすると、いわゆる「文永ノ役」は、蒙古側にしてみれば、たんなる威力偵察にすぎなかったことになる。日本軍の武力のほどが判ったから、目的は達成したとして、帰っていったのかも知れない。実際、蒙古が派遣した兵士の人数は、わずか二万六千人だった。これだけの人数で、まさか日本一国を平定できるとは、さすがのクビライも思うわけはない。

日本にとっては怖るべき国難だった文永ノ役も、クビライにしてみれば、小手先だけの威力偵察だったのかも知れない。そうだとすれば、まだまだ蒙古の襲来はありそうだった。のちに判明したことだが、強風雨が博多湾を襲う直前の頃、都元帥(総指揮官)忻都のいる船室で、高級将校たちの会議があったという。席上、忻都は帰国を主張したらしい。すでに日本の武士の武力の程はよく判った。つまりは目的は達成したということである。

しかし都督使の金方慶は、これに反対した。緒戦の勝ちに乗じて、さらに戦果を拡大しようと主張したのである。蒙古に服属している高麗人としては、戦意のあるところを見せたかったのかも知れない。帰国を主張する忻都と戦闘継続を主張する金方慶との間で、かなりの激論があった。間に立って調停すべき劉復亨は、矢傷を負っていたので、役には立たなかった。

結局は都元帥忻都の意見が通って、蒙古勢は一斉に帰国しようとした。そのとき、運命の強風雨が襲ったのである。この日、逃げ遅れた蒙古の軍船一艘が、志賀島に乗り上げていた。生き残って岸辺にいた蒙古兵多数が、両手を合わせて命乞いをしているのが、対岸の日本人にはよく見えた。

しかし日本側からは、助け舟は出さなかった。やがて潮が干けば、志賀島には歩いて行けるからである。しかし、蒙古側では降伏が許されないと誤解したのか、指揮官らしい者が一人、自分から海に身を投じていった。

やがて潮が干くと、我れも我れもと日本軍は志賀島に押し寄せて蒙古兵を生け捕り、水城の前まで連れていって、約百二十人ほどを斬首したという。

徹底抗戦への道

十月六日に対馬が失陥したという情報は、同十三日に博多に届き、同十七日には京都に到着した。しかし鎌倉に急報が入った日は、さだかではない。察するに、同二十日より以前だったとは、とても考えられない。また十月十四日に壱岐が占領されたという情報は、同二十八日には京都に到着した。

その翌日の同二十九日、京都の公卿たちの間で、次のような風評が囁かれた。

「異賊襲来のことにより、関東の幕閣の間に、動揺の気あり」

具体的には、なにをもって「動揺の気」と見たのか判らない。対馬失陥という急報は伝わっていたにしても、壱岐敗北という情報は、まだ鎌倉には伝わってはいなかったのだから、幕閣が動揺するもなにもあり得なかったし、ましてそのことが京都に伝わるだけの日数もなかった。

文永ノ役にさいして、鎌倉幕閣が最初に対応したのは、十一月一日のことだった。時宗、義政が連署して、次のような関東御教書を、安芸国の守護武田信時に発したのである（『鎌倉遺文』一一七四一号一）。

「蒙古人、対馬、壱岐に襲来し、すでに合戦をいたす」との由、覚恵、注申するところなり。早々と二十日以前に安芸国に下向し、彼の凶徒寄せ来たらば、国中の地頭御家人ならびに本所領家一円ノ地の住人等を相催し、防ぎ戦うべし。さらに緩怠するべからざるの状、仰せによって執達すること、件の如し。

文永十一年十一月一日　　武蔵守（義政）（花押）
相模守（時宗）（花押）

武田五郎次郎（信時）殿

安芸国にも蒙古勢が攻めてくるかも知れないが、そのときには一生懸命に防戦せよと命じたのである。

ここで注目されるのは、安芸国守護の武田信時に対して、安芸国を守れと言ってはいても、九州に援軍として駆け付けよとは言っていないことである。九州の防衛は、九州の武士だけで充分と思っていたのだろうか。それとも蒙古勢の別働隊が、九州と同時に安芸国をも衝く危険があると、時宗は思っていたのだろうか。

もっと重要なのは、「本所領家一円ノ地の住人等」をも糾合せよと、時宗が指示していることである。「本所領家一円ノ地」、つまり公卿や大社寺が全権力を握っている荘園では、その地の住人は非御家人だから、この時期の幕府には軍事指揮権はない。その「本所領家一円ノ地の住人等」も、蒙古襲来という国難をよい口実として、一挙に幕府の権限下に置いてしまおうと、時宗が考えていたのだろう。

似たような内容の指令が、この日、豊後国守護の大友頼泰に対して、出されている（『鎌倉遺文』一一七四二号）。

蒙古人、対馬、壱岐に襲来し、合戦をいたすの間、軍兵を差し遣わさるるのところなり。かつうは、

「九国の住人等、その身は、たとえ御家人たらずといえども、軍功をいたすの輩あらば、抽賞せらるべし」

との由、あまねく告知をせしむべしとの状、仰せによって執達すること、件の如し。

文永十一年十一月一日　武蔵守（花押）

相模守（花押）

大友兵庫頭入道（頼泰）殿

非御家人であっても、軍功があれば行賞すると、一般に布告せよと命じたのである。いわば志願兵の募集であるが、この時期の幕府には非御家人に対する指揮権はなかったのだから、一種の越権行為と言えなくもない。とにかく時宗は、蒙古襲来を口実として、幕府権力ひいては幕府執権としての自分の権力を、幕府の権限の外にまで拡大させようと図ったことになる。

その二日後の同十一月三日、石見国に所領を持つ御家人某に対して、次のような関東御教書が発せられている（『鎌倉遺文』一一七四三号）。

「蒙古人、対馬、壱岐に襲来し、すでに合戦をいたす」

との由、覚恵、注申するの間、御家人を差し遣わさるるところなり。早々と来たる二十日以前に、石見国の所領に下向し、彼の凶徒寄せ来たらば、守護人の催促に従い防戦せしむべし。さらに緩怠の儀あるべからざるの状、仰せによって執達すること、件の如し。

文永十一年十一月三日　武蔵守（花押）

相模守（花押）

まず、時宗が石見国の守護をさしおいて、石見国の御家人に直接に下知していることに、注目される。この時期の石見国守護の伊東三郎左衛門尉が、時宗から信頼されていなかったのか、それとも時宗から直接に下知された石見国の御家人がこのとき鎌倉にいたのか、そのどちらかであろう。

いずれにしても京都では、十一月一日に亀山上皇の御前で院ノ評定が行なわれ、同二日には上皇は八陵に勅使を差遣して告文を献じ、同三日には院ノ御所で占いが行なわれた。

同じ頃、覚助法親王は、異例とも言える五壇ノ法を修し、東寺長者の道融も、仏眼ノ法を修し始めた。そのほか多くの寺社で、それなりの祈禱が行なわれた。いずれもみな、蒙古調伏、異国降伏のためだった。日本中が戦慄していたと言えよう。

そして十一月六日は、勝報が京都に入った。十月二十日の夜に強風雨があり、同二十一日の朝には、蒙古の軍船が座礁転覆していたというのである。勝報は、同時に詳報でもあった。しかし早くも誤報が、かなり多くまじっていた。

「去月二十日、蒙古と武士、合戦す。賊船一艘、これを取り留め、志賀島に留め抑う。そのほかの賊船、みなもって追い返す」

「豊後国守護大友頼泰の郎従ら、生け捕りの蒙古兵五十余名を率いて、上洛の途次にあり」

すべて威勢のよいことばかりだった。二十日の合戦では、かなりの苦戦だったことなどは、いっさい触れられてはいなかった。京都の公卿勘解由小路兼仲は、その日記に、

「逆風のこと、神明の御加被か。やんごとなく貴ぶべし。その憑み、少なからざるものなり」

と記している。すでに「神の加護」、つまり「神風」という意識が、公卿の間で芽生えていたのである。だから直後、伊勢神宮など主立った十大社に、朝廷から奉幣使が差遣された。亀山上

皇自身までが、石清水八幡宮に詣でて、戦勝を報告報賽《ほうさい》した。続いて賀茂、北野両社にも御幸して、みずから報賽している。

日本中が勝った勝ったで、沸き立っているかのようだった。しかし鎌倉がどうだったか判らない。蒙古襲来というドサクサに紛れて、本所領家一円ノ地の住人等も指揮下に治めようとした時宗の企図は、いまのところ失敗に帰したことになる。

博多湾での戦勝報告は、十一月九日か同十日には、鎌倉幕閣に到着しただろう。しかし民間には、すぐには伝わらなかったに違いない。鎌倉にいた日蓮が対馬、壱岐両島の惨状を知ったのは、遅くとも十一日よりは以前だった。この日、日蓮は次のような感想を述べている（『鎌倉遺文』一一七四八号）。

　日本国の上下万人、一向に念仏、禅などに帰依し、法華経を誇《そし》るが故に、皆人が壱岐、対馬の人々のようにならせ給わんこと思いやれば、涙もとまらず候。

日頃の日蓮の言動には似ず、かなりに悲痛な響きさえ感じられる。そして同二十日、また日蓮は、次のように書いている（『鎌倉遺文』一一七五三号）。

　自界叛逆難（二月騒動のこと）、他国侵逼難（蒙古襲来のこと）、すでに的中せり。禅宗と念仏宗とに帰依せば、またまた壱岐、対馬の土民の如くになり候わんずるなり。

自分の予言が的中したことを他に誇るというよりも、これを機として、ますます弘法に努力する日蓮の姿が、強く感じられる。

同じ頃、京都では筥崎八幡宮の再建ということが、当面の議題になっていた。蒙古襲来のさいに全焼してしまったからである。蒙古の二度目の襲来が、予想されていたからでもあろう。この時期の京都朝廷は、もっぱら宗教と儀式とを担当していたのである。

これに対して政治と軍事という現実面を担当するようになっていた幕府では、容易ならざることが討議されていたらしい。そのことを暗に示しているのは、安芸国厳島神社に伝わる一通の文書である。

異国征伐の御祈りのため、御剱壱腰、関東より当社に寄進せられ候、吉日をもって御宝前に申し上げ、御剱は宝蔵に納めらるべきの状、件の如し。

文永十一年十二月二日、親定（花押）

厳島社政所

いままでの蒙古に関連する祈禱は、すべて「異国調伏」あるいは「異国降伏」ということだった。しかしついに「異国征伐」の祈禱ということが文字で現われたのである。ただ蒙古襲来を待っているよりは、こちらから逆に攻めていこうと、幕府では考え始めていたのである。

一方、京都では、同年十二月二十一日、筥崎八幡宮再建の費用は、安芸、筑前両国の所出をあてるとし、翌年八月十五日の放生会より以前に、工事を完了するよう命じている。筥崎八幡宮再建料国に、安芸、筑前両国をあてることにしたということは、かなり気になることである。筑前国博多湾は、実際に蒙古が攻めてきた場所であり、また攻めてくる危険もある。安芸国も、今度は蒙古が狙う危険がある。そのような両国の所出は、防衛にあたる鎌倉武士の兵糧などにあてるべきではなかっただろうか。

いずれにしても多事多難だった文永十一年は終わり、やがて文永十二年（一二七五）になった。その正月早々、京都に朗報が入った。生け捕りになった蒙古兵が、京都に護送されてくるというのである。このとき京雀の多くが、先日、京都で流れた噂を思い出した。

「豊後国守護大友頼泰の郎従ら、生け捕りの蒙古兵五十余名を率いて、上洛の途次にあり」

あの噂は本当だったのか、多くの者がそう思った。

正月十八日、本当に生け捕り護送の一行が、京都に近づいていた。しかし「生け捕りの蒙古兵五十余名」というのは、嘘だった。実際の人数は「蒙古人二人、高麗人一人、明州人一人、計四人」でしかなかった。一行は京都には近づいたが、京都には入らなかった。京都南部の山崎(伏見区山崎町)から醍醐を経て、鎌倉に送られたのである。

そこまでのことは、『帝王編年記』に記されている。しかし生け捕りの四人が、鎌倉でどうなったかまでは、どの史料にも記されてはいない。

一方、博多では、二月十四日、老齢の父少弐資能にかわって事実上の総指揮にあたる少弐経資が、「蒙古警固結番」を次のように定め、九州諸国の守護や御家人たちに伝達していた(『鎌倉遺文』一一八〇五号)。

蒙古警固結番のこと

春三ヵ月　筑前国、肥後国
夏三ヵ月　肥前国、豊前国
秋三ヵ月　豊後国、筑後国
冬三ヵ月　日向国、大隅国、薩摩国

一年間を春、夏、秋、冬の各三か月ごとに分け、それぞれ二ないし三か国の御家人が分担して、博多湾の警固にあたるように定めたのである。一見、雑然とした無原則の分担のようだったが、実は一定の原則はあった。それぞれ指揮を執る守護によって、分担が考えられていたのである。すなわち、春、夏の六か月間の指揮は少弐経資、秋三か月間の指揮は大友頼泰、冬三か月間の指揮は島津久経、ということである。

この時期、肥前、豊前両国の守護は少弐資能、豊後、筑後両国は大友頼泰、そして日向、大隅、薩摩三ヵ国は、島津久経だった。肥後国の守護は、去年、安達泰盛が任じられた。しかしまだ着任していなかったので、筑前国の守護代官の少弐経資が、春三か月間の指揮を執ることになったものらしい。少弐資能は老齢なので、息子の経資が代官として、夏の指揮をとる。

以上のような番役分担の方式は、少弐経資一人で決めたわけではなかったようだ。背後で時宗が指示していたことは、次の史料に暗に示されている。(『鎌倉遺文』一一八一二号)

筥崎八幡宮仮殿の守護のこと、春の間は担当すべしとの状、仰せによって執達すること、件の如し。

文永十二年二月十日　　武蔵守(花押)
　　　　　　　　　　　相模守(花押)

大宰少弐殿

直後、京都で厄介な事件が起こった。二月十七日に、後嵯峨上皇の三回忌が、朝廷でしめやかに行なわれた。その直後、持明院統の後深草上皇が長講堂で法華経を自分の血で書写した上、上皇という尊号を辞退して出家するから、朝廷から護衛として付けられていた随身も返すと主張したのである。これは、前に述べたように、去年正月、大覚寺統の亀山天皇が御子の後宇多天皇に譲位したことが原因だった。そのまま皇位が大覚寺統に受け継がれ、自分の系統には皇位がまわってこなくなると思ったのである。

とにかく問題は、皇位に関することである。幕府にとっては、まさに難問だった。しかし持明院統と大覚寺統とを調停するのは、この時期、鎌倉幕府しかなかった。時宗は評定衆を召し集め、臨時の評定衆会議を開いたが、すぐによい解決策が出るわけはなかった。後深草上皇に対して、しばらくの猶予を願うしかなかった。

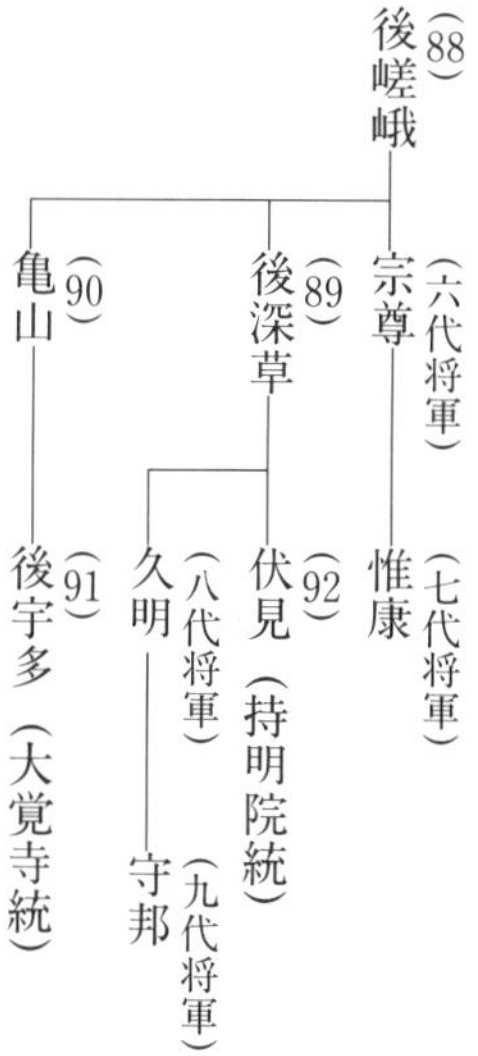

この間、鎌倉では、極楽寺の造営工事が着々と進んでいた。重時の子極楽寺流北条長時は、文永元年（一二六四）八月二十一日、三十五歳で死んでいる。しかし、弟の業時が総力を挙げて進めていた。七堂伽藍、十二社、四十九院なども完備されていた。開山の良観房忍性は、「極楽寺ノ切通し」の開鑿《かいさく》も行なって、鎌倉との往来も便利にしていた。貧しい庶民に対する救療活動も、すでに忍性は行なっていた。坂ノ下には馬療屋も建てられていた。桑ヶ谷（長谷三丁目）には、療養所も設けられていた。

ところが文永十二年三月二十三日あるいは同二十六日、災難が襲った。火災が起こって、堂舎は全焼してしまったのである。これに前後して、若宮大路東側の将軍御所も全焼した。焼け出された将軍惟康王は、時宗館に移り住んだ。不吉な予感が御家人の間に漂った。

これよりさきの文永十二年の正月、大陸では重大な事態が生じていた。さきに襄陽を攻略した蒙古勢が、南宋に対して一斉に攻勢に出たのである。南宋の首都臨安にとって、襄陽はいわば門にあたる。その襄陽を失っていた南宋は、玄関口にあたる安慶に最後の防衛線を布いていた。

しかし正月二十六日、その安慶が、一矢も射ることなく、簡単に降伏した。さきに襄陽で蒙古に降伏して出た呂文煥が、クビライの恩情に感激して安慶の守将范文虎《はんぶんこ》を説得して、蒙古に降伏させたのである。范文虎は、呂文煥の女婿だった。

首都臨安を守る最後の砦の安慶が失陥すると、南宋はほとんど裸に近かった。南宋の滅亡は、まさに旦夕に迫った。この様子を看て取ったクビライは、二月九日、またも宣撫使を日本に派遣した。文永ノ役で敗れたとは、まったく思ってもいなかったのである。今度の宣撫使は、正使が礼部侍郎の杜世忠《とせいちゅう》、副使が兵部郎中の何文著《かぶんちょ》だった。

一方、二月二十三日、南宋の首都臨安はついに陥落し、三百余年も続いた宋帝国は、ここに滅亡した。しかし文天祥ら宋の遺臣たちの抵抗が、すぐに始まった。

大陸での戦火をよそに、杜世忠ら日本宣撫使一行は、三月十日、高麗に到着した。高麗の忠烈王は、日本への案内人として徐賛《じょさん》、上佐《じょうさ》らを添えて、一行を日本に向かわせた。文永十二年四月十五日、ついに彼らは来た。しかし今度の宣撫使一行が到着したのは、筑前国博多ではなかった。意外にも長門国室津（豊浦町）だったのである。つい先頃に戦場となった博多湾を、わざと避けたのだろう。恨みや憎しみの残る博多では、平和的な交渉ができないと感じていたからに違いない。

つまり杜世忠一行が到着地に室津を選んだということは、「まだ平和的交渉の余地あり。去年の戦闘で懲りた日本は、降伏するかも知れない」と見ていたことを暗示している。しかし日本側の対応は、そんな甘いものではなかった。去年の合戦で受けた物心両面の傷手は深く、憎悪と敵愾心は、いやが上にも燃え盛っていた。正確な徴証史料はないが、すぐに一行は捕らえられたらしい。そして次々に、惨殺されたようである。

いま豊浦町室津浦には、「鬼泊」、「首かけの松」、「四十塚」などという地名が残っている。いずれも杜世忠らの従者が引き出されて、処刑された場所だと伝えられている。伝承によれば、殺した方法も、さまざまだったらしい。いずれにしても、なぶり殺しだったことは間違いない。

室津で殺されなかったのは、主立った者たちだった。その人数について、『帝王編年記』は九人だったとし、『鎌倉年代記裏書』は五人だとしている。のち高麗に逃げ戻った者に、梢工（水夫）の上佐、引海一冲ら四人がある。『鎌倉年代記裏書』でいう主立った者五人と合計すると、『帝王編年記』でいう九人と一致することになる。

それから約二か月ほどの間、杜世忠一行の姿は、日本側の史料から消える。どこに一行はいたのか、どのような扱いを受けていたのか、まったく判らない。のちのことから推定すると、博多か大宰府に護送されて、その地で監禁されていたのではないだろうか。

ちなみに杜世忠一行が長門国室津に来たということは、長門国が蒙古の攻撃目標になる可能性を暗示している。そう感じた長門国守護の二階堂行忠（法名行一）は、すぐに鎌倉に急報した。

長門国警固のこと、御家人の勢、きわめて不足せり。異賊、寄せ来たらば、心許なき次第なり。

二階堂行忠の書状が鎌倉に到着する前の四月二十五日、京都で改元が布告された。文永十二年を改め、建治《けんじ》元年としたのである。

直後の五月十二日、二階堂行忠の申請に対する時宗の対応が、早くも見られた。武田信時に対して次のように下知されたのである（『鎌倉遺文』一一九一〇号、一一九一一号）。

長門国の警固のこと、

「御家人、不足せり」
との由、信乃判官入道（二階堂行忠）行一、言上せしむるの間、周防、安芸を寄せらるるところなり。異賊襲来のときは、早々と三ヵ国相共に防戦せしむべきの状、仰せによって執達すること、件の如し。

建治元年五月十二日　武蔵守（花押）

相模守（花押）

武田五郎次郎殿

続いて同二十日、備後国の御家人をも率いて長門国を警固せよと、時宗は武田信時に下知している。これを見ると、この時期の武田信時は、安芸、周防、備後三ヵ国の守護だったのかも知れない。いずれにしても防衛態勢は、ほぼ完成したことになる。博多湾に蒙古の軍船が現われれば、九州全土の御家人が馳せ集まる。そして長門国の防衛は、長門、安芸、周防、備後四国で担当することになったわけである。

しかし時宗には、もう一つ、するべきことがあった。杜世忠一行が室津に来たとき、長門国守護の二階堂行忠は長門国の御家人らに、「急ぎ室津に馳せ集まるべし」と下知を下したが、これに従わない者が多かった。時宗は六月十八日、武田信時に次のような御教書を発した（『鎌倉遺文』一一九二九号）。

蒙古の牒使、長門国に来着せるとき、地頭御家人らのうち、守護の指示に従わざりし者ありと聞く。はなはだ謂《いい》なし。されば、その者どもに対し、
「所存の趣きを弁解すべし」
と、相触れるべしとの状、仰せによって執達すること、件の如し。

建治元年六月十八日　　　　武蔵守（花押）
　　　　　　　　　　　　　相模守（花押）

武田五郎次郎殿

同じ頃、去年の文永ノ役にさいして、九州の武士がとった態度などが、鎌倉に報告されていた。結局は論功行賞のためだったから、多くは武士の手柄に関することだったが、なかには卑怯な振舞いに出たものもあったらしい。そして同七月十七日、豊後国守護大友頼泰に宛てて、次のような御教書が発せられた。

異賊が去年に襲来したとき、あるいは戦場にありながら進んで戦おうとはせず、あるいは、「いまいる所を守るのだ」と称して、戦場に馳せ向かわざる者など、きわめて多しと聞く。はなはだ不忠のいたりなり。「今後、忠節をいたさずんば、罪科に行なわるべし」と、あまねく御家人らに相触れるべしとの状、仰せによって執達すること、件の如し。

建治元年七月十七日　　　　武蔵守（花押）
　　　　　　　　　　　　　相模守（花押）

大友兵庫入道（頼泰）殿

これで、文永ノ役のさい、一部の武士がとった態度が窺われる。戦場にいながらも戦おうとしない者、あるいは安全な場所にいて、「いまいる場所を守るのだ」と称して、戦場に向かわなかった者などが、かなりあったのである。

同じ頃、生き残って九州にいた杜世忠一行九人が、武士に護送されて鎌倉に向かっていた。文永ノ役の生け捕りと同様に、わざと京都は避けていた。南郊の山崎から醍醐に抜けたのは、七月二十一日だった。

京都は「聖なる地」であるという意識が、すでに成立していたのである。その「聖なる地」を、敵国人の足に踏ませてなるものか。そんな気持ちが、当時の武士にはあったらしい。だから杜世忠ら九人に対する待遇も、推察するに難くはない。激しい敵慨心と憎悪から、かなりに手荒なものだったと思われる。

八月十二日、肥後国御家人の竹崎季長は、鎌倉に到着して、鶴岡八幡宮に弓箭の祈りを捧げている。文永ノ役で戦功を樹てたのに、行賞に洩れたので、直接、幕閣に申請しようとしたのである。八月十五日、竣工なった筥崎八幡宮で、正式の遷宮の儀式が行なわれた。のちに伏敵門と呼ばれることになる同社の楼門には、「敵国降伏」と亀山上皇が宸筆した勅額が掲げられた。

一方、杜世忠一行九人が、いつ鎌倉に到着したか、まったく判らない。しかし九月十五日、主立った五人は、鎌倉の西郊、龍ノ口の刑場で斬首された。正使の杜世忠は元人で、大元帝国では中順大夫で礼部侍郎だった。ときに三十二歳。死に臨んで、次のような辞世の詩を詠んだ。

門を出づるに、妻子、寒衣を贈り、
問う、我が西行いく日にして帰るやと、
来たるとき、かりそめにも黄金の印を佩し
蘇秦を見て、機を下らざることなかれ

副使の何文著は宋人で、奉訓大夫の兵部郎中だった。ときに三十八歳。禅の心得があったらしく、偈《げ》を残している。

四大、もとより主なく

五蘊、悉くみな空なり
両国、生霊の苦しみ
今日、秋風を斬る

承仕郎の撒都魯丁《さとなろじん》は回教人《ういぐる》で、大元帝国では計議官、ときに三十二歳。書状官の某についてはよく判らない。ときに三十二歳。ともに辞世という風習は、知らなかったらしい。

高麗から訳語郎将（主席通訳官）として一行に付けられていた徐賛は、ときに三十三歳。彼は詩を作っている。

朝廷の宰相、五更寒し
寒申の将軍、夜、関を過ぐ
十六高僧、末起による
名利を算《かぞ》え来れば、閑にしかず

時宗が杜世忠ら五人を斬首したことについて、『鎌倉年代記裏書』は、「永く窺覦《きゆ》を絶し、攻むべからざるの策」とし、『関東評定衆伝』は、「これ則ち、永く和親を絶たんがため、通問せざるの策」としている。

要するに蒙古の再征があっても、断乎として受けて立つという決意を、内外に闡明したということであろう。

いま鎌倉の西郊というよりは江ノ島に近く、常立寺《じょうりゅうじ》という寺がある。その境内の誰姿森《たがすがもり》には、「元使塚」というものがある。杜世忠ら五人の墓である。梢工の上佐ら四人は、このときどうなったのか判らない。監禁されたままだったのか、五人が処刑されるのを見させられた上で釈放されたのか、いずれかであろう。

いずれにしても自分が送った使者を殺されて、クビライが黙っているはずはなかった。もちろん時宗も、そのことは判っていたに違いない。直後、臨戦態勢の下知が下されたのは、そのことを示している。

続いて時宗は、京都朝廷の問題にも、手をつけることにした。亀山、後宇多と大覚寺統が二代続いたことを、持明院統の後深草上皇が気に病んだ件である。時宗の努力の結果は、やがて現われた。建治元年十一月五日、後深草上皇の御子熙仁《ひろひと》親王が、後宇多天皇の皇太子ということになったのである。こうして両統迭立《てつりつ》ということが、始まったことになる。

先制逆襲か専守防衛か

杜世忠ら元使五人の処刑が済むと、時宗は敏速に行動を開始した。

杜世忠が持ってきた蒙古の牒状を、京都朝廷に提出したのがその最初だった。これには、どうやら時宗の意見書が添えられていたらしい。内容は次のようだったと思われる。

「前々の如く、このたびも、返牒あるべからず」

こうして外交権は、完全に幕府のもの、ひいては時宗のものということになった。京都朝廷はまた一つ、重要な権限あるいは権力を失ったのである。

次に時宗が着手したのは、蒙古が攻めてくる可能性のある国々で、次々と守護を改補することだった。従来の相続制をやめ、実力のあるものを任じたのである。

守護職というのは重要な地位で、蒙古合戦ということになれば、管国の御家人を率いて、その指揮をとらねばならない。いきおい武勇に秀れていなければならない。しかし頼朝の頃に任じられて以来、だいたいが世襲されてきているから、なかには無能な守護もいなくはなかった。だから来たるべき蒙古合戦に備えて、有能な守護を改補する必要があった。

しかし一国の守護であるということは、名誉なことだった。また守護であれば、それなりに広大な守護領を領することができるから、いままで守護だった者が、改補されることに反対するに決まっていた。それでも時宗は、強引に、しかも次々に諸国の守護を改補していった。だいたい建治元年（一二七五）から、弘安三年（一二八〇）の間だったようである。

時宗が最初に手を付けたのは、当然のことながら九州だった。肥前、豊前、筑前三か国の守護だった小弐資能から、肥前、豊前両国の分を没収したのである。建久九年（一一九八）に生まれた少弐資能は、文永ノ役の年には七十七歳で、すでに出家して覚恵という法名を名乗っていた。すでに老齢ということもあって、文永ノ役には息子経資を代官に任じ、自分は後方に控えていた。これが世上に誤解され、「逃げた」と周囲から見られてしまったのである。

戦後、博多近辺では、次のような落首が流布したと、『八幡愚童訓』に記されている。

臆病を、いかがかは少弐入道が
恥を覚恵が、名に落ちにけり

「恥を掻く」が「恥を覚」に掛けられて、愚弄されたのである。このことを鎌倉で聞いた時宗は、資能の持っていた三ヵ国分の守護職のうち、二ヵ国分を没収した。これを恥じた資能は、弘安ノ役には老骨に鞭うって奮戦し、結局は戦死している。少弐資能が没収された二か国のうち、豊前国の守護には金沢流北条実政が補任された。

豊後、筑後両国の守護だった大友頼泰も、文永ノ役後、世上から愚弄された。

大友は、子共うち連れ、落ち行きて

方々にこそ、頼泰みけれ

「寄り休み」が、「頼泰み」に掛けられている。こうして頼泰も、筑後国守護職を召し上げられた。かわって筑後国の守護に任じられたのは、時宗の弟北条宗政だった。

蒙古が上陸するかも知れない周防、長門両国の守護にも問題があった。周防国の守護長井泰重は、大江広元の孫だったから、もともと文官である。また長門国守護二階堂行忠は、幕府の吏僚であって、武士ではない。こうして周防、長門両国の守護は、北条宗頼に改補された。ちなみに宗頼は、時宗の弟である。しかし長井泰重が持っていた備後国守護職までは、時宗は接収してはいない。

万が一、蒙古合戦の緒戦で敗れると、蒙古勢は瀬戸内海を東進して、大坂湾に迫るかも知れない。京都を守る重要な国だというので、播磨、備中両国の守護には、北条時宗自身が就任している。播磨国の前守護は、小山宗長だった。宗長は、時宗の異母兄の故時輔の妻室の甥にあたる。

日本海側からの攻撃から京都を守るということも、すでに時宗は考えていた。この前後の頃、越前国では守護が後藤基頼から吉良流足利満氏にかわり、伯耆国でも芦名流三浦頼連が任じられ、石見国の新守護が北条一門にかわったのは、その表われだった。

建治元年からの数年間、関西以西の国々の守護が、大きく変わった。そして北条一門が大きく西国に進出したことが、とくに目立つ。時宗としては、もっとも信頼できるのが、同族だったのであろう。この間、九州や防長両国などに所領がありながらも、相変わらず鎌倉あるいは東国に留まっていた御家人たちに対して、強く西国移任が下知されていたことは、従前通りだった。

文永ノ役直後の文永十一年十二月二日、安芸国厳島神社神主の親定が、

「異国征伐の御祈りのため、御剱壱腰、関東より当社に寄進せられ候」

と書いたことは、先述してある。

蒙古の軍船が博多湾で漂没してから僅かに一か月しかたっていない時点で、「異国征伐」ということが、早くも鎌倉幕閣で問題になっていたのである。

ことがことだけに、反対論も多かったらしい。とにかく専守防衛の方が、より重要だとしたのである。積極攻勢論と専守防衛論とで、幕閣は紛糾した。攻勢論の首唱者は、どうやら金沢実時だったらしい。そして防衛論は、安達泰盛が唱えていたようである。

幕閣での議論は、ほぼ一年かかった。そして建治元年十一月、ついに攻勢論が勝った。実時の三男金沢実政が異賊征伐軍の指揮を与えられ、鎌倉を出立して、九州に向かったのである。ときに実政はまだ十七歳だった。これに続いて、関連する措置が次々にとられた。先述した守護の改補は、多くがこのときのことだったらしい。

海に面した西国諸国の御家人には、京都大番役が免除されたが、かわりに高麗遠征軍への参加が下知された。同時に手薄になってしまう京都を守るために、新たに在京御家人が指名された。さらに軍費兵糧を捻出するために、朝廷、幕府の双方が、公事を減免することになった。

そして十二月八日、安芸国守護武田信時に宛てて、次のような御教書が発せられた（『鎌倉遺文』一二一七〇号）。


「明年三月頃、異国を征伐せらるべきなり。梶取、水手など、鎮西もし不足せしめば、山陰、山陽、南海の三道諸国に省き宛つべし」

との由、大宰少弐経資に仰せられる。

されば安芸国の海辺知行の地頭御家人および本所一円地などに仰せて、兼ねて用意しあるはずの梶取、水手等、経資が申し越したれば、その配分の員数通りに、早速に博多に送り遣わしむべし。仰せによって執達すること、件の如し。

建治元年十二月八日　　　　　武蔵守（花押）

相模守（花押）

武田五郎次郎殿

これよりさき、武田信時に宛てて「安芸国の海辺知行の地頭御家人および本所一円地に仰せて、領内居住の梶取、水手の人数を調査し、緊急に備えるべし」という下知を、発してあったらしい。だから少弐経資が武田信時に対して、「異国征伐のため、これこれの人数の梶取、水手が必要なり。それを博多に送らるべし」と言ってきたら願い通りにせよと、信時に命じたのである。十七歳の金沢実政は高麗遠征軍の名目上の指揮官で、実際の指揮は五十歳前後だった少弐経資がとるものと、幕閣では考えていたことが判る。

こうして幕府の高麗遠征計画は、しだいに軌道に乗りつつあった。このとき京都朝廷から、どうやら反対論が出たらしい。そして久しく空席だった六波羅探題の南方に、佐介流北条時国が就任することになった。その時国の鎌倉出立の前日である十二月十二日、七十九歳にもなっていた佐介流北条時盛が、老軀を押して上洛していった。

六波羅探題の北方に在任していたのは赤橋流北条義宗、そしていま南方に就任しようとしていたのが北条時国、ともに京都朝廷を相手どって活躍するには、あまりに若年に過ぎた。そこで老練な時盛の出馬ということになったのである。時盛は六波羅探題も経験しており、なによりも幕府の元老であった。そして若い時国の祖父でもあった。

しかし高麗遠征という幕府案に対して、京都朝廷の反対論は、かなり強硬だった。老練の時盛も、手を焼いたようである。直後、幕府からの援軍が、さらに繰り出された。引付衆の二階堂行清、三善政康、伊賀光政の三人が、上洛していったのである。
老練と若手、武士と事務官僚など、さまざまな性格を取りそろえた幕府方は、脅かしとなだめすかし、説得と脅迫など、さまざまな方法で朝廷における遠征反対派を切り崩していった。やがて朝廷も、高麗遠征に反対しなくなった。全体の雰囲気も、遠征案を助長したようだった。文永ノ役に吹いた風が「神風」だと、一般に信じられてきたのである。建治二年正月、大宰府が発した下文に見えるのが、「神風」という語の初見かも知れない(『鎌倉遺文』一二二一二号)。

蒙古の山賊等、鎮西に来着して合戦をいたすといえども、神風、荒く吹き、異賊、命を失い、乗船、あるいは海底に沈み、あるいは江浦に寄る。これすなわち霊神の征伐、観音の加護にあらずや。

霊神や観音菩薩が日本側に味方していて、「神風」を蒙古勢に対して吹かせてくれたのだ、というのである。

建治二年正月十一日、時宗の弟北条宗頼が初代の長門探題として、任地に着任した。宗頼は周防、長門両国の守護でもあり、北条実政が高麗に出陣したあと、その後背の兵站を守るという意味もあったらしい。いずれにしても時宗が、弟宗頼を現地に派遣したということは、きわめて重いことだった。同三月五日、豊後国守護の大友頼泰は、管国の御家人たちに次のような下知を発した(『鎌倉遺文』一二二五二号)。

異国発向の用意の条々

一 所領の規模、領内の船の隻数ならびに櫓の本数、水手、梶取の交名、年齢、人数など報告せらるるべし。かねて来月中旬までに、我が下知あらば、博多ノ津に、大小の船、水手、梶取などを送付できるよう、用意をいたすべし。

一　異国発向のとき、相具すべき上下の兵員の人数、交名、および携帯せらるる兵具など報告せらるるべし。

以上の条々、まずはその用意をいたし、その上で今月二十日より以前に、固く報告せらるべし。もし遁避せらるれば、「重科に行なわるべし」との由、鎌倉より下知を下され候なり。よって執達すること、件の如し。

建治二年三月五日、前出羽守（大友頼泰）（花押）

其殿

各御家人たちの所領の規模、高麗遠征に従軍できる一族の人数、交名、年齢、武具、これに各領内で調達できる船の隻数、水手、梶取の人数、交名、年齢などを、十五日間以内、三月二十日までに報告せよ、と命じたのである。

ほぼ同様の下知が、筑前、肥後、大隅三ヵ国の守護から発せられていたことも、残存する文書から知ることができる。多分、九州全域の御家人たちに、同様の下知がされたものと思われる。回答の期限は、三月二十日だった。しかし現存する文書は、すべて閏三月の日付のものである。九州の御家人たちの不従順ぶり、あるいは戦意のなさが、如実に窺われる。

いずれにしても建治二年閏三月に入ると、守護の下知に応じて、御家人たちの回答が次々と各国の守護の許に寄せられてきた。藤原行重、左衛門尉頼房、僧某、菊池導空、そして北山室の地頭尼真阿等々である。これらのうちで、もっとも有名なのが、肥後国井芹《いぜり》村（熊本市花園）の領主井芹秀重、法名西向の回答である（『鎌倉遺文』一二二九七号）。

一、人勢弓箭兵杖乗馬のこと

西向　八十五歳　よって歩行するあたわず

嫡子永秀　六十五歳　弓箭兵杖あり
同子息経秀　三十八歳　弓箭兵杖、腹巻一領、乗馬一疋
親類秀尚　十九歳　弓箭兵杖、所従二人
孫高秀　満四十歳　弓箭兵杖、腹巻一領、所従一人、乗馬一疋
右、御下知の状にまかせ、忠勤をいたすべきなり。よって、あらあら注進状、言上すること、件の如し。
　建治二年閏三月七日　　沙弥西向（裏花押）

「忠勤をいたすべきなり」とあって、いかにも戦闘意欲がありそうな口振りではあるが、全体に従軍拒否の感が強い。自分は「歩行するあたわず」だし、「所従」の人数も少なすぎるようである。また前半の部分では、自領は二十六町余ほどあるが、多くは他人に押領されており、さらに妹に譲与していることもあって、実際には十一町余しか領してはいないと記しているなど、いやいやながら回答しているというように読める。

このように御家人たちに戦闘意欲が欠けていたのでは、高麗遠征などは覚束ないことになる。だいたい当初の幕府の計画では、建治二年三月に出撃する予定だった。それが遅れに遅れて、いま閏三月になって、やっと兵員、武具などの回答が寄せられてきたのである。その回答だって、三月二十日が締切だったはずである。

とにかく高麗遠征計画は、すでに大幅に遅れてしまっている。しかも御家人たちに、戦闘意欲が感じられない。さらに京都朝廷には、まだ反対論を唱える公卿がいる。このような情況の下で、鎌倉幕閣は揺れに揺れていた。蒙古の再度の襲来を便々と待っているより、こちらから逆に攻めていくか。それとも、とにかく専守防衛に徹するか。

幕閣が揺れ動いていたことを示すのは、次の文書である。三月十日、少弐経資が次のような下知を、管国の御家人に発したのである。実に御家人たちが兵員武具などを回答するより、一か月も前のことだった（『鎌倉遺文』一二二六〇号）。

異国警固のための要害石築地《いしついじ》のこと
高麗発向の輩のほか、国中に宛て課し、平均に沙汰をいたすべきなり。されば今月二十日より以前に、人夫を相具して博多ノ津に相向かい、割り当てられたる場所を確認して、沙汰をいたさるべし。恐々謹言。
建治二年三月十日　　　少弐（花押）
其殿

博多湾に沿って防衛用の要害石築地（元寇防塁）を築くから、高麗遠征に従軍しない御家人は、すべて自領の農民を人夫として引き連れて博多に赴き、その工事を行なえというのである。この場合には、まだ高麗遠征と石築地造営、つまり逆襲と防衛の二種が、同時に行なわれることになっていた。すべての御家人は、そのいずれか一方に従うわけである。どのような基準で、御家人たちを逆襲と防衛に区分するつもりだったのかは判らない。いずれにしても建治二年三月段階では、蒙古への対策に二種があったわけである。

文永ノ役の直後には、逆襲ということしかなかった。それがいま、逆襲と防衛との二策あることになったのである。そして同年八月になると、もっぱら防衛というだけになったようである（『鎌倉遺文』一二四四九号）。

異国用心のこと、山陽、南海両道の軍勢をもって、長門国を警固せらるるべきなり。来たる十月中、安芸国の地頭御家人ならびに本所一円地の住人等、長門国の海岸を警固せしむべしとの状、仰せによって執達すること、件の如し。

建治二年八月二十四日　　武蔵守（花押）

相模守（花押）

武田五郎次郎殿

右のように、時宗は安芸国守護の武田信時に、もっぱら防衛のことをのみ下知していたのである。この頃から以降、高麗遠征ということは、史料に現われることはない。ついに高麗への逆襲ということは、棚上げにされてしまったのである。

かわって浮上してきたのは、専守防衛であった。具体的には博多湾に沿って、要害石築地を築造するということだった。九州の九ヵ国が、それぞれに分担すべき地域を割りあてられたらしい。

香椎地区――豊後国
筥崎地区――肥前国、のち薩摩国
博多地区――筑前、筑後両国
姪浜《めいのはま》地区――肥前国
生《いき》ノ松原――肥後国
青木横浜――豊前国
今津地区――日向、大隅両国

九ヵ国に割りあてられた地区の工事は、さらにその国の在地領主たちに細分化して、割りあてられた。これを大隅国の場合で見ると、次のようだった（『鎌倉遺文』一二四六一号）。

夜久高七反　　七寸　　御家人税所介義祐
大楽六反　　六寸　　霧島社座主慶範

最勝寺一町五反　一尺五寸　　　　権執印法橋永田
在河七反　　　七寸　　　　　　綾太夫宗助

御家人だけではなく、僧侶、神官などの非御家人にいたるまでが、所領一町につき一尺、一反につき一寸が、割りあてられていたことが判る。

いま博多湾に沿って、数ヵ所で石築地の痕跡が見られる。担当した国ごとに、特有の工法が用いられていて、それなりに興味深いものがある。要害石築地は、早い所では建治二年八月に着工された。そして一応の完成を見たときには、すでに建治三年になっていたものと思われる。

振り返ってみると、鎌倉幕閣は大きく転換したことになる。文永ノ役直後には高麗遠征――逆襲ということだったのが、二年後の建治二年八月には、石築地の造営――専守防衛にかわっていたのである。もちろん京都朝廷における遠征反対論も、幕閣の政策転換に影響したであろう。九州武士の戦闘意欲のなさも、大きく関係していたかも知れない。

しかし、それ以上のことが、鎌倉幕閣で起こっていたのである。その端緒となったのは、高麗遠征を強く主張していたらしい金沢実時が、建治元年五月、重病に陥って自領武蔵国六浦荘（横浜市金沢区）に籠居したことだった。

「時宗政権」とでも呼び得るような当時の鎌倉幕閣は、宿老の金沢実時、連署の塩田流北条義政、時宗の妻の兄で外様御家人の代表でもある安達泰盛などに支えられていた。そして金沢実時、塩田義政などの北条一門は、高麗遠征論を主張していた。これに対して外様御家人の側に立つ安達泰盛は、専守防衛論を唱えていた。

金沢実時が病気で鎌倉を去ったことは、遠征論派の勢力を大きく後退させることになった。そして代わりに浮上してきたのは、もちろん安達泰盛ら防衛論派だった。そして高麗遠征ということは棚上げされ、石築地の造営が着工されたのである。鎌倉幕閣を肩で風を切って歩くのは、安達泰盛らということになった。

建治二年九月、泰盛の異母弟で評定衆だった安達時盛が、突然、出家遁世して寿福寺に入った。幕府の許可なしの自由出家だったので、直後、所領が召し上げられた。安達時盛は泰盛の弟ではあったが、遠征論派だったのである。父義景の遺領配分などの面でも、兄泰盛と対立していたのかも知れない。いずれにしても防衛論派が多数を占めるようになった鎌倉幕閣には、時盛は居辛かったのである。

建治二年十月二十三日、金沢実時が六浦荘で死んだ。ときに五十三歳だった。

遠征論派の中心的存在だった実時の死は、遠征論派の敗北を決定的なものとした。直後の十二月四日、六波羅探題北方だった赤橋流北条義宗が、その職を罷免されて鎌倉に向かった。時宗の庶兄で返牒論者だった北条時輔を、かつて義宗は殺している。つまり義宗は対蒙古強硬論者だったわけで、いまは遠征論者だったと思われる。

続いて建治三年（一二七七）四月四日の未ノ刻（午後二時）、連署の塩田流北条義政は、突然、将軍惟康王に出家を願い出た。そして許可を得ると、同じ日の申ノ刻（午後四時）、出家を遂げた。注目されるのは、北条一門の家長であり幕府の執権でもある時宗には、義政はなんの連絡もしていなかったことである。いずれにしても四月四日、義政は幕府連署という重職を辞任した。

さらに五月二十二日（二十八日とも）、すでに出家していた義政が、遁世するために、信濃国善光寺（長野市）に旅立とうとしたのである。このときにも義政は、時宗ら北条一門には連絡しなかった。このことを時宗らが知ったのは、ようやく六月二日になってからだった。

そして六月五日、時宗は義政に使者を送った。遁世をやめさせようとしたのである。しかし義政は、時宗の反対を押し切って、強引に遁世してしまった。やがて時宗は、自由出家の咎ということで、義政の所領を没収している。ちなみに「自由出家」というのは、将軍の許可なしに出家することだから、義政の場合には自由出家ではない。それなのに時宗は、義政を自由出家の咎に処したのである。時宗と義政との間に対立があったことが、これから窺われる。

義政は遠征論者で、時宗は妻の兄安達泰盛に与《くみ》して、防衛論者になっていたものと思われる。しかし時宗と義政との対立は、それだけではなかったらしい。

薩摩国入来院《いりき》（鹿児島県入来町）の領主渋谷定仏は、時頼の頃から得宗被官だった。ところが定仏の子重員は、時宗に仕えるのを嫌って、塩田義政に仕えていたのである。いわば時宗と義政は、被官の取り合いということでも、対立していたのである。

いずれにしても幕閣では、遠征派が敗退し、防衛派が勝利を収めた。その結果、博多湾に沿って要害石築地が築かれていったのである。

鎌倉幕閣が高麗遠征から専守防衛へと転じつつあった建治二年（一二七六）、遠く中国雁山《がんざん》の能仁寺《のうにんじ》で、事件が起こった。蒙古兵の乱入である。僧たちは逃げ散ってしまったが、一人の禅僧が本尊の前に端座して、微動だにしていなかった。これを見た蒙古兵は、剣を振り上げて、禅僧の首を刎ねようとした。その瞬間、禅僧が偈《げ》を唱え始めた。

乾坤《けんこん》、孤筇《こちく》を卓つるに地なく
喜び得たり、人空にして、法また空なるを
珍重す、大元三尺の剣
電光影裏に、春風を斬る

これを聞いた蒙古兵は、非常に感心して禅僧を斬るのをやめ、そのまま立ち去ったという。

この禅僧こそが無学祖元《むがくそげん》。ときに五十一歳だった。そして祖元の偈は「臨刃偈《りんじんげ》」と呼ばれて有名になり、この挿話もやがて日本に伝わってくる。

建治三年二月一日の辰ノ刻（午前八時）、時宗の妻室（安達泰盛の妹）が流産した。霙《みぞれ》まじりの雨の日だった。時宗は、すでに一男一女の父になっていた。長男は幸寿丸、のちの貞時である。文永八年（一二七一）十二月十二日生まれだったから、この建治三年には七歳だったことになる。娘の生年は判らない。のち足利貞氏と結婚したが、子は生まれなかったらしい。

時宗に一男一女しかいなかったのは、子沢山が普通という時代だけに、いささか珍しい。三度目の出産が流産になって、妻室は不妊になったのだろうか。

同二月二十四日、安達泰盛の子九郎右衛門尉宗景が、検非違使の判官になった。左衛門尉の検非違使は多いが、右衛門尉の検非違使は異例だった。父泰盛が幕閣で権勢の人だったからかも知れない。

六月八日、大宰府の脚力《きやくりき》が、鎌倉に走り込んできた。

「南宋、ついに滅亡して中国全土は蒙古に併呑さる。よって今春渡宋せる商船等、みな交易に及ばずして走り還りたり」

南宋の首都臨安が陥落したのは、建治二年正月十八日だった。そのことがいま、鎌倉に伝わったのである。中国での情報が鎌倉に到着するのに、実に一年半もかかったことになる。これに対して時宗がどのような手を打ったか、まったく判らない。直後の六月十六日、きわめて重要な決定が、幕閣でなされた。

御家人の朝官拝任の推挙のこと、自今以後、評定衆会議の儀を止め、御恩の沙汰に准じ、直にきこしめさるべし。

御家人が京都朝廷の官職を拝任するには、幕府の推挙が必要だった。推挙するのは、かつては将軍頼朝の権限だった。しかし四代将軍九条頼経の頃から、その権限は評定衆の会議に委ねられていた。それを、七代将軍惟康王の権限としたのである。しかし惟康王には、事実上政務の実権はない。執権北条時宗の意のままに従うことになっている。

だから以上の決定は、御家人の朝官推挙権を執権時宗と義兄で恩沢《おんたく》奉行だった安達泰盛が握ったということである。さらに言えば、高麗遠征論の北条一門の勢力が大きく後退し、専守防衛論の安達泰盛らの幕閣での勢力が、大きく確立したということでもあった。

翌日の六月十七日、赤橋流北条義宗が評定衆に登用された。引付衆を経験することなしの登用だったから、一見、名誉なことのようだった。しかし去年十二月に六波羅探題北方を罷免されてから、半年間は無役だったのである。もともと高麗遠征論派の一人だったから、いま評定家に登用されたのは「お情け人事」のようでもあった。そのためか義宗は、幕閣にあっても居心地はよくなかったらしい。直後の八月十七日の申ノ刻（午後四時）、風雨の激しいなかで死んだ。ときに二十五歳。死因は判らない。

十二月二日の午ノ刻（正午）、時宗の長男幸寿丸が、将軍惟康王を烏帽子親として将軍御所で元服し、貞時と名乗った。北条宗政（理髪役）、安達泰盛（烏帽子持参）、佐々木氏信（広蓋持参）、北条宣時（御剱役）、北条公時（御調度役）、金沢顕時（甲冑役）、二階堂行有（御行縢役）等々、幕閣でそうそうたる人が、みな列席していた。

そして十二月二十一日、陸奥守北条時村が、六波羅探題北方として、鎌倉を出立して上洛の途についた。北条政村の子で、ときに三十六歳だった。

建治二年には、高麗遠征計画が棚上げされ、専守防衛という案が採用された。換言すれば北条一門の勢力が大きく後退し、かわって安達泰盛を代表とする外様御家人の勢力が、大きく浮上してきたことになる。

建治三年に、先述のように安達泰盛の子宗景が、右衛門尉でありながら検非違使に任じられ、泰盛自身は恩沢奉行として、御家人の朝官拝任の推挙権を握るなど、権勢の人となった。しかし泰盛にとって新しい相手が、急速に抬頭しつつあった。得宗被官（御内人《みうちびと》）の代表、平頼綱である。

問注所執事太田康有の『建治三年丁丑日記』には、康有自身が出席した寄合衆の会議が、四回ほど記されている。その出席者の顔触れは、次のようである。

十月二十日　　時宗、康有、佐藤業連、平頼綱
十月二十五日　時宗、康有、佐藤業連、平頼綱
十二月十九日　時宗、康有、安達泰盛
十二月二十五日　時宗、康有、安達泰盛、平頼綱、諏訪真性

ちなみに寄合衆というのは、得宗時宗の御前会議のことで、この時期の幕閣では最中枢的な機関だった。そのうち四回だけ、たまたま康有が召された分が、このように記録されているのだが、出席者の頻度をくらべると、得宗被官の出席率がもっとも高く、しかも人数も多い。平頼綱は得宗家の執事で出席は四回中三回、佐藤業連も得宗被官で出席は二回、諏訪真性は頼綱に次ぐ得宗被官の雄で出席は一回、総じて得宗被官の出席は、三人でのべ六回。

これに対して外様御家人は、安達泰盛ただ一人で、出席したのは二回だけである。太田康有は事務官僚で、いわゆる外様御家人という範疇には入らないが、無理に康有を外様御家人として算入しても、二人でのべ六回。これで見れば安達泰盛は、高麗遠征を唱える北条一門の勢力は後退

させ得たが、新しく得宗被官という集団、とくにその代表である平頼綱と、正面から向き合うようになったことが判る。

建治四年二月二十九日、改元があって弘安《こうあん》元年（一二七八）となる。この正月、高麗で事件が起こった。高麗軍民総管の洪茶丘が、文永ノ役に高麗兵六千名を率いたことのある金方慶を、忠烈王の面前で拷問したのである。蒙古への謀反の企図ありと、密告があったからだった。

そして二月、さらに激しい拷問が、またも忠烈王の面前で、金方慶に加えられた。しかし金方慶は、いっかな屈しようとはしなかった。困った洪茶丘は、ついに武器隠匿という罪を金方慶に着せて、これを大青島に流した。

しかし忠烈王は、洪茶丘が蒙古の首都大都に戻ると、すぐに金方慶を救い出した。そして自ら大都に赴いてクビライに金方慶の無実を説き、その釈放を強く願い出た。七月十七日、ついにクビライは、金方慶の釈放を許した。しかし金方慶の心中には、洪茶丘に対する深い憎悪が募っていた。

一方、鎌倉では、七月二十四日、蘭渓道隆が建長寺で示寂した。ときに六十六歳。精神的な支柱を失ったかの感を抱いた時宗は、十二月二十三日、無及徳詮、傑翁宗英の二人に書状を送った。渡宋して、俊秀の名僧を日本に招致せよと、命じたのである。

弘安二年（一二七九）六月五日には、時宗の弟北条宗頼が長門国で死んだ。長門探題として、現地に赴任していたのである。その子兼時が後任となって、すぐに現地に向かった。ときに兼時は、まだ十七歳でしかなかった。

直後の六月二十五日（『師守記』では二十六日）、対馬に異国船が来着した。正使は周福《しゅうふく》、副使は欒忠《らんちゅう》、ともに宋人だった。かつて蒙古に降伏した南宋の将軍夏貴と范文虎両名が送った招諭使だった。渡宋していた日本人の僧の本暁房霊果および通事の陳光なども、これに同行していた。一行が持参してきた牒状の内容は、それほど意外なものではなかった。

宋朝は、すでに蒙古のため、討ち取られおわんぬ。されば次には日本、これ危うし。よって日本、蒙古と好《よしみ》を通ぜずんば、また攻めらるべし。よくよく御考慮あるべし。

亡宋の遺臣夏貴
同　范文虎

現物は失われて残ってはいないが、大意は以上のようなものだったらしい。

この牒状が対馬に着いたのと同じ六月、無学祖元の一行が博多に到着した。時宗の依頼で渡宋した無及徳詮、傑翁宗英の二人が、その依頼を果たしたのである。

最初、無及徳詮らは、祖元の法兄環渓惟一に白羽の矢を立てた。しかし惟一は老齢だということで固辞し、弟弟子の祖元を推挙したので、祖元が日本に来ることになったのである。結果的に見て、これは非常によかった。祖元と時宗との師弟関係は、日本史上で稀なほどの緊密な信頼をもととすることになったので、二度目の蒙古襲来という国難に直面していた時宗に、大きな力を与えたのである。祖元一行には、法兄惟一の弟子の鏡堂覚円、梵光一鏡らや、入宋日本人僧の桃渓徳悟らも、同行していた。

一方、亡宋の遺臣からの牒状は、大宰府から鎌倉に送られ、七月二十四日の夕刻、京都朝廷に提出された。翌二十五日、亀山上皇の院ノ御所で、公卿たちの評定が開かれた。しかし意見が百出して、結論は出なかった。同二十九日、再度の院ノ評定が開かれた。

「牒状の書式、きわめたる無礼なり」

「亡宋の遺臣、直に日本帝王に書をいたす。分をわきまえざるものなり」

またまた、意見が百出した。しかし結論は、次のようなものだった。

「所詮、幕府、定め計らい申すか」

「鎌倉幕府にまかせよう」というのである。すでに外交権を失っていた朝廷としては、やむを得ない結論だったと言えるかも知れない。

他方、鎌倉の時宗たちも、朝議がこうなると、すでに見越していたらしい。この前後、牒使一行に随従していた渡宋日本人僧一人を除いて、周福、欒忠ら一行全員の身柄は博多に送られ、その場で斬られている。

その直後の八月、高麗で、長門室津と鎌倉龍ノ口で斬られた杜世忠一行のうちの生き残り、梢工の上佐、引海一冲ら四人が日本から逃げ帰って、杜世忠らが惨殺されたことを報告した。ただちに四人は、蒙古の首都、大都に送られた。同時に、四人が報告したことは、高麗の諸地方に伝わった。

蒙古人の杜世忠、宋人の何文著などが殺されたのは、高麗人には痛くはなかった。しかし、ただ案内に立っただけの高麗人徐賛らまでが殺されたことは、高麗人を憤激させた。やがてクビライが日本遠征の志願兵を募ったとき、高麗人のうちから応募者が多数あったのも、頷けることだった。

文永ノ役のさいの高麗兵は、いやいやながらの従軍だった。しかし二度目の蒙古襲来のさいの高麗兵は、自発的な志願兵だった。戦意の程は、きわめて高かったのである。

直後、蒙古の首都大都にも、杜世忠一行惨殺の報が伝わった。文永ノ役のさいに都元帥だった忻都、右副元帥だった洪茶丘の二人は、「みずから出兵して、再度、日本を討たん」と、クビライに願い出た。

一方、その八月二十一日、無学祖元は鎌倉の建長寺に入って、その住持に就任した。もちろん時宗が任命したのである。これを知った上野国新田荘世良田郷（群馬県尾島町世良田）の長楽寺の住持一翁院豪は、すぐに書状を祖元に送って入寺を祝い、次いで自ら建長寺に参禅して、祖元の法弟に連なった。長楽寺は、新田一族の氏寺だったが、住持の院豪が祖元の弟子となったことから建長寺の末寺になり、それまでは兼修禅だったのが、専修禅に転換していく。

さらにこのことが端緒になって、新田荘自体までが、北条氏得宗領と化していく。これに怒った新田義貞が、ついに鎌倉幕府に叛旗を翻すのは、これから約半世紀ほど後のことになる。

いずれにしても弘安二年十月の頃、京都は騒がしかった。東国武士が多数、京都を通って、九州に向かっていたのである。『帝王編年記』によると、いずれも九州防備のためだった。文永ノ役にさいして、九州武士の戦意のなさは、鎌倉にいた時宗にも感じ取れていた。そこで血気盛んな東国武士を、時宗は九州に送り込んでいたのである。しかし人数や指揮者などについては、まったく判らない。

こうして博多湾近辺に駐屯することになった東国武士たちは、きわめて荒っぽかった。便々と蒙古の再襲を待っているのに飽きると、勝手に出撃して、高麗の沿岸を襲ったのである。『高麗史』では、これを「倭賊」と記している。

東国武士たちが博多湾頭に帯陣するようになって約半年ほどたち、玄界灘の冬の風波もおさまってきた弘安三年（一二八〇）五月ごろから、「倭賊」の動きは活発になった。なかでも五月三日の倭賊は、巧妙だった。二手に分かれて、固城、漆浦方面と合浦近郊の二ヵ所を攻撃したのである。

高麗側の沿岸守備隊の隊長韓希愈は、手兵二百人ほどを率いていた。しかし二ヵ所が襲撃された知り、どちらに向かうべきかを思案しているうちに、倭賊は二手ともに立ち去っていた。直後に調べてみると、高麗側の損害は意外なほど軽微で、さほど掠奪もされておらず、火も放たれてはいなかった。しかし合浦近郊では、漁民二人が連れ去られていた。また固城、漆浦方面でも、かなり多くの漁民が連れ去られていた。倭賊の狙いは、明らかに情報収集だった。

そして八月二十六日、大都のクビライの面前で、日本遠征軍の序列と基本戦略とが、ついに策定された。遠征軍は、大きく二軍から成っていた。高麗の合浦から出撃する東路軍と、中国江南から出撃する江南軍とである。

東路軍の都元帥（総司令官）は、文永ノ役のさいと同じく蒙古人の忻都、右副元帥も同じく高麗人の洪茶丘、左副元帥は高麗人の金方慶。蒙古人、旧北宋系の漢人、高麗人ら合わせて四万、兵船は九百艘。

江南軍の都元帥は蒙古人の阿刺罕《あらかん》、右副元帥も蒙古人で阿塔海《あたはい》、左副元帥は旧南宋の武将の范文虎。旧南宋兵で十万、兵船は三千五百艘。

両軍は明年五月、それぞれの本拠を出発し、壱岐で合流して全軍で一挙に博多を衝くことにきまった。日本には、すぐには蒙古の作戦案は伝わってはこない。しかし直後、鎌倉では火災が頻発した。これらの火災は、将軍居所の若宮大路御所の近辺にも多かったが、稀有にして御所は焼けなかった。しかし不吉な前兆だった。

蒙古の作戦案は、もちろん軍事機密だったが、日本側の情報収集は、意外なほど早かった。三か月ほど後の同十二月八日、時宗は次のような下知を、豊後国守護の大友頼泰に発している（『鎌倉遺文』一四二〇七号）。

鎮西警固の事、蒙古の異賊ら、明年四月中襲来すべしと云々。早々と分担の所に向かい、厳密に用心をいたすべし。
近年、守護御家人、あるいは所務の相論により、あるいは検断の沙汰により、多くもって不和の間、用心の儀なしとの由、その聞こえあり。自身の宿意をさしはさみ、天下の大難を顧りみざるの条、はなはだ不忠なり。御家人以下軍兵等は、守護の命に随い、防戦の忠をいたすべし。守護人もまた親疎を論ぜず、忠否を注進し、賞罰を申し行なうべし。相互に仰せに背くにおいては、永く不忠の罪料に処すべし。この旨をもって、国中に相触れるべしとの状、仰せによって執達すること、件の如し。

弘安三年十二月八日　　　　相模守（花押）

大友兵庫頭入道殿

念のため繰り返すが、蒙古側の予定では、出撃は「明年（弘安四年）五月」だった。それが時宗の下知では、「明年（弘安四年）四月」となっている。一か月ほどしか、ずれはない。このずれも、一か月遅れていたのでは問題が生ずる危険があるが、一か月早いのだから問題はない。むしろ時宗は正確に「五月」という情報を得ていたが、念のため一か月早めて、「四月」として下知したのかも知れない。

いずれにしても弘安三年は暮れて、やがて運命の弘安四年（一二八一）となった。その正月、無学祖元が北条時宗に、次のように語ったと、『元亨釈書』に記されている。

「本年の春、夏の間、博多が騒擾せんも、一風、わずかに起こり、万艦、掃蕩せん」

直後の二月二十二日、日本遠征軍の諸将が大都を出立するにあたり、クビライは次のように訓示した。

「次の一事、とくに朕、深く憂慮するところなり。すなわち卿ら、不和になることとなり。卿ら、つねに同心協謀して、ことをなすべし」

さきに時宗も大友頼泰らに対し、「不和のことなく同心せよ」と言い送っているが、クビライもまた同じことを下知していた。敵味方ともに、同じような悩みを抱いていたのである。

蒙古軍には、不思議なことが二点あった。東路軍四万、江南軍十万と公称されていたが、その大部分が志願兵であり、しかも農民だったこと、また船中には、武具よりも鋤や鍬のような農具の方が多かったことである。

合戦が始まるより以前に、すでに勝利を確信していたのだとも、兵士の多くは自分の土地を蒙古人に取り上げられたので、かわりに日本の田畠を手に入れようとしていたのだとも思われる。いわば移民であり、クビライにすれば、棄民だったのかも知れない。二月二十二日のクビライの諸将に対する訓示の半分が、参考になるかも知れない。

「朕が派遣せる牒使、日本、これを返さず。よって朕、卿らに日本遠征を命ず。朕、漢人の言うを聞くに、他国を征するは、人民と土地を得るがためなり。もし悉く人民を殺さば、ただに土地を得ても無用なりと。まことに然り。なれば卿ら、いたずらに殺す勿れ」

「日本人を殺すな。奴隷として、こき使うのだ」と、暗に言っていることになる。

五月三日、東路軍は半島南端の合浦を出航した。しかし、すぐには日本に向かわず、しばらく沖合いの巨済島に船を泊めた。風待ちだったかも知れない。直後の大都で、征東行省の参議だった裴国佐《はいこくさ》が、クビライに意見を具申した。

「今年三月、日本船、風波のため我が岸に漂着す。水夫を捕らえて日本の地図を描かしめたるに、大宰府の西方近きに平壺島（平戸）なるあり。周囲みな海にして軍舟を屯《たむ》ろするによし。また島に防備なし。よって、この島に拠りて、人をして壱岐に往かしめ、忻都、洪茶丘らの東路軍を呼ばしめ、この島で両軍が会同して進み討たば、我れに利あらん」

　これに対してクビライは、

「阿剌罕ら、知るべし」

　として、阿剌罕たちに一任した。江南軍の諸将はこれを是としたので、東路軍との合流地は、壱岐から平戸に変更された。が、東路軍は、すでに出撃していた。

弘安ノ役

　弘安四年（一二八一）五月二十一日、再び彼らは来た。東路軍の一部である高麗兵が、対馬に上陸してきたのである。上陸地点は、『高麗史節要』に、「日本世界村大明浦」とある。次の四所が、その地に比定されている。

　　峰町《みねちょう》佐賀《さか》の大明神ノ浦
　　上県町《かみあがたちょう》志多留《したる》
　　厳原町《いづはらまち》久田《くた》
　　同　豆酘《つつ》

　上陸してきた高麗兵の指揮官金周鼎《きんしゅうてい》は、通事の金貯《きんちょ》を日本側に差遣して、「降伏せよ」と迫った。しかし日本側が降伏するはずはなく、当然のことながら合戦となった。日本側はよく戦って、高麗の郎将の康師子《こうしし》ら若干を討ち取ったが、所詮は多勢に無勢だった。結局、敗れて山中に逃げ入った。

　五月二十六日、東路軍は、対馬から壱岐の「忽魯勿塔《くまもと》」に向かっている。「忽魯勿塔」は、風《かぜ》本《もと》（勝本町勝本浦）に比定される。対馬を出帆したときは、風波は凪《な》いでいた。ところが途中で逆風が吹き出した。各軍船は大きく揺れ、翌日、調べてみると、兵士百十三人、梢工、水手は三十六人ほどが、行方不明になっていた。

壱岐で合戦があったのか否か、諸本に記録はない。このことから推すと、合戦はなかったらしい。ややのちの史料によると、対馬、壱岐そして博多には、狼煙《のろし》台が設けてあったらしい。対馬で上げた狼煙を見て、壱岐の島民たちは、いち早く山中に隠れ入っていたようである。そこで悲劇が起こった。赤ん坊が泣き声をたてると、隠れていることが判ってしまうので、我が子を刺殺するようなことがあったのである。

いずれにしても六月一日、大宰府が発した急報が、六波羅探題館に入った。

「異国の兵船五百余艘、五月二十一日、対馬沖に襲来せり」

対馬で狼煙を上げたのは、高麗兵が上陸を開始する前だったらしい。東路軍の兵船九百艘のうち、五百艘ほどが沖合いに見えると、すぐに狼煙を上げたものと思われる。急報は、すぐに鎌倉に向かった。同時に朝廷にも報告された。

六月二日、東寺の長者定済は、不動ノ法を修して異国降伏の祈禱を開始した。六月三日、亀山上皇の御前で、院ノ評定が開かれた。六月四日には、京都近郊の二十二大社に、異国降伏の祈禱が命じられた。二十二大社で、その日のうちに一斉に祈禱が始まった。

六月五日、大宰府からの早馬が、この日だけでも数回、六波羅探題館に走り込んだ。また、これと入れ違いに、探題館を走り出た早馬が、数回も鎌倉に向かって疾駆した。

六月六日、ついに東路軍の兵船九百艘が、博多湾口に姿を現わした。陸上から望見していた日本側からは、まるで果てもないほどに、兵船は続々と連なっていた。広い博多湾は、まさに陸地と化したかのようだった。東路軍の兵船で、博多湾は埋め尽くされてしまったのである。

しかし湾内に入ると、兵船は動きを止めた。それぞれ所定の海面に碇泊すると、帆を畳み、ただ炊煙を上げるだけで、上陸してこようとはしなかったのである。

しかし志賀島と、湾内中央の能古島とだけは、すでに占領されていた。ともに住人は本土に移っていたから、人的な被害はなかった。この様子を、すでに集結していた日本の武士たちは、自分たちが築いた石築地の上から見ていた。ちなみに九州の武士たちは、国別に守備地域が決められていた。

香椎地区——豊後国
筥崎地区——薩摩国
博多地区——筑前国、筑後国
姪浜地区——肥前国
生ノ松原——肥後国
青木横浜——豊前国
今津地区——日向国、大隅国

前線の指揮をとる少弐景資の本陣は、博多地区にあった。東国武士など、九州以外から援軍として馳せつけた武士たちは、その麾下にあった。合戦の様子によって危険な戦場に差遣されることになっていたから、いわば予備隊のような存在だった。

その夜、闇夜を利として、日本軍の夜討が展開された。先陣をきったのは、筑後国草野荘（行橋市草野）の領主、草野次郎経永だった。郎従らと那珂川河口部近くで二艘の小舟に分乗すると、知りつくしている潮の流れに乗って、一艘の高麗船に乗り移ったのである。

まさか逆襲されるとは思っていなかったらしく、経永らの夜討は奇襲としては大成功だった。たちまちのうちに甲板にいた高麗兵二十一人を叩き斬ると、船倉から甲板に通ずる船扉を閉めて多くの敵兵を閉じ込めた上で、船に火を放って帰ってきたのである。

これに対する東路軍の反応は、きわめて素早かった。各兵船ごとに船首、船尾、両船側などに篝火を赤々と燃やして、周囲の海面を照らし出して夜討を封ずるとともに、各船相互が助け合えるように、兵船と兵船とを鎖で結び合わせたのである。だから経永に続いて河野六郎道有が敢行した夜討は、すでに奇襲にはならなかった。

伊予水軍の棟梁だった道有は、家ノ子郎等とともに小船二艘に分乗して、敵船に向かった。敵船が篝火を焚いていたので、道有らの小船二艘は、すぐに発見された。高麗兵が石弓（投石器）で発した大石が、道有の家人が乗っていた小船に命中してこれを粉砕し、郎等数名がその場で死んだ。これに屈せず道有は、自船の帆柱を敵船に倒しかけて乗り移り、散々に斬って廻り、大将軍と覚しき冠を着けた者を生け捕って帰ってきた。しかし伯父の河野通時は、石にあたって、やがて死んでいる。

開戦以前に志賀島を占領されたことは、日本側にとっては痛かった。本土との間の海ノ中道は、干潮になると干上がって、敵兵が渡渉してこられるようになるからである。

その海ノ中道に隣接する香椎地区は、豊後国の守備分担だった。その夜、大友頼泰の嫡子蔵人親時は、三十騎ほどを率いて、勝手知ったる海ノ中道の浅瀬を伝って、志賀島に斬り込んだ。海ノ中道をただの海と信じていた志賀島の高麗兵は、海上を騎馬で押し渡ってきた大友親時軍を見て、狼狽して逃げまどった。その隙に大友軍は、多数の敵を斬り捨て、敵将の首一つを持って引き揚げてきた。

しかし志賀島は、まだ奪還できなかった。それでも海上では、二、三か所から、火の手が上がっていた。夜討から諸将が帰ってくるごとに、浜辺の各所で勝鬨《かちどき》の声が上がった。この夜、東の空が白みかけるまで夜討は続いた。高麗兵にとっては、眠られぬ夜だっただろう。

翌六月七日は、合戦はなかった。両軍ともに機を窺って、互いに睨み合いを続けたのである。しかし日本側としては、志賀島、能古島の二島が占領されているのが、とにかく気になっていた。言ってみれば神聖なる我が国土の一部が、異敵の足下にあったからである。

そして八日、激戦が展開された。日本側が、二島の奪還を図ったのである。いきおい陸上では海ノ中道、海上では博多と能古島との中間が、主戦場になった。

干上がった海ノ中道を通って、志賀島に攻め込んだのは、大友頼泰の孫貞親と、麾下の三十騎だった。しかし金方慶、張成らが力戦したので、結局は撃退された。豊後国御家人の右田孫四郎能明とその下人は、ともに重い手傷を負ったが、なんとか帰陣している。

海路、能古島を目指した日本軍は、誰が指揮をとり、船は何隻だったかなど、まったく判らない。多分、途中の海上で阻止されて、能古島まで行き着けなかったのではないかと思われる。

この間、鎮西武士たちの間で、一つの囁きが起こった。

「我ら地元の者ら、かく働けり。されば、関東より御助勢の方々も、お手並みの程、見せ候え」

自分たち九州の武士ばかりが戦っている。関東から援軍として来ている東国武士も、少しは戦ってみろ、ということである。暗に鎌倉幕閣の大立者、安達泰盛のことを諷しているのだった。

そして六月九日、泰盛の子安達盛宗が立った。泰盛が肥後国守護だったので、その代官として、いま生ノ松原地区を守っていたのである。この日、安達軍がどこを攻めたのか、海上だったのか、陸路だったのか、それすらも判らない。しかし激戦ではあったらしく、『八幡愚童訓』によると、盛宗の麾下だった新左近十郎、今井彦次郎、財部九郎などが、散々に戦って討死している。

安達軍の攻撃が、合戦の転機をもたらしたかのようだった。その日、東路軍の全船団は、一斉に碇《いかり》を揚げて博多湾から出ていったのである。かつては日本軍の激しい抵抗と反撃に、東路軍が手を焼いたのだと信じられた。しかしいまでは真相が判っている。東路軍では疫病が流行して、すでに病死者が三千人に及んでいたのである。

合浦を出港したのが五月三日、そして今が六月九日だった。対馬、壱岐および志賀島、能古島などに、若干は上陸している。しかし大半の兵士は三十五日間も、海上にいたのである。弘安四年六月九日は、太陽暦では六月二十七日にあたる。船中に汲みおいた水も、多分、腐っていたに違いない。新鮮な野菜などにも、将士は飢えていたものと思われる。

結局、東路軍が博多湾から出ていったのは、補給を求めてのことだった。彼らが目指したのは、壱岐だった。東路軍が壱岐に再上陸をしたのは、四日後の六月十三日だった。

翌十四日、京都に急報が入った。

「異賊船三百艘、長門国の浦に着岸」

たちまちに大騒動となった。いままでは文字通り対岸の火事だったのが、とうとう本州にまで飛火したのである。関白鷹司兼平は、自邸に公卿を招いて評議し、すぐに諸大社に祈禱を令した。しかし以降、詳報は入らなかった。いま研究者の間には、異賊長門着岸は誤報だったと見るむきが多い。

しかし東路軍は、九百艘四万人という大部隊である。その補給が、壱岐だけで充分なはずはない。長門国に三百艘が着岸したというのは、多分、事実だったものと思われる。しかし若干の補給を掠奪というかたちで行なうと、すぐに立ち去ったのではないだろうか。

そして六月十五日、壱岐近くの海上で、東路軍の首将たちの会議が開かれた。江南軍が合流してこないので、善後策を練るためだった。都元帥の忻都、右副元帥の洪茶丘は、

「我が船は腐り、糧《かて》は尽きたり。回軍するにしかず」

と、撤退帰国を主張した。これに対して左副元帥の金方慶は、ただ黙して、なにも語らなかった。かつて金方慶は、洪茶丘に捕らえられ、拷問されたことがある。そのときのことが脳裏にあったのかも知れない。こうして東路軍は、回国（撤退して帰国）と決まった。そのとき、江南軍からの使船が、対馬を経て壱岐に着いたのである。

もともとの予定では、六月中旬頃、江南軍は壱岐で、東路軍と合流することになっていた。ところが実際に江南軍が慶元（寧波《ニンポー》）、定海などから出航し始めたのは、実に六月十八日頃からだった。

とにかく江南軍は、遅れに遅れていた。都元帥の阿刺罕が重病だったからである。そして六月二十六日、右副元帥だった阿塔海が、都元帥に就任し、江南軍の出撃は本格化した。これをもって見ると、兵船三千五百艘、兵員十万という江南軍の出撃は、六月の十八日頃から二十六日頃まで、ざっと十日間を要したものと思われる。

一方、東路軍が博多湾から出ていったあとも、日本軍は油断してはいなかった。東路軍の行先を、しきりに探っていたらしい。東路軍が壱岐にあることは、やがて大宰府にも探知された。しかし続いて入ってきた情報は、魂も凍りそうなものだった。

「旧宋朝様式の兵船三百艘、対馬に着岸」

博多湾から出ていった東路軍の兵船は、みな高麗で建造されたから、もちろん高麗様式だった。ところが今、対馬に現われた異賊船三百艘は、みな旧宋朝様式だという。東路軍だけでも手を焼

いているのに、敵に新手が加わったということである。のちに判ったことだが、これは江南軍の先発隊であった。このことが京都に急報されたのは、六月二十四日だった。驚愕した朝廷は、さらに大社寺に祈禱を命じた。

一方、九州では、日本側も兵船の用意に忙しかった。東路軍が壱岐に、新手の江南軍が対馬にあることが判明したからである。そして六月二十九日頃から、日本軍の逆襲が展開された。兵船多数に分乗して、壱岐に向かったのである。

とくに二十九日の逆襲は、目ざましかった。島津久経、長久兄弟が、比志島時範、河田盛資ら薩摩国御家人を率いて、殴り込みをかけたのである。東路軍が東岸の瀬戸浦（芦辺町瀬戸浦）に碇泊していたので、海上の合戦だった。

これを皮切りとして、瀬戸浦に対する日本軍の攻撃は、連日連夜と続いた。なかでも七月二日の合戦は、物凄かった。少弐資能、資時が龍造寺季時、山代栄ら肥前国御家人を率いて、瀬戸浦に突入したのである。十九歳だった資時は、その場で戦死した。また資能自身も重傷を負い同年閏七月十三日、大宰府で死んだ。八十四歳だった。文永ノ役の直後、資能は「臆病を、いかがかは少弐入道が、恥を覚恵が名に落ちにけり」と落首でからかわれたが、かつての恥を立派に雪《すす》いだのである。その恥を思う少弐一族の激闘は、それだけ凄いものがあったのである。

この間、江南軍と連絡がとれた東路軍は、その指示に従って、逐次、肥前国鷹島（鷹島町）に向かって移動していた。一方の江南軍は、やや西方の平戸島（平戸市）の東北方の海上に、しだいに集結しつつあった。こうして東路、江南両軍は、七月上旬の頃には会同していた。そして七月七日、東路軍は、鷹島に西方から上陸しようと図った。しかし鷹島には、すでに松浦《まつら》党がひしめいていた。さらに比志島時範ら薩摩国御家人を率いた島津長久らが、すでに馳せつけていた。

東路軍の鷹島上陸作戦は、失敗に終わった。予想外の損害を蒙った東路軍は、以降、鷹島上陸作戦を敢行しようとはしなくなった。それどころか、連日連夜、執拗なまでの攻撃を、松浦党水軍から受けたのである。松浦党の根拠地だったのだから、当然と言えば当然のことだった。自分たちの本拠を荒らされて、松浦党が黙っているはずはなかった。

こうして鷹島近海では、東路軍は攻勢に出るどころか、かえって守勢に立つようになった。一船が攻撃されれば、他船から援兵が送れるようにと、各兵船を鎖でつなぎ、甲板と甲板との間に、厚い板を敷いた。

東路軍が守勢に立ったと知った江南軍は、七月二十七日、平戸島近海から鷹島沿岸に移動した。東路軍を加勢するだけではなく、一挙に鷹島を攻略するつもりだったらしい。二十七日の午後から二十八日にかけて、江南軍は鷹島に三方から上陸作戦を敢行した。しかし満を持して待機していたのが、松浦党を中核とした日本軍だった。

江南軍の鷹島上陸戦は、あえなく挫折した。それどころか日本軍の逆襲に遭って、江南軍の兵船も東路軍と同様に、各船を鎖でつなぎ、甲板と甲板との間に厚板を敷いたりするのを、余儀なくされたようである。

そして七月三十日、伊勢神宮などの大社寺では、異国降伏の祈禱が、最高潮に達しようとしていた。ある古社では宝殿が鳴動、またある大社では、神鏑が西に向かって飛んだ。圧巻だったのは、石清水八幡宮での叡尊の祈禱だった。社殿の幡《ばん》などが、風もないのに揺れ動き、かすかながら音も発したというのである。

その夜、九州方面を大暴風雨が襲った。翌閏七月一日には、京都でも大暴風雨があったというから、台風だったかも知れない。陰暦の弘安四年閏七月一日は、陽暦の八月十六日にあたる。

いずれにしても閏七月一日の朝には、東路、江南両軍の兵船の大半は、すでに覆没していた。鷹島西方の海上は、岩礁などの多い多島海である。その岩礁や小島には、辛うじて生き残った敵兵が、しがみつくようにして援けを求めていた。しかし風波はまだ荒く、日本側からも船は出せなかった。

閏七月五日になって、ようやく風波はおさまった。これを待っていた少弐景資らは、兵船数百艘を出して、鷹島とその近海で一大掃討戦を展開した。論功行賞のためだったから、情け容赦はなかった。ほとんど無抵抗なほど弱っていた敵兵から、きわめて多量の首級が挙げられた。辛うじて沈没しなかった敵船もあった。ようやく風が凪いだので、これに分乗して逃げようとした敵兵もいた。しかし筑後国木小屋の地頭香西慶景などが、追いかけていって首にしている。

掃討戦は三日間ほど続いた。殺すのに飽きたのか、二千人ほどが生け捕りになっていた。しかし、これらは博多に連行され、同九日、全員が斬られた。志賀島や今津に残る「蒙古塚」は、その遺骸を埋めたものと言われている。

もちろん生き残ったものもあった。忻都、阿塔海、金方慶ら元帥、副元帥らは、みな生きて逃げ帰っている。『元史』日本伝には、

「十万の衆、還ることを得たる者、三人のみ」

とあるが、これは誇張に過ぎるだろう。『高麗史』では、高麗兵四万のうち、生還者は一万九千三七九名としており、『元史』世祖本紀には、

「十に一、二を存す」

とある。勝報が京都に入ったのは、閏七月十一日だった。中納言勘解由小路《かでのこうじ》兼仲の日記『勘仲記』の同十四日条に、次のように記されている。

十四日丁丑、夜より雨降る。殿下（関白鷹司兼平）の許に参り、条々のことを申す。次いで近衛殿（のち関白家基）の許に参る。宰府より、飛脚到来す。

「去んぬる朔日、大風動き、彼の賊船、多く漂没す。誅戮《ちゅうりく》ならびに生虜は数千人。壱岐、対馬、一艘といえどもこれなし。降り居るところの異賊、多くもって命を損じ、あるいはまた生虜さる」

このたびのこと、神鑑、明らかなり。天下の大慶、なにごとかこれに過ぐべきや。ただなることにあらざるなり。末といえども、なおやんごとなきことなり。いよいよ神明仏陀を尊ぶべきか。

「神風」という語は、『勘仲記』にはない。しかしそのような意識は、すでに存在していた。幕府から朝廷に正式に報告があったのは、同年閏七月二十一日のことだった。

時宗の死

勝報が京都に入った閏七月十一日、鎌倉では北条時宗が、瀬戸内海の防衛に腐心していた。武蔵国の児玉党には、

「速やかに長門国に赴き、門司関を固むべし」

と命じた。弟宗頼の子で、まだ十七歳だった北条兼時を長門国から播磨国の守護に移し、

「異賊船、山陽道に海路より乱入せば、防戦の忠をいたさしむべし」

とも、下知していた。この段階では時宗は、九州は失陥して蒙古勢が海路、瀬戸内海に侵入してくるかも知れないと、本気で心配していたらしい。時宗は、弘安ノ役直前の頃には、かなり神

経質になっていたようである。このような時宗を見た無学祖元が、
「莫妄想（妄想する莫《なか》れ）」
と、時宗を一喝したという挿話もある。一喝されて、時宗の迷いは去り、徹底抗戦の決意を新たにしたという。そのようなときに、弘安ノ役の勝報が入ったのである。それだけ喜びも、ひとしおだったに違いない。

しかし時宗は、まだまだ苦労が続くことになる。八月九日の丑ノ刻（午前二時）、同母弟の宗政が二十九歳で没したのが、その一つだった。直後、未亡人となった宗政の妻（北条政村の娘）は、わずか七歳の息子師時を開基と定めて、鎌倉小袋坂で浄智寺の建立に着手している。宗政は、幕閣では一番引付頭人だった。通常、連署に任じられることになっていた武蔵守にも就任していたから、事実上、宗政は執権時宗の連署のような役を務めていたと言える。

建治三年（一二七七）四月、塩田流北条義政が、突然、連署を辞任してから以降、時宗は後任の連署を置いていない。時宗が連署なしでやってこられたのは、弟宗政の強力な補佐があったからだった。その宗政を、いま、時宗は失ったのである。まさに大きな痛手だった。

宗政が死んだということは、それだけではなかった。きわめて微妙に揺れ動いていた幕閣の勢力均衡を、大きく突き崩すことになったのである。「時宗政権」とでも呼ぶことができそうなこの時期の鎌倉幕府は、北条一門の勢力と外様御家人の勢力との微妙な均衡の上に成り立っていた。かつては北条一門勢力の代表は金沢実時であり、実時の死後は、宗政が代表だった。そして外様御家人勢力の代表は、終始、安達泰盛だった。

つまり弘安ノ役の頃の時宗政権は、北条宗政と安達泰盛とを両翼として、その勢力均衡の上に成り立っていたのである。その両翼の一方だった宗政が死んだのである。北条一門の勢力は大き

く後退し、代わって安達泰盛ら外様御家人の勢力が、さらに躍進してきた。

このような情況の下で唱え出されたのが、高麗遠征案だった。かつて故金沢実時、塩田義政らが唱えた案が、復活してきたのである。出家して信濃国塩田荘（上田市塩田）に隠栖している塩田義政が、張本人だったかも知れない。もと連署だっただけに、その政治力は大きかった。

弘安ノ役を日本側の大勝利と見る一般的風潮も、遠征論者の勢力を強化することになった。

「日本は、神国である。神が擁護してくれるから、日本が負けるはずはない」

こんな風に考える人々が、多くなっていたのである。

今度の高麗遠征案は、かなりに具体的なものだった。

「少弐経資、大友頼泰のいずれかを大将軍として、筑前、肥前、肥後三ヵ国の御家人に、大和、山城両国の悪党五十六人を加えて、遠征軍を編成すべし」

「三ヵ国」のなかに、肥後国が含まれている点が重要だった。肥後国の守護は安達泰盛だからである。肥後国の御家人が遠征軍の一翼ということになれば、泰盛が参陣しないはずはない。それに、この時期、幕閣を悩ませていたのは、大和、山城両国の悪党だった。その首魁五十六人を外国に送り出してしまえば、それで問題が解決することになる。まさに一挙両得ということである。

こうして高麗遠征計画は、しだいに軌道に乗りつつあった。

勘解由小路兼仲は、『勘仲記』で計画について言及しており、奈良東大寺の僧聖守上人も、ほかへの書状で触れている。すでに高麗遠征計画は、幕府内部の問題にとどまらず、すでに京都朝廷や奈良東大寺などまで巻き込んで、具体化されつつあったことになる。

そのようなとき時宗は、一番引付頭人だった宗政が死んだあとの引付衆の頭人を、次のように編成している。

三番頭人の極楽寺流北条業時──→一番頭人
二番頭人、従前通りに大仏流北条宣時
四番頭人の名越流北条公時──→三番頭人
金沢流北条顕時──────→四番頭人
五番頭人、従前通りに安達泰盛

五人の頭人のうち、四人までが北条一門だった。しかし新規に登用された金沢顕時は、安達泰盛の娘千代乃と結婚していた。新規の引付頭人の顔触れは、宗政が死んで北条一門の人数が一人減り、かわって泰盛の与党が、一人増加したということになる。

弘安四年十一月二十七日、塩田義政が、信濃国塩田荘で死んだ。四十歳だった。高麗遠征計画を中心となって推進していた義政が死んで、計画はがたがたとなった。鎌倉幕府の基本方針は、安達泰盛が主張していた通り、専守防衛ということになった。

問題の一つは解決したが、時宗には難問がまだ多く残っていた。その一つは、無学祖元だった。弘安ノ役の直後、祖元は帰国したいと時宗に訴えていたのである。無理にでも、祖元は引きとめておかねばならなかった。時宗は一計を案じ、祖元のために一寺を建立することにした。こうして円覚寺の造営が着手された。

年が改まって、弘安五年（一二八二）正月五日、大元帝国で征東行省が廃止された。しかしこれは、クビライが日本征服を断念したということではなかった。その後もクビライは、いく度となく日本遠征の支度を命じている。

しかし、いつも邪魔が入った。占城《ちゃんぱ》（中ベトナム）の反乱、緬国《めんこく》（ビルマ）の反抗、南宋遺臣の決起、高麗での紛争等々である。折角、クビライが用意させた軍備は、つねにこれらに向けられて、ついに日本には現われなかった。

しかし日本側としては、つねに備えていなければならなかった。九州の武士たちは交代制で博多に赴き、一か月間ほど駐屯していなければならなかったのである。このような情況の下で、安達泰盛の幕閣での権勢は、ますます強くなった。北条一門が逼塞し、かわって抬頭してきた外様御家人勢力の代表であり、また執権時宗の義兄でもあったからである。

そして弘安五年七月十四日、京都朝廷で小除目が行なわれた。安達泰盛が、陸奥守に任じられたのである。鎌倉幕府が成立して以来、陸奥守に就任した幕府御家人は、次の通りだった。

　大江広元、北条義時、足利義氏、極楽寺流北条重時、北条政村、大仏流北条宣時、極楽寺流北条時茂、政村流北条時村

大江広元、足利義氏の二例をのぞけば、ほかはみな北条一門のうちでも、そうそうたる名流である。陸奥守というのは、そのような格のある官職だった。その陸奥守を、安達泰盛が拝任したのである。破格のことだった。しかも泰盛は、わざわざ前任の北条時村に、陸奥守を辞任させた上で、自ら就任したのである。

北条一門の勢力が後退し、かわって外様御家人の勢力が急速に伸張してきた情況を、まさに象徴するかのような事件だった。勘解由小路兼仲も、次のように記している。

　十四日、(中略)、今夕、小除目を行なわる。関東の城介泰盛、陸奥守に任ず。日頃は北条時村、所帯の官なり。それを今、改任せらるるの条、如何。

その年の九月四日、台湾の対岸福建省の海浜で、日本から密航してきた諜者が、大元帝国の兵に捕らえられた。中国風に「賈祐《かゆう》」と名乗っていた。大元帝国の首都の大都に護送された賈祐は、九月二十二日、次のように語ったと、『元史』に記されている。

「我れはこれ、日本国焦元帥の娘婿なり。江南で建艦のことありと知り、それを探知せんがため、派遣せられたるなり。されど貴国の軍馬、きわめて大なり。よって我れ、降を乞うなり」

捕らわれて元に降伏した賈祐の日本名は、不明である。「日本国焦《じょう》元帥」とは、「焦」が「北条」に通ずるから、時宗のことだろうか。しかし時宗の「娘婿」に、該当する人物はいない。

その十月十三日、武蔵国池上宗仲の館で、日蓮が死んだ。六十一歳だった。

そして十二月八日、ついに円覚寺が完成して、無学祖元が開山となった。正式には瑞鹿山円覚興聖禅寺、のち建長寺に次いで、鎌倉五山の第二座になる。こうして時宗は、なんとか祖元の慰留に成功した。この時期の時宗にとって、それほどまでに祖元は必要だったのである。時宗の面前に、膨大な問題が山積していて、物心ともに悩ませていたからである。

まず第一は、蒙古の三度目の襲来がありそうなことだった。だから時宗は、いく度となく九州の武士に対して、異国警固番役の励行を命じている。面倒だったのは、手柄をたてた武士に対する行賞だった。

かつての源平合戦では、平家側から没収した所領が、五百余ヵ所もあった。承久ノ乱では、なんと三千余ヵ所の没収地があった。手柄のあった御家人たちに行賞するのに、充分なだけの財源があった。しかし文永、弘安両度の役では、没収地は皆無だった。蒙古軍は手ぶらで来て、帰っていってしまったのである。幕府にも、恩賞地にできる余分の所領はなかった。

時宗は自領の肥前国神崎荘《かんざき》（神崎町）などを、恩賞地として放出した。三千町と言われる広大な荘園だったが、これを二、三町程度に細分化して、恩賞地にしたのである。しかし、手柄のあった御家人たち全員を満足させることは、とうてい不可能だった。そのほか大社寺などまでが、祈禱のお蔭であると称して、恩賞を要求していたのである。

そして時宗をもっとも悩ませたのは、妻の兄安達泰盛の権勢だったかも知れない。泰盛が陸奥守に就任したことは、すでに述べてある。北条一門のうちの上層部しか拝任しないことになっていた官職だった。評定衆などの顔触れを見ると、安達一族の人数が増加していることにまず注目される。

弘安五年には、評定衆は泰盛一人だったが、引付衆には安達一族が三人もいた。同六年には評定衆、引付衆ともに二人ずつだった。泰盛の子宗景は、引付衆にあることわずか一年で、翌年には評定衆に昇格していた。ときに二十五歳だった。

安達一族の勢力の伸張は、そのまま北条一門の勢力の後退だった。その北条一門の宗本家が、時宗なのである。時政、義時、泰時、経時、時頼と、先祖以来営々と築いてきた北条氏の勢力が、いま崩れようとしていた。

そして弘安七年（一二八四）四月四日、時宗は死んだ。ときに三十四歳。法名は法光寺殿道果大禅定門。直後、円覚寺境内の奥に、墓堂の仏日庵が建立された。同月十八日、一子貞時が相模守を拝任して、北条氏得宗家の家督を嗣いだ。ときに十四歳。安達泰盛の妹の子だったから、泰盛の地位は得宗外戚ということになる。

そして、得宗家の代替わりには、なにか事件が起こる。今度もまた例外ではなかった。

五月二十日、幕政の実権を掌握した泰盛は、「新御式目三十八ヵ条」を発布した。幕政改革を図ったかたちではあったが、本質は外様御家人の権益を守ろうという狙いがあった。これに怒ったのが、北条一門佐介流の北条時光、同時国の伯父と甥だった。鎌倉にいた伯父時光、六波羅探題南方として在京していた甥時国とが、清和源氏頼親流の僧兵満実法師を語らって、安達一族打倒を図ったのである。

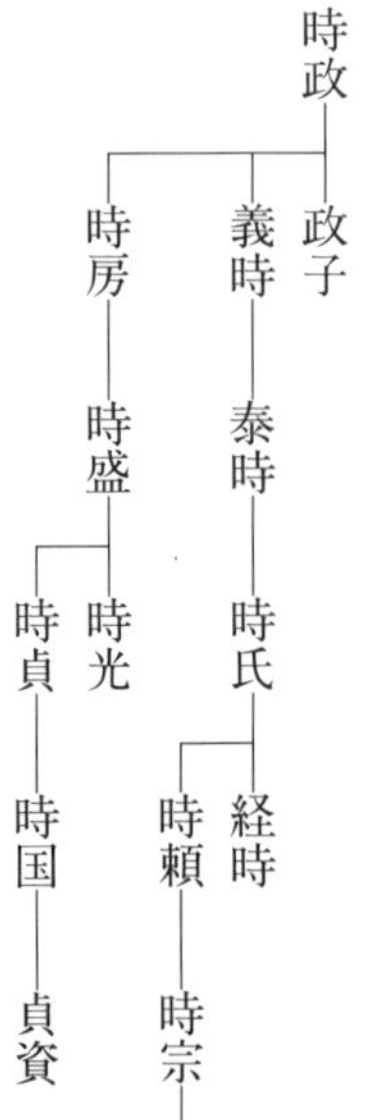

しかし陰謀は、未然のうちに探知された。ことを知った泰盛は、すぐに京都に書状を発した。
「密談すべきの子細あり。急ぎ下国さるべし」
陰謀が露顕しているとは知らない時国は、あわてて鎌倉に帰った。「北条系図」では、六月二十日だったという。すぐに捕らえられて常陸国に流され、八月十三日に誅殺された。
ここに妙なことがある。九月七日、出雲国守護の佐々木頼泰が、同国鰐渕寺に宛てて、次のような施行状を発しているのである（『鎌倉遺文』一五三〇〇号）。

相模式部大夫（時国）殿、同御子息（貞資）、所々を経廻せしめ給うとの由、八月二十日付関東御教書にて、鎌倉より申し越し候。お二人の姿、発見せらるれば、早々と御一報あるべく候。よって執達すること件の如し。
弘安七年九月七日　左衛門尉（頼泰）（花押）
鰐渕寺衆徒御中

八月十三日に殺されている時国が、九月に出雲国に立ち廻るかも知れないと、鎌倉で考えられていたのである。どういうことか判らないが、出雲、長門ということになれば、高麗遠征計画と関係があったかも知れない。時国は、鎌倉で捕らえられても、陰謀の全貌は白状してはいなかったらしい。そのため与党の時光が捕らえられたのは、「八月之比《ころ》」だったと『鎌倉年代記裏書』

に記されている。

鎌倉には、末期症状が見られた。

いままで鎌倉では、拷問ということはなかった。それがいま、時光は「さまざまの拷試」をされて、やがて土佐国に配流されたのである。

二度の蒙古合戦で本当に戦ったのは、九州在任の外様御家人だった。その結果、外様御家人の発言力が増し、ひいては外様の代表たる安達泰盛の権勢の伸張ということになった。かわって北条一門の勢力は大きく後退した。その一門のうちから佐介流が立って、勢力の挽回を図った。しかし、佐介流の陰謀は、未然のうちに摘みとられた。こうして安達泰盛の権勢は、一見、揺るぎのないもののようだった。

泰盛の妹（時宗後室）の瀧音院殿覚山志道尼は、その頃、息子の北条貞時に、次のように説いていた。

「女というものは、無法の夫にも身を任せ候こともあり。ことによりては、女の狭き心にて、身の押し詰まることもあり。しばしば自殺に追い込められることもあれば、三年の間、当寺に召し置きて、やがて夫との縁を切ることもできるように、寺法を仕りたし」

こうして鎌倉に、東慶寺が創建された。縁切法が適用されて、世に「駆け込み寺」あるいは「縁切寺」として知られている。開基は北条貞時、開祖は覚山志道尼ということになる。二度の蒙古襲来の後、あまりの多忙苦悩のなかで、さしもの北条時宗も、「無法の夫」になったことが、あったのかも知れない。

いずれにしても安達泰盛は、まさに権勢の仁だった。北条一門の勢力が大きく後退し、妹の子が得宗で執権だということで、幕政の実権は完全に掌握しているかのようだった。

ところが泰盛の敵は、意外なところにいた。得宗貞時の直臣団、得宗被官勢力の代表、御内《みうちの》管領《かんれい》の平頼綱である。幼君得宗の北条貞時を中にして、安達泰盛と平頼綱とは、まさに対蹠的だった。泰盛は外様御家人の代表、頼綱は御内人《みうちびと》（得宗被官）の代表。泰盛は得宗貞時の外戚（母の兄）、頼綱は得宗貞時の乳母夫《めのと》だったのである。『保暦間記』には、二人の仲について、次のように記されている。

泰盛、権勢ノ仁ニテ、得宗ノ外祖ノ義タレバイヨイヨ憍《おご》リケリ。ソノ頃、得宗貞時ノ御内管領ニ、平頼綱ト申スアリ。貞時ノ乳母夫ナレバ、マタ権政ノ者ニアリ。

ココニ泰盛、頼綱、仲悪シクシテ、互イニ失ワントス。トモニ種々ノ讒言ヲナス。

そして弘安八年（一二八五）十一月十七日、ついに合戦となった。得宗被官（御内人）勢力と外様御家人勢との合戦である。世に霜月騒動、あるいは弘安合戦という。

この日の巳ノ刻（午前十時）頃まで、泰盛は鎌倉の「松ガ上（松ガ谷か）」の館にいた。直後、鎌倉のどこかで騒動が起きた。なにも気付かなかった泰盛は、午ノ刻（正午）「塔ノ辻の館」に行き、若干の供を連れて、貞時のいる執権館に向かった。ちなみに「松ガ上」も「塔ノ辻の館」も、現地比定はできない。

貞時がいた執権館は、若宮大路の東側の最北端にあった。その執権館に泰盛が入ったとき、惨劇が起こった。平頼綱ら得宗被官の面々が、武装して待っていたのである。子息たちともども生け捕られた泰盛は、その場で誅殺された。

事件は、それだけでは済まなかった。泰盛が捕らえられたと知った外様御家人たちが、泰盛を救出しようとして、執権館に反撃して出たのである。合戦は、二刻（四時間）ほども続いた。外様御家人勢を撃退した得宗被官軍が、鎌倉中の諸処、外様御家人たちの館を潰しに出たからである。こうして将軍御所なども、余炎のなかで焼け落ちた。

とにかく、外様御家人勢力の完敗だった。安達、大曽弥、伴野、三浦、二階堂、吉良、少弐、大江、芦名、綱島、足立、池上、伊東、南部、天野、小笠原、鳴海、大室、秋山、鎌田等々、きわめて多くの外様御家人が、ここに滅び去った。

直後、金沢流北条顕時も、縁座ということで、下総国埴生《はぶ》荘の龍角寺に流された。泰盛の娘千代乃と結婚していたからである。このとき顕時を庇《かば》おうとした者は、北条一門のうちに一人もいなかった。離縁された千代乃は、出家して如大禅師無着尼と法名を名乗り、扇ガ谷の奥に庵室を構えた。いま海蔵寺門前にある「底脱ノ井」は、次のような千代乃の和歌にちなんでいる。

千代乃が　いただく桶の底脱けて　水たまらねば月もやどらず

エピローグ

霜月騒動の結果、鎌倉幕府は大きく変質した。すでに北条一門の勢力は後退しており、いま外様御家人の勢力は、完膚なきまでに倒された。残るのは、平頼綱ら得宗被官（御内人）の勢力だけだった。幼稚の得宗北条貞時には、なんの権力もなかった。すでに得宗専制は、幕を下ろしていたのである。従って霜月騒動から以降の幕府を、「御内専制」と呼ぶこともできよう。

振り返ってみると、源氏将軍三代の頃の「将軍独裁制」、北条泰時、経時の頃の「執権政治」、そして北条時頼、時宗の頃の「得宗専制」と、鎌倉幕府は変質を繰り返してきた。そしていま、鎌倉幕府の末期政権としての「御内専制」が、ついに成立したのである。まさにそれは末期政権であり、さまざまな症状が大きく現出されることになる。

恐怖政治、弾圧政治、密偵政治が展開され、賄賂、讒言、密告、拷問等々が、当然のことのように行なわれる。そのような情況の下で、幼君得宗貞時の権威を利して、御内管領平頼綱が権勢をきわめた。

しかし貞時も、いつまでも幼君ではあり得ない。貞時が二十三歳となった永仁元年（一二九三）四月二十二日の寅ノ刻（午前四時）、秘かに北条一門を集めた貞時は、俄かに頼綱一族を執権館に召し出し、なにも知らずに出仕してきた頼綱らを捕らえて誅殺した。世に言う平禅門ノ乱である。

この後、得宗北条貞時の幕政改革が、展開されていく。

有名無実となっていた引付衆制度が廃止され、かわって執奏《しっそう》六人が置かれ、貞時は政務の直談を開始する。有名な永仁五年（一二九七）三月の徳政令も、貞時の幕政改革の一環だった。貧窮化しつつあった外様御家人の救済が、その狙いだったのである。しかし貞時の努力は、所詮は徒労だった。世はすでに、末期だったのである。

応長《おうちょう》元年（一三一一）十月二十日、貞時が四十一歳で死ぬと、幕閣は再び得宗被官勢力に独占される。貞時の跡を嗣立した北条高時も、一時は幕政改革に乗り出そうとした。しかし得宗被官の勢力を背景に持つ御内管領長崎円喜に対しては、所詮、無理なことだった。

こうして鎌倉幕府は、しだいに昏迷の度を増していく。全国的な倒幕派の決起の前に、鎌倉幕府が倒壊するのも、遠いことではなかった。

あとがき

初めて鎌倉を訪ねてから、もう五十年近くになる。現在は大学で講義をしているわけだが、それ以外でも、さまざまな場所で鎌倉や北条氏のことを話す機会が多い。実際に現地で説明をすることもたびたびで、今でも月に三、四回、多いときは七、八回も鎌倉に足を運ぶことがある。

縁あってこのたび、大河ドラマ「北条時宗」の時代考証を担当することになった。時宗の父である時頼は逸話などが多く残されており、また時宗は蒙古襲来の際の執権として名高い。とはいえ、両者の実像がいかなるものかということは、あまり知られていないようである。

本書では大河ドラマの時代に合わせ、時頼が執権に就任する前後から、時宗が亡くなるまでの約四十年間にしぼって書いた。鎌倉時代のほんの一部分に過ぎないが、さまざまな出来事の起こった場所などはかなりの程度まで現地比定し、史料などの出典も極力明示したつもりである。史料が明記されていないものは『吾妻鏡』なので、興味を持たれた方は原典と読み比べていただければよいと思う。また直接、鎌倉や博多などの地を訪れることで、この時代をより身近に感じていただければ望外の喜びである。

本書については、NHK出版の田中洋氏に随分とお世話になった。末尾ながら謝辞を申し添えたいと思う。

二〇〇〇年九月

奥富　敬之

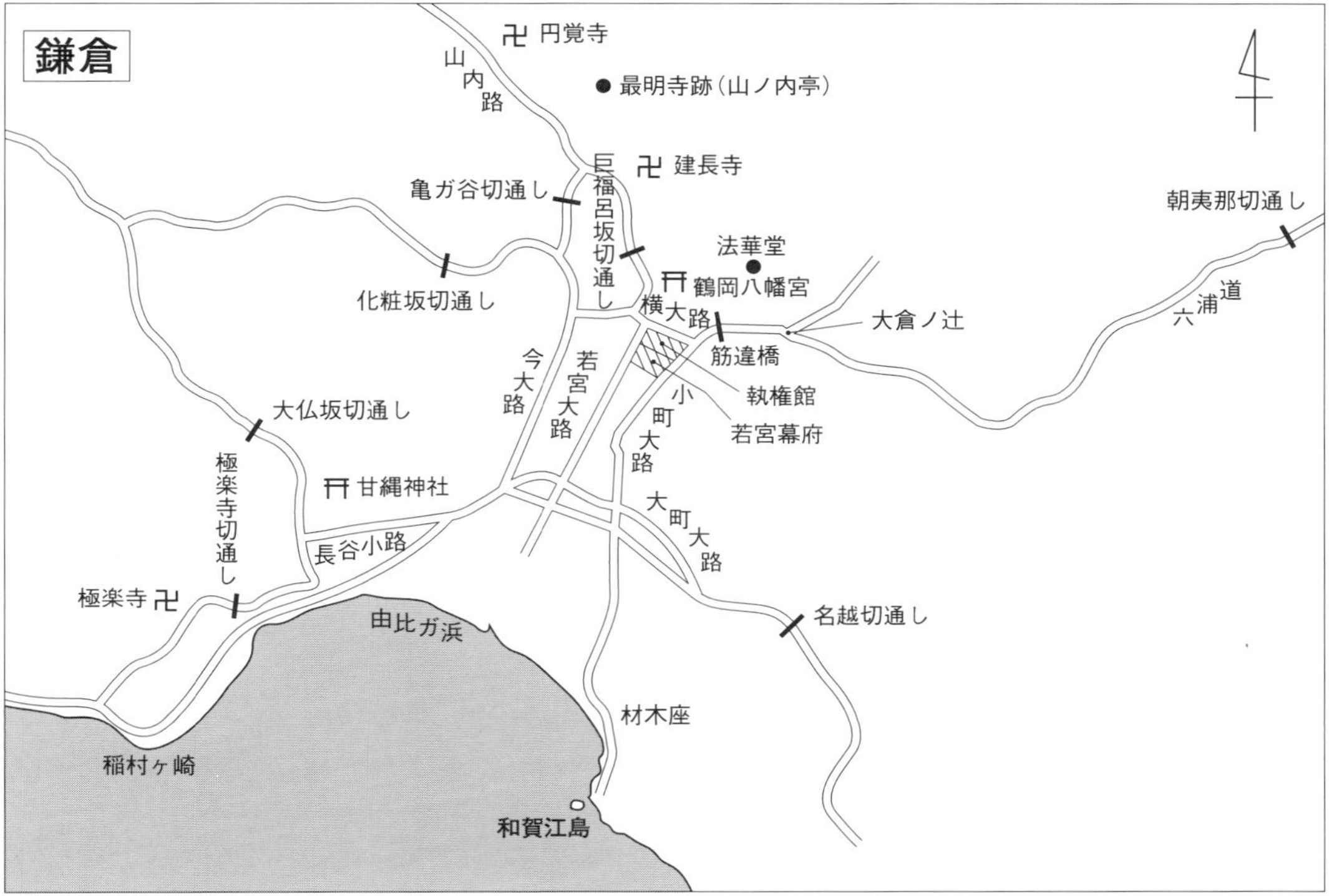
鎌倉
円覚寺
山内路
最明寺跡（山ノ内亭）
建長寺
亀ガ谷切通し
巨福呂坂切通し
法華堂
鶴岡八幡宮
化粧坂切通し
横大路
大倉ノ辻
朝夷那切通し
六浦道
筋違橋
今大路
若宮大路
執権館
若宮幕府
小町大路
大仏坂切通し
極楽寺切通し
甘縄神社
長谷小路
大町大路
極楽寺
名越切通し
由比ガ浜
材木座
稲村ヶ崎
和賀江島

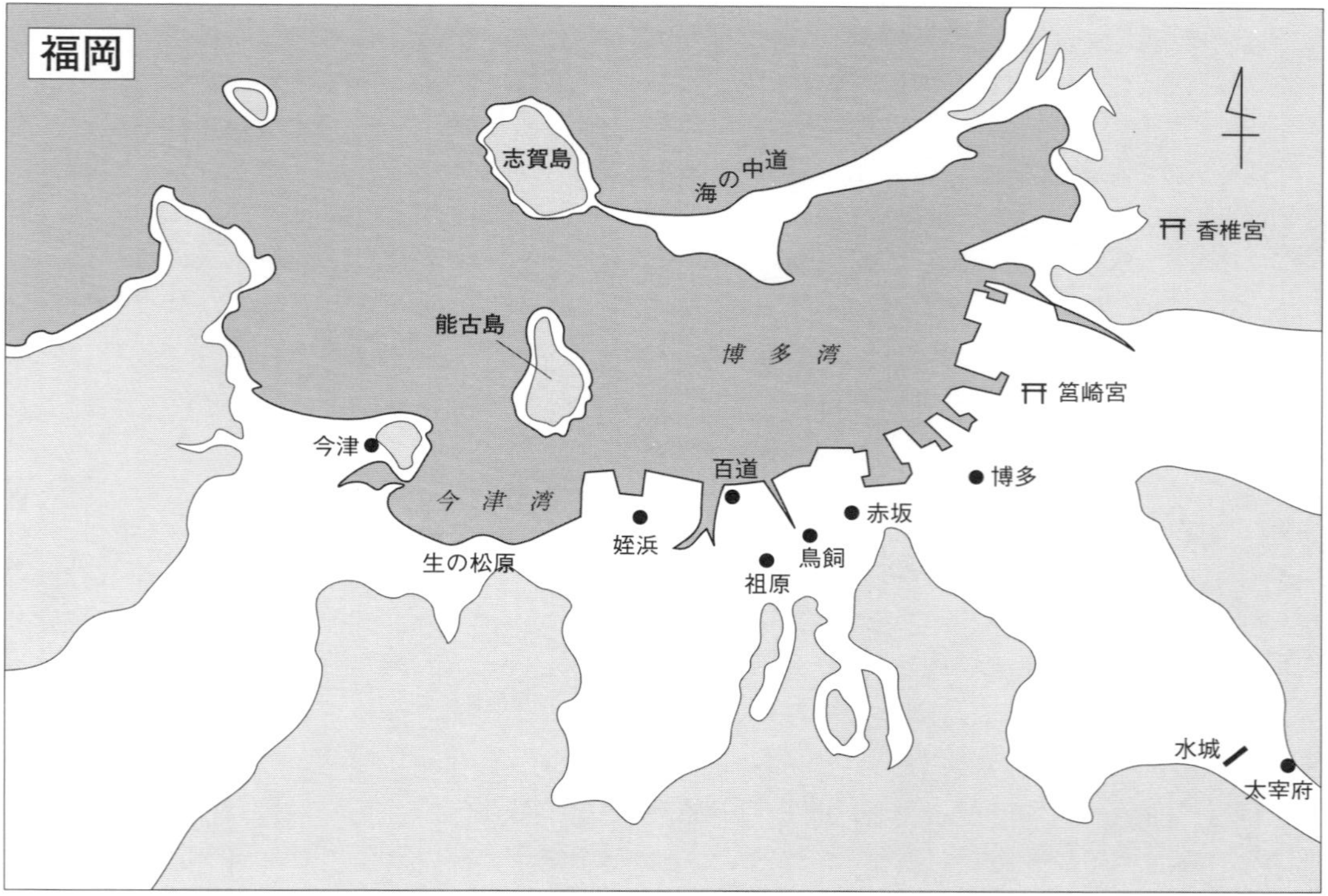
福岡
志賀島
海の中道
香椎宮
能古島
博多湾
筥崎宮
今津
百道
博多
今津湾
姪浜
赤坂
鳥飼
生の松原
祖原
水城
太宰府

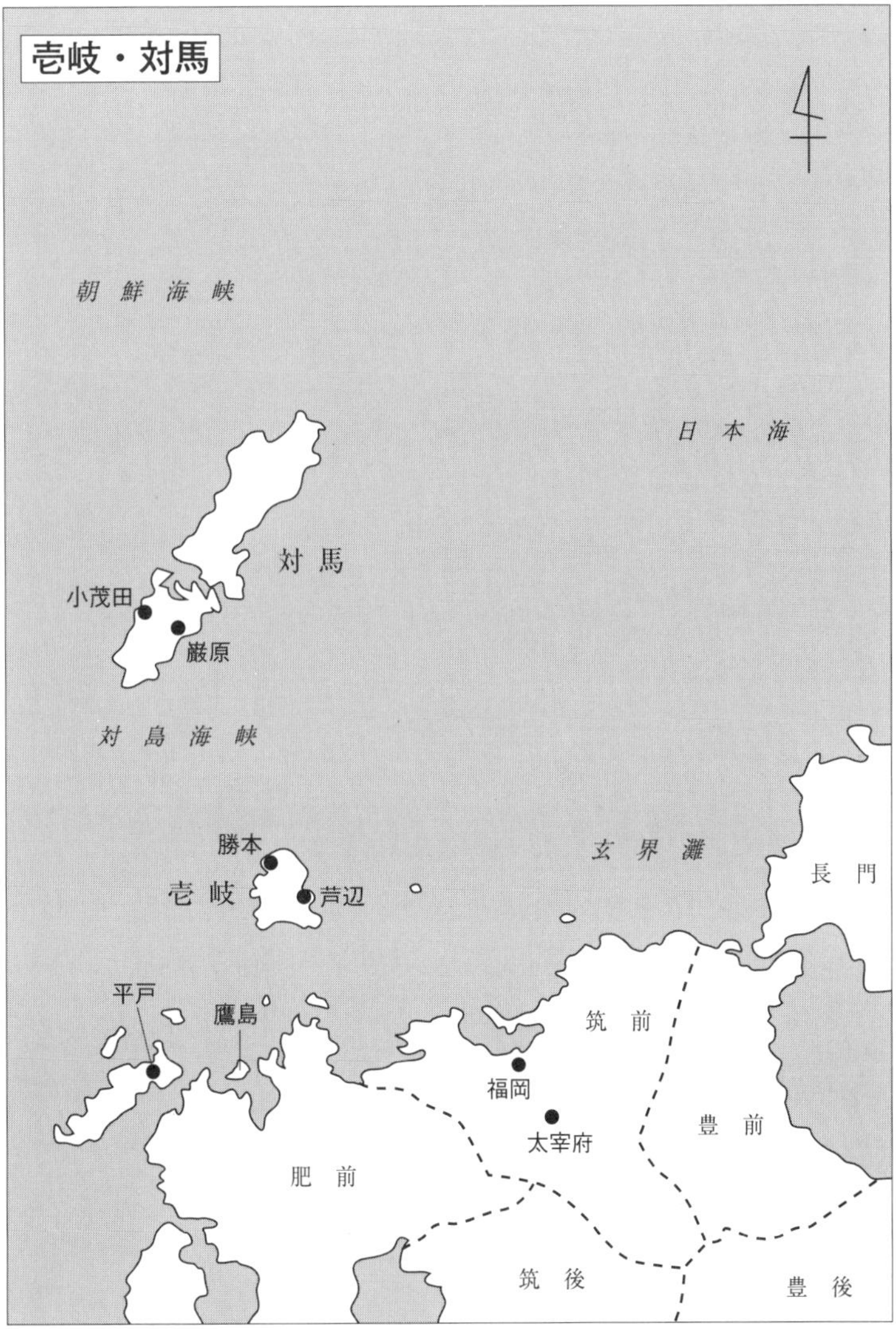

壱岐・対馬
朝鮮海峡
日本海
対馬
小茂田
厳原
対島海峡
勝本
玄界灘
壱岐
芦辺
長門
平戸
鷹島
筑前
福岡
太宰府
豊前
肥前
筑後
豊後

奥富敬之（おくとみ・たかゆき）
一九三六年生まれ。早稲田大学大学院博士課程修了。現在、日本医科大学教授。著書に『鎌倉北条氏の基礎的研究』『鎌倉北条一族』『上州新田一族』『鎌倉古戦場を歩く』『鎌倉史跡事典』ほか多数。二〇〇一年のNHK大河ドラマ「北条時宗」の時代考証を担当。

時頼と時宗

二〇〇〇（平成十二）年十月二十五日　第一刷発行

著　者　奥　富　敬　之
発行者　安　藤　龍　男
発行所　日本放送出版協会
〒一五〇-八〇八一
東京都渋谷区宇田川町四一-一
電話（〇三）三七八〇-三三八四（編集）
（〇三）三七八〇-三三三九（販売）
http://www.nhk-book.co.jp
振替　〇〇一一〇-一-四九七〇一
印　刷　三　秀　舎
大　熊　整　美　堂
製　本　石　毛　製　本

ISBN4-14-080549-8 C0021

NHK出版の文芸書

徳川三代諜報戦

童門冬二

服部、柳生らを使い自在に情報を操作した家康。彼らを公儀隠密として江戸幕府に取り込み、さらに諜報組織の強化を図った二代秀忠、三代家光。「諜報」をキーワードに徳川三代の治世を解く、歴史エンターテインメント。

歴史よもやま話 葵を咲かせた女たち

永井路子

徳川三代の時代を背景に、その前後に生きた女性たちの運命と歴史との関わりを描く。信長の妹・お市、浅井三姉妹、家康の妻・築山殿など、永井路子〝語り下ろし〟による「歴史よもやま話」。

木曽義仲（上）（下）

山田智彦

不遇な幼少期を木曽谷で過ごした義仲は、反平家の動きが活発になる中、源氏の武将としてしだいにその頭角を現し、倶利伽羅峠で平家の大軍を破って、ついに上洛を果たす。しかしその威光も長くは続かなかった……。

道真（上）（下）

高瀬千図

「学問の神様」であり、稀代の能吏であった菅原道真は、なぜ都を追われ太宰府の地で果てたのか。その清廉な生きざまを真正面から描き切る書き下ろし長編小説。